고통의 시대, 자비를 생각한다

고통의 시대, 자비를 생각한다
2016년 5월 30일 교회 인가
2016년 6월 16일 초판 1쇄

지은이	서공석 외
펴낸이	박현동
펴낸곳	성 베네딕도회 왜관수도원 ⓒ 분도출판사

등록	1962년 5월 7일 라15호
주소	39889 경북 칠곡군 왜관읍 관문로 61
전화	02-2266-3605(출판사업부) · 054-970-2400(인쇄사업부)
팩스	02-2271-3605(출판사업부) · 054-971-0179(인쇄사업부)
홈페이지	www.bundobook.co.kr

978-89-419-1609-3 03230
값 18,000원

저작권법에 의해 보호를 받는 저작물이므로 무단 전재와 무단 복제를 금합니다.

고통의 시대 자비를 생각한다

자비에 관한
통합적
성찰

서공석 외 글

분도출판사

| 차례 |

책을 내면서 7

1부 종교와 자비 11

1 특별 기고: 예수 그리스도와 하느님의 자비 서공석 13
2 힌두교의 자비:『우파니샤드』에 나타나는 자비 나혜숙 34
3 불교의 자비와 현대사회를 위한 공감 오지섭 60
4 공자의 가르침: 자비의 경우와 어짊의 경우 이수태 79
5 도교의 자비:『도덕경』의 '자비' 개념을 중심으로 최수빈 102
6 무교의 자비: 신령의 길, 무당의 길 김동규 125
7 이슬람과 자비 박현도 145
8 자비로운 사목, 자비로운 사목자 김인국 162
9 수도생활과 자비 예수의 작은 자매들의 우애회 182

2부 오늘 우리에게 자비를 묻는다 195

1 모방과 공감: 사랑과 자비가 그저 말뿐이지 않기 위하여 이찬수 197
2 자비의 사건: 우리는 서로를 구원한다 정경일 216
3 자비 없는 시절, 자비의 정치 김은희 236
4 자비의 학교, 자비로운 스승 황주환 255
5 동물의 삶과 인간의 자비 박병상 274
6 강정의 진실과 자비 양운기 295
7 자비의 삶과 죽음 박승옥 320
8 여성과 자비: 여성, '뜨거운 돌'로 부활하다 구미정 343
9 생태적 자비살이: 자비의 시선으로 본 우리의 산하 황종열 364
10 삶의 고통과 자비 민제영 392

필자 약력 419

책을 내면서

교황 프란치스코가 자비의 특별 희년을 선포한 이후 가톨릭교회는 희년과 관계된 중요한 행사들을 진행하고 있으며, 교계의 여러 출판사들은 자비 관련 서적들을 무수히 쏟아 내고 있다. 교계 출판사뿐만 아니라 일반 출판사들도 교황의 인기에 편승하여 어떻게든 교황과 연계시키는 '상품'들을 내놓고 있다. 중요한 이념이나 가치들이 상품으로 포장되어 나타나듯 '자비' 또한 하나의 상품처럼 우리에게 그 모습을 드러내고 있다.

사실 본서는 분도출판사가 기획해서 내려던 도서목록에는 들어 있지 않았다. 그러나 교회 안팎에서 자비 관련 서적들이 쏟아지는 것을 지켜보면서 무엇인가 아쉽다는 생각을 하게 되었고, 특히 우리의 맥락을 자비의 언어와 연결하여 출간된 책이 별로 없다는 현실에서 본서를 구상하게 되었다.

우선 자비와 관련해 근래에 출판된 서적들 대다수가 번역서라는 데 눈길이 갔다. 중요한 주제임에도 번역서가 주종이라는 것은, 현재 우리 교회의 신학과 실천이 상당 부분 그러하듯, 주체적 성찰이 부족하고 고유한 해석이 결여되어 있음을 방증하는 사례라고 볼 수 있다. 물론 번역서 중에도 내용이 뛰어난 책들이 많이 있다. 그러나 우리 사회의 전통과 고통의 맥락을 고려하여 자비의 언어를 성찰하는 일은 우리 몫이지, 우리 삶의 자리와 큰 관련이 없는 외국인의 과업은 아닐 것이다. 고유한 실천과 사색을 요청하는 자비의 언어마저 외국 학자나 유명 인사의 발언을 좇다가 '유행'의 뒤안길로 사라지게 되는 것은 아닌지 우려스럽다. 우리의 맥락에서 자비를 말해야 한다면 어떻든 우리 이웃의 고통의 현장을 외면할 수 없을 것이며, 고통의 현실이야말로 자비의 언어가 가장 요청되는 이유이기도 할 것이다.

본서는 크게 두 부분으로 구성되었다. 1부는 세계의 종교 전통들이 자비를 어떻게 이해하는지 다루었고, 교회의 실천과 관련해서 사목 및 수도생활과 자비에 대한 글도 함께 실었다. 2부는 대부분 오늘 우리의 고통의 맥락에서 자비 언어를 성찰한 글들로 구성되었다. 원래의 기획 초안에는 '인권과 저항 언어로서의 자비', '농農적 가치와 자비', '자비의 경제', '민족종교와 자비', '문학과 자비', '예술과 자비의 언어', '밀양과 자비' 같은 주제들이 포함되어 있었다. 그러나 필자를 구하지 못하거나 일부 필자들이 집필을 포기하는 등의 문제로 성사되지 않았다.

원고를 청탁하면서 필진에게 "학자들보다는 일반인을 독자로 염두에 두어 집필하고, 가능한 한 간결하고 명확한 표현"을 부탁드렸다. 그리고 우리 사회의 고통의 맥락을 고려하되 너무 뻔한 이야기가 되지 않도록 깊은 사색을 요청했다. 이러한 기획 의도가 잘 반영되었는지는 독자들의 판단에 맡긴다. 다만 자비의 언어에 대해 학문적이면서도 실천적으로 접근하려는 의도는 어느 정도 이루어졌다고 본다. 범위가 넓고 주제가 다양한 데다, 자비라는 언어를 통해서 균형과 일관성을 유지하려다 보니 글쓰기를 어려워한 필자들이 많았다. 어떻든 본서는 어떤 뛰어난 연구자나 실천가 개인이 혼자서 다 쓸 수 없는 넓은 내용과 다양한 실천을 담고 있다. 쉽지 않은 상황에서 원고를 써 주신 필자들께 진심으로 감사드린다. 자비가 상품화되는 것에 저항하고 아쉬워하면서도 여기 독자들께 또 하나의 '상품'을 내놓는다. 이 책을 읽는 독자들의 시선이 더욱 자비롭게 변하고 자비로운 실천을 행함으로써 자비로운 세상을 구성하는 일원이 되기를 빈다. 어떻든 자비는 실천을 부르는 언어이기 때문이다.

자비의 특별 희년 6월에

분도출판사 편집부

일러두기

그리스도교의 유일신과 이슬람의 알라를 우리나라 대다수 개신교 교단과 이슬람에서는 '하나님'이라고 쓰지만, 통일성을 위해 '하느님'으로 표기했다. 베드로 사도좌를 이어받은 로마 주교를 '교종'으로 표기한 필자들이 있으나, 이 역시 통일성을 위해서 교회의 공식 호칭인 '교황'을 사용했다. 본문의 성서 구절은, 구약의 경우 한국천주교주교회의에서 발간한 새 번역 『성경』(2005)을, 신약의 경우에는 분도출판사에서 발간한 『200주년 신약성서』(2001)를 인용했다.

1부　　　　　　종교와 자비

1 특별 기고: 예수 그리스도와 하느님의 자비

서공석

들어가면서

세례자 요한이, 하느님으로 인해 열리는 미래를 다소 위협적인 언어, "도끼가 이미 나무 뿌리에 닿았으니 좋은 열매를 맺지 않는 나무는 모두 찍혀서 불 속에 던져진다"(마태 3,10)라는 말로 가르쳤다면, 예수는 같은 미래를 가르치되 자비로우신 하느님으로 말미암아 열리는 미래를 강조하였다. 예수도 다가오는 하느님의 심판을 말하였지만, 그 심판의 내용은 요한의 것과는 사뭇 다르다. 예수가 가르친 것의 핵심은 하느님이 자비로우시다는 기쁜 소식이다. 예수는 하느님 나라가 가까이 왔다고 가르쳤다. 우리의 구원을 위한 하느님의 자비, 하느님의 관대하심과 은혜로

우심이 가까이 있고, 고통과 죄라는 악의 모든 형태를 거스르는 힘으로 하느님이 가까이 계신다는 뜻이다.

하느님 나라

하느님 나라는 하느님이 주님으로 계시는 삶의 현장이다. 구원하시는 하느님의 힘이 인류 역사 안에 일하고 계신다. 하느님의 일하심은 이미 있고, 장차 충만히 있을 것이라는 뜻으로 우리는 '종말론적'終末論的이라는 말을 쓴다. 하느님은 이미 이 세상의 재앙과 불행을 없애시며 장차 그 일하심을 충만히 드러나게 하실 것이다.

주님이신 하느님의 나라

예수가 이해하는 하느님의 주님이심은 하느님과 인간 사이의 관계를 표현한다. 이 관계에서는 하느님과 인간 모두가 행복하다. "우리 구원자이신 하느님의 자애와 인간애가 나타난" 것이다(디도 3,4). 하느님이 주님이신 것은 하느님과 인간에 대한 우리의 깨달음, 곧 새로운 이해를 전제로 한다. 신앙은 관념이나 이론이 아니라 실재實在에 대한 체험이고, 그 체험으로 말미암아 발생하는 실천이다. 예수의 삶에는 예수가 아버지라 부른 하느님이 주님으로 살아 계셨고, 하느님에 대한 기대가 결정적으로 작용하였다. 하느님이 주님으로 계시면, 하느님의 일이 인간의 실천으로 나타난다.

하느님을 주님으로 부르는 예수의 메시지에 두드러지게 나타나는 것은 우리가 '은총'이라는 단어로 표현하는 하느님의 은혜로우심(無償性)

이다. 예수는 하느님이 주님이라는 사실을 아무 데서도 설명하지 않는다. 그 시대 유다인 모두가 알고 있는 것으로 전제하고 있다.

모든 사람을 위한 하느님 나라

예수의 메시지는 모든 사람의 구원을 위한 하느님의 사랑을 말한다. 예수는 모든 형태의 차별에 대해 부정적이다. 예수는 그 시대의 이분법二分法을 거부하였다. 에세네 사람들은 '빛의 자녀'와 '어둠의 자녀'를 구분하였고, 바리사이들은 '거룩한 자'와 '거룩하지 못한 자'를 구분하였다. 사제들, 바리사이, 에세네 사람들, 열성당원 등 모두가 그 시대 이분법을 조장하는 파벌이었다. 사실 우리가 삶에서 터득하는 질서는 모두 이분법을 조장한다. 사필귀정事必歸正, 인과응보因果應報, 약육강식弱肉强食, 입신양명立身揚名, 부귀영화富貴榮華 등이 모두 그렇다.

당시 유다교 파벌은, 하느님이 사랑하는 사람들을 우리도 사랑하고 하느님이 버린 사람들을 우리도 외면해야 한다고 강조했다. 죄인들과 세리들은 하느님이 버린 사람들이다. 그들과 사귀는 것은 같은 죄인이 되는 것이다. "'네 이웃을 사랑하고 네 원수를 미워하라' 하고 말씀하신 것을 여러분은 들었습니다"(마태 5,43). 이 말은 구약성서 안에서는 발견되지 않는다. 예수 시대 어느 계층에서 사용하던 표현일 것이다. 유다인들의 쿰란Qumran 공동체[1]는 장애인들을 받아들이지 않았다. 예수가 "'목자 없는 양들'(마르 6,34)과 같은 이스라엘"이라는 말을 할 때는, 모든 사람을 하느님의 백성으로 모으지 못하고 이분법으로 많은 사람들을 버리는 이스라엘을 뜻하는 것이었다. 예수는 아무도 버리지 않으시는 하느님을 선포

---

[1] 기원전 사해 근방에 있었던 히브리 사람들의 수도 공동체.

하였다. 하느님은 모든 사람을 사랑하신다.[2] 예수는 인간이 인간을 억누르는 모든 것이 사라지고 상호 봉사하는 나라를 기대하였다.

예수께서 그들을 가까이 부르시고 이렇게 말씀하셨다. "여러분도 알다시피 백성들을 다스린다는 사람들은 엄하게 지배하고 그 높은 사람들은 백성들을 억압합니다. 그러나 여러분 사이에서는 그럴 수 없습니다. 오히려 여러분 가운데서 크게 되고자 하는 사람은 여러분을 섬기는 사람이 되어야 합니다. 또한 여러분 가운데서 첫째가 되고자 하는 사람은 모든 이의 종이 되어야 합니다. 사실 인자도 섬김을 받으러 온 것이 아니라 오히려 섬기고 또한 많은 사람들을 대신해서 속전으로 자기 목숨을 내주러 왔습니다"(마르 10,42-45).

죄스런 과거를 묻지 않는 하느님 나라

주님이신 하느님은 사람의 죄스런 과거를 묻지 않는다. 회개는 모든 사람에게 열려 있는 현실이다. 그 현실 앞에서 예수는 아무도 단죄하지 않는다. 초기 신앙 공동체가 삽입한 문장들 안에서는 분리주의적 경향을 볼 수 있다. "나는 오직 이스라엘 가문의 잃은 양들에게 파견되었습니다"(마태 15,24). "이방인들의 길로도 가지 말고 사마리아인들의 고을로도 들어가지 마시오. 오히려 이스라엘 가문의 잃은 양들에게로 가시오"(마태 10,5-6).

개인고백 고해성사가 아직 시행되고 있는 가톨릭교회 안에서 하느님은 사람의 죄스런 과거를 엄하게 묻는 분으로 인식될 수도 있다. 현행

---

2 참조: 루가 7,36-50; 15,1-32; 마르 10,46-52; 요한 8장.

개인고백을 포함한 고해성사는 제4차 라테라노 공의회(1215년)가 채택한 양식이다. 죄를 지었다고 생각하면 사람들은 엄청난 보속補贖을 했고, 어떤 죄에는 어떤 보속을 하라는 소위 '보속 차림표'가 여러 종류 돌아다니고 있던 시대였다. 공의회는, 신앙인들이 이러한 보속 위주의 신앙에서 벗어나 자비하신 하느님을 믿는 신앙으로 들어설 수 있도록, 1년에 한 번 본당신부에게 죄를 고백함으로써 하느님이 자비롭고 용서하시는 분이라는 선포를 듣게 했다. 대중매체가 없던 시대였다. 인간이 속한 인과응보의 질서에서는 보속만이 용서받을 수 있는 길이지만, 그리스도 신앙인은 하느님의 질서, 곧 자비의 질서를 살아야 하는데, 그 시대 사람들에게 이를 선포하기 위해서는 개인고백 고해성사가 필요했다. 고해성사에서 보속을 주는 것은 그 시대 떠돌던 '보속 차림표'에 따라 보속하지 말라는 것이었다. 이렇게 13세기에 발생한 고해성사인데 16세기 개신교가 분리되고 그들이 모든 성사를 버리자, 그 분리의 후유증을 수습하기 위해 소집된 트렌토 공의회(1545~1563년)가 성사의 중요성을 말하기 위해 "예수님이 일곱 개의 성사를 세우셨다"고 말하면서 고해성사도 그 일곱 안에 넣어서 선포하였다.

예수와 더불어 시작한 하느님 나라

예수와 더불어 하느님 나라라는 주제가 이 세상 신앙 언어 안에 들어왔다. 그런 뜻에서 초기 그리스도 신앙 공동체는 요한 세례자가 하느님 나라 밖에 있다고 말한다.[3] 그리스도 신앙 공동체는 하느님 나라가 예수의 활동과 더불어 왔다고 믿는다. 예수는 하느님 나라가 모든 사람에

---

3 참조: 마태 11,2-6.11; 루가 7,18-23.28.

게 온다고 선포하였고, 그 하느님의 '함께 계심'에는 아무도 제외되지 않는다고 가르쳤다. 루가복음서(15장)는 하느님은 사람을 구원하신다는 사실을 설명한다. 다른 사람들을 죄인이라고 단죄하는 바리사이와 율사들에게 예수는 양 한 마리도 잃지 않으려는 목자의 심경, 은전 한 푼도 잃지 않으려는 여인의 마음, 그리고 아버지를 버리고 집을 나가서 탕아蕩兒가 되어 돌아오는 아들을 맞으며 기뻐하는 아버지의 모습에 비유하여 하느님은 죄인도 구원하신다는 사실을 설명한다.

하느님 나라의 종말론적 성격

예수는 하느님의 일을 거스르고 하느님의 뜻에 순종하지 않는 것을 비판하였다. 그 외의 일에 대해서는 큰 관심을 보이지 않았다. 예수는 팔레스티나를 식민지로 통치하는 로마제국에 세금을 내는 문제에도 큰 관심을 보이지 않았다(마르 12,14-17). 예수의 관심과 목적은 다른 데 있었다.

하느님 나라는 종말론적이다. 하느님 나라는 오고 있는 사건이다. "하느님 나라에서 새로운 것을 마실 그날까지, 포도나무 열매로 빚은 것을 더는 마시지 않겠습니다"(마르 14,25). 잔치는 다가오는 미래의 현실이다. 예수는 자기 제자들과 그 잔치에 참여할 것을 믿고 있다. 예수가 세상에 살아 있을 때, 제자들과 함께 식탁에서 나누었던 것은 하느님 나라에서 완성되는 실재實在였다. 복음서들은 그것이 어떤 방식으로 완성될 것인지 말하지 않는다. 예수에게 중요한 것은 사람들이 현재 하느님과 가지는 관계이고, 그 하느님은 사람들을 "돌보아 주고 가엾이 여기는 분"(탈출 33,19)이었다. 다가오는 하느님 나라에 대해 예수가 가르칠 때 하느님은 항상 구원하시는 분이고, 그 구원은 미래에 있었다.

유다인 파벌의 하나인 열성당원들은 로마의 지배를 벗어나서 정치적 자유를 누릴 때 하느님 나라가 있다고 가르쳤다. 그러나 초기 그리스도 신앙 공동체는 하느님 나라의 도래와 사람들의 실천을 연결시킨다. 행복 선언(루가 6,20-23)은 하느님 나라가 어떤 실천과 연결되어 있는지를 말한다. 원수를 사랑해야 하고(6,27-36), 이웃을 심판하거나 단죄하지 않고, 용서해야 한다(37-42절). 열매를 보면 나무를 안다(43-45절). "주님, 주님" 하고 부르는 것이 중요하지 않고, 말씀을 듣고 실천하는 사람이 "반석 위에 기초를 놓고 집을 짓는 사람"(46-49절)이다. 초기 신앙 전승에는 하느님 나라의 도래到來가 설교 주제였다.

예수는 이미 시작한 하느님의 다스리심을 가르쳤다. 구원에 대한 예수의 믿음은 순수 종교적 성격을 지닌다. 바리사이와 같이 윤리적인 것도 아니고, 열성당원과 같이 정치적인 것도 아니며, 사제들과 같이 성聖과 속俗을 구별하는 성전聖殿 중심의 의례적儀禮的인 것도 아니다. 하느님이 주님이시라는 것은 하느님과 인간의 관계를 설명한다. 하느님은 아버지로 '함께 계시는 분'이고, 그 사실로 말미암아 발생하는 인간의 실천이 있다. 하느님 나라는 지금 발생하는 인간의 실천 안에서 확인된다.

하느님 나라의 실천

오늘 우리는 과학의 영향으로 정확한 사실 보도만을 소중히 생각한다. 그러면서 우리는 과거의 이야기 문화에 접근하지 못한다. 구약성서와 신약성서는 이야기 문화 안에서 기록되었다. 그리스와 로마의 신화神話들이 그 이야기 문화의 산물이다. 사람들은 하나의 이야기를 반복하면서 그 이야기 안에 담겨 있는 지혜를 깨닫는다. 복음서들에 나오는 비유들은 바로 그 이야기 문화의 산물이다.

주님이신 하느님

마태오복음서는 달란트의 비유(25,14-30) 다음에 최후 심판의 비유(25,31-40)를 둠으로써 주님이신 하느님이 주신 달란트를 어떻게 사용해야 하는지를 말한다. 하느님이 주님이시기에 우리에게 요구되는 실천들이 있다는 사실을 말한다. 하느님 나라의 가까움은 우리가 깨어 있을 것을 요구한다(마르 13,33-37). "하늘나라는 밭에 숨겨진 보물과 비슷"하고(마태 13,44) "좋은 진주를 찾는 장사꾼과 비슷합니다"(마태 13,45).

함께 계시는 하느님

"쓸모없는 종"에 대한 이야기가 있다.

"여러분 가운데 누가 밭을 갈거나 양을 치는 종을 두고 있다면 그가 들에서 돌아올 때에 '어서 와서 식탁 앞에 자리 잡아라' 하겠습니까? 오히려 그에게 '내 저녁부터 마련하여라. 그리고 내가 먹고 마실 동안 너는 허리를 동이고 내 시중을 들어라. 그 후에 너는 먹고 마시거라' 하지 않겠습니까? 그 종이 지시받은 대로 했다고 해서 주인이 그에게 고마워하겠습니까? 이처럼 여러분도 지시받은 일을 모두 하고 나서도 '저희는 쓸모없는 종입니다. 저희는 당연히 해야 할 일을 했습니다' 하시오"(루가 17,7-10).

이 이야기는 그 시대 유다교의 영성에 위배된다. 그 영성은 율법을 기반으로 하느님에게 순종할 것을 요구한다. 그 영성에서 하느님은 철저하게 인과응보의 하느님이다. 율법 준수가 응보의 유일한 척도이다. 아무라도 율법을 알고 지키면, 구원은 보장된다. 유다교는 하느님이 그렇게 행동해야 한다고 믿었다. 쓸모없는 종에 대한 예수의 비유는 유다교의 이 인과응보 사상을 정면으로 부인한다. 이 비유는 하느님에게 하는 봉사가 당연한 것이라 말한다. 하느님으로부터 어떤 감사나 보상을 요구할 수 없다. 이 비유는 사람을 하느님과의 직접적 관계 안으로 들어가게 한다. 인간이 인간과 마음으로 함께 있는 관계에서도 인간은 감사와 보상받을 것을 먼저 계산하고 행동하지 않는다.

예수의 비유들은 율법을 이렇게 하느님과 함께 있는 인간관계 안으로 옮겨 놓는다. "잃었던 아들의 비유"(루가 15,11-32)에서 우리가 주목해야 하는 것은 잃었던 아들의 형이 취하는 태도이다. 형은 유다교의 가르침을 대변한다. 형은 동생이 아버지로부터 감사와 보상을 받을 수 있도록 행동하지 않았기에 동생과의 관계를 끊었다. 이 비유는 하느님의 자비로운 사랑 안에 머물 것을 권한다.

하느님 안에 머무는 일

"포도원 일꾼들의 비유"(마태 20,1-16)와 "무자비한 종의 비유"(마태 18,23-35)는 우리도 자비를 실천해야 한다고 말한다. 「주님의 기도」는 "우리가 우리에게 빚진 이들을 용서했듯이 우리의 빚을 용서하소서"(마태 6,12)라고 기도하게 한다. 이어서 마태오복음서는 "사람들에게 그들의 잘못을 용서하면 여러분의 하늘의 아버지께서도 여러분을 용서하실 것입니다"(6,14)라고 말한다. 하느님이 하시는 용서를 우리도 실천하며 살아야 한다는 말이다. 우리를 위한 하느님의 용서는 연장되어서 다른 사람들을 위한 우리의 용서를 발생시켜야 한다.

하느님이 자비로우시니 우리도 자비를 실천해야 한다. 그것이 하느님 안에 머무는 일이고, 하느님 나라를 사는 길이다. 예수는 죄인들과 세리들과 어울리고, 그들과 함께 먹고 마신 분이다. 예수는 죄인들에게도 하느님 나라를 약속하였다. "의사는 건장한 사람들에게 필요한 것이 아니라, 앓는 사람들에게 필요합니다. 나는 의인들을 부르러 온 것이 아니라 죄인들을 부르러 왔습니다"(마르 2,17). 예수는 하느님 안에 머물면서 하느님 나라 일을 실천한 분이다. 따라서 예수의 지상 생애가 하느님에 대한 비유라고 하겠다.

예수의 행복 선언

행복 선언(마태 5,3-12; 루가 6,20-23)은 강자強者들을 위한 축복이 아니라, 가난하고 굶주리고 슬퍼하는 사람들을 위한 축복 선언이다. 하느님 나라의 미래가 이미 시작되었다. 소외된 사람들을 위한 축복이다. 세속적 재물을 쌓지 말고(마태 6,19; 루가 12,33), 세속 일에 신경 쓰지 말며(마태 6,25-34; 루가 12,22-32), 맘몬을 섬기지 말라고(마태 6,24; 루가 16,13) 한다. 하느님이 왕으로 오시는 종말론적 미래가 시작된 것이다. 사람들의 올바른 실천이 높은 평가를 받는다. 따라서 하느님이 다스리신다는 메시지는, 지금 현재 아무것도 갖지 못한 가난한 사람들을 위한 축복이다. 가까이 다가온 하느님 나라의 구원이 그 축복을 보장한다. 루가복음서에만 있는 불행 선언(루가 6,24-26)은 구약성서 묵시문학에서 가져온 유다인들의 반어反語적 표현이다. 긍정적으로 한 번 말하고 그것을 다시 부정적으로 한 번 더 반복하는 표현법이다.

하느님을 향한 열망의 표현

예수의 행복 선언은 도움이신 하느님을 향한 우리의 열망이 지금 성취된다는 의미다. 약속과 기대가 실현될 시점에 와 있다. 예수는 그런 가난한 백성을 위해 사랑을 느낀다. 인류 역사 안에 있는 알아들을 수 없는 고통들을 거슬러 하느님이 행동하시기 시작했다는 것이다. 인간 고통이 지속되는 역사 안에 하느님의 극단적 거부의 메시지가 하느님으로부터 왔다. 역사의 모든 순간이 평화와 기쁨과 만족으로 가득할 것이다. 그것이 종말의 구원이고 행복이다. 하느님은 당신의 자비를 인류 역사 안에 이루고자 하신다. 하느님은 인간이 비참하지 않게 살 것을, 행복할 것을 원하신다. 그런 모든 것을 예수는 그 시대의 사고방식으로 표현하였다. 예수는 종말이 가깝다고 생각하였다. 그것은 부인할 수 없는 사실이다.

선을 원하시는 하느님에 대한 믿음의 표현

행복 선언에는 힘없음이 지닌 최종적 힘에 대한 영적 긍정이 들어 있다. 하느님은 최종적 선을 위해 지배하실 것이라는 믿음을 긍정하는 선언이다. 하느님은 선善을 원하시고 악惡을 거부하신다. 예수의 종말론적 메시지에서 우리는 악의 모든 형태, 사람을 울게 만드는 가난과 굶주림의 모든 형태들에 대한 하느님의 근본적 거부를 듣는다. 하느님은 악을 이기신다.

예수의 기적들

그리스도인들은 예수를 "두루 다니시며 선한 일을 하신"(사도 10,38)

분으로 기억한다. 그 선한 일은 구체적으로는 병을 고치고 마귀를 쫓는 것이었다. 마르코복음서는 "그분은 모든 일을 좋게 하셨구나. 저 귀머거리들은 듣게 하시고 저 벙어리들은 말을 하게 하셨구나"(7,37)라는 그 시대 사람들의 말을 전한다. "예수 그리스도의 복음"(1,1)을 기록한다는 이 복음서는 초기 신앙 공동체가 예수의 기적들을 보는 시선이 어떤 것이었는지를 알린다.

그들에게는 기적 자체가 중요하지 않았다. 기적을 만났다는 사실, 곧 구체적 하나의 도전挑戰을 체험했다는 사실이 중요했다. 우리가 복음을 읽는 방식도 그것이라야 한다. 사람들은 예수로 말미암아 비상한 무엇이 역사 안에 나타났다는 사실을 체험하였다. 그를 반대하는 사람들은 그것이 악마로부터 유래한다고 말하고, 예수를 따르는 사람들은 그것 안에 하느님이 가까이 계시다는 사실을 체험할 수 있었다.

"선한 일을 하는"(마르 3,4) 예수의 자유

예수에 대해 놀라는 사람들은 그분 안에서 구원하시는 하느님의 힘을 본다. 신약성서가 기적을 보는 방식은 현대인들과 다르다. 신약성서 시대 사람들은 자연법이라는 개념을 모른다. 기적은 자연법을 거스른 일이 아니라, 하느님이 하신 은혜로운 일이었다. 예수의 활동에 대해 더러운 영들은 예수가 그들을 없애러 왔다고 말한다(마르 1,23-24; 5,7). 악령들은 사람에게 나쁜 일을 하는 반면, 예수는 좋은 일을 하신 분이다. 인류 역사는 사실 고통의 역사이다. 예수는 악에 저항하고 선한 일을 하신 분이다. 후에 그리스도 신앙인들은 창조(창세 1장)에서 하느님이 모든 것을 좋게 보셨다는 말을 회상하면서, 예수를 마지막에 오실 예언자로 생각하였다. 그래서 그들은 "그분은 모든 일을 좋게 하셨구나"(마르 7,37)라는 말을 남겼다. 악마는 사람들을 귀머거리, 벙어리, 장님, 나병환자로 만든다.

하느님을 믿고 하느님에게 돌아올 것을 촉구하는 기적

예수는 기적을 행한 다음, "당신의 믿음이 당신을 구했습니다" 혹은 "당신의 믿음이 큽니다. 당신이 원하는 대로 이루어지기를 바랍니다"라고 말하는 경우들이 있다. 이것은 병을 고친 이야기와 관련이 있는 고정된 양식이다. 이 말은 나병환자 열 사람을 고친 이야기(루가 17,11-19) 안에서 이해될 수 있다. 나병이 나았다는 사실을 알고 돌아온 사람에게 예수는, "일어나 가시오. 그대 믿음이 그대를 구원했습니다"(루가 17,19)라고 말한다. 단지 한 사람만이 예수가 한 일을 이해했다. 그 사람은 예수에게 돌아와서 예수가 자기에게 하느님의 일을 해 주었음을 인정했다. 다른 사람들도 나았지만, 그들은 다른 신뢰를 가졌다. 예수의 기적이란, 함께 계시는 하느님이 사람들에게 베푸시는 자비의 결과임을 이 이야기는 전하고 있다.

신앙으로 부르는 기적

"간질병자 소년을 낫게 한" 이야기(마르 9,14-29)는 믿는 사람에게는 모든 일이 가능하다는 사실을 말하고자 한다. 기적적 효과를 내는 신앙은 예수가 하느님의 힘을 지니고 있다는 사실을 믿는 데 있다. 기적이 믿음을 전제한다는 사실은 어디서도 찾아볼 수 없다. 예수의 기적은 예수가 이스라엘을 위해 가진 사명, 곧 사람들이 하느님을 믿게 하는 데 필요한 것이다. 예수의 사명은 구원을 주는 하느님의 자비를 사람들에게 가져다주는 데 있다.

기쁨의 원천인 예수

하느님을 잊어버린 율법에서의 해방

예수는 사람들과 접촉하면서 그들을 해방하고, 그들을 기쁘게 한다. 예수와의 접촉에서 슬픔은 발생하지 않는다. 예수의 제자들은 단식하지 않는다는 이야기(마르 2,18-22)가 있다. 신랑이 있는 동안 신랑 친구들은 단식하지 않는다는 말이다. 예수는 율법 안에서 하느님의 선하신 뜻과 자비로운 배려를 본다. 예수는 사람들이 율법의 글자에 얽매여서 율법이 지닌 자비의 힘을 잃게 한다고 생각한다. 율법은 하느님의 자비를 사람들에게 전달하는 데 그 의미가 있다. 그러나 이스라엘의 실천에서 율법과 안식일은 그 목적을 잃고 사람들에게 견디기 어려운 짐이 되어 버렸다. "문자는 죽이고 영은 살린다"(2고린 3,6).

기쁨의 원천인 자비로우신 하느님

복음서들은 그 시대 율법적 관행과 비교하여 볼 때, 자비로우신 하느님을 나타내는 예수를 인식하게 해 준다. 예수의 삶과 행위를 하느님 나라의 가까움으로 수용하는 사람에게 예수는 자비로우신 하느님의 발현이었다. "그대들에게는 하늘나라 신비들을 알아듣게 해 주셨지만 저 사람들에게는 그렇게 하시지 않았습니다"(마태 13,11). 준비되지 않은 방관자나 율법만 믿고 지키는 사람들은 예수 안에서 자비로우신 하느님의 현존을 알아볼 수 없었다.

단식의 슬픔이 아니라 투신投身의 기쁨

예수가 제자들과 함께 있을 때, 그분을 신뢰하는 모든 사람은 기쁨밖에는 볼 수 없었다. 그래서 제자들은 단식할 수 없다. "예수께서는 이렇게 말씀하셨다. '혼인 잔치 손님들이 신랑이 함께 있는 동안 단식할 수 있습니까? 그들 가운데 신랑이 있는 동안에는 단식할 수 없습니다'"(마르 2,19-20). 이 말의 핵심은 자비로우신 하느님의 현현顯現인 예수가 우리 가운데 계신다는 말이다. 예수와 함께 있는 제자들은 자비로우신 하느님이 함께 계신다고 의식하였고, 마치 잔치를 벌이는 것처럼 받아들였다. 그 잔치는 예수가 준비한 것이다. 예수와 함께 있는 것은 그들에게 구원이었다. 그것은 투신의 시간이고 나눔의 시간이었다. 단식이라는 율법에서 그들을 풀어 주는 시간이었다.

자유로운 예수

예수는 자유로운 사람이었다. 그러나 예수의 자유는 결코 자기 자신을 위해 사용되지 않았다. 예수는 하느님이 자유롭고 사랑하시는 분이라는 사실을 표현하였다. 예수는 다른 사람들의 유익을 위해 자유를 행사하였다. 예수는 우리의 자유가 다른 사람에게 봉사하기 위한 것이라는 사실을 보여 주었다. 그것은 그 시대의 관행과는 거리가 있는 일이었다. 유다교 지도자들은 일반 대중이 겪는 고통을 알려 하지도 않았다. 예수로 말미암아 새로움이 시작된 것이다. 복음서들은 그 새로워진 바를 소개한다. 예수와 더불어 근본적으로 새로운 일이 역사 안에 들어왔다. 그분은 많은 사람들에게는 걸려 넘어짐이었고, 그분을 신뢰하는 사람들에게는 구원이었다. "이 아기로 말미암아 이스라엘에서 많은 이가 넘어지기도 하고 일어서기도 할 것입니다"(루가 2,34). 유다교의 율법과 제도의 문자에 얽매이지 않는 예수였다.

죄의 용서

유다인들과 유다 그리스도인들에게 죄의 용서는 하느님의 종말론적 행동이다. 인자에 대한 다니엘서 전승(7,13-14)에서도, 이와 연결된 유다교 묵시문학 전승에서도 죄를 용서한다는 언급은 발견되지 않는다. 유다교에서 죄의 용서는 하느님에게만 유보된 특권이었다. 최후에 오는 메시아에 대한 기대에서도 메시아는 죄인들을 대신해서 하느님께 용서를 빈다. 따라서 그런 권한을 사람에게 적용하면, 하느님을 모독하는 것으로 생각되었다.[4] 예수의 부활이 있은 후, 유다인으로 구성된 그리스도 신앙 공동체가 예수를 죄의 용서와 연결시키는 것은 역사적 예수의 실천이 없었으면 생각해 낼 수 없는 일이었다. "성령을 받으시오. 여러분이 누구의 죄든지 용서해 주면 그들은 용서받을 것이요, 여러분이 누구의 죄든지 그대로 두면 그대로 남아 있을 것입니다"(요한 20,22-23).

지상의 예수가 사람들의 죄를 용서한다고 분명히 말하는 곳은 두 군데밖에 없다(마르 2,1-12; 루가 7,36-50). 마르코복음서는 "인자가 땅에서 사람의 죄를 용서하는 권한이 있다는 것을 알려 주겠습니다"(2,10)라고 말한다. '인자' 人子는 다니엘서(7,14)와 유다교 묵시문학이 사용하는 호칭이다. 인자는 종말에 하늘에서 내려와 세상을 심판할 존재이다. 죄 많은 여인을 용서한 이야기(루가 7,36-50)와 죄인들과 세리들과 어울려서 먹고 마신 예수의 이야기(루가 15,1)는 예수의 지상 삶에 역사적으로 뿌리를 둔 이야기들이다. 예수는 자기가 설교한 하느님 나라를 실천한 분이었다. 하느님의 종말론적 나라는 예수의 실천으로 이미 인류 역사 안에 나타나고 있었다. 예수는 사람의 일을 하고 사람으로 살면서 자기 스스로를 하느

---

[4] 참조: 마태 9,3; 마르 2,7; 루가 5,21.

님의 일과 동일시하고 있다. "인자가 땅에서 죄를 용서하는 권한을 가지고 있음을 당신들이 알도록 하겠습니다"(마르 2,10). "아직까지 내 아버지께서 일하고 계시며 나도 일하고 있습니다"(요한 5,17).

예수의 '아빠 체험'

예수가 유다교에 대해 비난하는 것은 정통성이 부족해서가 아니다. 유다교는 이론과 실천을 분리하고 서민들을 외면하고 있었다.

"율사들과 바리사이들이 모세의 자리에 앉아 있습니다. 그러니 그들이 여러분에게 말하는 것은 모두 행하고 지키시오. 그러나 그들의 행실을 따라 행하지는 마시오. 사실 그들은 말만 하고 행하지는 않습니다. 그들은 무겁고 [힘겨운] 짐들을 묶어 사람들의 어깨에 메우고 자신은 그것을 나르는 데 손가락도 대려 하지 않습니다. 그들은 모든 일을 사람들에게 보이기 위해 합니다. 사실 그들은 성구갑을 넓적하게 하고 옷단의 술을 크게 합니다"(마태 23,2-5).

예수는 이 점을 비난하였다. 예수는 하느님의 뜻을 찾아야 한다고 믿고 있다. 예수가 믿는 하느님은 이스라엘의 하느님이다. 그 하느님은 묵시문학 안에, 바리사이와 에세네 사람들 안에도 살아 계시는 분이다. 그 하느님의 생명을 살아야 한다. 예수는 복음 선포 안에서 자기 스스로를 하느님 다음 높은 제2인자로 말하지 않는다.

'아빠' 호칭

하느님을 아빠(마르 14,36)로 부른 것은 랍비 문헌에서도, 유다인들의 문헌에서도 발견되지 않는다. 아빠는 예수 시대 지상의 아버지를 친근감 있게 부르는 단어이다. 이 호칭은 예수 시대의 기도문들에서도 전혀 발견되지 않는다. 예수의 고유함은 이 호칭이 지닌 단순함 안에 있다. 아빠는 예수가 계속해서 사용한, 가장 확실성이 있는 호칭이다. 제자들이 이 호칭을 사용한 것은 예수에 대한 회상이 작용한 결과였다.

요한복음서가 "나의 아버지"와 "여러분의 아버지"(20,17)를 구별하는 것은 예수가 "아빠"와 "하늘에 계신 아버지"(마태 6,9)를 구별한 데서 연유한다. 이 호칭은 예수가 살았던 하느님과의 특수한 관계를 반영한다. 그리스도 신앙 공동체도 하느님에게 아빠라는 호칭으로 기도하였다(갈라 4,6; 로마 8,15). 그리스도 신앙 공동체는, 예수가 하느님의 생명을 살았기 때문에 이 호칭을 사용했다는 것을 알고 있었다.

유다인에게 아버지란

유다인들에게 아버지는 자녀들이 순종하고 경건하게 대해야 하는 온전한 권위를 가진 존재이다. 아버지는 자녀들을 돌보고 보호하기 위해 있다. 자녀에게 아버지는 권위이며 가르침이다. 자녀는 모든 것을 아버지로부터 받는다. 아들은 아버지로부터 사명을 받고 그것을 자기 것으로 삼는다. 예수가 하느님을 아빠라는 친근한 호칭으로 부른 것은 자기가 지닌 신앙 체험의 핵심을 자연스럽게 표현한 것이다.

이 호칭에서 연유하는 초기 공동체의 표현들

신앙인들은 예수에 대해 회상하면서 "내 음식은 나를 보내신 분의 뜻을 행하는 것"(요한 4,34), "당신 뜻을 행하러 왔습니다"(히브 10,9), "내 뜻이 아니라 나를 보내신 분의 뜻을 찾는 것"(요한 5,30), "나는 내 뜻이 아니라 나를 보내신 분의 뜻을 행하러 왔습니다"(요한 6,38) 등의 말씀을 발생시켰다. 이 말씀들은 아빠라는 호칭이 전제하는 아버지와 아들의 관계를 하느님과 예수의 관계에 적용한 것이다.

예수의 메시지와 행위의 원천

아빠 체험은 예수의 메시지와 행위가 지닌 특수성의 원천으로 보인다. 이 체험이 없었더라면, 예수의 메시지와 행위는 달랐을 것이다. 예수는 세리들과 죄인들과 어울렸으며, 하느님으로부터 오는 구원을 식탁 동료들과 나누고, 율법과 성전에 대해 특수한 자세를 취했으며 제자들과 친밀한 관계를 유지하였다.

예수의 그런 자세는 하느님이 인류를 굽어보신다는 사실을 반영한다. 예수의 생애는 하느님의 나라를 위한 실천이었다. 하느님의 나라와 예수의 실천은 밀접히 관련지어져 있다. 예수는 자기의 실천 안에 도래하는 하느님 나라의 징표를 읽고 있는 것 같다. 예수의 메시지와 실천은 사람들이 버린 사람들까지 포함하는 모든 이스라엘을 위한 구원이었다.

하느님 나라에 대한 예수의 희망은 하나의 대조를 보여 준다. 한편으로는 어쩔 수 없는 인간 고통의 역사, 곧 재난과 폭력과 불의와 억압의 역사가 있고, 다른 한편으로는 하느님에 대한 그분의 특수한 인식인 아빠 체험, 곧 모든 악을 거스르는 선하신 하느님과의 교섭이 있다. 예수의 아빠 체험은 자기 스스로를 긍정하는 체험이 아니라, 자녀에게 새로운 미래를 주는 아버지이신 하느님에 대한 체험이었다.

선한 미래를 여는 아버지

예수는 바로 이 아빠 체험으로 세상이 주지 못하는 희망의 메시지를 사람들에게 줄 수 있었다. 하느님은 도래하시는 분, 아직 현재로서는 당신 스스로의 권위를 증명해 보이지 않으시는 분, 그러나 이스라엘을 미래로 인도하시는 분이다. 하느님은 미래를 여는 가능성으로 계신다. 인간 존재에 해를 끼치는 모든 것을 거부하는 좋은 힘으로 계시는 분이다. 고통당하는 인류와 그 역사를 위해 선한 것을 원하는 분이시다. 예수의 아빠 체험은 사람들을 아끼고 그들을 자유롭게 하는 힘이신 하느님에 대한 직접적 깨달음이다. 예수의 하느님이신 아빠는 하늘과 땅의 창조주이며 역사 안에 일어나는 것과는 반대로 이스라엘을 인도하는 분이다. 하느님과 함께 있으면 "무슨 일이나 다" 가능하다(마르 10,27). 예수가 지상 생활 중에 말씀과 행동으로 사람들을 부른 것은 이 하느님에 대한 신앙이었다. 그것이 예수가 수행한 봉사 직무의 존재 이유였다. 따라서 예수의 생활에서 하느님과의 이 특수한 관계를 제거하면 예수의 메시지와 그분 삶의 방식이 동시에 무너진다.

나오면서

예수는 하느님이 가까이 계시다는 사실을 선포하고, 가난하고 억눌린 사람들을 위한 기쁜 소식, 구원의 소식을 가져다주는 종말론적 예언자로 처신하였다. 예수는 자비로우신 하느님의 나라를 선포하고, 그 하느님 나라에 상응하는 질서, 곧 자비의 실천을 사람들에게 요구하였다. 예수는 스스로 실천하여 그 삶이 어떤 것인지를 보여 주고, 비유와 말씀으로 사람들을 가르쳤다. 하느님은 벌한다고 가르치는 그 시대 유다교 실세들에 맞서서 예수는 하느님이 인간을 아끼신다는 사실을 보여 주었다. 예수는 예외 없이 모든 사람에게 희망을 주었다. 예수와 접촉한 사람들은 구원과 치유를 체험하고, 하느님 안에 희망을 가졌다. 예수의 실천을 배워서 많은 사람들이 새 생활을 하게 되었다. 그들은 다시 희망을 갖고, 새 생활을 시작할 수 있었다. 예수는 그것을 위해 아무런 조건을 제시하지 않았다. 누구든 예수에게 접근하는 사람은 고통과 고뇌에서 자유로워지고 자비와 구원을 체험할 수 있었다. 미래가 없던 사람들에게 구원과 미래가 주어진 것이다. 이러한 체험이 있었기에 초기 신앙 공동체는 다음 말씀을 전할 수 있었다. "수고하고 짐을 진 여러분은 모두 내게로 오시오. 내가 여러분을 쉬게 하겠습니다. 여러분은 내 멍에를 메고 나에게서 배우시오. 나는 온유하고 겸손하기 때문입니다. … 내 멍에는 편하고 내 짐은 가볍습니다"(마태 11,28-30).

예수의 메시지와 실천은 사람을 억누르는 하느님 개념을 파괴한다. 예수의 메시지와 실천의 원천은 자비로우신 하느님에 대한 예수의 아빠 체험이었다. 이 체험을 전제하지 않으면, 역사적 예수의 모습이 손상되고 그의 메시지와 실천이 의미를 잃는다. 예수를 믿는 것은 예수 안에 살아 계셨던 자비로우신 하느님에 대한 그분의 신뢰를 확인하는 것이고, 예수의 아빠 체험을 현실로 자기 안에 받아들이는 것이다. 예수를 신뢰하는 것은 예수의 지상 생애 안에서 하느님 아버지의 자비로우신 실재를 발견하는 것이다. 예수의 삶에 대한 이야기는 끝나지 않았다. 인류 역사의 종말까지 예수 이야기는 지속될 것이고, 그 이야기는 말씀으로 변해서 "말씀이 육신이 되시어 우리 가운데 거처하실 것"(요한 1,14)이다.

2

힌두교의 자비: 『우파니샤드』에 나타나는 자비

나혜숙

들어가는 말

    힌두교의 수많은 경전 가운데 한국에도 알려진 경전을 꼽으라고 한다면 『우파니샤드』*Upaniṣad*가 빠지지 않을 듯하다. 고대 힌두교인에게 권위가 절대적인 천계성전天啓聖典 『베다』*Veda*에 속해 있어 힌두교에서도 중요할 뿐만 아니라, 한국에서도 1970년대에 소개(박석일 1974)된 이래 산스크리트어 원전 번역을 비롯한 여러 번역서, 편역서, 해설서가 출간되었기 때문이다. 일찍이 발터 카스퍼Walter Kasper 추기경은 가톨릭에서 교의신학의 그늘에 가렸던 자비라는 주제가 사실은 아주 중요하고 이 시기에 더욱 필요하다고 상기시켜 주었다(Kasper 2012). 그리고 2016년은 프란치스코 교황이 선포한 '자비의 특별 희년'이다. 그런데 힌두 경전『우파니샤드』를 읽을 때에도 이와 같은 가톨릭의 상기와 선포에 새삼 귀 기울일 필요가 있을 듯하다.

『우파니샤드』는 간략히 말하면 고대 인도인들이 궁극적 실재(brahman), 궁극적 자아(ātman), 이 둘의 관계, 물질, 육체, 마음, 자아, 죽음, 생사윤회生死輪廻에서 해방되는 방법 등을 탐구한 철학적, 종교적 노력의 산물이다. 크게 볼 때 국내외의『우파니샤드』연구는 형이상학과 구원론을 중심으로 한 철학적, 신학적 접근이 주를 이뤘다. 그래서『우파니샤드』에서 자비라는 윤리적 주제를 논할 수 있을까 하는 의아함이 든다면 오히려 자연스러운 반응일지도 모르겠다. 그렇지만 체계적으로 살펴볼 수 있을 만큼 관련 분량은 적긴 해도『우파니샤드』에는 자비에 관한 언급들이 있다. 가톨릭에서 '자비의 특별 희년'을 통해 타 종교의 자비를 재조명하는 기회를 맞아, 이 글에서는 '힌두교의 자비'라는 방대한 주제의 한 측면으로, 힌두교의 주요 경전이자 한국인에게도 철학서와 신학서로 알려진『우파니샤드』를 선택해 그 안에 자비가 어떻게 나타나는지 살펴본다. '힌두교의 자비'라는 큰 주제에 관해 출판된 연구물은 인도 학자 사스트리의 연구(Sastry 2009)가 유일하다. 그는 힌두교에서 자비의 의미로 쓰이는 단어들과 뜻을 정리하고, 다양한 힌두 경전에서 자비가 논해진 부분을 소개해 도움을 준다. 그러나 이 글에서는 사스트리처럼 광범위한 문헌에 나타나는 자비를 요약적으로 소개하기보다는, 한 문헌을 정하고 자세하고 천천히 살펴보기로 한다. 국내외에『우파니샤드』의 자비를 주제로 한 독립적 연구물은 아직 없어 이를 고찰하고 소개하는 기회로도 삼고자 한다.[1]

---

[1] 국내외에『우파니샤드』의 자비를 주제로 한 독립적 연구물은 아직 없다. Hopkins(1924), Keith([1925] 1989), Crawford([1974] 1982), Hindery(1978), Michael

조사 대상으로 삼은 『우파니샤드』 열세 종² 가운데, 모두 초기(부처 탄생 이전)에³ 속하는 『브리하다란야카 우파니샤드』, 『찬도갸 우파니샤드』, 『타잇티리야 우파니샤드』에는 자비에 관한 직접적, 간접적 언급들이 있다. '직접적' 언급이란 '자비'라는 단어가 쓰인 곳을 말한다. '간접적' 언급이란, '자비'라는 직접적 단어는 아니지만 자비와 관련해 논할 수 있는 '친절'과 '불살생'不殺生이 언급된 곳이다. 두 개념이 어떻게 자비와 관련되는지는 본문에서 논하기로 한다. 그래서 엄밀하게는 자비, 친절, 불살생이라는 세 개념이 다르지만 이들을 '자비'라는 큰 범주에 넣고 진행한다. 이 글에서는 세 개념이 언급된 부분을 원전에서 살펴본 후, 이들이 분량은 적지만 각각 중요한 맥락에서 논의된다는 것을 밝힐 것이다.

중세 인도의 철학자이자 신학자 샹카라Saṅkara는 이 세 초기 『우파니샤드』보다 천 년 이상 지난 기원후 8세기경(700~750년 추정)에 살았다. 그는 이 세 초기 『우파니샤드』를 비롯해 여러 종의 『우파니샤드』 주석서를 썼고, 이 주석서들은 『우파니샤드』에 대해 현존하는 가장 오래된 주석서들이다. 그는 주석 활동을 통해 주로 형이상학에 초점을 둔 철학적 작업을 펼치지만, 윤리적 주제인 자비와 관련해 우리의 이해에 도움을 주는

(1979), Jhingran(1989), Rukmani(2008)에 포함된 자비 관련 부분은 내용 전달에 가깝고 자세한 고찰은 아니다.

2   '우파니샤드'란 각각의 우파니샤드를 지칭하기도 하고 다수의 우파니샤드를 집합적으로 지칭하기도 한다. 조사 대상으로 삼은 『우파니샤드』 열세 종은 다음과 같다. 『브리하다란야카 우파니샤드』, 『찬도갸 우파니샤드』, 『타잇티리야 우파니샤드』, 『아이타레야 우파니샤드』, 『카우시타키 우파니샤드』, 『케나 우파니샤드』, 『카타 우파니샤드』, 『이샤 우파니샤드』, 『프라슈나 우파니샤드』, 『문다카 우파니샤드』, 『만두캬 우파니샤드』, 『슈베타슈바타라 우파니샤드』, 『마이트리 우파니샤드』. 이하 본문에서 집합적으로 우파니샤드를 지칭할 때는 이 열세 작품을 지칭하는 것이다.

3   초기-중기-후기 분류는 나카무라(中村)의 연대를 따랐다(Nakamura 1983: 42). 나카무라에 따르면 초기는 기원전 466년 이전.

주석과 흥미로운 해석도 남겼다. 그래서 원전 단어의 뜻이나 맥락을 쉽게 이해하는 데 도움을 받는 범위 안에서 그의 주석과 해석을 참고한다.

자비

이야기

『브리하다란야카 우파니샤드』에는 자비에 관한 이야기가 있다(5.2.1-5.2.3). 우주의 창조신 프라자파티Prajāpati가 세 종류의 자식인 신(deva)들, 인간들, 아수라asura들에게 가르침을 준다. 이야기는 다음과 같다.

신들, 인간들, 아수라들이 아버지 프라자파티의 집에서 학생으로 지내며 한동안 살았다. 이 시기를 끝내고 나서 신들이 아버지에게 "우리에게 가르침을 주십시오" 하고 가르침을 청했다. 이에 아버지가 "다" 하고 말했다. 그러고 나서 아버지가 신들에게 "너희가 이해했느냐?" 하고 물었다. 신들은 "이해했습니다. 아버지는 저희에게 '제어하라'고 말씀하셨습니다" 하고 대답했다. 아버지는 "너희가 이해했다"고 말했다.

다음에는 인간들이 아버지에게 "우리를 가르쳐 주십시오" 하고 가르침을 청했다. 아버지는 신들에게 했던 대답과 똑같이 "다" 하고 말했다. 그러고 나서 아버지가 인간들에게 "이해했느냐?"고 물었다. 인간들은 "이해했습니다. 아버지는 저희에게 '주어라' 하고 말씀하셨습니다" 하고 대답했다. 아버지는 "너희가 이해했다"고 말했다.

마지막으로 아수라들이 아버지에게 "우리를 가르쳐 주십시오" 하고 가르침을 청했다. 아버지는 이번에도 "다" 하고 말했다. 아버지가 아수라들에게 "이해했느냐?"고 물으니, 아수라들이 "이해했습니다. 아버지는 저희에게 '자비하라'고 말씀하셨습니다" 하고 대답했다. 아버지는 "너희가 이해했다"고 말했다.

하늘에서 치는 천둥소리가 바로 이 "다, 다, 다"를 반복한다. 이는 곧 '제어하라, 주어라, 자비하라'는 뜻이다. 그래서 이 셋, 즉 제어, 보시, 자비를 실천해야 한다.[4]

요약하면, 아버지인 창조신 프라자파티가 세 종류의 자식에게 똑같이 "다"라고 말했지만 자식들은 다르게 해석했다. 신들은 '제어하라', 인간들은 '주어라', 아수라들은 '자비하라'로 이해했다. 원어를 잠시 살펴보면, '제어하라'인 '담야타'dāmyata는 동사 원형 'dam'(길들여지다/길들이다, 제어되다/제어하다)의 2인칭 복수 명령형이다. '주어라'인 '닷타'datta는 동사 원형 'dā'(주다)의 2인칭 복수 명령형이다. '자비하라'인 '다야드밤'dayadhvam은 동사 원형 'day'(나누다)의 2인칭 복수 명령형이다. 세 종류의 자식은 프라자파티가 말한 '다'에서 각각 '담야타', '닷타', '다야드밤'[5]을 들은 것이다. 명사형일 때, 제어는 '다마'dama, 보시[6]는 '다나'dāna, 자비는 '다야'daya

---

4 직역이 아니고 약간 요약한 형태이다. 본문에서 『우파니샤드』와 샹카라 주석의 번역은 필자의 번역이다. 산스크리트어 원전(『우파니샤드』는 Olivelle 1998, 샹카라 주석은 Shastri 1986)을 기본으로 하면서 여러 번역서를 참고했다. 샹카라 주석은 마드바난다(Mādhvānanda)와 감비라난다(Gambhīrānanda)의 번역서를 참고했다.

5 '담야타', '닷타', '다야드밤'의 세 단어는 비교적 알려진 편이다. 영국 시인 엘리엇(T.S. Eliot)이 지은 『황무지』(*The Waste Land*, 1922)의 다섯 번째 시(詩) 「천둥이 한 말」(What the Thunder Said)에 인용되었기 때문이다. 시에는 『우파니샤드』의 순서와 달리 '닷타', '다야드밤', '담야타'의 차례로 배치되었다.

6 '보시'(布施)는 불교 용어이다. 보시와 같은 뜻인 '단나'(檀那)는 산스크리트어 '다나'(dāna)에서 유래했다. 불교의 다나 개념, 그리고 『우파니샤드』가 속한 『베다』의 다나 개념은 엄밀하게 다르지만, '보시'라는 용어가 대중적으로 알려졌고 힌두 경전의 한글 번역에서

가 쓰였다. 다음으로는 각각의 의미를 살펴본다. 제어와 보시도 각각 우파니샤드에서 중요하고 큰 개념이지만, 이 글에서는 자비에 집중하기 위해 제어와 보시는 되도록 간략히 지나간다.

제어, 보시, 자비

• 제어, 보시 •

제어는 『우파니샤드』의 핵심 수행에 속한다. 이야기에는 '제어하라'의 목적어가 등장하지 않지만, 『우파니샤드』에는 자신, 더 구체적으로는 감각기관(시각, 청각, 후각, 미각, 촉각)과 욕망을 제어하라는 가르침이 많기 때문에, 제어의 대상이 자기 자신임을 쉽게 알 수 있다. 그래서 제어란 곧 자제自制를 말한다.[7]

보시는 『리그 베다』*Ṛg Veda*(대표적으로 10.117)부터 시인들이 찬양해 온 행위이고 『브라흐마나』*Brāhmaṇa*에서는 핵심적이다(Keith [1925] 1989: 480). 이 두 문헌보다 후대 문헌인 『우파니샤드』에서 보시는 『브라흐마나』보다는 덜하지만 여전히 중시된다. '보시'라는 단어에서 불교의 무주상보시無住相布施처럼 대가 없이 주는 행위를 떠올릴 수 있을 것이다. 하지만 『우파니샤드』 시대에 보시는 순수하게 타인을 위하는 윤리적 활동보다는, 특정 목적을 가진 종교적, 사회적, 경제적 활동에 가깝다(Gonda [1965] 1985: 208-209). 보시가 직접 언급된 곳들[8] 외에도 이야기들이 있어 두 이

많이 채택되었기 때문에 힌두교 '다나'의 번역어로 사용한다.

7   번역서나 해설서에는 목적어를 넣어 '자제(自制)하라'는 번역이 많이 쓰인다. 이 글에서는 본문을 자세히 보기 위해 직역을 살려 목적어 없이 '제어하라'로 통일한다.
8   이 텍스트 외에 『찬도갸 우파니샤드』 2.23.1; 3.17.4; 『브리하다란야카 우파니샤드』 4.4.22; 6.2.16.

야기만 간략하게 살펴본다. 바라문9 여섯 명이 아슈바파티 카이케야 왕에게 가르침을 청하러 찾아온다. 아슈바파티 왕이 그들과 만나 건넨 첫 마디는 "내 나라에는 훔치는 자가 없고, 인색한 자가 없고, 술 마시는 자가 없고, 제사 지내지 않는 자가 없고, 무지한 자가 없고, 정숙하지 않은 남자가 없고, 정숙하지 않은 여자가 없습니다"10였다. 왕이 나열하는 항목 가운데, '인색한 자가 없다'는 것이 왕이 자랑하는 좋은 나라의 특징에 속하는 것을 볼 때 보시가 중요한 규범임을 알 수 있다. 또한 많이 주는 자가 얻는 이익에 대한 이야기도 있다. 자나슈르티라는 왕은 "주는 것에 헌신하는 자, 많이 주는 자, 많은 음식을 주는 자였다"11라고 소개된다. 비록 그의 헌신적인 기부는 직접적인 해탈의 방법이 되지는 못하지만, 백조들이 그에게 도움을 줌으로써, 그가 높은 지식을 가진 성인을 찾아가는 계기가 된다.

• 자비 •

'제어-보시-자비'라는 조합에 자비가 포함된 사실은 흥미롭다. 왜냐하면『우파니샤드』에서 제어는 핵심적 수행이고 보시는 여전히 중요한 규범이지만, 자비는『우파니샤드』열세 종에서 이곳에만 나오고 설명도 따로 없기 때문이다. 키스Keith는 자비를『우파니샤드』시대의 도덕적 덕

---

9 사성계급(四姓階級) 중 교육과 사제를 맡는 브라흐마나(brāhmaṇa)를 지칭한다. 문헌『브라흐마나』와 혼동될 수 있어 이 글에서는 한자 음차(音借)인 '바라문'(婆羅門)으로 표현한다.

10 "na me steno janapade na kadaryo na madyapaḥ. nānāhitāgnir nāvidvān na svairī svairiṇī kutaḥ"(『찬도갸 우파니샤드』5.11.5).

11 "jānaśrutir … śraddhā-deyo bahu-dāyī bahu-pākya āsa"(『찬도갸 우파니샤드』4.1.1).

목이라고 잘 말했다.12 하지만 이 이야기에서는 '자비'와 '자비하라'라는 단어들만 쓰였지 단어 설명이 없어 구체적인 뜻을 알기가 힘들다. 그래서 사전, 번역, 주석을 차례로 살펴보기로 한다.

우선, 사전에서 동사 'day'의 뜻은 '나누다', '함께하다', '동정하다'이고, 명사형 'dayā'는 '동정', '자비', '연민'이라는 뜻이다.13 번역들을 보면, 한국과 영미권 학자는 대부분 '다야드밤'과 '다야'를 '자비하라'나 '동정하라', '자비'나 '동정'으로 번역했다. 일본의 1세대 인도학자 타카쿠스(高楠 1933: 135-136)의 번역은 색달라 주목할 만하다. 그는 '사랑하라'(愛せよ), '애민愛愍하라'(愛愍せよ), 직역하면 '사랑하고 불쌍히 여겨라',14 '애민'愛愍이라고 번역해, 자비의 적극적 측면을 살려 사랑이라고 표현했다. 그렇지만 이렇게 『우파니샤드』에 나오는 자비 개념을 사전과 번역을 보아도, 또 사랑이라고 이해해도 여전히 뜻이 명료하게 잡히지 않는다. 그래서 이 이야기에 주석과 해석을 남긴 샹카라의 주석에서 도움을 받기로 한다. 샹카라는 아수라들이 명령받은 '자비하라'를 다음과 같이 주석한다.

"[아수라들] 너희는 해치는 일 등에 빠진 무자비한 자들이다. 그러므로 '자비하라'란, 생명 있는 것들에 자비를 베풀라는 말이다"(krūrā yūyaṃ hiṃsādi-parāḥ ato dayadhvaṃ prāṇiṣu dayāṃ kuruteti).15

---

12 "… but sympathy is a virtue of the Upaniṣadic period"(Keith [1925] 1989: 480). 『우파니샤드』 이전 문헌인 『리그 베다』에서 자비는 신들의 특성으로 나타나고, 지금 살펴보는 것처럼 인간이 행해야 하는 도덕적 규범으로 명시되지는 않는다.

13 Day: "To divide, impart, allot", "to partake, possess", "to take part in, sympathize with, have pity on"; Dayā: "sympathy, compassion, pity for"(Monier-Williams).

14 "애민(愛愍)하다: 손아랫사람을 사랑하고 도와주다"(『표준국어대사전』).

15 『브리하다란야카 우파니샤드』 5.2.3에 대한 샹카라의 주석 중(Shastri 1986: 397, 10행).

이 인용문에서 알 수 있는 것은 두 가지이다. 하나는 자비한 행위가 어떤 행동인지이고, 또 하나는 누구에게 자비할 것인가이다. 우선, 샹카라의 주석은 '자비'를 정의 내림으로써 도움 주기보다, '무자비'가 무슨 행동인지를 말함으로써 도움을 준다. 그가 말하는 '무자비'(krūra)란 '해치는 일 등'(hiṃsā-ādi)이다. 여기서 '해치는 일'로 쓰인 단어는 '힘사'hiṃsā로서 몸이나 마음의 상해 및 죽임을 뜻하고, 잘 알려진 '아힘사'란 단어를 이룬다. 그래서 자비롭다는 것은 무자비하지 않은 것, 즉 육체적, 심리적으로 해를 입히거나 죽이지 않는다는 말이다. 다시 말해서, 샹카라가 자비의 한 측면을 아힘사로 해석했다고 볼 수 있다.

다음으로, 『우파니샤드』 구절에는 '누구에게' 자비를 베풀라는 것인지 나오지 않는다. 샹카라는 자비를 베풀 대상이 "생명 있는 것"(prāṇin)이라고 주석했다. "생명 있는 것"이란 '사람과 동물'을 지칭한다(Monier-Williams, Wezler).[16] 그래서 종합하면, 샹카라가 이해한 '자비'란 '사람과 동물에게 해를 입히지 않는 것'이라고 볼 수 있다. 『우파니샤드』 자체로는 자비에 대한 설명이 없기 때문에, 샹카라의 주석을 통해 자비의 뜻과 대상을 구체적으로 알 수 있었다.

이야기와 자비에 대한 샹카라의 해석

샹카라가 그의 주석에서 '제어-보시-자비' 가운데 특히 자비를 중시한 것은 아니지만, 자비의 실천을 빼놓지 않기 위해 노력한다. 그가 논하

---

16   "A living or sentient being, living creature, animal or man"(Monier-Williams); "Significantly *prāṇin* does not include plants and most probably also not the lower animals, i.e. animals which are not easily recognized as (equally) breathing"(Wezler 1992: 395).

는 두 가지 해석적 쟁점에서 이러한 노력을 엿볼 수 있다.

• 고대의 옛날이야기인가, 현재에도 해당되는 이야기인가? •

이야기의 끝부분에는 창조신이 가르쳐 준 '다, 다, 다'를 하늘에서 치는 천둥소리가 반복한다는 부분이 있다. 여기에서 프라자파티와 천둥소리의 연결이 특별히 강조되지는 않았다. 그런데 샹카라는 이 연결고리를 통해 고대와 현대를 연결하고, '신-인간-아수라'와 우리를 연결한다. 그는 다음과 같이 말한다.

> 옛날에 신들 등을 가르쳤던 프라자파티가 오늘날에도 하늘의 천둥소리를 통해 [우리를] 가르친다. ⋯ 프라자파티가 [천둥소리를 통해] 오늘날에도 '제어하라, 주어라, 자비하라' 하고 [우리를] 가르치기 때문에 ⋯ 우리는 프라자파티의 [이 세] 가르침을 실행해야 한다.[17]

샹카라의 해석에서 그가, '고대'에 실천해야 했던 윤리적 명령을, '현재' 실천해야 하는 윤리적 명령으로 확장하는 모습을 볼 수 있다. 또한 '신-인간-아수라'가 실천해야 하는 명령을 '우리 인간'이 행해야 하는 명령으로 전환하는 모습도 볼 수 있다. 이 두 가지 모습은 다음의 해석적 쟁점에서 더 확대되어 논의된다.

---

17 "yaḥ pūrvaṃ prajāpatir devādīn anuśaśāsa so 'dyāpy anuśāsty eva daivyā stanayitnu-lakṣaṇayā vācā ⋯ yasmād adyāpi prajāpatir dāmyata datta dayadhvam ity anuśāsty eva tasmāt kāraṇād ⋯ upādadyāt prajāpater anuśāsanam asmābhiḥ kartavyam"[『브리하다란야카 우파니샤드』 5.2.3에 대한 샹카라의 주석 중 (Shastri 1986: 397, 11-15행)].

• 인간은 보시만 해야 하나, 자비도 실천해야 하나? •

프라자파티가 인간에게는 '주어라' 하고 명했으니 인간은 보시만 하면 될까, 아니면 제어와 자비도 실천해야 할까? 샹카라는 이에 관한 두 가지 의견을 소개한 후 그에 반대하면서, 인간이 제어, 보시, 자비를 모두 실천해야 할 당위성을 마련한다.

첫 번째 의견은, 자비는 아수라에게 명령한 것이니 자비만 빼고, 신과 인간에게 명령한 제어와 보시만 수행해야 한다는 의견이다. 그러나 샹카라는, 아버지는 자식에게 좋은 것만을 주기 마련이고, 프라자파티가 그 자식들에게 준 가르침은 아주 유익하기 때문에, 인간은 제어와 보시는 물론이고 자비까지 빠짐없이 실천해야 한다고 주장한다.

두 번째 반대 의견은, 샹카라는 이야기를 곧이곧대로 해석하는 자들, 즉 이 가르침을 신, 인간, 아수라가 각각 받은 것으로 해석하는 자들의 의견을 반대한다. 그는 누구인지 밝히지는 않고 "어떤 사람들이 말하는 의견"(eka āhuḥ)이라고 하면서 그들의 의견을 꽤 길게 소개한다. 요약하면 다음과 같다.

[신들, 인간들, 아수라들은 각각] 제어가 부족하고, 보시가 부족하고, 자비가 부족해 자신들에게 죄가 있다고 생각하고 있었다. 그들이 [학습 기간 동안] 스승과 함께 살 때 '스승님이 우리에게 무엇을 말씀하실까?' 하는 두려움이 있었다. 그래서 스승에게 … '다'라는 [한마디를] 들은 것만으로, 각자에게 있던 두려움 때문에 그 의미를 알 수 있었다. … 그들은 각자의 결함에 따라 가르침을 다르게 이해한 것이다. … 자신의 결함을 알고 있으면 '다'라

는 한마디 짧은 가르침으로도 그 결함을 버릴 수 있다는 것이 확실하다.[18]

이 의견은 '다'라는 똑같은 가르침을 세 부류가 다르게 받아들인 이야기에 대한 재미있는 해석이다. 그리고 이 의견에 따르면 인간은 인간에게 부족한 보시만 해야 한다. 그러나 샹카라는 이 의견을 강하게 부인한다. 이 의견에 대한 샹카라의 반론이 제일 길고 맨 마지막에 위치해 있는 점을 볼 때, 이 반론이 그가 제일 하고 싶은 말이라는 것을 알 수 있다. 그의 주장에 따르면, 프라자파티는 자제, 보시, 자비를 신, 인간, 아수라에게 각각 명한 것이 아니라 모두 '인간에게만' 명한 것이다. 그의 해석은 다음과 같다.

[이 이야기에] 인간 말고 신이나 아수라는 존재하지 않는다. 그들은 모두 인간이다. 자기 제어가 부족하지만 좋은 성질을 많이 갖춘 사람이 신이다. 탐욕스러운 사람이 인간이다. 해치기를 좋아하는 무자비한 사람이 아수라이다. 그들(신, 인간, 아수라)은 인간일 뿐이다. 다만 인간이 가진 제어 부족 등의 세 결함에 따라서, 그리고 인간이 가진 선함(sattva), 격정(rajas), 악함(tamas)이라는 다른 성향에 따라서, 신 등의 이름이 붙게 된다. 그러므로 프라자파티가 오로지 그것들(인간들의 결함과 성향)에 따라서만 가르쳤기 때문에, 인간만이 이 세 가르침을 실천해야 한다. 왜냐하면 인간이 제어하지 못

---

[18] "adāntatva-adānatva-adayālutvair aparādhitvam ātmano manyamānāḥ śaṅkitā eva prajāpatāv ūṣuḥ kiṃ no vakṣyatīti. teṣāṃ ca da-kāra-śravaṇa-mātrād evātma-aśaṅkā-vaśena tad-artha-pratipattir abhūt. … ātmano doṣānurūpyeṇa devādīnāṃ vivekena pratipattuṃ ceti. phalam tv etad ātma-doṣa-jñāne sati doṣān nivartayituṃ śakyate 'lpenāpy upadeśena da-kāra-mātreṇeti" [『브리하다란야카 우파니샤드』 5.2.3에 대한 샹카라의 주석 중(Shastri 1986: 398, 1-5행)].

하고, 탐욕스럽고, 무자비하다는 것은 일상생활에서 쉽게 볼 수 있기 때문이다.¹⁹

샹카라의 해석은 흥미롭다. 그에게는 제어, 보시, 자비의 중요도도 상관없고, 실천해야 할 순서도 상관없고, 어느 가르침을 누가 받았는지도 상관없다. 프라자파티의 세 윤리적 가르침은 모두 결함(doṣa)과 성향(guṇa)이 다를 뿐인 인간에게 향한다. 샹카라의 해석에서 한발 더 나아가면, 인간은 세 가르침을 모두 수행하면서도, 자신의 결함과 성향에 따라 더 발전시킬 가르침을 자신이 선택할 수 있다고 이해할 수 있다. 제어하기 힘든 성향을 가졌다면 자제를 더 수행하고, 인색한 성향이라면 더 힘껏 재물을 나눠 주고, 해치는 것을 좋아하는 성향이라면 더 자비로움을 수행하면 되는 것이다. 샹카라는 이야기를 단순히 옛날이야기로 끝내지 않고, 지금 우리가 세 가지를 실천하도록 현실적으로, 교훈적으로, 유연하게 해석했다. 그리고 자칫 인간은 보시만 하면 되고 자비는 행하지 않아도 된다고 해석할 수 있는 이야기에서 자비까지 포함시키려 노력했다.

지금까지 『브리하다란야카 우파니샤드』에서 자비가 나오는 이야기를 소개했다. 그리고 이 이야기에 대한 샹카라의 주석을 통해 자비의 뜻을 이해해 보았고, 그가 자비를 포함시키고 인간의 윤리적 실천을 강화한 모습도 살펴보았다. 자비는 마음에서 우러나오는 친절과 떼어 놓고

---

19 "athavā na devā asurā vānye kecana vidyante manuṣyebhyaḥ. manuṣyāṇām evādānta ye 'nyair uttamair guṇaiḥ saṃpannās te devā lobha-pradhānā manuṣyās tathā hiṃsā-parāḥ krūrā asurās ta eva manuṣyā adāntatvādi-doṣa-trayam apekṣya devādi-śabda-bhājo bhavantītarāṃś ca guṇān sattva-rajas-tamāṃsy apekṣya. ato manuṣyair eva śikṣitavyam etat trayam iti tad-apekṣayaiva prajāpatinopadiṣṭatvāt. tathā hi manuṣyā adāntā lubdhāḥ krūrāś ca dṛśyante"[『브리하다란야카 우파니샤드』 5.2.3에 대한 샹카라의 주석 중(Shastri 1986: 398, 11행-399, 1행)].

말하기 어려울 것이다. 『한국가톨릭대사전』(10권, 2004: 7228)에서는 자비란 "친절한 상태나 특성, 친절한 성품이나 성질, 자비로움, 부드러움, 친절한 행동 또는 친함과 선한 의지의 증거. 고어적인 의미로는 친절한 감정, 애정, 사랑 등을 의미한다"고 말한다. 그래서 다음에는 친절함이 『우파니샤드』에서 어떻게 언급되는지 살펴본다.

친절

친절하게 주어야 한다

고대 힌두교에서 제자는 스승의 집에서 한동안 생활하며 학습 기간을 마친다. 그 후, 집에 돌아가 결혼해 한 가정의 가장으로 생활한다. 『타잇티리야 우파니샤드』(1.11.3-1.11.4)에는 학습 기간을 마치고 떠나는 제자들에게 스승이 당부하는 내용이 있다. 가장이 훌륭한 바라문들을 맞을 때 해야 할 행동은 다음과 같다.

> 우리(스승과 그의 제자들)보다 훌륭한 바라문에게는 앉을 자리를 드림으로써 편안하게 해 드려야 한다. [무엇이든 드릴 때] 믿음으로 드려야 한다. 믿음 없이 드려서는 안 된다. 넉넉하게 드려야 한다. 겸손하게 드려야 한다. 경외하며 드려야 한다. 동의하고(즉 친절하게) 드려야 한다. …20

---

20 "ye ke cāsmac chreyāṃso brāhmaṇāḥ. teṣāṃ tvayāsanena praśvasitavyam. śraddhayā deyam. aśraddhayādeyam. śriyā deyam. hriyā deyam. bhiyā deyam. saṃvidā deyam. …"(『타잇티리야 우파니샤드』 1.11.3).

훌륭한 바라문에게 무언가를 드릴 때 필요한 가장의 마음가짐이 순서대로 '믿음', '넉넉함', '겸손함', '경외', '동의'라는 내용이다. 이때 번역이 어려운 곳이 맨 마지막 '동의하고 드려야 한다'(saṃvidā deyam)이다. 단어 'saṃvid'는 직역하면 '의식', '이해', '동의'라는 뜻이어서 'saṃvidā'(단수 도구격)는 '이해하고', '동의하고'라는 뜻이다. 여러 번역을 참고하고 절충해 정리해 보면, 주는 사람이 주고 싶다고 주면 되는 것이 아니라, 받는 사람의 동의, 즉 허락을 구하는 방식으로 '이해심을 가지고', '배려하고', '친절하게' 주어야 한다는 것으로 이해할 수 있다.[21] 한편 샹카라의 주석은 단순 명쾌하다. 그는 "'saṃvid'란 우정 등의 행동을 말한다"(saṃvin mitra-ādi-kāryam)고 주석했다. 여기서 '우정'의 산스크리트어로 쓰인 'mitra'는 불교의 '자비'라는 단어에서 '자'慈(maitrī, 우정/우애로움/친절함)가 파생된 단어와 같다. 그의 주석은 '친절하게 드려야 한다'로 이해할 수 있겠다.

친절한 사람을 따라야 한다

이어서 스승은 제자들에게 제사 행위나 일상적 행동에 의문이 생기

---

21 'saṃvidā'의 번역은 몇 가지로 나뉜다. (1) '동의하고'(Monier-Williams "a mutual understanding, agreement, contract, covenant"); (2) '친절하게'(Müller "with kindness"); (3) '동정심을 갖고' 혹은 비슷한 의미로 '깊은 이해심을 갖고'(渡邊 "同情を以て"; Hume, Radhakrishnan "with sympathy"; Olivelle "with understanding"). 마지막의 경우에 'sympathy'와 'understanding'에 '동정'(이해심)과 '동의'라는 뜻이 다 있고 역자들의 설명이 없어, 이들이 둘 중 어떤 뜻으로 단어를 사용하는지 명확하지 않다. 일본 인도학자 유다(湯田 2003: 648)의 번역에서 '동정'과 '동의'를 두고 고민하고 절충한 흔적을 볼 수 있다. 그는 "양해하며"(了解を以て)라고 번역한 후, "'양해'(了解)의 원어는 'saṃvid'이다. 타인에게 어떤 것을 주는 사람은, 그 물건을 주는 목적에 관해, 받는 사람의 '양해' 또는 '합의'가 없으면 주어서는 안 된다. '양해하며 준다'는 말은 '동정심으로 혹은 친절하게 준다'는 말이다"라고 주석했다. 필자도 유다 교수의 고민에 공감하며 그의 절충적 입장을 취한다.

면 어떻게 해야 하는지도 가르쳐 준다. 스승이 가르쳐 주는 내용은 다음과 같다.

> … 제사에 대한 의문이나 행동에 대한 의문이 있으면, 노련하고, 자격 있고, 공적으로 임명되었고, 친절하고, 다르마에 전념하는 바라문들이 하는 대로 너희도 해야 한다. …22

여기에서 '친절한'이라는 산스크리트어 단어는 '아룩샤'alūkṣa이다. 'Lūkṣa'는 'rūkṣa'와 뜻이 같은데 후자의 뜻과 용례가 더 상세하다. 'Rūkṣa'는 사람과 연관했을 때에는 "(사람이나 사람의 말이) 불친절한, 무자비한"이라는 뜻이다.23 그래서 '룩샤'에 부정어否定語 '아'a가 붙어 '아룩샤'는 '친절한', '자비로운'이라는 뜻이 된다.24 위의 인용문에서, 문의해도 되는 믿을 만한 바라문의 요건으로 나열되는 다섯 특징은 (가) 노련함(saṃmarśin) (나) 자격 있음(yukta) (다) 공적으로 임명됨(āyukta) (라) 친절함(alūkṣa) (마) 다르마에 전념하는 것(dharma-kāma)이다. 이 가운데 실력(가, 나, 다)이나 마음의 전념(마)을 제외하고 태도를 지칭하는 요소는 단 하나(라)인데, 이것이 바로 '자비로움', '친절함'이다. 아무리 실력이 좋고 다

---

22 "… atha yadi te karma-vicikitsā vā vṛtta-vicikitsā vā syāt. ye tatra brāhmaṇāḥ saṃmarśinaḥ. yuktā āyuktāḥ. alūkṣā dharma-kāmāḥ syuḥ. yathā te tatra varteran. tathā tatra vartethāḥ …"(『타잇티리야 우파니샤드』 1.11.3-1.11.4).

23 "hard, harsh, unkind, cruel (as a person or speech)"(Monier-Williams).

24 라다크리슈난(Radhakrishnan 1953: 539)은 '아룩샤'를 두고 다음과 같이 주석한다. "모든 존재에 대한 사랑은 바라문들의 자연스러운 의식이다. 그들의 친절한 태도와 높은 도덕심이 우리가 그들을 판단하는 기준이어야 한다"(The Brāhmaṇas have a spontaneity of consciousness which expresses itself in love for all beings. Their tenderness of sentiment and enlightened conscience should be our standards).

르마를 따르기를 원한다 해도, 다른 사람에게 친절하지 않다면 한 가정을 이끄는 가장이 제사나 행동에 의문이 생길 때 따를 만한 모범이 되지 못하는 것이다.

지금까지, 앞으로 가장으로서 살아갈 제자들에게 스승이 당부하는 가르침 가운데, 친절함에 관한 두 가지 언급을 살펴보았다. 요약하면, 하나(1.11.3)는, 훌륭한 바라문에게 무언가를 드릴 때 '내가' 친절하게 드려야 한다. 또 하나(1.11.3-1.11.4)는, 훌륭한 바라문에게 문의할 때, 문의의 대상으로 친절한 '상대방'을 찾아야 한다. 이렇게 나도 상대방도 친절해야 한다는 규범이 녹아 있다. 『우파니샤드』에는 친절에 관한 언급도 극히 적고, 친절이 논해지는 대상도 가장과 바라문 같은 특정 집단만 등장해 아쉽다. 하지만 이 점은 『우파니샤드』가 누구나 들을 수 있는 것이 아니라 자격을 갖춘 사람들만 들을 수 있는 가르침이었다는 경전의 특징을 떠올릴 때 이해될 수 있을 것이다.

이 글의 첫째 장章에서 '자비'를 다룰 때 샹카라가 자비의 한 측면을 불살생으로 이해한 것을 보았다. 힌두교의 자비에 관해 쓴 사스트리도 불살생을 자비의 한 측면으로 보고 있으므로(Sastry 2009: 49), 마지막으로 『우파니샤드』에 나타나는 불살생을 고찰하도록 한다.

불살생

여기에서는 학자들 사이에서 많이 논의된 불살생의 개념이나 기원을 논하려는 것이 아니라, 그 개념을 최대한 간략히 정리만 한 후 『우파니샤드』에서 이 개념이 어떻게 사용되는지를 살펴보고자 한다. '불살생'

으로 번역되는 산스크리트어 단어는 '아힘사'ahiṃsā이다. 앞에서 본 대로, 육체적, 심리적 상해나 죽임을 의미하는 '힘사'hiṃsā에 부정어 '아'a가 붙은 단어이다. 주로 '불살생'으로 번역되고, 간디가 사용한 '비폭력'으로도 번역된다. 『우파니샤드』에서 불살생은 두 번 언급된다. 각각을 살펴본다.

첫 번째, 불살생은 다섯 가지 좋은 행동 규범의 하나로 나열된다. 『찬도갸 우파니샤드』의 3.17.1-3.17.5는 '제사를 사제에게 의뢰한 사람, 소위 제주祭主[25]의 일상생활'과 '사제가 집행하는 제사의 절차'를 상응시켜 비유적으로 서술한 부분이다. 이 가운데 3.17.4는 제주의 다섯 가지 윤리적 행동과 그가 사제에게 바치는 제사 사례비를 상응시키는 구절로서 다음과 같다. "[제주가 생활에서 행하는] 고행, 보시, 정직, 불살생, 진실 말하기는, 그(사제)에게 지불하는 제사의 사례비이다"(atha yat tapo dānam ārjavam ahiṃsā satya-vacanam iti tā asya dakṣiṇāḥ). 이 구절에서 불살생은 다섯 가지 행동 규범의 하나로 나열만 되고 별다른 설명이 뒤따르지 않는다. 이 불살생에 관해 조금 더 구체적으로 언급된 곳이 다음 경우이다.

두 번째 경우에는 불살생의 대상과 예외 상황이 함께 등장한다. 『찬도갸 우파니샤드』의 마지막 구절(8.15.1)에는 스승의 집에서 학습 기간을 마치고 집에 돌아온 가장이 어떻게 살아야 윤회를 끊는 해탈에 이를 수 있는지 알려 주는 내용이 나온다. 이는 다음과 같다.

… [학습 기간을 마치면] 가장으로서, 깨끗한 장소에서 배운 것을 공부하고, 아들들을 덕스럽게 기르며, 모든 감각기관을 아트만에 집중하고, 제사에서 말고는 어떤 존재도 해치지 않는다. 수명이 다하는 날까지 이렇게 사

---

25 '제주'의 일상생활이라고 한 것은 뮐러(Müller)의 3.17.1 번역을 따랐다.

는 사람은 브라흐만의 세계에 이르고 두 번 다시 돌아오지 않는다. 두 번 다시 돌아오지 않는다.[26]

인용문에 따르면 가장이 해야 할 일은 네 가지이다. 스승에게 배운 베다를 자습自習하고, 자식들을 덕스럽게 기르고, 아트만에 집중하고, 어떤 존재도 해치지 않아야 한다. 이 가운데 마지막 항목, 불살생에서 살생이 용인되는 예외 상황은 제사, 즉 희생 동물을 바치는 희생 제사이다.[27]

『우파니샤드』는, 제사를 통해 천상에 이를 수 있다는 이전 전통이 발전시켰던 믿음에 대한 절충적 반론反論이라고 할 수 있다. 『우파니샤드』는 제사를 인정함으로써 이전 전통을 적극적으로 계승하는 동시에, 브라흐만과 아트만에 관한 지식, 명상 같은 새로운 사상을 제시하고 설득하려고 노력했다. 그래서 불살생에 희생 제사라는 예외 상황이 붙은 것이 우리 눈에는 낯설지 몰라도, 희생 제사가 여전히 중요한 사회적, 종교적 기둥이었던 『찬도갸 우파니샤드』 시대에는 이 예외 상황만 제외하면 불살생해야 한다는 것은 큰 변화를 포함한 절충안이라고 할 수 있다.[28] 다

---

26 "… kuṭumbe śucau deśe svādhyāyam adhīyāno dhārmikān vidadhad ātmani sarvendriyāṇi sampratiṣṭhāpyāhiṃsan sarva-bhūtāny anyatra tīrthebhyaḥ. sa khalv evaṃ vartayan yāvad-āyuṣaṃ brahma-lokam abhisampadyate. na ca punar āvartate na ca punar āvartate"(『찬도갸 우파니샤드』 8.15.1).

27 '제사'로 번역된 산스크리트어 '티르타'(tīrtha)는 뜻이 여럿이라 번역도 여럿이고 여전히 확정하기 어렵지만, 번역가들이 가장 많이 선택한 것은 '제사'이다. '티르타'의 번역은 다음과 같다. (1) '제사'(Müller); (2) '신성한 곳'(Hume, 宇井, Radhakrishnan, 湯田, Roebuck. 이들 가운데 Hume, 湯田, Roebuck은 '신성한 곳'이란 '제사 드리는 곳'이라고 주를 남겼다); (3) '경전에서 규정한 곳'(Gupta, Jha); (4) '귀한 손님을 맞을 때'(Olivelle). 샹카라의 번역은 '경전에서 허락한 것'(śāstra-anujñā-viṣaya)이다.

28 『찬도갸 우파니샤드』보다 후대에 작성된 『마누법전』(5.39)에는 희생 제사를 위한 동물 희생은 살생에 들어가지 않는다는 구절이 있어서 이 예외 상황에 대한 이해를 도와준다. "… 제사는 번성을 위하여 하는 것이므로 모든 제사에서 죽이는 것은 죽이는 것이 아니다"

음으로 "어떤 존재도 해치지 않는다"는 구절에서 불살생의 범위가 '모든 존재', 즉 사람과 동물은 물론 식물과 사물까지 포함하는 것을 볼 수 있다.[29]

여기 불살생과 관련한 논의에서 가장 중요한 것은, 『우파니샤드』에서 불살생이 윤회를 끊는, 즉 해탈에 이르는 수단들 가운데 하나로 등장한다는 점이다. 인용문의 "두 번 다시 돌아오지 않는다"는 말은 더는 윤회하지 않아 이 세상에 태어나지 않는다는 말이다. 제사라는 예외 조항만 제외한다면, 해탈을 원하는 자라면 어떤 존재도 해치거나 죽이지 말아야 하는 것이다.

『우파니샤드』에서 불살생은 단 두 번 언급되었고, 이 개념이 정의되거나 논의되는 일도 없다. 게다가 불살생이 등장하는 대목도 소박하다. 가장이 스승에게 배운 것을 공부하고, 자식들을 바르게 키우고, 다른 욕망들을 제어하면서 가장 참된 것인 아트만에 집중하고, 제사에 쓸 희생 동물 외에 일상생활에서 다른 존재를 해치지 않는다면 해탈할 수 있다. 다시 말해서, 『베다』를 알고 아트만을 알고 아트만에 집중하며 산다 해도, 일상생활에서 살생을 하면 윤회에서 해방될 수 없다는 말이다. 불살생은 『우파니샤드』에서 별다른 논의도 되지 않고 작게 언급만 되었지만, 이 소박해 보이는 규범이 실천되지 않으면 해탈에 이를 수 없다는 말에는 중대한 도덕적 촉구가 내포되어 있다.

(이재숙·이광수 옮김).

29 샹카라는 "모든 존재"(sarva-bhūtāni)를 "움직이지 않는 것(식물과 광물)과 움직이는 것(인간, 동물, 곤충 등)"(sthāvara-jaṅgamāni bhūtāni)으로 주석했다.

나가는 말

지금까지 『우파니샤드』에 나타나는 자비를 '자비', '친절', '불살생'이라는 소제목으로 살펴보았다. 우선 『브리하다란야카 우파니샤드』에 담긴 "담야타, 닷타, 다야드밤"의 이야기에서는 우주를 창조한 신 프라자파티와 하늘의 천둥소리를 통해, 감각기관을 조절하는 자제, 재물을 베푸는 보시, 생명을 해치지 않는 자비가 명령되었다. 하늘에서 치는 우르릉 쾅쾅 하는 천둥소리를 창조신의 '다, 다, 다' 하는 윤리적 명령으로 해석해 이야기를 만든 데에서, 고대 인도인들의 신화적 상상력과 윤리적 지혜를 볼 수 있었다.

주석가 샹카라는 이 이야기를 고대에 있었던 옛날이야기로만 취급하지 않고, 현재 우리 인간이 보시만이 아니라 자비까지 포함해 제어-보시-자비를 다 실천해야 한다고 해석함으로써 윤리적 명령을 크게 강화했다. 또 이 해석에 따르면, 우리가 세 덕목을 다 수행하되, 자신의 결함과 성향을 알고 이에 따라 집중할 덕목은 더 집중 실천하면 된다고도 유연하게 이해할 수 있었다. 샹카라의 해석은 인간 중심적이고, 세 수행을 강조하면서도 나의 상황을 반영할 수 있어 융통성이 있다.

친절에 대한 논의는 『타잇티리야 우파니샤드』에서 보았다. 구절들을 검토하니 훌륭한 가장과 훌륭한 바라문의 덕목에 친절이 포함된다는 것을 알 수 있었다. 검토한 구절들은 앞으로 가정을 꾸릴 가장에게 내린 스승의 가르침이었다. 하지만 이야기를 현대식으로 풀어 보면, 내가 다른 사람에게 무언가를 줄 때, 인색하거나 경멸하거나 어쩔 수 없이 주는 것이 아니라, 겸손하게, 넉넉하게, 존중하며, 동의를 구하는 방식으로 친절하게 주어야 한다고 이해할 수 있다. 또한 내가 살면서 어떻게 행동해야 하는지에 의문이 생겼을 때 누군가 조언자를 구해야 한다면, 실력을 구비했으면서도 친절한 사람을 찾아가 문의하는 것이 좋다고 스승은 조언한다. 아무리 실력이 출중해도 됨됨이나 말투가 가혹하고 무자비하다면 모범이 되지 못한다. 그리고 이 조언은 반대 상황에도 그대로 해당된다. 누군가 조언자를 구해야 하고 만일 내가 그 조언자의 위치에 있게 된다면, 나도 나를 찾아온 사람에게 친절하게, 자비롭게 대해야 한다.

샹카라가 자비를 불살생으로 해석한 것과 아울러, 『우파니샤드』에 나타나는 불살생을 살펴보았다. 『찬도갸 우파니샤드』에서 불살생은 단독으로 깊이 있게 논의되기보다는 매번 다른 행동 규범들과 함께 열거되었다. 작품마다 정도는 다르지만, 제사와 지식 간 균형과 긴장 관계를 유지하는 『우파니샤드』에서는, 희생 제사를 예외로 한다면 어떤 존재도 해치거나 죽이면 안 된다는 것을 가르쳐 준다. 해쳤을 때에는 생사윤회의 순환에서 벗어나지 못해 세상에 다시 태어나는 괴로운 결말을 맞기 때문이다.

가톨릭에서 선포된 자비의 특별 희년을 기념해, 힌두교에서 중요한 고대 철학/신학 경전이자 한국 대중에게도 알려진 『우파니샤드』에 나타나는 자비를 살펴보았다. 이 경전의 대표적 특징인 형이상학적 진술에 비해 자비, 친절, 불살생은 모두 극히 작은 분량으로 취급되는 것이 사실이다. 또 각 항목이 언급은 되었더라도 특별히 강조되지 않는다. 그렇지만 간과해서는 안 되는 것은, 이 세 항목이 논해지는 맥락이 대단히 중요하다는 점이다. 제어-보시-자비는 창조신의 명령이었고, 친절은 스승의 명령이었다. 프라자파티는 우주를 창조한 신이므로 힌두교의 수많은 신 가운데에서도 권위가 높다. 또 『우파니샤드』는 비밀스러운 지식이라 스승에게 말로만 전수받아야 하므로 스승의 권위는 곧 신의 권위이다. 자비와 친절이 일상적으로 오가는 대화에서 논해진 것이 아니라, 이렇게 창조신과 스승의 명령이라는 중대한 맥락에서 논해졌음을 기억해야 한다. 불살생이 논해지는 배경도 마찬가지다. 살생을 하면 생사윤회의 순환에서 벗어나지 못하므로, 죽음을 벗어난 해탈을 원하는 자라면 불살생을 반드시 수행해야 한다. 『우파니샤드』에서 자비, 친절, 불살생이 언급되는 분량은 적었다. 하지만 이들이 언급되는 전체적인 맥락을 고려하면, 이들은 『우파니샤드』의 가르침을 듣는 제자들이 반드시 실천해야 하는 대단히 중요한 덕목이라고 결론지을 수 있다.

이 글에서는 '힌두교의 자비'라는 큰 주제를 『우파니샤드』라는 한 측면을 통해 다루었지만, 접근할 수 있는 다른 여러 길이 있다. 이 주제에 관심 있는 독자들을 위해 몇 가지 예를 드는 것으로 글을 마친다. 『리그베다』에서 찬송되는 많은 신 가운데 바루나Varuṇa(자연 세계 및 인간 세계의 법칙을 다스리는 신)와 루드라Rudra(공포의 신, 의약의 신)는 죄와 벌을 관장해 인간들이 두려워한 신이자, 인간들이 속죄를 구하거나 병이 치료되기를 간구할 때 자비를 베푸는 신이다. 또 이보다 후대에 나타난 최고신에 대한 신애信愛(bhakti) 신앙에서는 비슈누Viṣṇu와 시바Śiva가 자신에게 신애를 바치는 신도에게 자비롭다. 특히 비슈누는 자비로운 신인데, 세상에 만연한 악을 물리치고 사람들을 구원하기 위해 여러 화신의 모습으로 자발적으로 세상에 내려오기 때문이다. 이와 연관해 바이슈나바Vaiṣṇava(비슈누를 모시는 교파들)의 신학이나 샤이바Śaiva(시바를 모시는 교파들)의 신학에서 자비에 관해 다룰 수도 있을 것이다. 혹은 고대의 다르마에 관한 경전들(Dharma-Śāstra)에서 자비를 찾아볼 수도 있고, 『마하바라타』, 『라마야나』 같이 힌두교인이 현재에도 생활과 가치관에서 친숙하게 여기는 경전들에서 자비에 관련한 모습을 자세히 살펴볼 수도 있을 것이다.

| 참고문헌 |

1. 사전과 원전(산스크리트어 및 번역)

국립국어원, 『표준국어대사전』, stdweb2.korean.go.kr

박석일 옮김, 『우파니샤드』, 서울: 정음사, 1974.

이재숙 · 이광수 옮김, 『마누법전』, 서울: 한길사, [1999] 2011.

한국가톨릭대사전 편찬위원회, 『한국가톨릭대사전 10권』, 서울: 한국교회사연구소, 2004.

高楠 順次朗(타카쿠스 준지로) 譯, 「ブリハド・アーラヌヤカ・ウパニシャット」, 『ウパニシャット全書一』, 東京: 世界文庫刊行會, 1933.

渡邊 楳雄(와타나베 바이유우) 譯, 「タイテイリ-ヤ・アーラヌヤカ・ウパニシャット」, 『ウパニシャット全書一』, 東京: 世界文庫刊行會, 1933.

宇井 伯壽(우이 하쿠주) 譯, 「チヤーンドーグヤ・ウパニシャット」, 『ウパニシャット全書三』, 東京: 世界文庫刊行會, 1933.

湯田 豊(유다 유타카) 譯, 『ウパニシャッド: 翻訳および解説』, 東京: 大東出版社, [2000] 2003.

Gambhīrānanda, Swāmī, trans. *Eight Upaniṣads: With the Commentary of Śaṅkarācārya*. Vol. 1. Ninth Impression. Kolkata: Advaita Ashrama [1957] 2008.

_____, *Chāndogya Upaniṣad: With the Commentary of Śaṅkarācārya*. Sixth Impression. Kolkata: Advaita Ashrama [1983] 2009.

Gupta, Som R., trans. *The Word Speaks to the Faustian Man: A Translation and Interpretation of the Prasthānatrayī and Śaṅkara's Bhāṣya for the Participation of Contemporary Man*. Vol. 4. Delhi: Motilal Banarsidass 2001.

Hume, Robert E., trans. *The Thirteen Principal Upaniṣads*. 2nd revised ed. London: Oxford: New York: Oxford University Press [1921] 1971.

Jha, Ganganatha, trans. *Chāndogya Upaniṣad: A Treatise on Vedānta Philosophy Translated into English with the Commentary of Śaṅkara*. Delhi: Chaukhamba Sanskrit Pratishthan 2005.

Mādhavānanda, Swāmi, trans. *The Bṛhadāraṇyaka Upaniṣad: With the Commentary of Śaṅkarācārya*. 10th Impression. Kolkata: Advaita Ashrama [1934] 2004.

Monier-Williams, Monier. *A Sanskrit-English Dictionary: Etymologically and Phil-

ologically Arranged with Special Reference to Cognate Indo-European languages. New Edition. Greatly Enlarged and Improved, with the Collaboration of E. Leumann, C. Cappeller and other scholars. Oxford: Clarendon Press 1899.

Müller, Max F., trans. *The Sacred Books of the East: The Upaniṣads, part I, II*. Vols. I, XV. Oxford: Oxford University Press 1879, 1884.

Olivelle, Patrick, trans. *The Early Upaniṣads: Annotated Text and Translation*. New York: Oxford University Press 1998.

Radhakrishnan, Sarvepalli, trans. *The Principal Upaniṣads*. London: George Allen & Unwin LTD 1953.

Roebuck, Valerie J., trans. *The Upaniṣads*. London; New York: Penguin Books 2003.

Shastri, S. Subrahmanya, ed. *The Upanishadbhashyam: With the Bhashya of Shankaracharya, Annotated by Anandagiri and Adorned by the Dipika of Vidyaranya*. 3 vols. Varanasi: Mahesh Research Institute 1986.

2. 이차 문헌

Crawford, Cromwell S. *The Evolution of Hindu Ethical Ideals*. 2nd revised ed. Asian Studies at Hawaii, No. 28. Honolulu: The University Press of Hawaii [1974] 1982.

Gonda, Jan. *Change and Continuity in Indian Religion*. New Delhi: Munshiram Manoharlal Publishers [1965] 1985.

Hindery, Roderick. *Comparative Ethics in Hindu and Buddhist Traditions*. Delhi: Motilal Banarsidass 1978.

Hopkins, Washburn E. *Ethics of India*. New Haven: Yale University Press 1924.

Jhingran, Saral. *Aspects of Hindu Morality*. Delhi: Motilal Banarsidass Publishers 1989.

Kasper, Walter. *Barmherzigkeit: Grundbegriff des Evangeliums-Schlüssel christlichen Lebens*. Freiburg: Herder 2012; 발터 카스퍼, 『발터 카스퍼 추기경의 자비』, 최용호 옮김, 서울: 가톨릭출판사 2015.

Keith, Arthur B. *The Religion and Philosophy of the Veda and Upanishads*. Vol. 2. Harvard Oriental Series, vol. 32. Delhi: Motilal Banarsidass Publishers [1925] 1989.

Michael, Aloysius. *Radhakrishnan on Hindu Moral Life and Action*. Delhi: Concept Publishing Company 1979.

Nakamura, Hajime. *A History of Early Vedānta Philosophy*. Part One. Translated by Trevor Leggett, Sengaku Mayeda, Taitetz Unno and others. Delhi: Motilal Banarsidass 1983.

Rukmani, T.S. "Value Ethics in the Early Upanishads: A Hermeneutic Approach." In *Hermeneutics and Hindu Thought: Towards a Fusion of Horizons*, edited by Rita D. Sherma and Arvind Sharma, pp. 151-168. Springer 2008.

Sastry, Kutumba. "Compassion: Etymology, Rituals, Anecdotes from the Hindu Tradition." In *Compassion in the World's Religions: Envisioning Human Solidarity*, edited by Anindita Balslev and Dirk Evers, pp. 41-51. Berlin: LIT Verlag 2009.

Wezler, Albrecht. "Sanskrit *Prāṇabhṛt* or What Supports What?" In *Ritual, State, and History in South Asia: Essays in Honour of J.C. Heesterman*, edited by J.C. Heesterman, A.W. van den Hoek, D.H.A. Kolff, and M.S. Oort, pp. 393-413. Leiden: Brill 1992.

3 불교의 자비와 현대사회를 위한 공감共感

오지섭

불교의 가르침에서 자비는 어떤 의미를 지니는가

불교는 지혜와 자비의 종교

흔히 불교를 지혜의 종교 혹은 깨달음의 종교라고 한다. 세상과 인간에 관한 궁극적 지혜를 깨달음으로써 현세 삶의 고통으로부터 자유로움(해탈)을 이루고자 한다. 현세 삶의 고통은 세상 만물과 인간 마음의 움직임을 있는 그대로 온전히 이해하지 못함으로 인해 생겨난다는 것이 불교의 문제의식이다. 세상 만물이 어떻게 생겨나고 변화 소멸해 가는지, 세상 모든 일에 대해 인간의 마음은 어떻게 반응하고 움직이는지를 전체적으로 환히 보게 되는 것이 불교에서 깨닫고자 하는 지혜이다. 지혜의 깨달음으로 세상과 인간을 바라보는 시각이 전환되고 그래서 이전과는 전혀 다른 존재로 변화될 때 현세 삶의 고통으로부터 완전히 자유로워질 수 있다는 것이 불교 가르침의 핵심이다.

그런데 불교 가르침의 핵심에 관하여 지혜보다 자비를 더 강조하기도 한다. 자비의 강조는 불교의 역사적 전개 과정으로 볼 때 대승불교 성립 이후 확연하게 드러난다. 불교 가르침의 핵심이 자비임을 강조하는 입장에서는 더 나아가 대승불교 성립 이전의 초기 불교에서도 자비가 불교의 본질적인 특성이었다고 주장한다. 하지만 초기 불교에서의 자비 개념에 관하여는 논란이 있다.

자비 개념에 관한 초기 불교 논쟁의 초점은 '붓다에게 자비의 마음이 존재하는가?'였다. 초기 불교에서 강조하는 붓다는 인간이 지니는 모든 욕망이나 감정으로부터 자유로워진 존재라는 점이다. 그런데 자비의 마음은 중생의 고통을 아파하고 그들이 고통받지 않기를 바라는 마음이라는 점에서 욕망이나 감정으로 이해될 수 있고, 그러면 붓다가 여전히 욕망이나 감정으로부터 완전히 자유로워지지 않아 모순이라는 주장이다.

이 논쟁의 결론은 결코 쉽지 않다. 하지만 붓다가 지니는 자비심을 여전한 인간의 욕망이나 감정으로 간주하여 붓다다움의 모순을 주장하는 것은 지나치게 형식논리에 치우치는 것이 아닌가라는 의구심을 갖게 한다. 내면적인 의미에 집중하여 이해하면, 완전한 지혜의 깨달음을 얻은 붓다가 지니는 자비심은 분명 깨닫기 이전의 인간이 지니는 욕망이나 감정과는 다른 차원일 것이다. 형식의 틀로 보면 다 같은 욕망이나 감정으로 보이지만 붓다의 자비심은 이미 인간적인 욕망이나 애착의 문제점을 극복한 이후의 마음이라는 점에서 분명 구분되어야 할 것이다.

이 같은 초기 불교에서의 자비 개념 논란을 통해 불교의 핵심에 관한 종합적인 이해를 얻어 낼 수 있다. 결국 불교는 지혜와 자비의 종교이다. 불교의 가르침에서 지혜와 자비는 동전의 양면과 같이 하나의 의미를 지닌다. 지혜와 자비는 자연히 그리고 마땅히 함께 가야 한다. 세상과 인간에 관한 궁극적 지혜를 깨달은 자가 그 결과로 자연스럽게 지니게 되는 마음이 자비이고, 깨달은 자의 자비 실천을 통해 궁극적 지혜가 세상과 인간에 온전히 실현될 수 있다. 지혜와 자비는 서로 바탕이자 결과가 되는 셈이다. 불교는 지혜와 자비를 양 날개로 삼는 종교이다.

이렇게 볼 때 불교의 지혜가 나타내는 의미를 충분히 이해하기 위해서는 자비의 개념을 함께 이해해야 한다. 자비가 빠진 지혜, 자비의 실천으로 자연스럽게 이어지지 않는 지혜는 진정한 지혜가 아니다. 단지 머리로만, 이론으로만 이해한 지혜일 뿐 진정한 깨달음이라고 할 수 없다. 마찬가지로 불교의 자비가 간직한 의미를 온전히 이해하기 위해서는 지혜의 개념을 바탕으로 해야 한다. 진정한 자비는 궁극적 지혜를 깨달음으로써 가능하다. 인간적인 욕망과 감정, 집착으로부터 자유로울 때라야 진정한 자비는 가능하다.

자비의 어원적 의미

불교의 자비가 어떤 의미를 지니는지 어원에서부터 기본적 이해를 시작해 보자. 자비의 어원적 의미를 이해하기 위해서는 자비라는 단어에 해당하는 산스크리트어와 빨리어 단어의 의미부터 확인할 필요가 있다. 이미 알고 있는 기초적인 이야기이겠지만 한국인에게 익숙한 불교 용어는 한문으로 번역된 단어이다. 불교가 중국에 전해져 한문으로 번역되기 이전에 불교의 가르침은 인도의 고전어인 산스크리트어와 빨리어로 표현되어 있었다. 산스크리트어와 빨리어를 비교한다면 빨리어로 기록된 불교 경전이 좀 더 초기 불교의 내용에 가깝다.

흔히 자비를 그대로 한 단어로 사용하지만, 의미를 좀 더 세밀하게 이해하기 위해서는 자慈와 비悲의 의미를 구분한다. 우선 '자'에 해당하는 빨리어 단어는 'mettā'이다. 다른 사람의 이익과 행복을 간절히 바라는 마음, 사랑과 우정의 마음을 뜻한다. 여기에서 주목할 내용은 다른 사람의 이익과 행복을 원하는 마음에는 상대방에 대한 비난이나 원망의 마음, 공격적인 적개심을 버리는 것이 전제된다는 점이다. 자식을 위해 온갖 고난을 감내하는 어머니의 한없는 마음이며, 어떠한 경우에도 친구의 행복을 위해 최선을 다하려는 마음으로 묘사된다. 한편 '자'의 산스크리트어는 'maitrī'이다. 진실한 우정이나 우의를 뜻하는데, 특정 사람에 대한 우의가 아니라 모든 사람에게 똑같이 적용되는 우의라는 점이 강조된다. '비'에 해당하는 단어는 산스크리트어와 빨리어 모두 'karuṇā'이다. 형용사적 용법으로는 '슬픈', '슬프게 여기는', '불쌍한', '불쌍히 여기는', '자비로운' 등의 의미를 나타낸다. 같은 의미의 명사적 용법으로도 사용되고, '동정'同情을 뜻하기도 한다.

불교의 역사적 변천 과정에 따라 형성된 여러 경전에서 '자'와 '비'의 의미를 살펴보아도 모두 비슷한 의미를 나타낸다. '자'는 동료 친구에게 안락과 이익을 주기를 바라는 것, 살아 있는 모든 생명체(일체중생)에게 행복을 가져다주는 것, 사랑하는 마음을 가지고 중생에게 즐거움을 주는 것, 다른 존재에 대한 평등한 사랑을 주는 것 등의 의미로 사용된다. '비'는 동료 친구로부터 고통과 불이익을 제거하기를 바라는 것, 불행을 없애 주는 것, 남의 고통을 덜어 주는 것, 불쌍히 여기는 마음을 가지고 중생의 고통을 없애 주는 사랑, 타인의 고통에 대한 아픔을 같이 느끼고 그 고통을 없애 주려는 동정과 연민, 타인의 괴로움에 대해 견디지 못하는 심정 등의 뜻을 나타낸다.

이렇게 어원적으로 '자'와 '비'의 의미를 구분하여 살펴보면 진정한 자비의 의미를 좀 더 분명하게 이해할 수 있다. '자'와 '비'는 같은 뜻을 나타내는 듯하지만 어원적인 의미로 세밀하게 구분하면 다른 측면을 지닌다. '자'는 다른 사람을 사랑하는 마음, 다른 사람을 위해 주고 싶은 마음이다. '비'는 다른 사람을 불쌍히 여기는 마음, 다른 사람의 고통을 같이 아파하고 그 아픔을 없애 주고 싶은 마음이다. 엄밀하게 구분하면 다른 사람을 사랑하는 마음과 다른 사람의 아픔을 없애 주려는 마음이 반드시 일치하지는 않는다. 다른 사람을 사랑하는 마음은 지녔지만 다른 사람의 아픔을 없애 주려는 마음까지는 지니지 않는 경우가 있다.

결국 진정한 자비의 의미는 '자'와 '비' 두 가지 마음의 결합에 있다. 자비는 기본적으로 다른 사람을 사랑하는 마음이다. 그런데 단지 다른 사람을 사랑하는 마음, 모든 사람에게 행복을 주고 싶다는 마음만이 진정한 자비는 아니다. 다른 사람의 행복을 바라는 마음, 상대방을 진정으로 위하는 마음이 그들의 고통을 구체적으로 제거해 주겠다는 실천적인 마음으로까지 이어져야 한다. 진정한 자비는 단지 감성적인 사랑의 마음이 아니라 다른 사람의 고통을 함께 아파하고 더 나아가 그 아픔을 제거해 줄 정도의 실천적인 사랑의 마음이다.

같은 맥락에서 진정한 자비의 의미 이해를 위한 또 한 가지 중요한 초점을 확인할 수 있다. 다른 사람의 고통을 제거해 줄 정도의 구체적이고 실천적인 마음까지를 수반하는 진정한 자비는 이기적인 탐욕을 벗어나고 질투심과 분노의 마음을 극복할 때에만 발휘될 수 있다. '자'의 산스크리트 어원 'mettā'에서, 다른 사람의 이익과 행복을 원하는 마음에는 상대방에 대한 비난이나 원망의 마음, 공격적인 적개심을 버리는 것이 전제된다는 뜻을 확인한 것과 연결되는 내용이다. '자'에서 강조하는 다른 사람을 사랑하는 마음은 상대방에 대한 어떠한 가치판단이나 분별도 개입시키지 않은 상태의 마음이다. 상대방을 온전히 있는 그대로 사랑하는 마음이다. 이처럼 주관적이고 이기적인 감정을 근원적으로 제거하기 위해서는 궁극적 지혜의 깨달음이 필수적이다. 결국 진정한 자비는 지혜의 깨달음을 바탕으로 할 때만 가능하다.

주요 불교 경전에서 읽는 자비의 의미

불교의 가르침에서 설명하는 자비의 의미를 좀 더 구체적으로 이해하기 위해 주요 불교 경전 안에서 자비에 관한 내용을 읽어 보자. 자비에 관한 내용은 초기 불교 경전에서부터 대승불교 경전에 이르기까지 지속적이고 폭넓게 다루어지고 있다. 자비가 불교 전반에 걸쳐 근간이 되는 가르침임을 확인할 수 있다. 주요 불교 경전에서 언급하고 있는 자비에 관한 내용들을 정리해 보면 불교의 가르침에서 자비가 어떤 의미를 지니는지 구체적으로 이해할 수 있다.

우선 자비는 불교 가르침의 근본임을 강조한다. 불교의 가르침이 생로병사生老病死로 대표되는 현세의 고통으로부터 인간을 구제하기 위한 것임을 상기시키면서, 이러한 중생 구제의 구체적 실천이 자비임을 강조한다.

자비는 불도佛道의 근본이다. 그 이유는 무엇인가. 보살菩薩은 중생이 늙고 병들고 죽는 고통, 몸의 고통, 마음의 고통, 금세와 후세의 고통 등 여러 가지 고통에 괴로워하는 것을 보고, 대자비가 생겨나 이와 같은 고통으로부터 구제하고, 그런 다음 무상정등각無上正等覺을 추구한다. 또한 대자비의 힘을 가지고 있기 때문에 헤아릴 수 없이 많은 세상의 생사 속의 마음으로부터 멀어지지 않는다. 또한 대자비의 힘을 가지고 있어 오랫동안 열반에 들 수 있어도 열반을 취하지 않는다. 이 때문에 모든 불법 가운데에서 자비를 으뜸으로 한다. 만약 대자대비가 없다면 일찍 열반에 들었을 것이다.

『대지도론』大智度論

자비가 불교 가르침의 근본이라는 점은 특히 불교 가르침을 온전히 추구하는 이상적 존재로서의 보살에게 더욱 강조된다. 보살은 단지 자기 자신만을 위한 깨달음을 의도하지 않고 고통받는 모든 중생의 아픔을 덜어 주기 위한 종교적 추구를 핵심으로 삼는다. 이런 맥락에서 자비는 보살의 깨달음을 위한 필수 닦음이고 동시에 지혜를 깨달은 보살이 깨달음의 결과로 행하는 자연스러운 실천행이다.

사물에 통달하여 고요한 경지(열반)에 이르고자 하는 자는 다음과 같이 행해야 한다. … 그는 늘 이 생각을 마음에 지녀야 한다. '살아 있는 모든 것은 다 행복하라, 태평하라, 즐거우라!' 어떠한 생물이거나 그것이 강하거나 약하거나, 긴 것이건 큰 것이건 중간치건, 짧고 가는 것이건, 눈에 보이는 것이나 보이지 않는 것이나, 멀리 살고 있는 것이건, 이미 태어난 것이나 앞으로 태어날 것이나, 생명 있는 모든 것은 다 행복하라!' 어느 누구도 남을 속이게 해서는 안 되며, 어떤 장소에서라도 남을 경멸해서는 안 된다. 화가 나서, 또는 악의로 어떤 이에게 해를 입혀서도 안 된다. 마치 어머니가 목숨을 걸고 외아들을 보호하듯이 모든 살아 있는 것에 대해 한량없는 자비심을 내라. 또한 온 세계에 대해서 한량없는 자비를 행하라.

『숫타니파타』 143-151

보살은 중생을 위해 그와 같은 가르침을 설하는 것이 진실한 자비라고 생각합니다. 보살은 생멸하는 일이 없으므로 깨달음의 경지에서 자비를 행하며, 번뇌가 없으므로 번뇌에 타지 않는 자비를 행하며, 과거 현재 미래가 평등하므로 평등한 자비를 행하며, 대립된 다툼이 없으므로 다툼이 없는 자비를 행합니다. 보살의 마음은 부서지지 않으므로 견고한 자비를 행하며, 모든 사물의 본성은 청정하므로 보살도 청정한 자비를 행하며, 보살의 마음은 허공처럼 끝이 없으므로 끝없는 자비를 행합니다.

『유마경』維摩經「관중생품」觀衆生品

이러한 자비는 모든 대상을 평등한 마음으로 대하는 마음에서 나오는 것이라고 한다. 자비는 나에게 중요하고 의미 깊은 사람, 내가 좋아하는 사람에게 향하는 인간적 감정과 전혀 다른 차원이다. 대상을 구분하지 않는, 대상에 따라 다르지 않은 절대 평등의 마음이다.

아무런 감사나 되갚음도 바라지 않고 다만 스스로 온 세상에 하나로 평등하게 빛나는 태양처럼, 나도 그렇게 일체중생을 자비로 감쌀 수 있어야 하리. 설령 그들이 잘못으로 악을 저지른다 해도 내 굳게 세운 서원을 저버리지 않으며, 혹 그들 가운데 한 중생이 악하다 하여 그들 모두를 저버리지는 않아야 하리.

『화엄경』華嚴經「십명품」十明品

보살은 일체중생에 대하여 평등한 마음가짐을 지니며, 남을 대함에 삿된 마음으로 나아가지 않고 다만 친근하고 우호적이며 싫어하는 생각이 섞이지 않으며, 해치거나 상하게 할 의향이 전혀 없는 마음으로 대하며, 또한 남을 대함에 있어 마치 그를 자기의 아버지나 어머니 혹은 아들이나 딸인 양 대해야 하며, 자신이 일체중생의 구제자임을 망각함이 없이 그들을 대해야 한다. 만일 보살이 완전한 깨달음을 얻고자 한다면 마땅히 이와 같이 되도록 자신을 갈고 닦아야 하리라.

『팔천송반야경』八天頌般若經 321-322

깨달음에 드는 자는 아낌없이 나누어 주는 자이니, 그들이 지니게 되는 것은 무엇이나 남과 더불어 평등하게 나누어 가지기를 즐거워한다. 이를 행함에 아무런 후회나 아까워하는 마음을 내지 않으며, 어떤 되갚음을 바라거나 결과에 집착하지 않으며, 명예를 구하지도 않으며, 물질적인 유익을 구하지도 않으며, 다만 일체중생의 유익과 그들의 안락을 위하여 그와 같이 행할 뿐이다.

『화엄경』「금강당보살십회향품」金剛幢菩薩十廻向品

마찬가지 맥락에서 진정한 자비는 그 어떤 대가도 기대하지 않고 무엇에도 집착함 없이 행하는 마음이다. 자비는 기본적으로 베풂의 형태로 드러난다. 그래서 보시布施라는 불교 용어와 연관된다. 하지만 진정한 자비는 대가를 바라지 않는 베풂, 아무런 의도나 기대를 전제하지 않는 베풂이다. 진정한 자비는 대상을 의식하지 않는 절대 평등의 마음에서 나오는 것이기 때문이다.

보살은 또 무엇에 집착하여 보시해서는 안 된다. 즉 형상에 집착함이 없이 보시해야 하며, 소리나 냄새나 맛이나 감촉이나 생각의 대상에 집착함이 없이 보시해야 한다. 보살은 이와 같이 보시하되 아무런 생각의 자취도 없이 해야 한다. 왜냐하면 보살이 어디에도 집착함이 없이 보시하면 그 공덕은 생각으로 헤아릴 수 없는 것이기 때문이다.

『금강경』金剛經「묘행무주분」妙行無住分

보살은 평등한 마음으로 자기가 가진 물건을 남김없이 모든 중생에게 널리 베풉니다. 베풀고 나서 뉘우치거나 아까워하거나 대가를 바라거나 명예를 구하거나 자기 이익을 바라지 않습니다. 다만 모든 중생을 구제하고 이롭게 할 뿐입니다.

『화엄경』「십행품」十行品

더 나아가 진정한 자비는 베풀어 준다는 의식조차 없이 행하는 베풂이다. 대상뿐 아니라 주체마저 의식하지 않는 베풂이다. 내가 누군가에게 베풀어 주고 있다는 의식, 누군가를 사랑한다는 의식 역시 자칫 욕망과 집착의 마음이 될 수 있음을 경계하는 의미이다.

사리풋타여, 모든 법은 있는 것이 아니고 없는 것도 아니며, 나는 것도 아니고 없어지는 것도 아니라 생각하고 바라밀波羅蜜에 마음을 두어야 한다. 베풀 때에도 베푼다는 생각 없이 보시 바라밀을 행하라. 참다운 보시는 베푼 사람도 없고 베푼 물건도 받는 사람도 없다.

『대품반야경』大品般若經「습응품」習應品

앞서 자비의 어원적인 의미에서도 확인했듯이 자비는 기본적으로 일체중생의 고통을 함께 아파하는 마음이다. 그러나 단지 감성적인 아픔에 그치는 것이 아니라, 그들의 고통을 똑같이 아파하기에 진정 그들의 고통을 제거해 주려 애쓰는 실천으로 이어지는 것이 진정한 자비의 마음이다.

> 비심悲心이란 타인의 괴로움에 대해 견디지 못하는 심정이다.
>
> 『청정도론』清淨道論

> 일체중생이 병이 있으므로 내 병이 있나니, 만일 일체중생이 병을 여읜다면 내 병도 나을 것입니다. 왜냐하면 보살은 중생을 위하므로 생사에 드나니, 생사가 있으면 병이 있지만 만일 중생이 병을 여의면 보살도 다시 병이 없습니다. 비유하여 외아들을 둔 부모가 그 아들이 병을 얻으면 부모도 또한 병이 나며 아들의 병이 나으면 부모도 또한 병이 낫는 것과 같습니다. 보살도 이와 같이 일체중생을 부모의 심정으로 사랑하나니 중생이 병이 있으면 보살도 병이 있고 중생의 병이 나으면 보살도 병이 낫습니다.
>
> 『유마경』「문질품」問疾品

진정한 자비는 다른 사람들의 고통을 제거해 주려는 실천의 마음으로까지 이어져야 한다는 의미를 불교 경전에서는 좀 더 구체적으로 설명해 준다. 진정한 자비와 일반 중생의 연민을 구분하는 것이다.

> 모든 붓다의 마음속에 있는 자비를 대大라 하고 그 밖의 일반 사람들의 마음속에 있는 자비를 소小라 한다. 그렇다면 무엇을 보살이 대자대비를 행한다고 하는가? … 소자小慈는 단지 마음에서 염원하여 중생에게 즐거움을 주려고 해도 실제로는 즐거움을 주지 못한다. 소비小悲는 중생의 여러 가지 심신의 고통을 깨닫는 것을 말한다. 그것은 다만 중생을 연민만 할 뿐

고통에서 벗어나게 할 수 없다. 그렇지만 대자大慈는 중생이 즐거움을 얻도록 염원하여 또한 실제로 즐거움을 준다. 대비大悲는 중생의 고통을 연민하며 또한 고통에서 벗어나게 할 수 있다.

『대지도론』

이 경전 구절은 언뜻 자비라는 것이 일반 사람에게는 결코 쉽지 않은 것임을 나타내는 듯하다. 그러나 사실 이 내용은 붓다 그리고 자비의 범접할 수 없는 경지를 나타내려는 것이라기보다 오히려 진정한 자비의 의미를 말해 주는 것으로 이해할 수 있다. 소자비와 대자비를 구분하는 기준에 주목할 필요가 있다. 진정한 자비는 단지 중생에게 즐거움을 주려고 마음으로만 염원하고 중생을 연민만 하는 데 그치는 것이 아니다. 진정한 자비는 중생에게 실제로 즐거움을 주려는 것, 그러기 위해서 중생을 고통에서 벗어나게 하려는 것이다. 다시 말해 진정한 자비는 심정적인 차원에 그치는 것이 아니라 실천적인 노력까지를 포함한다.

진정한 자비는 온전한 '자기 비움'에서 가능하다

이제 불교의 가르침에서 자비는 어떤 의미를 지니는지 심층적인 성찰을 시도해 보자. 앞서 불교의 가르침은 지혜와 자비를 양 날개로 삼는 종교임을 강조하면서 이야기를 시작했다. 지혜와 자비가 동전의 양면과 같이 하나라는 말은 심층적인 면에서 어떤 의미를 지니는가?

불교의 깨달음을 이루어 주는 지혜는 세상과 인간에 관한 궁극적 지혜이다. 세상 만물이 어떻게 생겨나고 변화 소멸해 가는지, 세상 모든 일에 대해 인간의 마음은 어떻게 반응하고 움직이는지를 아는 지혜이다. 도대체 이러한 지혜가 어떻게 깨달음으로서의 의미를 지니는가? 세상과 인간에 관한 앎이 깨달음과 어떻게 연관되는가? 지혜가 깨달음으로서 의미를 지니는 것은 이 지혜를 통해 '존재의 변혁'이 이루어지기 때문이다. 깨달음의 본질은 존재의 변혁이다. 이전과는 전혀 다른 '나'로 변화되는 것이다.

존재의 변혁을 이루어 주는 불교의 지혜는 '무아'無我가 핵심이다. 인간을 포함한 세상 모든 존재는 고정불변의 실체적 존재가 아니라는 뜻이다. 고정불변의 실체적 존재가 아니라 시기와 상황의 조건에 따라 변화하는 존재, 즉 '연기'緣起의 존재라는 뜻이다. 세상과 인간의 참모습은 이렇게 무아와 연기인데, 인간은 이러한 참모습을 있는 그대로 알지 못한다. 내가 원하는 '나', '나' 중심적인 '나'를 고정불변으로 고집한다. 세상 만물도 '나' 중심적으로 판단하고 규정한다. 이렇게 '나'를 고집하는 데서 모든 욕망과 집착이 생겨나고, 그 결과는 끝없는 갈등과 고통이다. 무아와 연기의 진리를 깨닫는 것, 고정불변의 '나'를 해체시키는 것이 고통을 근원적으로 극복하는 길이다. '나' 중심적 '나'에서 전혀 다른 '나'로의 변화이다.

결국 불교의 지혜는 단순히 지식적인 앎이 아니라 존재의 근원적 변혁을 일으키는 '깨어남'이라는 의미에서 깨달음을 이루어 준다. 이제껏 세상을 대하고 삶을 살아왔던 시각과 기준이 뒤바뀌는 변화이다. 이러한 변화를 한마디로 '자기 비움'이라 표현할 수 있을 것이다. 욕망과 집착으로서의 '나' 중심적 '나'를 비우는 것이다. 요약하여 불교의 가르침은 무아와 연기의 지혜를 깨달음으로써 '자기 비움'의 존재로 변화되는 것이 핵심이다.

자비는 이러한 깨달음이 현실 삶 안에서 드러나는 모습이다. 온전한 깨달음의 결과이고, 깨달은 자가 진정 보여 줄 수 있는 삶의 모습이다. 앞서 어원적 의미와 경전에서의 설명을 통해 확인한 자비의 의미에서도 이 점을 분명히 확인할 수 있다. 어원적 의미와 여러 경전에서 공통적으로 강조하는 진정한 자비는 단지 감성적인 마음에 머무르지 않고 실천적 노력으로까지 이어지는 마음이었다. 아울러 진정한 자비는 대상을 구분하지 않는 절대 평등의 마음이었고 아무런 기대나 바람도 전제하지 않는 절대 순수의 마음이었다. 자비를 베푼다는 의식, 자비를 실천하는 '나'에 대한 의식조차 사라져야 함을 강조했다. 이러한 의미의 진정한 자비는 '자기 비움'에서 가능할 수 있다. 진정한 지혜의 깨달음을 이룬 '자기 비움'의 자연스러운 결과가 진정한 자비인 것이다.

그렇다고 진정한 자비는 깨달음을 이루기 전에는 감당할 수 없는 것이라는 뜻은 아니다. 모든 종교의 가르침이 추구하는 완성의 덕德은 궁극적 완성으로서의 의미와 동시에 궁극적 완성으로 나아가기 위한 닦음으로서의 의미도 지닌다. 성인聖人의 덕은 성인이 되어야 지닐 수 있는 것이면서 동시에 성인이 되기 위해 닦아야 하는 과정상의 목표 혹은 반드시 갖추어야 하는 필수 요소이기도 하다. 마찬가지로 자비는 깨달음을 이루기 위해 실천해야 할 목표로서의 의미도 지닌다. 진정한 깨달음을 이루기 위해 진정한 자비의 실천이 필수적이다.

다시 말해 자비는 깨달음 이후를 말해 주면서 동시에 깨달음의 과정을 이끌어 준다. 자비는 진정한 깨달음이 현실 삶 안에서 어떤 모습으로 드러나는지 보여 주면서 동시에 진정한 깨달음은 어떠해야 하는지 요구한다. 진정한 깨달음 없이는 진정한 자비가 아니고, 진정한 깨달음을 위해서는 진정한 자비를 실천해야 한다.

자비의 가르침은 현대사회 인간의 삶에 어떤 의미를 제시하는가

자비의 현대사회적 표현은 공감共感

이러한 불교의 자비 개념은 현대사회 인간의 삶에 어떤 의미를 줄 수 있는가? 불교 가르침의 맥락 안에서 드러냈던 자비의 의미를 현대사회 인간의 삶에 통할 수 있는 보편적 의미로 풀어 보자.

앞서 살펴보았듯이 불교 가르침의 맥락 안에서 자비 개념은 깨달음과 밀접히 연관되어 있다. 깨달음을 이루려는 '나'에게 초점이 맞추어지는 셈이다. 그런데 불교의 자비 개념은 기본적으로 관계적 의미도 지니고 있다. 자비의 기본 의미가 다른 사람을 사랑하는 마음, 다른 사람의 아픔을 함께 아파하는 마음이라는 점에서 관계적 의미는 분명하다. 더 나아가 진정한 자비의 의미가 단지 감성적인 마음이 아니라 구체적으로 다른 사람의 아픔을 없애 주려 애쓰는 실천적 마음이라는 점에서도 관계적 의미는 더욱 강조될 수 있다. 진정한 자비는 자기 기준에 의한 자기만족이 아니라 상대방에게 초점이 맞추어지는 것이다. 이런 의미에서 불교의 자비 개념을 현대사회 인간의 삶, 특히 인간관계 문제에 적용한다면 '공감'으로 표현할 수 있을 것이다.

현대사회를 위한 진정한 공감

최근 여러 사람이 재미있게 시청하는 텔레비전 프로그램 중에 「나 혼자 산다」라는 것이 있다. 오락 프로그램으로서 연예인들의 사생활을 엿보는 재미 때문이기도 하겠지만, 혼자 사는 사람이 늘어난 현대사회의 세태를 나름 반영하고 있다는 점에서도 사람들의 공감을 얻고 있는 듯하다. 프로그램을 보면서 혼자 사는 삶에 대한 동경을 키우는 사람도 있을 것이다. 이 텔레비전 프로그램뿐만이 아니라 서점가에 '혼자 사는 즐거움'에 관한 책들이 여럿 나와 있는 것도 혼자 사는 삶이 늘어나는 현대인들의 세태를 반영한다.

혼자 사는 삶이 늘어나는 세태를 어떻게 이해해야 할 것인가? 물론 혼자 살고 싶어 혼자 사는 것이 아니라 어쩔 수 없이 혼자 살 수밖에 없는 사람들도 있을 것이다. 최근 젊은이들의 자조적인 신조어 중 하나인 '3포 세대'(연애, 결혼, 출산을 포기한 세대)라는 말에서도 드러나듯이 결혼과 가정을 꾸미고 사는 일이 결코 만만하지 않기 때문에 어쩔 수 없이 혼자 살아야 하는 사람도 있다. 분명 이 문제는 심각한 현실사회문제임에 틀림없지만, 일단 이 문제는 열외로 하고 여기에서는 자발적 선택에 의해 혼자 사는 사람들에 초점을 맞추어 보자.

굳이 혼자 사는 삶을 선호하는 사람들이 많아진 세태는 역설적으로 인간관계에 지친 현대인들의 성향을 반영한 것으로 파악할 수 있을 것이다. 인간관계에서 파생되는 여러 갈등과 문제 상황이 극대화되면서 차라리 혼자 사는 편이 마음 편하다 생각하는 사람들이 많아지는 상황이다. 인간관계라는 것이 이토록 사람을 지치고 힘들게 만드는 것일까? 정말 사람은 인간관계에서 벗어날 수 있을까?

살아가면서 인간관계 안에서 갈등을 겪거나 상처받은 경험은 누구에게나 있을 것이다. 그럴 때마다 정말 사람이 싫어지고 인간관계의 어려움에 넌더리를 치기도 한다. 아마도 이러한 인간관계의 복잡함과 피곤함은 단지 현대사회만의 현상은 아닐 것이다. 먼 옛날에도 사람이 모여 사는 곳이면 늘 그랬을 것이다. 하지만 인간은 인간관계 속에서 사는 일을 포기하지 않았다. 인간관계가 사라져 본 적은 없다. 그만큼 인간관계는 인간에게 필연적이고 중요한 의미를 지니기 때문일 것이다. 현대사회에 인간관계로부터 느끼는 피로감이 더 지독해졌다면 현대사회에 통용되고 있는 인간관계 유형에 문제가 있다는 반증일 것이다. 인간관계의 문제가 치열해진 현대사회에도 여전히 인간관계를 포기하거나 온전히 혼자 사는 삶을 살 수 없는 것이 분명한 만큼 현대사회 인간관계 유형에 대한 근원적인 성찰이 필요하다.

현대사회를 위한 진정한 인간관계의 핵심과 원리는 무엇일까? 현대사회에 갈수록 심각해지는 갈등과 충돌의 문제 양상을 신중하게 살펴본 사람이라면 대부분 '공감'을 핵심 원리로 주목한다. 그렇다면 진정한 공감이란 무엇을 말하는가? 저마다 강조하는 공감의 의미가 조금씩 다를 수 있겠지만, 신영복 선생이 말한 "함께 비를 맞으며 걷는 것"(신영복, 『감옥으로부터의 사색』, 돌베개, 2010년)이라는 표현이 현대사회를 위한 공감의 의미를 적절하게 나타내 준다. 비를 맞고 서 있는 사람에게 불쑥 다가가 일방적으로 내가 가진 우산을 내미는 것이 어떤 때에는 진정 그 사람을 위한 일이 아닐 수 있다. 진정 그가 원하는 것이 아닐 뿐 아니라 오히려 그의 마음을 상하게 할 수도 있다. 이렇게 되면 결과적으로 나 중심적인 일방적 베풂일 수 있다. 진정한 공감은 이렇게 나 중심에서 무엇을 해 주는 것이 아니라 그저 묵묵히 상대방과 함께하는 것이다. 상대방의 아픔과 함께하는 것이 진정한 공감이다.

진정한 자비는 진정한 공감

진정한 자비는 진정한 공감과 많이 닮았다. 현대사회를 위한 진정한 자비의 의미는 공감으로 표현될 수 있다. 진정한 자비는 세상과 인간의 참모습에 관한 지혜의 깨달음과 하나를 이루고 있었다. 그리고 무아와 연기가 그 지혜의 핵심이었다. 현대사회 인간의 삶을 위한 진정한 공감에서도 무아와 연기의 지혜가 시사해 주는 의미가 크다. 진정한 자비와 진정한 공감의 의미를 연결시키며 현대사회의 고질적인 갈등과 충돌 문제를 치유하기 위한 방안을 확인해 볼 수 있다.

먼저 연기는 불교의 세계관을 설명하는 개념이다. 세상의 모든 존재들은 어느 것도 홀로 성립할 수 없는 상호의존적인 존재라는 뜻이다. A가 있어서 B가 있을 수 있고 B가 있으니 C가 있게 된다. 이렇게 무한히 연결되어 있는 것이 세상 모든 존재들이다. 마치 그물처럼 서로 얽혀 있고 서로를 지탱해 주는 관계이다. 이러한 연기적 세계관에 따르면 인간 역시 철저하게 관계 속의 존재이다. 어느 누구도 독불장군 식으로 혼자 존재할 수 없다. 서로를 아름답고 건강하게 성립시켜 주는 상호의존적인 관계이다. 그물 전체가 튼튼해야 그물의 모든 부분이 유지될 수 있듯이, 모두를 위한 건강한 인간관계 안에서 개개인들도 행복한 삶을 유지할 수 있다.

우리는 흔히 이러한 인간관계의 상호의존성과 연대성을 망각한 선택을 한다. 모두를 위한 삶이 아닌 나만을 위한 삶에 몰두한다. 나만 잘 살면 되고, 그게 가능하다고 생각한다. 하지만 인간은 연기의 세계 속의 관계적 존재이다. 아무리 나 혼자 잘나가도 모두를 위한 건강한 인간관계가 깨져 버리면 연쇄적으로 나도 무너질 수밖에 없다. 이렇게 상호의존적 관계성을 일깨우면서 모두를 위한 삶을 사는 것이 진정한 공감의 의미일 것이다.

무아는 세상의 모든 존재가 고정불변의 실체(我)가 없다는 가르침이다. 우리가 끝없이 욕망하고 집착하면서 기대하는 것과는 달리 모든 것이 그저 변화의 흐름일 뿐이다. 무상無常할 뿐이다. '나'라고 하는 존재 역시 예외일 수 없다. '나'에 대한 고집과 집착 모두 부질없다. 무아의 진리를 일상의 경험으로 좀 더 확대시켜 보면, 우리가 일상의 경험에서 일으키는 모든 생각과 관념 역시 고집할 것이 없다. 불교에서는 이를 무주상 無住相[일체의 상(相)에 머무르지 말라] 개념으로 설명한다. '상'相이란 나다, 너다, 깨끗하다, 더럽다, 좋다, 나쁘다 등등 마음에서 일으켜 모양 지은 관념을 뜻한다. 생각으로 지었지만 마치 실재하는 것처럼 착각하고 이에 사로잡히는 것이 문제이다.

인간관계에 있어서도 아我와 상相에 해당하는 나 중심적인 고집과 편견이 문제를 일으킨다. 주변의 모든 사람들을 그저 내 고집대로 이끌어 가려 하고 나 중심의 틀에 맞춰 이해하고 판단하려 하니 인간관계가 틀어질 수밖에 없다. 무아의 지혜는 자기 비움의 의미이다. 모두를 위한 인간관계, 진정한 공감이 이루어지려면 근본적으로 자기 비움이 필요하다. 진정으로 '나'를 비우고 내려놓을 때 모두를 위한 진정한 인간관계가 가능하다. 사실 인간관계의 모든 갈등과 혼란의 근본 원인은 '나'를 중심에 놓고 '나'만을 앞세우기 때문이라는 사실을 일상의 경험에서 수없이 확인할 수 있다. '나'를 비우는 진정한 공감, 진정한 자비의 마음이 현대 사회의 삶에 절실하다.

4 공자의 가르침: 자비(mercy)의 경우와 어짊(仁)의 경우

이수태

자비와 분노

자비는 지고지순至高至純의 무조건적 덕목일까? 구약성서를 보면 자비는 인간의 덕목이기 이전에 우선 하느님의 덕목이다. 그런데 하느님의 덕목인 자비가 발현되는 자리를 보면 항상 그 건너편에 하느님의 또 다른 권능인 진노가 배치되어 있는 것을 볼 수 있다. 이는 자비가 본질적으로 진노와 대對를 이루는 한에서 보다 완전에 가까운 하느님의 속성을 구성한다는 사실을 보여 준다. 다시 말해서 진노의 대를 떠나면 자비는 독자적 덕목으로서는 불완전해지기 쉽다는 점을 시사하고 있다.

그것은 자비가 인간의 덕목으로 옮겨 와서도 마찬가지다. 신약성서에 소묘된 예수의 모습에서 우리는 역시 자비와 분노를 함께 발견한다. 구약에서 자비와 진노 사이를 변덕스러울 정도로 번갈아 오가던 하느님의 모습을 우리는 인간 예수에게서 고스란히 다시 본다. 그것은 자비가 중요한 덕목이기는 하지만 분노와 대를 이루어 함께 역할하지 않으면 무기력하거나 초라한 덕목으로 돌아갈 수도 있음을 말해 주고 있다.

실제 자비가 성서의 구도를 떠나 세속적인 차원에서 운위될 때 그런 점이 잘 노출되고 있다. 다만 원래 불교 용어였던 '자비'慈悲만은 다소 예외적인 현상을 보이고 있는데, 이는 자비가 불교적 관념에 둘러싸인 용어로서 실생활 속에서는 별로 쓰이지 않는 관념어이기 때문이다. 그러나 영역 용어인 'mercy'만 해도 영어권에서 널리 쓰이는 생활 용어이기 때문에 자비의 속성을 둘러싼 문제가 전형적으로 드러난다. 실생활에서 'mercy'는 분노와 대를 이루지 않은 채 거의 단독으로 쓰인다. 그 때문에 'mercy'는 자주 무기력하거나 비굴한 모습을 보여 준다. 우리말에서는 '동정'同情이라는 말이 'mercy'와 사정이 비슷하다. 자비와는 달리 생활 용어인 동정은 분노와 대를 이루어 쓰이는 경우가 거의 없으며 그로 인하여 대개는 무기력하거나 유약한 모습을 보인다. '값싼 동정'이라는 말은 전형적이다. 오죽하면 비례非禮로 받아들여질까 봐 사용이 자제되고 있을 정도다. 연민이나 'compassion'이라는 말도 동정이나 'mercy'보다는 다소 덜하지만 역시 그런 제약된 모습을 노출할 때가 많다.

이런 관찰은 자비의 문제를 인식함에 있어서 우리를 한 차원 깊은 곳으로 안내한다. 구약의 하느님을 볼 때 자비는 진노와 번갈아 등장하지만 동시에 그 대상이 동일하다는 특성을 보인다. 이 점은 자비를 이해하는 데 매우 중요한 측면이다. 분노의 대상이었던 어느 개인이나 민족 또는 도시는 다음 순간 곧바로 하해 같은 축복과 은혜와 자비의 대상이 된다. 그러나 세속이나 매너리즘에 빠진 종교에서는 대부분 자비와 분노의 대상이 동일하지 않다. 심지어 그것이 동일할 수 있고 또 동일해야 한다는 사실을 잘 이해하지 못한다. 자비의 대상은 단지 자비의 대상일 뿐이고 분노의 대상은 분노의 대상일 뿐이다. 양자는 별개다. 이를테면 자비와 긍휼은 그 대상이 과부와 고아 또는 가난한 사람으로 한정되고 분노는 그 대상이 악인이나 이단, 반대 정파로 한정된다. 이런 분리가 이루어지는 곳에서 자비는 뚜렷이 무기력과 비굴을 노출하는 것을 볼 수 있다. 물론 분노도 그 대상을 자비와 함께하지 않음으로 인하여 비슷한 무기력 내지 불모성에 봉착하게 된다.

측은지심(惻隱之心)

그리스도교의 자비에 가장 유사한 유교적 개념은 '측은지심'이다. 잘 알다시피 측은지심은 맹자가 처음 사용한 용어다. 그러나 측은지심에 관해서는 분노와의 관련성이 애초부터 문제가 되지 않았다. 왜냐하면 맹자는 이 용어를 두 측면에서 매우 용이 주도하게 사용했기 때문이다. 우선 그는 측은지심 자체를 결코 지고지순의 덕목으로 제시하지 않았다. 그는 측은지심을 대수롭지 않은 인간 상정常情의 일환으로 보았다. 그것이 잘 양성될 경우 어젊(仁)으로 이어진다는 점에서 매우 중요한 단서(端)이기는 하지만 그 자체는 인간이라면 누구나 가지고 있는 대수롭지 않은 정서라는 것이다. 또 맹자는 이 측은지심을 설명하기 위해 우물에 빠지려고 하는 어린아이를 보면 누구나 달려가 구하는 것을 예시로 들었다. 이 예시는 측은지심의 존재와 당위성을 설명하는 데에는 매우 성공적이었다. 그렇지만 측은지심을 둘러싼 훨씬 깊고 본질적인 문제들을 드러내는 데에는 부적절한 예시가 되고 말았다. 만약 측은지심의 대상이 우물에 빠지려는 어린아이가 아니라 도덕적으로 심각한 문제에 빠져들고 있는 어느 성인이나 타락한 민족, 도시, 정치집단이었다면 사정은 달라졌을 것이다. 만약 그런 설정이었다면 유교는 측은지심을 그 존재나 당위성에 있어서 쉽게 인정받을 수 없었을지 모르겠지만 대신 좀 더 심도 있는 덕목으로 다룰 수 있었을 것이다.

그러나 맹자는 그렇게 하지 않았다. 그는 측은지심을 도덕적 갈등을 안을 필요가 없는 어린아이에 대한 것으로 설정하여 그런 문제를 피해 갈 수 있었다. 또 그것이 지고지순의 덕목이냐고 누군가가 따지고 든다면 "내가 언제 그것이 지고지순의 덕목이라 했더냐? 그것은 널려 있는 인간 상정의 한 측면일 뿐이라고 하지 않았더냐? 그래서 장차 어짊(仁)으로 양성해 나가야 할 하나의 실마리(端)일 뿐이라고 하지 않았더냐?"라고 주장할 것이다.

그렇다고 해서 그가 훗날 측은지심을 어짊으로 양성하는 문제에 진지하게 매진하였느냐 하면 그렇지 않았다. 맹자는 측은지심과 어짊의 관계를 더 이상 파고들지 않았고 그저 어짊을 올바름(義)과 결합하여 인의仁義로 뭉뚱그린 다음 그것을 자명한 가치의 덩어리로 삼아 편리한 대로 사용했을 뿐이다.

후대의 유학자들은 맹자보다 한술 더 떴으니 아예 '인'과 '측은지심'의 차이를 없애 버렸다. 측은지심은 더 넓은 개념인 사단四端 속에 뭉뚱그려진 채 이理나 성性과 크게 다르지 않은 추상적 덕목으로 취급되었다. 사단의 격상 속에서 덩달아 격상된 측은지심은 어짊과 단지 형식적인 차이만 지니는 것으로 방치되었던 것이다.

누가 어짊(仁)을 안다 하는가

그러나 유교가 성립되기 이전, 공자가 살던 춘추시대에는 측은지심이나 그에 상당한 그 어떤 개념도 없었다. 그리스도교의 자비에 해당하는 덕목 내지 개념이 엿보이지 않는다. 구태여 찾아본다면 관용(寬) 정도의 덕목은 있었지만 너그러움을 주된 내용으로 하는 관용이 자비와 겹치는 부분은 많지 않았다. 공자에게 있어서 그리스도교의 자비와 관련성이 높은 덕목을 굳이 찾자면 어짊(仁)밖에 없다. 그러나 어짊은 자비나 'mercy', 긍휼, 동정, 연민 등과는 여러 전제에서부터 많이 다르다. 심지어 맹자가 그 단서로 지목한 측은지심과도 겹치는 부분이 많지 않다. 한마디로 어짊은 자비나 그에 준한 여러 개념들보다 월등히 폭도 넓고 개념으로서의 수위도 높았다.

자비와 그에 준한 여러 덕목들은 앞서 말한 바와 같이 분노와 대를 이루지 않는 한, 나약함과 무기력에 떨어지기 쉬운 덕목이다. 그러나 어짊은 그런 불완전성을 그 개념의 성립 자체에서부터 내부적으로 극복하는 것을 요건으로 하고 있는 매우 특별한 덕목이었다.

논어에서 공자의 제자들이나 위정자들이 공자에게 정치 다음으로 자주 질문한 것이 바로 어짊이었다. 그들에게 있어서 어짊은 아직 잘 모르는 덕목이었고 완성되지 않은 덕목이었다. 그 점은 얼마만큼은 공자에게 있어서도 그랬던 것 같다. 물론 어짊이라는 말은 사회적으로 통용되고 있던 말이었다. 사람들은 누가 어질다든가 어질지 못하다든가 하는 말을 자연스럽게 쓰고 있었고, 사람들을 어진 사람과 어질지 못한 사람으로 나누어 바라보기도 했다. 이를테면 공자의 나이 54세 되던 해에 노나라의 권력을 거머쥔 양호陽虎도 공자를 자신의 휘하에 끌어들이기 위해 설득하는 과정에서 어짊이라는 말을 사용하고 있었다.

> 보배로운 것을 품고 있으면서도 나라를 혼미하게 내버려 둔다면 어질다 할 수 있겠소?[1]

물론 이 질문은 공자가 누구보다 어짊을 강조한다는 사실을 알고 의도적으로 행한 질문으로 보인다. 그럼에도 이런 사례는 당시 어짊이라는 말이 중원 사회에서 보편적 가치로 통용되고 있었음을 말해 주는 것이다. 다만 공자만이 이 덕목의 위대한 가능성을 주목했고 그 개념을 모든 사람들이 추구해야 할 덕목으로 제고하고 완성시키려 했던 것 같다.

그런 측면은 仁의 역어로 채택되는 우리말 '어질다'라는 용어에서도 마찬가지로 발견할 수 있다. 어질다는 말은 한국인들의 삶 속에서 자연스럽게 생장한 말이다. 결코 仁이라는 중국어에서 비롯되지 않은, 한국인들의 삶과 한국인들의 정서, 인격, 인간이해에서 자생한 말이다. 다만 그 자생한 개념이 공자가 강조한 仁의 개념과 많은 부분 겹치고 있다고 판단했기 때문에 자연스럽게 그 역어로 채택되었을 것이다. 그만큼 仁이라는 말이나 어질다는 말에 가로놓인 인간이해는 우리가 의식적으로 생각하는 것보다 깊고 심오하다.

공자는 이 仁이라는 개념을 발견하고 그것을 있을 수 있는 왜곡에서 지켜 내면서 완성하는 한편 그것이 모든 사람들의 삶에 구현될 수 있도록 힘썼다. 많은 사람들이 공통으로 지적하는 바와 마찬가지로 공자는 어짊에 대해 무척 드물게만 말하였다.

---

1 懷其寶而迷其邦, 可謂仁乎?(『논어』 17편 1장)
회기보이미기방 가위인호?

선생님께서는 이익과 천명과 어짊에 대해서는 좀처럼 말씀하지 않으셨다.²

그 이유는 아마도 그것이 말에 의해 포착되어 전달되기가 근본적으로 어렵고 오히려 그런 안이한 시도가 흔히 왜곡을 유발했기 때문이 아닐까 한다. 그러나 말은 그런 약점에도 불구하고 가장 대표적인 인지 전달 수단이다. 그래서 공자는 드물게나마 어짊에 관해 말을 했고 제자들은 비상한 열의로 그것을 듣고 기록으로 남겼을 것이다. 그 남겨진 말에 금쪽같은 공자의 생각이 담겼음은 두말할 나위도 없다.

어짊을 향한 탐색

공자가 어짊에 대해 언급한 것들을 일별해 보면 우선 어짊은 개념이나 어감에서 자비와는 사뭇 다르다는 것을 알 수 있다. 어질다는 말에서 느껴지는 바와 같이 그것은 높은 수준에서 형성된 인격의 어떤 양태를 말하고 있다. 자비는 상대방의 존재를 분명히 하고 있을 뿐 아니라 상대방을 향한 방향성까지 지닌 용어다. 다시 말해서 자비는 언제나 '누군가에 대한' 자비인 것이다. 그러나 어짊은 상대방이 없지는 않지만 상대방의 존재나 상대방을 향한 방향성보다는 당사자의 사람됨이 가진 포괄적 '두터움'을 가리키고 있다.

또 자비는 정의情誼로서의 색깔이 분명하다. 그것은 따뜻하고 부드

2　子罕言, 利與命與仁.(9편 1장)
　　자 한언 리 여명 여 인

러우며 포용하고 베풀며 슬퍼해 준다. 그러나 어젊은 정의情誼로만 한정하기 어려운 측면이 있다. 또 반드시 따뜻하고 부드러운 것만도 아니다. 이를테면 어젊은 그 속에 엄격함과 공명정대함이 있다. 심지어 날카로운 비판이 들어 있기도 하다.

선생님께서 말씀하셨다.
"오직 어진 자만이 남을 좋아할 수도 있고 남을 미워할 수도 있다."[3]

공자는 이 말을 통해서 어진 자는 그 어젊의 일환으로 남을 미워할 수도 있음을 말한 셈이다. 자비의 일환으로 남을 미워한다는 것은 자비의 사전적 정의를 지나치게 넘어선다는 점에서 사실상 불가능한 용례다. 그러나 어젊에 있어서는 가능하다. 어젊은 자비보다 그만큼 그 정의定義의 폭이 넓음을 보여 주고 있다.

인仁은 인人과 이二의 결합으로 만들어진 표의문자다. 그것은 분명히 의도적이었을 것이다. 그리고 그때의 이二는 바로 자기 자신과 타인을 말하는 것이었을 테고, 또 자기 자신과 타인을 숫자 이二로 표현하였다는 것은 그 둘을 보는 시각이 객관적이었음을 말해 준다. 물론 인仁이라는 문자가 만들어질 때 그 개념이 비로소 만들어진 것은 아니다. 중국어에 이미 있던 인이라는 말을 형상화하는 제자製字 과정에서 누군가가 人+二를 거기에 담았던 것이다. 어차피 단순하기 짝이 없는 仁이라는 형상에 얼마나 자세한 내용을 집어넣을 수 있었겠는가? 그러나 인을 사람(人) 둘(二), 그것도 나와 남의 객관적 관계로 형상화하였다는 것은 매우 중요

3　子曰: 唯仁者, 能好人, 能惡人.(4편 3장)
　　자왈 : 유인자 능호인 능오인

한 점을 시사한다. 그것은 그동안 제대로 해석되지 못했던 한 단편의 진의와 연결시킬 때 더욱 빛나는 의미가 되는 듯하다. 그 단편은 「이인」편(제4편) 제7장이다.

> 선생님께서 말씀하셨다.
> "사람의 잘못이란 각자 자기 집단에 치우쳐 있는 것이다. 이 잘못을 보는 것이 곧 어짊을 아는 것이다."4

이 단편을 두고 "사람의 잘못은 각자 자기 집단에 따라 다르다. 잘못을 보면 그가 어진 양상을 알 수 있다"는 주자류의 해석은 허무맹랑하기 짝이 없는 해석이다. 그런 허무맹랑한 해석을 동양 유학은 2천5백 년 동안 일관되게 이어 온 것이다.

바른 해석은 너무나도 간단하고 명쾌하다. "사람의 잘못(人之過也)이란 각자 자기가 속한 집단에 치우쳐 있는 것(各於其黨)이다." 그 집단(黨)은 한없이 다양하다. 우리는 누구든 남자이거나 여자이고, 한국인이거나 미국인이거나 어떤 나라의 사람이고, 경상도 사람이거나 전라도 사람이거나 그 어느 지역의 사람이다. 백인이거나 흑인이거나 황인이다. 그리스도교도거나 불교도거나 다른 종교의 신도거나 혹은 종교가 없는 사람이다. 진보 정당을 지지하거나 보수 정당을 지지하거나 혹은 정치적 무관심 계층이다. 기성세대거나 신세대다. 인간으로 태어나 세상을 살아가고 있다면 누구든 수백, 수천의 다양한 집단(黨)에 속해 있다. 그리고 그에 따른 편향성을 크든 작든 지니고 살기 마련이다. 그것이 우리

---

4 子曰: 人之過也, 各於其黨. 觀過, 斯知仁矣.(4편 7장)
자 왈: 인지과야 각어기당 관과 사지인의

의 일차적 현실이고 그에 치우쳐 있을(於) 때 그것이 곧 잘못(過)이기도 하다. 그런데 공자는 말한다. "그 잘못을 통찰하는 것(觀過), 그것이 곧(斯) 어짊을 아는 것(知仁)"이라고.

과연 어디가 모호한가? 무엇이 난해한가? 이 명쾌한 해석이 2천5백 년 동안이나 수면 아래에 가라앉아 있었다는 것이 과연 납득이 되는가?

거기에 그치지 않는다. 인간의 잘못(過)에 관한 설명 중 이처럼 분명한 설명을 하고 있는 논어 단편이 다시없다. 또 거기에도 그치지 않는다. 논어의 최고 개념, 어짊(仁)에 관한 정의 중 이처럼 또렷한 정의를 내리고 있는 단편이 역시 다시없다. 그렇다면 이 단편은 어쩌면 논어 521개 단편 중에서 최고 수준의 단편이라고 해야 하지 않겠는가?

기적처럼 되살아난 이 단편의 진의를 이제 어짊의 문제로 끌고 가 보자. 공자가 어짊을 아는 것(知仁)에 대해 뭐라고 하였는가? 그것은 바로 제가끔의 집단에 치우쳐 있음을 통찰하는 것이라고 하지 않았는가. 자신의 집단(其黨)에 치우쳐 있음을 통찰한다는 것은 결국 자신의 집단 밖에 외면되고 있거나 자신의 집단과 대척적 내지 대립적 관계에 있는 모든 영역 또는 집단을 자신의 집단과 하나의 시야에 담아 더 넓게 바라보고 이해하는 것이다. 그때 우리는 어짊이 무엇인지를 알게 된다고 공자는 말하고 있는 것이다.

앞서 『설문해자』說文解字 차원에서 소략하게나마 제시되어 있던 것, 어짊이 나와 남의 관계라던 이야기와도 통한다. 어짊이 그려 내는 이 나와 남의 관계는 자비나 동정, 긍휼이 그려 내는 단선적 관계를 뛰어넘는 관계다.

그런 의미에서 자비가 신적 분노를 동반함으로써 비로소 완전에 가까운 모습을 가지게 되는 것과 달리 어짊은 그 자체로서 완전에 가까운 모습을 가진다. 물론 후대의 유교가 어짊을 거의 측은지심의 차원으로 끌어내렸을 뿐 아니라 그마저도 창백한 이론의 장으로 몰고 가 어짊의 핍진逼眞한 차원들을 거의 잃어버린 것은 별개의 역사적 문제일 것이다.

기적을 연출하는 어짊

4편 7장에서 공자가 언급한 지인(知仁)의 문제는 또 하나의 짧은 단편에서 어쩌면 그 궁극적인 모습을 나타내고 있다.

선생님께서 말씀하셨다.
"진실로 어짊에 뜻을 둔다면 악은 없다."⁵

이 단편의 메시지는 너무 짧아서 어리둥절할 지경이다. 쓰인 그대로 해석을 한다면 "진실로 어짊에 뜻을 둔다면 악은 없다"는 것이다. 그렇게 해석을 하고는 '과연 이 말이 맞아? 이 말을 하려는 것이었어?' 하고 대부분 의문을 품게 된다. 아무래도 그건 아닐 것 같아 상식적으로, 무난하게 풀이한다고 한 것이 바로 지난날의 논어 학자들이 천편일률적으로 해석해 온 바, "진실로 어짊에 뜻을 둔다면 악한 짓은 하지 않을 것이다"라는 해석이다. 그리하여 이 위대한 진술도 4편 7장과 마찬가지로 상식 차원에 주저앉고 말았다.

자, 정색을 하고 보자. 주자는 왜 '악이 없다'(無惡)를 '악한 일을 행하

---

5 子曰: 苟志於仁矣, 無惡也.(4편 4장)
　자 왈 : 구 지 어 인 의　무 악 야

는 일이 없다'(無爲惡之事)로 풀었을까? 양시楊時는 왜 無惡(무악)을 '악을 행하는 일이 없다'(爲惡則無)로 풀었을까? 그런 뜻이었다면 공자는 왜 차라리 처음부터 無惡(무악) 대신 無爲惡之事(무위악지사)나 爲惡則無(위아칙무) 등으로 더 확실하게 표현하지 않았을까? 공자가 말한 惡(악)과 주자나 양시가 말한 爲惡(위악)은 같은 것일까, 다른 것일까?

결론적으로 말하자면 惡과 爲惡은 다르다. 하늘과 땅이다. 주자나 양시의 爲惡은 공자의 惡을 그대로 수용할 수 없었던 그들의 둔탁하고도 평면적인 인식을 반영한 것에 불과했다. 주자나 양시의 해석에 따르는 한 공자의 말은 하나 마나 한 말이 된다.

악이 없다(無惡)는 말은 무조건적인 말이다. 어짊에 뜻을 둔 자는 악한 행위를 하지 않는다는 말이 아니다. 어짊에 뜻을 두면 악이 없다는 말이다. 객관적으로 악은 있지만 어짊에 뜻을 둔 자의 경우 그 사람에게는 악이 없다는 말일까? 아니다. 현실적으로 그것을 구분하는 것은 무익한 짓이다. 그런 무익한 짓은 저 학문 세계 인식론의 소일거리로 주어도 될 것이다.

공자는 그 모든 사정을 알고 그것을 넘어 말하였다. 악이 없다(無惡)고. 아무 조건 없이, 단순하게.

그것은 안연과 대화하는 또 다른 자리에서 되풀이되었다. 공자는 어짊을 묻는 안연에게 "자신을 이겨 내고 예를 되찾는 것"(克己復禮)을 답으로 제시하면서 이렇게 말했다.

안연顏淵이 어짊에 대해 묻자 선생님께서 말씀하셨다.
"자신을 이겨 내고 예를 되찾는 것이 어짊을 도모하는 것이다. 어느 하루 자신을 이겨 내고 예를 되찾는다면 천하가 어짊에 돌아올 것이다. 어짊을

도모하는 것이 자기에게서 비롯되지 남에게서 비롯되겠느냐?"⁶

어느 하루라도 극기복례를 실천하게 되면 "천하가 어젊에 돌아올 것"(天下歸仁)이라는 말에서 우리는 또다시 4편 4장의 "진실로 어젊에 뜻을 둔다면 악은 없다"(苟志於仁矣, 無惡也)라는 구절이 안겨 주던 딜레마를 만나게 된다. 어젊에 뜻을 두는 일은 어느 한 선비의 일인데 어떻게 악이 모두 없어지느냐 하는 딜레마가 이번에는 역시 극기복례가 한 선비의 일인데 어떻게 천하가 어젊에 돌아오느냐 하는 형태로 등장한다. 주자는 이 딜레마 앞에서 또다시 타협점을 찾는다. 그는 이렇게 타협했다.

하루라도 자신을 이겨 내고 예로 돌아가면 천하 사람들이 다 그 어젊에 함께할 것이라고 말한 것은 그 효과가 심히 빠르고 지대함을 극언한 것이다.⁷

주자는 효과가 매우 빠르고(深速) 지대至大함을 극언極言한 것이라고 적당히 얼버무렸다. 한 선비의 일과 천하의 일을 겹쳐 놓은 것을 수용하기 위한 주자의 방법은, 深(심)이니 至(지)니 極(극)이니 하는 과장된 형용을 앞세우는 것이었다. 천하귀인天下歸仁이라는 원문을 아무 근거도 없이 천하지인 개여기인天下之人 皆與其仁이라고 슬그머니 바꿔 놓은 것도 그런 한계를 드러내는 것이었다. 천하귀인天下歸仁과 천하지인 개여기인

---

6 顏淵問仁. 子曰: 克己復禮爲仁.
   안연문인 자왈: 극기복례위인

   一日克己復禮, 天下歸仁焉. 爲仁由己, 而由人乎哉?(12편 1장)
   일일극기복례 천하귀인언 위인유기 이유인호재?

7 言一日克己復禮, 則天下之人, 皆與其仁, 極言其效之深速而至大也.(『論語集註』)
   언 일일극기복례 즉천하지인 개여기인 극언기효지심속이지대야

天下之人 皆與其仁은 같은 말이 아니다. 이 또한 하늘과 땅이다. 이렇게 구렁이 담 넘어가듯 슬그머니 넘어가지 않는 한 주자로서는 이 희대의 역설을 수용할 방법이 없었던 것이다. 공자의 입체적 경험을 주자의 평면적 이해가 담아내어야 했던 가련한 조건 때문이었다.

무악야無惡也도 천하귀인天下歸仁도 공자의 말을 진술된 그대로, 다시 말해서 역설의 양태 그대로 받아들이는 것만이 그의 뜻을 왜곡하지 않고 수용하는 유일한 방법이다.

공자가 제자들에게 전달하려 한 것은 어쩌면 상식적으로는 납득이 되지 않는, 그 말을 둘러싸고 있는 인식의 역설적 체계 자체였는지도 모른다.

수기修己의 깊은 경험적 차원만이 받아들일 수 있는 그 역설의 차원에 서서 경건히 인식을 가다듬을 경우, 우리는 안다. 진실로 어짊에 뜻을 둔다면 악은 없다. 이때의 어짊은 모든 것을 포용하는 것이며 모든 것을 치유하는 자비다.

앎(知)의 근거로서의 어짊

논어에는 어짊과 관련하여 또 하나의 뛰어난 진술이 남아 있다. 그것은 다음과 같다.

선생님께서 말씀하셨다.
"앎이 그에 미쳤더라도 어짊이 그것을 능히 지키지 못하면 비록 그것을 얻더라도 반드시 잃고 말 것이다. 앎이 그에 미치고 어짊이 그것을 능히 지키더라도 장중하게 그에 임하지 못하면 백성들이 존경하지 않을 것이다. 앎이 그에 미치고 어짊이 그것을 능히 지키며 장중하게 그에 임하더라도 예로써 그것을 움직여 나가지 못하면 아직 최선이 못 된다."[8]

知及之, 仁不能守之, 雖得之, 必失之(지급지, 인불능수지, 수득지, 필실지). 이 짧은 말은 앎과 어짊의 관계를 다루고 있는 너무나도 소중한 언급이다. 공자의 모든 진술이 그렇듯이 이 언급도 앎과 어짊에 대한 개념적 접근의 결과라기보다는 구체적 경험에서 도출된 것이 분명하다.

물론 그 경험은 어짊을 구현하려는 공자 자신의 실천적 경험일 것이다. 전술한 어짊에 대한 觀過, 斯知仁(관과, 사지인)에서의 정의상 그것은 역시 내가 몸담고 있는 영역과 남이 몸담고 있는 영역을 아우르려는 노력이며 특히 남이 몸담고 있는 영역에 대한 무한 이해를 지향하고 있다. 물론 이해란 그것을 무조건 받아들이는 것은 결코 아니다.

어짊이 앎을 지킬 수 있는 것이 되기 위해서는 그것은 앎을 생성해내는 전선前線(frontier)으로서, 생장점으로서 끊임없이 미지를 향해 문을 열고 그것을 받아들이면서 고독한 내적 싸움을 전개하는 장이어야 한다. 어짊은 그런 진지함이자 열정이며 그 안에 모든 기다림과 꿈과 참음과 탄식을 간직하고 있는 장이다. 그리고 그런 마음의 습함을 조건으로 오월 산음 속 고사리가 자라듯 지혜가 자라는 것이다. 어짊이 그런 조건을

8 　子曰: 知及之, 仁不能守之, 雖得之, 必失之.
　　자왈:지급지 인불능수지 수득지 필실지

　　知及之, 仁能守之, 不莊以涖之, 則民不敬.
　　지급지 인능수지 불장이리지 즉민불경

　　知及之, 仁能守之, 莊以涖之, 動之不以禮, 未善也.(15편 32장)
　　지급지 인능수지 장이리지 동지불이례 미선야

마련해 주지 않으면 지혜는 말라죽고 만다. 이것은 공자만이 아니라 모든 위대한 종교가 알고 있었고 또 요구해 온 바, 어짊과 앎의 관계였다.

이 관심과 사랑, 공자의 용어로 仁, 어짊은 한순간도 쉬임이 없어야 한다는 것을 공자는 다양한 진술을 통해 강조했다.

선생님께서 말씀하셨다.
"회回는 그 마음이 석 달 동안 어짊을 어기지 않는다. 그 나머지 제자들은 한동안에 불과할 따름이다."[9]

선생님께서 안연을 일컬어 말씀하셨다.
"애석하구나. 나는 그가 나아가는 것만 보았지, 멈춰 있는 것을 보지 못하였다."[10]

선생님께서 냇가에서 말씀하셨다.
"나아가는 자는 이와 같구나! 밤낮으로 그치지 않는다."[11]

"군자가 어짊을 떠나서야 어떻게 이름을 이루겠느냐? 군자는 잠시 동안도 어짊에 어긋남이 없어야 하니 위급함을 당해서도 반드시 이에 의하고 파

---

9 子曰: 回也, 其心三月不違仁, 其餘則日月至焉而已矣.(6편 5장)
　자왈: 회야 기심삼월불위인 기여즉일월지언이이의

10 子謂顔淵曰: 惜乎! 吾見其進也, 未見其止也.(9편 20장)
　자위안연왈: 석호! 오견기진야 미견기지야

11 子在川上, 曰: 逝者如斯夫! 不舍晝夜(9편 16장)
　자재천상 왈: 서자여사부! 불사주야

탄에 이르러서도 반드시 이에 의해야 한다."[12]

모든 식물은 생장점이 죽으면 죽는다. 마찬가지로 삶도 살아 있음의 단순한 지속이 아니다. 삶은 한순간도 쉬지 않는 행동이고 선택이다. 몸이 한순간도 쉬지 않는 호흡에 의존해 있듯 정신도 한순간도 쉬지 않는 자신의 한계와의 씨름 위에 성립해 있는 것이다.

공자는 그것을 지치지 않고 되풀이해서 강조했다. "밤낮으로 그치지 않는다"(不舍晝夜)고도 했고 "멈춰 있는 것을 보지 못하였다"(未見其止)고도 했다. "잠시도 어짊에서 어긋남이 없어야 한다"(無終食之間違仁)고도 했고 "위급함을 당해서도, 파탄에 이르러서도 어짊을 벗어나서는 안 된다"(造次必於是, 顚沛必於是)고도 했다. 바로 어짊이 정신의 호흡으로서의 성격임을 거듭 강조했던 말들이 아닐 수 없다.

어질지 못함을 미워하는 것(惡不仁)

어짊이 가진 부단함과 아울러 또 다른 한 강조점은 그것이 가지고 있는 지고至高함이 아닐까 한다. 논어에 대해 잘 모르는 사람도 어짊의 지고함을 강조했던 공자의 다음 말은 대부분 잘 알고 있을 것이다.

선생님께서 말씀하셨다.
"뜻있는 선비와 어진 사람은 목숨을 구걸하기 위해 어짊을 해치는 일이 없

---

12 君子去仁, 惡乎成名? 君子無終食之間違仁, 造次必於是, 顚沛必於是.(4편 5장)
군자거인, 오호성명? 군자무종식지간위인, 조차필어시, 전패필어시

으며 제 몸을 희생시켜서라도 어짊을 이룬다."13

선생님께서 말씀하셨다.
"백성들에게 있어서 어짊이란 물이나 불보다 더 심하니 물이나 불은 안고 죽는 사람을 내가 보았으나 어짊을 안고 죽는 사람은 보지 못하였다."14

이 두 단편은 우리에게 알려진 만큼 제대로 이해되었다고는 보기 어려운 단편이다. 어쩌면 엄청난 숙고를 요하는 단편들이다. 어짊은 바야흐로 죽음을 넘어 추구되는 무엇으로 주어져 있다. 섣부른 추정을 피하고 주어진 진술을 조금 더 가까이에서 살펴보자. 15편 9장에서 어진 사람(仁人)은 뜻있는 선비(志士)와 나란히 주어진 공동 주어다. 따라서 無求生以害仁, 有殺身以成仁(무구생이해인, 유살신이성인)은 志士(지사)와 仁人(인인) 모두에게 연결되는 술부다. 오랫동안 우리는 그것을 눈여겨보지 않았다. 그것은 志士에게는 仁人의 속성이, 仁人에게는 志士의 속성이 서로 겹쳐 있다는 것을 말하는 것으로 보인다. 지사가 누군가? 공자는 "삼군三軍에서 그 장수를 빼앗을 수는 있지만 필부匹夫에게서 그 뜻(志)을 빼앗을 수는 없다"(三軍可奪帥也, 匹夫不可奪志也. 9편 26장)고 했다. 지사는 예나 지금이나 옳은 일에 대한 뜻을 굽히지 않는 유형의 사람일 것이다. 가장 대표적인 인물은 역시 공자도 인정했던 백이숙제伯夷叔齊였다. 그들은 무왕의 은 정벌을 반대했다. 그리고 뜻이 이루어지지 않자 수양산에 들

---

13 子曰: 志士仁人, 無求生以害仁, 有殺身以成仁. (15편 9장)
　　자왈 : 지사인인 무구생이해인 유살신이성인

14 子曰: 民之於仁也, 甚於水火. 水火吾見蹈而死者矣, 未見蹈仁而死者也. (15편 34장)
　　자왈 : 민지어인야 심어수화 수화오견도이사자의 미견도인이사자야

어가 고사리만 캐 먹다가 죽었다. 이 두 지사를 두고 공자는 어짊을 얻었다(得仁)고 했다.

> (자공이) 들어가 물었다.
> "백이숙제는 어떤 사람입니까?"
> 선생님께서 말씀하셨다.
> "옛 현인이다."
> 자공이 말하였다.
> "원망하였습니까?"
> 선생님께서 말씀하셨다.
> "어짊을 구해서 어짊을 얻었는데 또 무엇을 원망했겠느냐?"15

그들은 의로움(義)을 실천한 사람들이었다. 그런 그들을 두고 공자가 어짊을 구해서 어짊을 얻었다(求仁而得仁)고 한 것을 보면 어짊(仁)은 확실히 의로움(義)과 깊은 연관을 가지고 있는 것으로 보인다. 이것은 앞서 소개한 두 단편, 어짊을 목숨과 연관시켜 말함으로써 상식적으로는 인에 대한 지나치게 완강한 조건 부여처럼 보이던 단편을 이해할 수 있는 단서를 제공한다. 바로 그 단편에 나오는 어짊(仁)을 의로움(義)으로 바꾸어 본다면 무언가가 암시되는 것을 느낄 수 있다.

> "뜻있는 선비와 어진 사람은 목숨을 구걸하기 위해 의로움을 해치는 일이

15　(子貢)入曰: 伯夷叔齊何人也? 曰: 古之賢人也.
　　(자공)입왈 백이숙제하인야? 왈 고지현인야
　　曰: 怨乎? 曰: 求仁而得仁, 又何怨?(7편 14장)
　　왈: 원호? 왈 구인이득인 우하원?

4 공자의 가르침: 자비의 경우와 어짊의 경우　97

없으며 제 몸을 희생시켜서라도 의로움을 이룬다."16

"물이나 불은 안고 죽는 사람을 내가 보았으나 의로움을 안고 죽는 사람은 보지 못하였다."17

만약 원문이 이러했다고 한다면 아무도 그 말을 이해하기 어렵다는 사람은 없을 것이다. 그런데 공자가 말한 원문은 義가 아니라 仁이었다. 왜 어짊을 이야기할 때는 이해하기 어렵던 말이 의로움을 이야기하는 것으로 하니 당연해 보일까? 여기서 우리는 仁과 義를 연결 짓는 요소로, 불인을 미워하는 것(惡不仁)을 개입시켜 볼 수 있다. 仁은 義와 멀어 보였지만 不仁은 갑자기 義와 가까워 보이지 않는가? 실제 백이숙제는 무왕의 불인을 미워했고 공자가 삼인三仁이라고 불렀던 은 말의 미자微子와 기자箕子, 비간比干은 주紂의 불인을 미워했던 사람들이었다. 공자는 스스로 불인을 미워하는 것(惡不仁)에 대해 분명한 의의를 부여하는 말을 남겼다.

선생님께서 말씀하셨다.
"나는 어진 것을 좋아하는 자나 어질지 못한 것을 미워하는 자를 본 적이 없다. 어진 것을 좋아하는 자라면 더할 나위도 없지만 어질지 못한 것을 미워하는 자도 그로써 어짊을 위하는 것이니, 어질지 못한 자가 자신에게 영

16　志士仁人, 無求生以害義, 有殺身以成義.
　　지사인인 무구생이해의 유살신이성의

17　水火吾見蹈而死者矣, 未見蹈義而死者也.
　　수화오견도이사자의 미견도의이사자야

향을 끼치지 못하도록 하기 때문이다."¹⁸

공자는 어짊을 좋아하는 자와 불인不仁을 미워하는 자를 나란히 언급하면서 그런 자를 본 적이 없다고 한다. 그것은 그가 불인을 미워하는 것에 대해 인을 좋아하는 것 못지않은 의의를 부여한 말이다. 그러면서 불인을 미워하는 것 또한 어짊을 위하는 것이 된다며 오불인惡不仁을 인의 테두리 안에 두는 한편 그렇게 함으로써 불인한 자가 자신에게 영향을 끼치지 못하도록 한다고 부연 설명까지 하고 있다. 물론 공자는 다른 자리에서 "사람이 어질지 못함을 너무 심하게 싫어해도 세상을 어지럽힌다"¹⁹고 하여 지나친 미움을 경계하고 있기는 하지만 그것도 돌이켜 보면 오불인의 의의를 인정하는 기반 위에서만 나올 수 있었던 말이 아닐 수 없다.

이 惡不仁은 의로움(義)과 현실적으로 많은 부분이 겹친다. 정의의 기치를 올렸던 역사상의 숱한 사건들, 이를테면 3·1운동이나 4·19 또는 부마 항쟁, 6월 항쟁, 광주 항쟁 등은 모두 불인不仁을 미워하여 싸웠던 사건들이다.

불인을 미워하는 것(惡不仁)은 네거티브한 접근이지만 어짊을 좋아하는 것(好仁)은 포지티브한 접근이다. 그렇다면 우리는 어쩌면 네거티브한 접근을 의로움(義)이라 불렀고 포지티브한 접근을 어짊(仁)이라 불렀

---

18 子曰: 我未見好仁者, 惡不仁者. 好仁者, 無以尙之.
   자왈: 아미견호인자 오불인자 호인자 무이상지

   惡不仁者, 其爲仁矣, 不使不仁加乎其身. (4편 6장)
   오불인자 기위인의 불사불인자가호기신

19 人而不仁, 疾之已甚, 亂也. (8편 10장)
   인이불인 질지이심 난야

던 것은 아닐까? 나는 어짊에 대한 더 핍진逼眞하고 높은 이해를 위해 이 가설을 제기한다. 포지티브한 접근인 어짊은 그 속성상 수기의 일환일 수밖에 없었고 따라서 겉으로는 잘 드러나지 않았을 것이다. 殺身成仁(살신성인, 15편 9장)이나 蹈仁而死(도인이사, 15편 34장) 등이 피부에 잘 와 닿지 않는 것도 바로 그 때문일 것이다. 그러면서도 그것은 불인을 미워하는 것 내지 의로움을 이면에 깔고 있었을 것이다. 오히려 그것이 이면에 깔려 있지 않을 경우 어짊은 사이비 어짊이 되어 마치 덕의 사이비로 향원鄕原이 등장하듯이 어짊의 사이비로 맹목적 수더분함 또는 어리석음[20]이 등장하는 것 아닐까? 어짊을 둘러싸고 공자가 살신성인殺身成仁 등의 강한 표현을 구사한 것은 바야흐로 어짊을 완성하기 위해서는 안이한 인관仁觀을 넘어 의義의 실천을 능가하는 결사적 의지가 있어야 함을 말하고 싶었던 것이 아닐까?

훗날 맹자가 어짊(仁)과 의로움(義)를 결합하여 인의仁義라는 개념을 만들고 그것을 널리 유통시킨 것이 어짊과 의로움의 이런 연관성을 고려한 것이었는지는 알 수 없다. 그러나 이 개념이 오랜 세월에 걸쳐 자연스럽게 수용된 데에는 어쩌면 그런 연관성이 많은 사람들의 잠재의식 안에서 면면히 수용된 결과인지도 모른다.

정리

그렇다면 우리는 이 모든 것을 이렇게 정리해 볼 수 있겠다.

---

20 好仁不好學, 其蔽也愚.(17편 8장)
   호인불호학 기폐야우

그리스도교에 있어서 인간의 죄와 타락을 바라보는 종교적 정상情
狀은 자비와 분노로 나타났다. 그것은 외형적으로 볼 때 매우 상반된 모
습을 가지고 있지만 실상은 그렇게 분화된 두 정상의 소용돌이를 통하
여 죄와 타락을 넘어서는 종교적 지향이 이루어졌던 셈이다.

춘추시대 동양에는 그리스도교의 자비(mercy)에 상응하는 유사 개념
이 없었다. 대신 공자가 주목함으로써 비로소 주목받게 된 어짊(仁)이라
는 개념이 있었다. 어짊에는 인간의 어리석음과 악함에 대한 측은지심
내지 관용이 담겨 있었고 그 어리석음과 악함이 종종 불인不仁으로까지
나아가는 것에 대한 미움과 비판이 담기었던 것으로 보인다. 그 때문에
어짊은 단지 동정이나 포용에만 그치지 않고, 엄중하고 단호한 자세를
함께 지녔던 것 같다. 특히 엄중함과 단호함은 공자가 어짊의 완성을 위
해 그 개념에 부여하였던 요소이기도 하다. 아쉽게도 공자 사후 유교는
공자가 어짊에 부여한 그런 정신을 제대로 계승하지 못하였다.

그리스도교의 자비 개념과 공자가 가르친 어짊의 개념이 우열로 판
단될 사항은 아니다. 제가끔의 시대에 언어의 조건에 따라 그리스도교
는 자비 바깥에 분노를 배치함으로써, 공자는 어짊 내부에 불의에 대한
미움을 배치함으로써 종교적 완성을 추구했고 그 점에서 위대한 두 종
교의 유사성을 발견할 수 있다.

오늘날 우리 사회는 그리스도교에서 제기되던 자비와 분노의 전통
도 잃어 가고 있고 그 옛날 공자가 주목하였던 저 어짊이라는, 관용을 잃
지 않으면서도 불의에 단호하던 품성도 망각해 가고 있다. 이런 절망적
인식 위에서 회복되어야 할 것을 경건하게 찾지 않으면 안 될 것이다.

5 도교의 자비: 『도덕경』의 '자비'(慈) 개념을 중심으로

최수빈

노자의 삼보(三寶)와 자비(慈)

불교에 삼보三寶가 있듯 도교에도 삼보가 있다. 노자는 『도덕경』에서 인생의 가장 중요한 원칙 세 가지를 제시하며 이를 삼보三寶, 곧 세 가지 보물이라고 했다.

내게는 세 가지 보물이 있어 이를 지니고 보존합니다.
첫째는 자애(자비, 사랑)이고
둘째는 검소함이고
셋째는 남들 앞에 나서려 하지 않는 것입니다.

자애롭기 때문에 용감해질 수 있고

검소하므로 널리 베풀 수 있으며

앞에 나서려 하지 않기 때문에 온 세상의 지도자가 될 수 있습니다.

지금 자애를 버리고 용감해지려 하고

검소함을 버리고 넓히려 하고

뒤로 물러서는 것을 버리고 남들보다 앞장서려고 하면

바로 죽음의 길이 될 것입니다.

무릇 자애로움을 가지고 싸우면 이기고

자애로움을 통해 지키면 견고할 수 있습니다.

하늘이 만약 (누군가를) 구하고자 한다면

자애를 가지고 그를 지켜 줄 것입니다.[1]

노자는 인생을 사는 데 가장 필요한 삶의 태도로 세 가지 보물(三寶)을 말하고 있다. 세 가지 보물은 '자비'(慈), '검소'(儉) 그리고 '앞에 나서려 하지 않음'(不敢爲天下先)이며 이 가운데 가장 으뜸이 되는 보물이 바로 '자비'(慈)이다. 위의 글에서 노자는 자비로우면 용감해질 수 있다고 말한다. 더 나아가 자애를 가지고 싸우면 이길 수 있다고 한다. 일반적인 상식으로는 잘 이해가 되지 않는 말이다. 용기는 자애로운 사람의 덕목이 아니

---

[1] 我有三寶, 持而保之. 一曰慈, 二曰儉, 三曰不敢爲天下先.
아유삼보 지이보지 일왈자 이왈검 삼왈불감위천하선

慈故能勇, 儉故能廣, 不敢爲天下先, 故能成器長.
자고능용 검고능광 불감위천하선 고능성기장

今舍慈且勇, 舍儉且廣, 舍後且先, 死矣.
금사자차용 사검차광 사후차선 사의

夫慈以戰則勝, 以守則固, 天將求之, 以慈衛之.(『도덕경』 67장에서).
부자이전칙승 이수칙고 천장구지 이자위지

라 힘 있고 강한 사람의 덕목이 아니었던가? 더욱이 전쟁은 힘으로 하는 것이지, 어떻게 자비의 덕목으로 할 수 있는 것인가? 게다가 그렇게 하면 이긴다니 무슨 말인가? 용감해질 수 있는 바탕이 되는 자비란 과연 어떤 덕목이며 왜 노자는 자비를 으뜸이 되는 보물이라고 말한 것인가?

  노자를 비롯한 선진先秦 시대 제자백가의 관심사는 주로 사회의 혼란을 끝내고 태평성대를 구현하여 백성을 편안하게 살도록 해 주는 것이었다. 그리고 이렇듯 이상적인 사회를 구현하는 데 필요한 지도자상을 제시하는 것에 그들의 학문적 초점이 집중되었다. 선진 시대에 이상적인 지도자를 흔히 부르는 명칭 중 대표적인 것이 '성인'聖人이다. 특별히 『도덕경』에서 성인聖人은 궁극적 실재인 도道의 대리자代理者이자 가장 이상적인 인간상人間像, 지도자상指導者像으로 제시되었다. 지도자의 이상은 사상가에 따라 차이가 있지만 기본적으로 백성을 아끼고 사랑하는 마음을 가지고 있다는 점에서 유사하다. 공자孔子는 군자가 갖추어야 할 덕목을 '인'仁이라고 했고, 묵자墨子는 '겸애'兼愛라고 했으며, 노자는 자비(慈)를 말했다. 거칠게 말해, '인'仁과 '겸애'兼愛 그리고 '자비'(慈)는 '사랑'의 다른 표현이라고 할 수 있다. '인'이나 '겸애' 그리고 '자비'는 그 내용에 차이점은 있지만 백성을 아끼고 사랑하는 마음가짐과 태도를 말한다는 점에서는 공통적이다.

  그렇다면 노자가 말한 백성 사랑, 곧 '자비'는 과연 어떤 의미와 특징을 갖는가? 그리고 노자의 사랑법은 다른 사상가들이 제시한 사랑법과 어떻게 다른가?

  『설문해자』說文解字 등의 사전적 의미를 종합적으로 살펴보면 '자'(慈)라는 한자漢子는 '자혜'(惠)나 '인자'(仁)로 새길 수 있으며, 특별히 부모가 자식을 아끼고 사랑하는 태도와 관계된다. 이와 유사하게 『도덕경』의 대표적인 주석서 중 하나인 『하상공장구』河上公章句에서는 '자'慈를 '자인'慈 仁, 곧 인자함으로 풀이하기도 한다.

그런데 『도덕경』 안에서 '자'慈가 항상 동일한 의미로 새겨지지는 않는다. 어떤 경우에는 부정적 의미로 읽힌다. 『도덕경』 18장에서는 "육친 六親이 화목하지 못하기 때문에 효도와 자애가 있게 되었다"(六親不和, 有孝慈)라고 한다. 즉, 가족들이 화목하지 못하니 결국 효도와 자애라는 덕목을 만들어 화목을 도모했다는 말이다. 이미 가족 간의 관계가 사랑으로 잘 유지되고 있다면 효도나 자애 같은 규범은 필요하지 않을 것이다. 이 구절은 주로 유교를 중심으로 강조되던 두 덕목에 대한 비판적 태도를 보여 준다. 즉, 사회에서 효도나 자애를 규범적 개념으로 강조하여 행동 기준으로 정착시키면 실제로 사람들은 마음에서 우러나오는 사랑으로 가족을 대하기보다는 의무적인 행동 규범으로 삼아 관습적으로 지키려 한다는 것이다. 다시 말해 효도나 자애라는 규범에 걸맞은 행위를 하여 남들에게 비난받지 않고 도덕적인 사람으로 보이는 것이 중요해지고, 그것을 실천하는 자신의 내면 상태는 무시되기 쉽다는 것이다. 노자는 이 밖에도 인仁과 의義 같은 도덕 개념들도 통상적으로 사회에서 규범화된 경우는 모두 하덕下德, 곧 질이 높지 않은 덕목이라고 비판한다. 그리고 이것을 진정한 의미의 덕, 곧 상덕上德과 구분하고 있다. '자'慈의 경우도 굳이 나누자면 18장의 용례와 같이, 사회에서 통념화되고 행위규범으로 정착된 '자애'는 '하덕'下德에 해당될 것이고, 삼보三寶의 하나로 제시되는 '자애'는 '상덕'上德, 곧 본질적 의미의 자비가 될 것이다.

이제 노자가 말하는 상덕上德으로서의 '자비' 혹은 '자애'의 관념은 어떤 것인지 구체적으로 살펴보자.

'어머니의 사랑'으로 비유되는 『도덕경』의 자비

우선 노자가 말하는 '자비'는 주로 어머니의 사랑으로 비유된다. 자비를 아버지의 사랑(慈)과 어머니의 사랑(悲)의 합성으로 이해하는 경우도 있지만, 『도덕경』에서는 아버지의 사랑보다는 어머니의 사랑을 강조한다. 따라서 모든 존재의 근원이요 만물의 운행 원리인 도道를 가리켜 "만물의 어머니"(萬物之母, 1장), "천하의 어머니"(天下之母, 52장) 혹은 "먹이는 어머니"(食母, 20장)라고 부른다. 또한 도道의 대리자, 혹은 실현자로서의 성인에 대해 "성인은 모두를 어린아이처럼 여긴다, 혹은 어린아이같이 되게 한다"(聖人皆孩之, 49장)라고 표현한다. 이 구절에 대해 하상공주河上公註는 "성인은 백성을 어린아이나 갓난아이처럼 사랑하고 생각한다"(聖人愛念百姓如孩嬰赤子)라고 풀이한다. 하상공주河上公註에서는 앞서 말한 67장의 "그 첫째는 자애이다"(一曰慈)라는 구절에 대해 "백성을 마치 갓난아기처럼 사랑한다"(愛百姓若赤子)는 주석을 붙이고 있다. 도가 만물을 운영하는 방식과 성인이 백성을 다스리는 모습은 마치 갓난아기를 대하는 어머니의 태도와 같다는 것이다. 이 문장을 달리 해석하면, '어머니의 사랑과 같은 성인의 태도는 백성들로 하여금 모두 순수한 어린아이와 같은 삶을 살게 해 준다' 정도로 새길 수 있다.

일반적으로 어머니의 사랑은 인간이 타인에게 베풀 수 있는 가장 위대한 사랑으로 여겨진다. 노자는, 궁극적 실재인 도道와 도를 체득하여 도의 원리대로 나라를 다스리는 성인이 어머니와 같은 태도로 각각 만물과 백성을 아끼며 사랑한다고 한다. 어머니의 사랑에 비유하지만, 사실 도道와 성인의 덕목인 자비는 한 개인으로서의 어머니가 자식에게 베푸는 사랑보다 훨씬 넓고 공정하며 영속적인 사랑이다. 생물학적 어머니의 경우, 그 누구보다도 자식을 위해 헌신할 수 있는 존재이지만 모든 어머니가 다 자식을 완벽하게 사랑하지는 않는다. 경우에 따라서는 자식에 대한 사랑이 애착이나 집착으로 변질되어 자식에게 오히려 해를 끼치기도 한다. 심지어 자식을 버리거나 죽이는 어머니도, 드물지만 존재한다. 여기서 어머니의 사랑에 비유되는 자비는 흔히 신적 사랑, 곧 '아가페' Agape라는 것에 견줄 수 있는 사랑이다. 신적 사랑을 굳이 비유하자면 어머니의 사랑과 같다는 것이다. 그렇다면 노자가 어머니의 사랑에 비유한 자비의 속성은 어떠한 것인가? 노자의 자비는 왜 아버지, 혹은 남성성에 비유되지 않고 어머니, 혹은 여성적인 성품과 원리로 비유되는가?

가부장적 사회에서 어머니와 여성은 약자弱者이다. 그리고 그들은 수동적이고 유약하며 포용적이다. 아버지와 남성이 힘의 논리에 따라 행동한다면 어머니는 힘이 아니라 부드러움과 인내, 배려의 원리에 따라 행동한다. 노자에 따르면, 궁극적 실재인 도道가 만물에게 베푼 자비는 이른바 여성적 속성이나 원리에 훨씬 가깝다. 그리고 궁극적으로 백성을 위해 가장 좋은 정치가가 갖추어야 할 중요한 덕목이 바로 이러한 여성적 원리의 사랑이다. 춘추전국 당시 제자백가와 정치가들이 대체로 치국治國을 위해 중요하게 생각했던 것은 강력한 군사력과 전략, 합리적인 제도와 법률에 근거한 치안과 질서 유지였다. 이러한 정치 원칙은 어머니와 같은 여성적 원리보다는 아버지, 즉 남성적 원리에 더 부합하는 것으로 보인다. 노자의 철학은 역설(paradox)의 철학이라고 해도 과언이 아니다. 노자는 항상 사회에서 통용되는 상식이나 통념에 반대하거나 그것을 뒤집는 사고의 전환을 통해 자신의 사상을 피력한다. 이러한 특성은 노자의 도나 성인, 자비에 대한 설명에도 동일하게 반영된다. 사회 대부분의 사람들이 아버지나 남성으로 상징되는 강한 힘과 합리적 제도 운영이

치국治國과 애민愛民에 가장 필요한 조건이라고 말할 때, 노자는 거꾸로 유약하고 수동적이며 포용적인 특성을 가진 어머니 혹은 여성적 사랑이 최고의 덕목이라고 한다.

67장 본문에서 노자는 자비(慈) 때문에 용기를 낼 수도 있고 싸움에서 이길 수도 있다고 말한다. 자비야말로 진정한 힘의 근원이 될 수 있다는 말이다. 노자의 전체적인 사유에서 보면, 자비라는 덕목은 바로 어머니와 같은 유약함, 관용, 부드러움을 포함한 덕목이다. 그런데 그것은 역설적으로 그 어떤 것보다도 오히려 강하다. 따라서 노자는 여러 차례에 걸쳐 "부드럽고 강한 것이 굳세고 강한 것을 이긴다"(柔弱勝剛强, 36장)라고 강조한다. 이는 마치 물처럼 부드럽고 순종적인 대상이 결국 바위처럼 굳세고 강한 것을 뚫으며 맹염猛炎을 진화鎭火하는 것과 같은 이치다. 노자의 자비는 남들이 올려다보는 산의 정상이 아니라 푹 파여 아무도 관심을 두지 않는 골짜기, 가장 아래에 놓여 있는 물길, 그리고 보잘것없는 통나무와 같이 소위 사회에서 말하는 약자, 꼴찌들과 같은 대상으로 설명되는 덕목이다. 노자의 자비는 높거나 영민하거나 강해서는 볼 수도 느낄 수도 없는 본질적인 사랑이 아닌가 생각된다. 오히려 어수룩하고 순박한 이들이 더 쉽게 터득하고 소유할 수 있는 사랑이다.

따라서 노자가 말하는 자비를 체득하기 위해서는 자신을 비워야 한다. 그리고 자신을 낮추고 약해져야 한다. 노자는 자비의 체득자 혹은 실천가로서 성인의 특성이 바로 자기주장이나 자기자랑, 자만, 남들 앞에 나서는 것을 하지 않는 것이라고 말한다. 그리고 오히려 이러한 태도가 결과적으로는 가장 효과적인 애민愛民의 정치 혹은 지도자의 성공 전략이 된다고 말한다. 『도덕경』 22장에서는 다음과 같이 말한다.

자신의 견해로만 사물을 보지 않기에 최고의 깨달음에 도달하고

자기를 옳다고 하지 않기에 오히려 빛나고

자기를 드러내지 않기 때문에 공功이 있게 되고

자기를 내세우지 않기에 오히려 사회의 지도자가 있으며

오직 다투지 않기 때문에 세상의 그 누구도 그와 다툴 수 없다.²

『도덕경』 24장에서는 위의 인용문과 반대의 경우, 곧 자신을 옳다고 하거나 드러내거나 내세우는 사람은 빛나지도, 공을 차지하지도, 지도자가 되지도 못한다고 말한다. 물론 성인이라면 이러한 결과를 의식해서 의도적으로 백성을 대하지 않는다. 다만 결과적으로 그러한 효과가 도출될 뿐이다. 만약 결과를 의식해서 행동한 것이라면 오히려 앞서 나열한 긍정적인 결과를 낳지 못할 것이다.

'자연'(自然)의 본성을 회복함으로써 성취하는 『도덕경』의 자비

도道와 성인이 각기 우주와 백성의 수장이 될 수 있는 이치는 바다가 가장 낮은 곳에 있어서 작은 시내나 강들이 모두 바다로 흘러들어가는 것과 같다. 노자의 사상 안에서 자비라는 사랑의 양식은 특별한 것이 아니라 우주 삼라만상이 '자연'自然적으로, 즉 '본래, 저절로, 스스로' 갖추고 있는 것이라고 할 수 있다. 성인과 달리 일반인들이 타인을 진정으로 사랑할 수 없는 이유는 결국 세속의 문화와 교육에 의해 본래 상태, 곧 자연

---

2 不自見, 故明, 不自是, 故彰. 不自伐, 有功, 不自矜, 故長. 夫唯不爭, 故天下莫能與之爭.
   부자현 고명 부자시 고창 부자벌 유공 부자긍 고장 부유부쟁 고천하막능여지쟁

상태에서 벗어났기 때문이다. 인간은 태어나면서부터 지속적으로 사회 규범과 가치 기준을 배우고 그것에 맞추어 행동하도록 요구받는다. 그리고 어려서부터 그러한 평가 기준에 따라 자신을 남들과 구분하고 비교하는 경쟁 체제 속에서 삶을 이어 간다. 경쟁적 관계 안에서 타인은 사랑과 자비의 대상이 아니라 질투와 무시의 대상이 되기 쉽다. 사회적 기준에 맞추고 남들보다 우월하게 평가받고자 하는 욕구에 시달리다 보면 타인은 고사하고 자기 자신에 대해서도 너그러운 태도를 가질 수 없다. 평가의 결과에 따라 자만이나 자의식 과잉에 빠지기도 하고 자기혐오나 자기 멸시에 빠지기도 한다. 이렇게 되면 남들보다 우월한 존재가 되고자 하는 욕구가 증폭되어 더욱더 큰 경쟁심이 불붙는다. 그 결과 더 많이 배우고 소유하고 더 높은 지위에 오르고자 하는 욕구로 자신의 몸과 마음을 혹사하게 된다. 이러한 상태에서는 타인 사랑은 물론 자기 사랑도 불가능하다. 자기 사랑과 타인 사랑은 동일한 의식意識의 바탕 위에서 마련될 수 있다.

  노자는 자의식 과잉, 욕망 과잉의 상태에서 벗어나는 것이 진정한 사랑, 자비의 덕목을 갖출 수 있는 출발점이 됨을 말한다. 이기심과 구별되는 진정한 자기 사랑, 그리고 자기와 타인을 구분하거나 비교하지 않을 때 비로소 발휘되는 진정한 이타적 사랑은, 인간이 자연, 곧 본래적 상태를 회복할 때 실현 가능하다. 『장자』莊子 「천지」天地 편은, 지극한 덕이 잘 실천되던 이상적인 시대의 사람들은 "서로 사랑하면서도 그것이 인자함인 줄 몰랐다"(相愛而不知以爲仁)고 전한다. 진정한 사랑은 타인과 자신을 구분하고 비교하는 의식이 없다. 따라서 서로 사랑을 하고 있으면서도 자신이 대상을 사랑하는지 전혀 의식하지 못한다. 바꾸어 말하면 타인에 대한 사랑을 중요하게 생각하거나 그것을 의무로 여기는 것 자체가 이미 진정한 사랑을 하고 있지 않다는 반증이라고 할 수 있는 것이다. 나와 대상이 이미 사랑으로 하나가 되었는데 어떻게 다시 나와 타인을 구분하여 내가 타인을 사랑할 수 있겠는가? 타인에 대한 사랑의 규범을 의식하고 있다면 그것은 이미 타인과 자신을 차별하는 의식을 전제하고 있다. 결국 이러한 규범적 사랑의 관계는 그리 견고한 것이 못 된다. 사랑이든 정의든 그것을 의식하고 그러한 덕목을 실천하려고 애쓰는 것 자체가 이미 그러한 덕목과 떨어져 있는 상태임을 말해 주는 것이라고 해도 과언이 아니다.

무심(無心), 무욕(無慾), 무위(無爲)로 실현되는 『도덕경』의 자비

『도덕경』에서 말하는 성인의 자비, 곧 백성 사랑이 얼마나 지극한 것인지 보여 주는 구절이 49장에 등장한다.

> 성인은 항상 (자신의) 마음을 갖지 않고 백성들의 마음을 (자신의) 마음으로 삼는다. … 성인은 세상에서 자신의 (의지나 생각을) 거두어들이고 세상을 위하여 자신의 마음을 흐릿하게 한다.[3]

위의 인용문은 성인이라는 존재의 사랑법이 자신의 의지나 사고를 버리는 '무심'無心에 바탕을 두고 있음을 말하고 있다. 성인은 결국 '나'라고 하는 자의식을 버리는 것에서 백성 사랑의 준비를 한다. '나'의 생각과

---

[3] 聖人常無心, 以百姓心爲心 … 聖人在天下, 歙歙焉, 爲天下渾其心.
성인상무심 이백성심위심 … 성인재천하 흡흡언 위천하혼기심

의지, 욕망을 모두 비워야만 백성, 곧 타인의 생각과 의지, 욕망이 온전히 자신 안에서 공감되고 이해될 수 있다는 말로 풀이할 수 있을 것이다. 백성의 마음을 알고 공감해야 백성을 사랑할 수 있으니 이를 위해 자의식, 의지 같은 것은 버린다는 말이다.

일반적으로 우리가 타인을 온전히 사랑하지 못하는 이유 중 하나는 타인의 마음을 몰라서 그들이 진정으로 원하는 대로 행동할 수 없기 때문이다. 사랑의 행위가 결과적으로 상대에게 부담과 피해를 주는 이유도 바로 여기에 있다. 그 극단적인 예가 '스토커'일 것이다. 이렇듯 극단적인 예가 아니더라도, 자식을 사랑한다는 명목하에 부모가 자식이 무엇을 원하는지 제대로 묻지도 않고 자신이 가장 원하는 대로 베풀고는 고마워하지 않는다고 섭섭해하는 경우를 흔히 목도할 수 있다. 사랑의 성취는 결국 상대방의 마음에 얼마나 공감하느냐에 달려 있다고 해도 과언이 아니다. 온전한 공감(sympathy)이야말로 사랑의 비결이다. 본래 자비慈悲라는 단어의 비悲는 산스크리트어로 'karuna'인데 '공감', '동정', '연민', '함께 슬퍼함'이라는 의미이다. 간단히 말해 자비(maitri-karuna)는 본래 사랑과 공감의 원리를 바탕으로 하는 덕목이다. 그리고 완전한 공감은 무심無心, 무아無我에 의해 달성된다.

다시 말해 노자가 말하는 자비는 '무심'無心에 기초한 덕목이다. 그리고 이것은 이른바 '무위'無爲라고 하는 행동 양식으로 온전히 성취된다. 『도덕경』 10장에는 "백성을 사랑하고 나라를 다스림에 무위無爲할 수 있겠는가?"(愛民治國, 能無爲乎)라는 구절이 등장한다. 앞서 언급했듯이 일반적으로 치국治國과 애민愛民은 매우 구체적이고 실용적인 전략과 기술을 요구하기에, 철저히 유위적有爲的인 정치술 분야로 여겨진다. 그러나 노자에 따르면, 애민과 치국을 실현하는 가장 이상적인 태도와 방법은 바로 '무위'無爲이다. '무위'는 노자 정치철학의 가장 대표적인 개념이다. 노자의 무위 사상에 따라 중국 역사에서 무위 정치라는 형식이 성립되었다. 중국 역사에서 노자의 무위 사상은 법가로 대표되는 유위적有爲的 정치술과 대척점에 있으면서 이상적인 정치철학의 하나로 폭넓은 영향을 미쳤다. 노자가 말한 '무위'가 어떤 의미인가에 대해서는 철학적으로 다양하게 논의할 수 있겠지만 거칠게 말해 '유위'有爲와 반대되는 행위, 곧 '억지로 하지 않는 행위'나 '의도 없는 행위'라고 풀이할 수 있을 것이다.

성인이 구현하는 자비, 곧 백성 사랑은 무심無心을 통한 백성과의 공감 및 일체감을 바탕으로 한다. 이를 도道의 우주 사랑과 연결시키면 '자연'自然(spontaneity, self-so), 곧 '저절로 혹은 스스로 그러함'이 될 것이다. 『도덕경』25장은 "도는 자연을 본받는다"(道法自然)라고 말한다. 즉, 궁극적 실재인 도는 자연이라는 원리에 의지해 만물을 운행한다는 것이다. 도, 그리고 도의 속성을 그대로 실현한 성인은 작위作爲와 자기주재自己主宰를 거부한다. 도와 성인은 우주와 백성으로 하여금 온전히 스스로의 본성과 원리에 따라 존재를 영위하고 활동하게 한다. 무위의 가장 큰 함의는 바로 자연의 원리에 따른 애민의 실천이라고 할 수 있다.

일반적으로 어떤 대상을 사랑하게 되면 관심이 생긴다. 그리고 그 관심은 대상에 대한 어떤 원의(want)를 낳아 그 대상이 어떤 상태에 이르기를 유도하거나 바라게 마련이다. 여기에서 흔히 애착이라고 부르는 마음 상태가 형성된다. 그러나 노자가 말하는 자비는 이러한 애착과는 철저히 다르다. 가장 좋은 사랑은 그 대상에게 아무것도 바라거나 기대하지 않는 무욕無欲의 상태에서 실현된다. 그리고 그 대상의 존재와 활동에 아무 개입도 하지 않고 스스로 존재하고 활동하도록 배려하는 무위無爲의 실천을 통해 달성된다. 『도덕경』에 따르면, '무위'는 우주와 자연계 전체가 가진 운영 원리이기도 하다. 『도덕경』 5장은 이렇게 말한다.

> 천지는 인자하지 않아 만물을 (하찮은) 풀강아지로 여긴다. 성인은 인자하지 않아 백성을 (하찮은) 풀강아지로 여긴다.[4]

여기에서 불인不仁은 간단히 말해 가깝거나 먼 대상을 구분하지 않고 무차별적으로 대하는 태도를 말한다. 즉, 기준에 따라 대상을 구분하여 반응하지 않는다는 뜻이다. 성인의 경우를 예로 들면, 천지와 마찬가지로 무위의 원칙에 따라 선하든 악하든 차별을 두지 않고 모든 백성을 동등하게 대우한다는 말이다. 상식적인 도덕 개념에 따라 생각해 보면 이러한 사고가 오히려 불평등하게 보일 수 있다. 선한 사람에게는 선행에 상응하는 보상을, 악한 사람에게는 그 악행에 준하는 벌을 주는 것이 공정하게 여겨지기도 한다. 하지만 조금 더 깊이 생각해 보면 이것이야말로 절대 평등의 다스림이라고 할 수 있다. 이는 마치 하늘에서 비가 대상을 가리지 않고 동일하게 내리는 것과 같다. 비와 바람, 햇볕이나 달빛이 대상을 가리지 않고 모두에게 평등하게 주어지는 것처럼 성인의 백성 사랑은 선인과 악인을 구별하지 않고 평등하게 베풀어진다는 것이다. 무위란 이처럼 무작위無作爲, 무차별無差別, 무규정無規定의 원리이며 자비를 포함하여 모든 행위를 가장 이상적으로 구현하는 기본적인 태도이다.

그런데 일반적으로 무위는 무능無能과 무소득無所得, 비효율非效率의 결과로 이어진다고 여겨진다. 그래서 많은 사람들은 노자를 비롯한 도교인들에 대해 세속을 등지고 무위적 태도로 은둔하는 존재라는 인상을 갖

---

4 天地不仁 萬物爲芻狗. 聖人不仁 百姓爲芻狗.
　　천지불인 만물위추구 성인불인 백성위추구

고 있다. 그리고 그러한 방식대로 살게 되면 세상에서 뒤처지고 열등할 것이 분명하다고 생각한다. 그러나 『도덕경』 자체가 이상적인 군주, 이상적인 국가 건설을 염두에 두고 작성되었다는 사실을 기억해야 한다. 노자의 사상은 현실 개혁적인 성격을 가지고 있다. 노자는 무위의 원리야말로 현실 개혁에 매우 긍정적이고 효과적이라고 말한다.

> 도는 항상 무위하지만 되지 않는 것이 없다. 통치자가 만일 그 이치를 지킬 수 있다면 만물은 저절로 교화될 것이다.[5]

위의 인용문에서 "무위하지만 되지 않는 것이 없다"고 한 도의 원리, 곧 '무위이무불위'無爲而無不爲의 원리는 노자 사상에서 가장 눈여겨볼 만한 행동 원리이다. 억지로 인위적인 행위를 하지 않아도, 혹은 인위적인 행위를 하지 않았기 때문에 오히려 이루어지지 않는 것이 없다는 노자의 무위는 가장 고효율적인 행동 원리일 것이다. 반대로 무위의 원리에 따르지 않았을 때 그 결과는 더 좋지 않다고 노자는 말한다. 노자는 29장에서 유위적 정치술이 가져오는 부정적 결과에 대해 다음과 같이 언급한다.

> 천하를 차지하기 위해서 (정치가들이) 무언가를 하지만 나는 그것이 뜻대로 되지 않음을 볼 뿐이다. 천하는 신령스러운 기물이어서 (자신의 의지로) 무언가를 하려고 한다고 해서 할 수 있는 것이 아니다. 무언가를 하려고 하면 그것을 망칠 것이고 잡고 놓지 않으려 하면 그것을 잃을 것이다. … 그러므로 성인은 억지로 하는 것이 없기 때문에 실패가 없고 잡으려 하

---

[5] 道常無爲而無不爲, 侯王若能守之, 萬物將自化 (37장)
도상무위이무불위 후왕약능수지 만물장자화

지 않기 때문에 잃는 것이 없다.[6]

무위는 좋지 않은 결과를 감수하면서 하는 것이 아니라 가장 실패 없는 행동 원리이다. 노자의 백성 사랑, 곧 자비는 결국 무위에 의해서 가장 완벽하게 실현된다고 말할 수 있다. 대상을 사랑하는 가장 완벽한 방법은 상대로 하여금 가장 본인다움을 발현시키도록 편안하게 바라보아 주는 것이라고 해석할 수 있다. 상대에게 어떤 바람이나 목적도 피력하지 않고 상대가 가진 자연성에 따라 편안하게 느끼고 생각하고 활동하게 해주는 것이 바로 가장 좋은 사랑이요 자비이다. 상덕上德, 곧 가장 훌륭한 덕으로서의 자비는 무작위, 무규정, 무제한의 특성을 갖는 사랑이다.

이러한 무위적 사랑의 태도, 곧 자비의 태도는 외부의 지식이나 가치를 습득해서가 아니라, 고요한 내면 성찰과 자기반성을 통해서 자각된다. 노자는 내성內省, 자기 내적 성찰을 통해서만 진정한 무위의 사랑인 자비를 실천할 수 있다고 한다. 자기 안에 자연성을 그대로 발견하고 그것을 고요하고 평안하게 발현시킬 때 자비의 실천이 가능하다는 것이다.

이렇듯 무위의 원리로 실현되는 자비는 그 어떤 덕목보다도 공평하고 관대하다.

---

6 將欲取天下而爲之, 吾見其不得已. 天下神器, 不可爲也, 不可執也.
　　장욕취천하이위지 오견기부득이 천하신기 불가위야 불가집야

　　爲者敗之, 執者失之. 是以聖人無爲, 故無敗. 無執, 故無失.
　　위자패지 집자실지 시이성인무위 고무패 무집 고무실

무사무편(無私無偏)하고 공평한 『도덕경』의 자비

노자가 말하는 '자비'慈悲는 넓고 관대하다. 또한 그것은 공정하며 균형 있는 사랑이다. 자비는 편애偏愛와는 다른 사랑이며 차별적인 사랑이 아니다. 공평무사公平無私의 사랑이다. 노자가 말하는 자비는 그 어떤 덕목보다도 철저히 공정한 사랑이다. 따라서 철저히 공평함을 따르기에 자기 개인의 이기심마저 극복해야 하는 사랑이다. 자비의 사랑 앞에 자신의 안위나 이익은 설 자리가 없다. 나와 남을 구분하지 않는다. 상대의 마음을 자기 마음으로 여기므로 때에 따라서는 자기희생도 당당히 감당하는 그런 사랑이다.

앞에서 보았듯『도덕경』 67장에서 노자는 자비로운 사람만이 참으로 용감해질 수 있다고 말한다. 일반적으로 우리가 용기를 내지 못하고 두려워하는 태도의 근원에는 이기심이 자리한다. 자신의 안위를 걱정하는 마음이 없다면, 다시 말해 자신을 버려도 좋다면 두려움은 없을 것이다. 이기심을 버릴 때 내가 나를 객관적으로 바라보고, 타자도 나처럼 포용할 수 있을 때 우리는 정말로 자비롭고 용감해질 수 있을 것이다. 진정한 용기는 이기적 자아를 버리고 균형 있고 넓은 사랑을 할 수 있는 자의 전유물이라는 사실을 노자는 가르쳐 준다.

도교 전통과 자비의 정신

도교의 원조라 할 수 있는 노자의 '자비'(慈)에 대해 살펴보았다. '자비'(慈), 곧 진정한 사랑은 노자뿐 아니라 후대의 도교 사상가들, 그리고 득도를 위해 다양한 수행을 실천하는 도교 수행자(道士)들에게도 중요한 개념이다. 노자와 더불어 도교를 대표하는 사상가인 장자도 '자비'(慈) 개념을 드러내 놓고 설명하지는 않지만, 노자가 말한 자비(무차별적이고 무위적 태도로 실현되는 사랑, 진정한 공감과 일체감을 통해서 실현되는 사랑)의 개념과 상통하는 사상 체계를 가지고 있다.

간단히 말해 장자의 자비 혹은 사랑은, 자신과 타자의 진정한 무차별성을 말하는 제물齊物의 개념에서, 그리고 사물들 간의 상호 변화 원리인 물화物化 개념을 통해 만물 사이의 소통 가능성을 제시하는 그의 철학 체계 전체에서 유추할 수 있다. 장자는 만물이 무관한 개별자들이 아니라 서로 변환 가능한 존재이며 서로 관계하는 존재들이라고 말한다. 사물들 사이의 상호의존성과 소통가능성은 만물을 구성하고 유지시키는 가장 중요한 원리이다. 사람들이 이러한 원리를 깨달을 때 서로를 사랑하고 평화롭게 공존할 수 있다고 장자는 말한다. 소통과 변화의 원리를 무시하고 이것과 저것, 자아와 타자가 완전히 별개의 존재들이라는 착각에서 분열과 갈등을 초래한다는 것이다. 장자에 따르면, 자아와 타자, 주체와 객체, 사물들 간의 소통과 변화가능성을 통해 '만물일체'萬物一體의 사고에 이를 때 자연스럽게 진정한 사랑인 자비의 마음을 지닐 수 있다.

노자가 말한 '자비'(慈) 개념은 후대 도교의 신神 개념에도 반영된다. 앞서 보았듯 궁극적 실재인 도는 자비의 원리로 만물을 운영하며, 어머니와 여성적 상징으로 표현된다. 자비로운 어머니로 상징되는 도는, 도의 속성을 반영한 다양한 여성신들을 도교 만신전(pantheon)에 두게 하였다. 도교인들은, 도 자체는 인식과 감각을 초월한 무형無形의 존재이지만 도를 현현(manifestation)한 다양한 형태의 신들이 존재한다고 믿는다. 특별히 다른 종교와 비교할 때 도교에는 여성신의 수가 절대적으로 많고 여성신의 지위도 남성신에 비해 상대적으로 높다. 또한 여성 도사들의 지위도 남성 도사 못지않게 높다. 다른 종교 전통에서는 이러한 사례를 거의 찾아보기 어렵다. 이렇듯 여성신의 지위가 높고 여성신을 선호하는 것은 『도덕경』에서 도를 어머니와 같이 자비로운 대상으로 표현한 것에 그 일차적 원인이 있다. 그리고 이러한 사상이 발전하여, 아버지보다는 어머니가 자식의 애환을 잘 들어주는 것처럼, 여성신들이 애환을 잘 알아 주고 기도에 자비롭게 응답할 것이라는 믿음을 가지게 했기 때문이다. 지금도 "~성모聖母"라는 이름의 여성신들이 중국 본토와 타이완, 그리고 동남아 지역의 도교 신자들 사이에서 매우 인기가 높다.

뿐만 아니라 '성모'라는 여성신의 명칭과 이미지는 우리나라 민간신앙에도 영향을 끼쳤으며, 우리가 가톨릭의 성 마리아(Saint Mary)를 '성모 마리아'라고 부르는 것도 이러한 성모신 신앙과 무관하지 않다.

무엇보다도 불교가 중국에 전래되는 과정에서 불교의 '자비' 개념은 유교의 '인'仁이나 노자의 '자'慈 개념에 의지하여 설명됨으로써 중국인들에게 긍정적으로 수용될 수 있었다. 또한 인도 불교가 중국화하는 과정에서 도교식 여성신 개념이 혼합되기도 하는데, 그 대표적인 예가 중국의 관세음보살상觀世音菩薩像이다. 관세음보살은 민생의 애환에 가장 자비로운 신으로서 여성 이미지가 강한데 그 이유에 대해 학자들의 의견이 분분하다. 그러나 학자들은 적어도 중국에서 관세음보살상像이 형성되는 과정에서 성모신 신앙이 영향을 미친 것은 분명하다고 보고 있다. 도와 성인의 자비, 그리고 그것을 형상화한 여성신 이미지는 불교의 관세음보살 신앙에도 영향을 미쳤다.

오늘날 도사들도 노자로부터 계승된 도교의 자비 정신을 매우 중요한 덕목으로 여긴다. 지금도 전진교 같은 분파의 도사들은 노자에서 기원한 자비 정신을 실천하기 위해 애쓴다. 도사들의 의무 중 가장 중요한 것은 자리행自利行과 이타행利他行이다. 자리행은 자신을 닦는 수행 공부이다. 이타행은 많은 중생의 애환을 살피고 그들의 복과 구원을 빌며 그들의 구제에 힘쓰는 일이다. 도사들은 자리행도 결국 이타행을 실천하기 위한 바탕이 된다고 말한다. 그들은 대중에게 자비를 베푸는 일이 자신의 득도만큼이나 중요하다고 믿으며, 그러한 사랑의 실천이 가장 중요한 의무라고 믿는다.

오늘날 새겨 보는 도교의 자비(慈) 정신

지금까지 살펴본 도교의 '자비'는 노자가 말한 삼보三寶 중 하나로 궁극적 실재인 도의 존재 양식이다. 이와 동시에 도의 대리자代理者로서 애민을 실현하는 이상적인 지도자, 그리고 이상적 인간상인 성인이 갖추고 있는 가장 중요한 덕목 중 하나다. 노자가 말한 '자비'(慈)의 사랑 관념은 도교 역사를 통해 지속적으로 계승되었으며 도교의 도사들이 반드시 실천해야 할 중요한 덕목이다.

성인이 갖추어야 할 덕목으로서의 자비 정신과 실천 방법은 오늘날 정치 지도자들에게도 시사하는 바가 클 것이다. 아니 그들에게 꼭 필요한 덕목이라고 생각한다. 정치를 학문적 이론이나 고도의 인간관계술만으로 실행할 수 있다고 믿는 정치가들이 많은 것 같다. 오늘날에는 정치가들에게 훌륭한 인격이나 도덕성을 크게 기대하지 않는다. 경제를 살리고 민생을 안정시킬 수 있다면 그 사람의 부도덕성은 어느 정도 묵인되는 실정이다. 정치는 인품이나 덕성이 뛰어난 사람이 아니라 정치나 경제, 법률 등의 이론에 해박하거나 자신의 정치적 노선에 공조하는 무리를 잘 규합시키는 능력이나 인맥이 있는 사람이 할 수 있고, 그런 사람이 해야 한다는 것이 통념이 된 지 이미 오래이다. 그래서 이른바 능력자들, 곧 고학력, 고스펙의 인물들이 대거 추대되고 그들이 번지르르한 이론과 현란한 입심으로 대중을 현혹하여 국회의원이 되고 장관이 되고 대통령이 되어 우리 위에 군림하고 있다. 그들의 신념은 대단해 보인다. 밤샘 농성을 마다하지 않으며 육탄전도 불사한다. 얼핏 보면 국민을 위해 목숨도 불사하는 애민의 투사들 같다. 그런데 그들의 정치 행보를 자세히 보면 국민의 행복이나 안위 따위는 그리 큰 관심이 아닌 경우가 많다. 국민이나 국가의 안녕이 아니라 자신들의 패권 다툼을 위해 전력투구하는 정치가들이 적지 않다.

과연 그들에게 애민愛民의 마음이 조금은 있을까? 자신의 의지나 욕구를 버리고 백성의 마음을 자신의 마음으로 삼는다는 '무심'無心의 태도 같은 것이 그들에게 있기는 한 것일까? 자신의 의도와 의지대로 국민을 이끄는 것이 아니라, 백성의 욕구와 뜻에 따라 자신도 자연스럽게 움직이는 '무위'無爲의 행위 양식에 그들은 조금이라도 가치를 둘까? 자기 당의 이익이나 정권 유지에 해가 되더라도 공평무사함과 국가 전체의 안위를 위해 나서서 바른 말을 할 용기와 의지는 있을까? 여성을 대통령으로 선출하기는 했지만 어머니와 같이 자비로운 마음으로 국민을 사랑하고 포용할 따뜻함을 가진 정치가들은 과연 있을까?

노자가 말한 자비, 곧 진정한 애민 정신을 살펴보면서 오늘날 우리나라의 정치가들에게 그러한 사랑의 마음이 조금이라도 있는 것인지 의심하지 않을 수 없다. 그들에게 자비의 마음이 조금이나마 있을지 모르겠지만, 그들의 애민 실천은 지금 매우 잘못된 방향을 향하고 있다. 노자는

'무위이무불위'無爲而無不爲를 말했다. '무위'無爲, 곧 자신을 비우고 백성의 욕구와 의지대로 정치를 해야 '무불위'無不爲, 곧 '이루어지지 않는 것이 없다'고 했다. 무심無心과 무욕無慾, 무위無爲야말로 가장 성공적인 정치 전략이라고 말했다. 그런데 이 이론에 동의하거나 따를 용의가 있는 정치가들이 과연 있을까? 오히려 정치권력을 잃는 지름길로 생각하는 사람들이 대다수일 것이다.

물론 자비의 정치철학을 오늘날 실천하는 데 당연히 한계가 있다. 그러나 정치의 근본이 국민에 대한 사랑에 있어야 한다는 사실만큼은 오늘날에도 여전히 가치 있고 유용한 지표이며, 정치가들도 그것만큼은 잊지 말아야 할 것이다.

노자의 자비는 정치가들뿐 아니라 일반인들도 마음에 새겨 둘 필요가 있는 덕목이다. 물론 노자가 자신의 이론을 피력한 대상은 주로 위정자들이고 성인 역시 일반인이 아니라 정치적 지도자의 성격이 강하다. 하지만 노자를 비롯한 도교의 세계관에서 모든 개인은 자신自身이라는 국가의 주인이다. 다시 말하면 대우주와 소우주의 상응을 말하는 도교적 세계관 안에서 소우주인 개인의 자아는 결국 자신이라는 몸(身), 곧 주체의 군주君主이다. 따라서 각 개인은 도나 성인과 마찬가지로 자신이라는 국가의 주인으로서 자신의 몸과 마음을 모두 아끼고 사랑해야 하는 의무가 있다. 또한 각각의 개인이라는 국가들도 평화롭게 삶을 유지하도록 자비의 정신으로 대해야 한다.

노자는 세속적 가치 기준이나 지식에 의해 각 개인들이 욕망 과잉 상태에 있다고 말한다. 자신의 삶을 유지하는 데 필요한 것만 원하고 그것을 얻기 위해 노력하는 것이 아니라, 세속에서 부여한 가치 기준에 도달하고 남들이 부러워할 만한 것들을 소유하기 위해 애쓰느라 불필요한 에

너지를 소비하여 삶이 고단하고 건강을 해친다는 것이다. 자신이 아니라 남의 이목과 기준에 맞추느라 자기 행복을 희생시킨다는 말이다. 노자의 시대보다 현대사회는 훨씬 더 이러한 성향이 강한 것 같다. 무한 경쟁 시대에 사느라 자신을 돌볼 여지와 여력이 전혀 없다. 경쟁 상대인 타인을 사랑하지 못하는 것은 물론이고 비교해 보니 남보다 열등하고 덜 가진 자신도 역시 사랑하기 어렵다. 남에게도 자비로울 수 없고 자신에게도 자비로울 수 없다. 남의 마음은 물론이고 내가 원하는 것도 헤아리기 어려워진 지 오래다.

노자의 자비 관념은 자신에 대한 진정한 사랑이야말로 타인에 대한 자비의 마음을 가질 수 있는 출발점이요 바탕이라는 사실을 일깨워 준다. 진지한 자기 성찰을 통해 자신의 마음을 헤아리고 그것을 보듬어 줄 수 있는 사람이야말로 비로소 타인의 마음도 헤아리고 그들이 원하는 것에 귀를 기울여 줄 수 있음을 노자는 알려 준다.

자기라고 하는 국가, 혹은 우주의 주인으로서 전체를 살피고 아낄 수 있는 사람은 외부로 눈을 돌려 자연을 제대로 살펴보고 이웃과 사회를 제대로 살필 수 있을 것이다. 그리고 세상이 모두 자비, 곧 사랑의 원리로 운영되고 있음을 알게 될 것이다.

매스컴에서 매일 분열하고 격돌하는 상황만 접하는 오늘날 우리 사회에도 노자가 말하는 보석(자비)을 여전히 숭앙하고 소중히 여기는 이들이 존재할 줄 믿는다. 그래도 이 사회가 유지되는 것은 그런 사람들의 숨은 공로가 아니겠는가? 그들이 매일 남모르게 갈고 닦는 보석의 힘 때문에 그래도 이 시대에 작은 빛이 우리를 안내하는 것이 아닌가? 아니 그렇게 믿고 싶다.

유약과 관대, 무위와 무심, 그리고 공평무사의 원리로 기술되는 도교의 자비는 가장 동아시아적인 사랑의 방법 중 하나로 오늘날 우리 모두의 마음에 새길 만한 소중한 보물임에 틀림없다.

6

무교巫敎의 자비:
신령의 길, 무당의 길

김동규

들어가면서

2007년에 국내의 한 방송국에서 안드레아라는 독일인 여성이 한국에 와서 내림굿을 받는 장면을 방송한 적이 있다.[1] 방송은 그녀가 내림굿 이전에 겪었던 삶의 질곡과 고통에 대한 이야기, 내림굿이 진행되는 과정, 굿을 마친 뒤 독일로 돌아가 자신의 어머니와 마을 교회 신부를 만나고 그들의 반응이 어땠는지를 소개하는 이야기로 구성되었다. 이 방송이 나간 후 방송국 게시판에는 시청자들의 긍정적 혹은 부정적인 반응들이

---

1 SBS 스페셜, "푸른 눈에 내린 신령", 2007년 5월 14일.

게시되었는데, 부정적인 입장을 올렸던 시청자들도 방송의 마지막 장면 중 가톨릭교회 신부가 무당의 길로 들어선 이 여성에게 해 주었던 말은 감동적이었다는 반응을 남겼다. 그 신부가 했던 말을 아래에 옮겨 본다.

> 네가 가톨릭 내에서나 개신교에서 자리를 못 찾았는데 그것은 부분적으로는 우리의 잘못이기도 하다. 우리의 교리는 너무 한 방향으로 편협해서 너를 비롯한 다른 사람들을 위한 자리를 마련해 주지 못했어. 세상에는 다양한 여러 힘이 존재하잖아. 이러한 다양한 힘들이 많은데 네가 우리 쪽에서 찾지 못한 것은 아쉬워. 우리가 너무 좁게 본 것이 미안해. … 내가 보기에는 세상의 다른 종교에도 신의 부름을 받는 사람들이 있어. … 너는 무당의 길을 걷고 있어. 너의 과제는 남을 돕고 연결하는 것이야. 너는 그것을 무당의 범위 안에서 하고 있고 나는 그리스도교의 범위에서 하는 것일 뿐. 우리는 동료이다. … 우리는 둘 다 길을 찾고 있다. <u>완벽하고 충만한 사랑의 길</u>을 …(밑줄 강조는 필자).

신부는 무당의 길에 들어선 안드레아의 앞날을 위한 축복의 말과 기도를 하면서, 마치 그녀가 이제부터 자신과 같은 '완벽하고 충만한 사랑'의 길을 찾고자 하는 동료 사제임을 인정하듯이 고개를 숙여 인사를 했다. 최근 한국 사회 내 거대화된 종교 단체에서 비롯된 여러 가지 사회적 문제에 익숙한 한국인 시청자들에게 소위 '세계종교' 혹은 '고등종교'의 사제가 '원시종교' 혹은 '미신'의 표상이라 여겨지는 무당을 자신이 찾고자 하는 길 위의 동료로 인정하는 모습은 신선한 충격이었을 것이다. 어쩌면 오랜 세월 무교에 대한 부정적 시각을 내면화해 온 일반적인 한국인들에게 이 장면은 충격을 넘어선 반감의 대상이 되었을 수도 있다.

신선한 충격을 받았을 사람들 안에는 어쩌면 무교에 대해 우호적인 시각을 가지고 있는 한국의 많은 지식인들 역시 포함되었을 것으로 필자는 생각한다. 다시 말해 무교를 종교라는 범주에 포함시키고자 했으며 무교의 긍정적인 사회적, 심리적 기능을 검토해 왔던 한국의 일부 학자들 역시 충격을 받을 만한 일이었던 것이다. 이러한 학자들 가운데 어떤 이는, 무교에서 원초적인 종교성을 발견할 수 있지만 사랑, 자비, 희생 등과 같은 인류가 공통적으로 추구해야 하는 보편적 영성(spirituality)이 결여되어 있으며, 이에 따라 무교가 아직 '저급한 종교' 수준에 머물러 있음을 아쉬워한다. 또한 무교에서 발견되는 현세적이고 물질주의적인 경향과 기복적 실천들을 예로 들면서 무교는 영성의 종교라기보다는 물질성의 종교라고 조심스럽게 주장하는 학자도 있다. 물질성은 특정한 시공간에 한정되기 마련이고, 한국 지성사를 통해서 무교가 '한국'과 깊은 관련성 속에서만 이해되어 왔다는 점에서, '완벽하고 충만한 사랑'이라는 인류의 보편적 가치이자 영성을 무당이 추구할 수 있다는 가톨릭 신부의 발언은 당연히 신선한 충격이 되기에 충분했을 것이다.

'무교와 자비'라는 주제로 원고 의뢰를 받았을 때, 필자는 다루기 쉽진 않은 주제가 선정되었다는 생각을 지울 수 없었다. 이 어려움은 위에서 언급한 일부 학자들처럼 무교에서 자비와 같은 보편적 영성을 발견할 수 없다는 편견에서 비롯되었다기보다는, 무교에 접근하는 필자 자신의 연구 방향 때문이었다. 국내의 많은 종교 연구자들이 무교 내에서 보편적인 종교성을 발견하거나 물상화된(reified) 형태의 무교 신학 체계를 구축하는 것에 관심을 가지고 있는 것에 비해, 필자는 현대 한국인들이 무당을 만나는 과정에서 자신들의 일상적 경험을 어떻게 상징으로 치환하고 의미화하는지에 대해 관심을 가지고 있다. 다시 말해, 현대 한국인의 일상적인 경험에서 분리된 본질적이고 불변하는 독립된 체계로서 '무교'를 상정하기보다는, 무당과 무당을 찾는 단골의 종교적 실천과 무교적 상징체계 사이에서 발생하는 상호작용을 통해서 '재구성되는 무교'가 필자의 주된 연구 대상인 것이다. 따라서 필자에게는, 앞서 언급한 독일인 안드레아의 내림굿 방송에서 '완벽하고 충만한 사랑'이라는 신부의 말보다는, "내림굿이 중요한 것은 내가 이제껏 겪었던 고초들이 단지 지어낸 허상이거나 공허한 것이 아니라 진정으로 의미가 있어서 누군가에게 관심의 대상이 된다는 것이죠"라고 말하던 안드레아의 고백이 훨씬 중요하게 생각되었다. 왜냐하면 그녀의 고백은 무교라는 상징체계를 구성하는 내림굿을 통해서 자신의 경험을 신령과의 관계 속에 위치시킴으로써 고통과 일상적 경험을 의미화하는 종교적 상징 작용의 전형적인 사례이기 때문이다. 하지만 '무교와 자비'에 대한 생각들을 정리하면서, '완벽하고 충만한 사랑'을 찾아가는 동료로서 무당을 바라보는 신부의 고백을 주의 깊게 고려할 필요가 있음을 알게 되었다.

세상에 다양한 힘들이 존재한다는 신부의 말에 동의한다면, 그리고 '자비'가 인류의 보편적 영성이라면, 개별적 종교 전통들은 보편적 영성으로서의 '자비'를 서로 다른 방식으로 구체화하는 힘으로서 독립성을 가진다. 우리는 '자비'를 말할 때 흔히 불교를 떠올리곤 하지만 '자비'가 인류의 보편적 영성인 한, 어떤 특정한 종교 전통이 '자비'라는 영성을 독차지할 수는 없다. '자비의 종교로서의 불교'나 '사랑의 종교로서의 그리스도교' 등 개별적 종교 전통은 각각을 대표하는 영성에 따라 정의되고 구분될 수도 있지만, 실제로 대부분의 종교에서 '사랑'과 '자비' 같은 인류의 보편적 영성들은 함께 발견된다. 그리스도교의 예를 들어 보자면, '사랑의 하느님'이나 '자비의 하느님'처럼 신神이 가진 다양한 속성들을 통해서 그리스도교가 단순히 하나의 영성으로 한정될 수 없음이 드러난다. 다만, '자비의 종교로서 불교'처럼 특정한 영성과 개별 종교 전통 사이의 결합은 구체적인 역사적 상황에서 발생하는 담론적 실천일 뿐이다. 따라서 보편적 영성과 개별 종교 전통의 관계를 이해하는 데에서 중요한 것은 보편적 영성이 특정한 맥락에 따라 구체화되는 방식을 이해하는 것이며, 구체화된 내용은 이러한 방식에 따라 구성된다는 점을 이해하는 것이다. 이런 맥락에서 사회적 실재(social reality)로서 다양한 종교들이 가능하며, 특정 종교가 보편적 영성을 대표할 수 없게 되는 것이다. 더 나아가 '자비'나 '사랑' 같은 이른바 보편적 영성은, 그것이 특정한 사회·문화적 맥락 안에서 행위자들(agents)의 실천을 통해서 혹은 제도적 장치를 통해서 구체화되었을 때에만 인간에게 의미를 지니게 될 수 있다.

무교는 현세적 기복 신앙이자 물질주의적 성향을 가진 '원초적' 종교일 뿐이며 인류의 보편적인 가치와는 거리가 먼 전통으로 오해되었다. 하지만 무교 역시 보편적 영성으로서의 '자비'를 구체화하고 있다. 다만 그것이 세련된 개념적 언어로 추상화되지 않았을 뿐이다. 어쩌면 그럴 필요가 없었다는 것이 필자의 생각이기도 하다. 무교에 대한 기존의 오해는 타 종교를 연구했던 동일한 이해의 틀(interpretive framework)로써 무교를 설명하려고 했던 데에서 비롯되었다고 할 수 있다. 하지만 현대의 많은 종교학자들이 비판하고 있듯이 '종교'는 다만 하나의 분석 범주일 뿐이며, 개념적인 언어로 구축된 신념 체계를 강조하는 근대 서구의 계몽주의적 사유의 결과물이다. 예컨대, 우리가 일상적으로 받아들이는 종교 관념 안에는 초월과 세속, 신과 인간, 비非일상과 일상, 영성과 물질성, 종교와 세속 등으로 표상된 이원론적 사고가 전제되어 있으며, 이를 바탕으로 종교를 설명하려는 시도는 서구의 지성사적 맥락에서 구축된 담론적 실천의 모방일 뿐이다.

　문제는 이러한 이원론적 설명틀로써 '종교'라는 독립된 개념을 가지지 않는 문화적 실천을 연구할 때 발생한다. 최근 종교사회학 내에서 요청되는 '살아 있는 종교'(living religion)에 대한 연구나, 신념 체계보다는 실천을 통해서 재구성되는 종교에 대한 연구 방법은 모두 이러한 문제점을 보완하고자 하는 노력들로 이해할 만하다. 필자 또한 기존의 종교 연구에 대한 이와 같은 비판적 인식을 공유하고 있다. 따라서 본고에서 다루고자 하는 무교의 자비 역시 무교 신앙인의 실천과 경험을 통해서 구체화되는 것으로 이해하고자 한다.

신령의 길: 천지불인(天地不仁)과 조상신의 자비로움

　보통 유일신 종교 전통에서는 신의 속성 중 하나로서 자비를 말하기도 하며, 불교의 경우는 자아와 세계의 무차별적 실상을 깨닫게 되면서 자비심이 발생한다고 말하기도 한다. 신(God)이나 깨달음을 궁극적 진리의 표상이라 한다면, 소위 '세계종교들'에서는 궁극적 진리와 자비를 결합시키는 방식을 통해서 자비를 구체화한다고 할 수 있다. 그리고 신의 모상으로서 창조된 인간은 신의 속성인 자비나 사랑을 실천해야 하는 의무를 가지게 된다는 논리를 성립시킴으로써, 현실 속에서 자비의 실천을 정당화한다. 상당히 설득력을 가진 논리다. 그렇다면 유일신 종교는 아니지만 신령의 존재를 인정하고 신령의 보호와 은덕을 바라는 종교 전통으로서의 무교 역시 이와 같은 논리로 자비를 구체화할 수 있을까? 만약 구체화한다면, 신령들에 대한 관념들을 통해서 무교 신자들이 구체화하는 방식은 무엇일까?

무교 신령에 대한 기존의 연구는 무교 신자의 종교적 실천과는 무관하게 신령들의 독립적인 체계로서의 만신전(pantheon)을 구축하고 계통별 신령들의 성격을 파악하고자 하는 경향이 강했다. 서양 선교사들을 비롯한 일본인 학자들을 포함하여 무교를 물상화하여 연구했던 기존의 연구들이 대부분 여기에 해당한다고 볼 수 있다. 다소 거칠긴 하지만, 이런 연구에서 계통별로 분류된 무교 신령들을 단순화시켜서 소개하자면 '천신 계통의 신령', '자연신 계통의 신령', '인격신 계통의 신령' 및 '잡귀잡신' 등을 들 수 있다.[2] 이런 방식의 신령 분류는 굿에서 모시는 신령들이나 일반 가정에서 혹은 무당이 개인 신당에서 모시는 신령들에 대한 관찰을 바탕으로 작성된 것이라 할 수 있다. 계통별로 분류된 무교 신령의 기원과 관련하여 인류의 종교사 전개 과정에서 관찰되는 정령숭배(animism)나 다신교적 특성이 언급된다. 자연에 내재되어 있다고 믿어지는 힘이나 역사적으로 뛰어나 업적을 남긴 인물에 부여된 힘 혹은 원한에서 비롯된 힘이 신격화의 기원으로 가정된다. 이 외에도 불교나 도교 등 타 종교에서 기원한 신들이 무교의 만신전에 차용되어 섬겨진다는 설명도 발견된다. 이러한 설명들은 독립된 신령 체계를 구축하려는 노력의 산물로서, 독립된 체계로서의 '무교'의 특성을 밝히는 데에는 도움이 되지만, '영적

---

2 무교의 신령에 대한 자세한 분류에 관심이 있다면 조흥윤의 「한국 신령의 체계와 성격」을 읽어 보길 추천한다. 이 글에서 조흥윤은 20세기 초 서양 선교사와 일본인 학자에 의한 연구뿐만 아니라 김태곤 등 기존의 민속학자들의 연구를 비판적으로 검토하고 있으며, 자신의 현지 조사 자료들과 굿 의례의 구조분석을 바탕으로 한국의 신령 체계와 성격을 소개하고 있다. 하지만, 이 자료 역시 실제로 무당이나 무교 신자들이 개별적인 신령과 어떤 맥락에서 특별한 관계를 맺고 있는지, 그리고 동일한 분류 내의 신령들조차 무교 신자들에게 다르게 경험될 수 있다는 사실을 언급하지 못하는 한계를 갖는다. 조흥윤, 『한국 종교 문화론』(동문선, 2002).

본질'에 대한 무교 신자의 경험이 특정한 맥락에서 구체화된 표상으로서의 신령이라는 관점에서 보면 큰 의미를 지니지 못한다.

인류학자 피어스 비테프스키Piers Vitebski는 『샤먼』Shaman이라는 책에서 신령 혹은 영을 '영적 본질(essence)'로 보는 것이 나을지도 모른다고 한다. '영적 본질'을 특정한 신령들의 현존을 가능하게 하는 어떤 본질로 가정한다면, 이 개념은 다양한 신령들이 존재하며 또한 새로운 신령들이 출현하기도 하는 무교의 신령을 이해하는 데에도 꽤 적합하다고 생각된다. 이런 맥락에서, 신령의 존재를 인간 상상력의 산물로 환원하고자 하는 것은 아니지만, 다양한 무교의 신령들은 '영적 본질'에 대한 무교 신자들의 체험이 심리적 욕망이나 사회적 경험을 통해서 구체화된 존재라고 이해할 수 있다. 따라서 다양한 신령들이 가진 속성에 대한 이해는 보편적 영성으로서의 '자비'에 대한 무교 신자들의 관점을 이해하는 데 중요

한 매개가 된다.

위에 소개한 사진은 올해로 신이 내린 지 42년째 되는 경력을 가진 무녀 다니의 신당이다. 신당 벽면에는 무신도巫神圖가 걸려 있는데, 무신도를 통해서 그녀가 모시는 신령들을 대략 살펴볼 수 있다. 맨 우측으로부터 천신 계통으로 분류할 수 있는 '환웅천황'을 비롯하여 '옥황상제' 등이 모셔져 있다. 오른쪽으로 시선을 옮기면, '산신 계통의 신들', '칠성신', '삼불제석'이 보이며 그다음으로는 장군신 계통의 신령들을 볼 수 있다. 마지막으로는 다니의 '성수님' 혹은 '대신할머니' 순서로 배치되어 있는 것을 알 수 있다. '성수님' 혹은 '대신할머니'는 다니에게 내림굿을 해 주었던 신어머니처럼 실제로 무업을 했던 과거의 인물들이 죽은 후 신격화된 경우를 말한다. 이러한 신령들의 배치와 관련하여 다니가 신당에서 행하는 종교적 실천 방식이나 시간성을 제외하고 이해하게 되면 신령들의 위계는 기존의 신령 연구에서 보이는 독립된 만신전과 신령들 사이의 위계에 근거한 것으로 생각될 수 있다. 그러나 다니가 이러한 신령들을 무신도의 이미지를 통해서 신당에 모시는 방식과 모시게 된 계기는 단순하게 설명될 수 있는 것들이 아니다.

다니의 신당에서 가장 높은 자리에 모셔진 신령의 이미지는 그녀의 아버지가 모셨던 옥황상제 그림인데, 아버지 사후 땅에 묻혔던 것을 다니가 신내림 후 직접 파낸 것이다. 흥미롭게도, 이 무신도로 표상되는 다니 아버지의 옥황상제는 다른 무당이 모시는 옥황상제나 다니 스스로에게 내린 옥황상제와는 다른 정체성을 가진다. 일반적으로 옥황상제라는 신격을 이야기할 때, 우리는 단수單數의 의미로 한 분의 신을 생각하기 쉽지만 무당들이 모시고 경험하는 옥황상제는 모두 제각각의 특징을 지닌다. 실제로 최근에 다니는 자신의 옥황상제를 위해 새로운 '일월다래천' (혹은 '일월다리': 천신 계통의 신령이 하늘에서 하강하는 다리로 믿어지는 흰색 천)을 마련하여 자신의 진적굿에서 모셔 들이기도 했다. 이처럼 무교의 신령은 '개별 신령과 여러 무당'의 관계로 파악되기보다는 '개별 신령과 개별 무당' 사이의 경험적 관계 속에서 이해되어야 한다. 다시 말해서, 일반적으로 알려진 신령의 이름과 속성은 단지 '범주'로서의 의미만을 가질 뿐이지, 무당과 무교 신자들이 가지는 개인적 삶의 경험에서 파악된 신령의 속성을 드러내지는 못한다는 것이다.

무녀 다니는 자신이 경험했던 신령의 성격을 이렇게 구분한다.

천신天神은 절대 봐주는 법이 없어, 기다려 주지 않고. 아주 엄정하다고 보면 돼. 그리고 자주 강림하지도 않으셔. 말씀을 하셔도 가끔 한두 마디만 하시지. 그런데 성수님은 아무래도 조상이라 그런지 더 기다려 주고 한 번 잘못해도 조금 더 기다려 주곤 하시지. 다른 무당들은 몰라도 아무튼 내가 기도해 보면 그래.

다니에게 천신은 매우 '엄정한' 존재이며, 인간이 자신의 운명을 넘어서는 사사로운 과욕을 위해 자비를 구할 수 있는 대상이 아니다. 이러한 경험은 그녀 자신이 산 기도나 신당 기도 등을 통해서 가지게 된 경험이기도 하지만, 여러 가지 의례적 실수를 통해서 체화한 것이기도 하다. 다니는 과거에 한 단골 여성을 위한 천제天祭를 지냈던 적이 있는데, 거기에서 그녀가 받았던 공수는 "감히 하찮은 인간의 사욕을 위해서 천제를 지내서는 안 된다"는 것이었다고 한다. 그녀는 옥황상제로부터 "다시는 이러지 말라"며 크게 야단을 맞았고 한참을 고생했다. 이 경험에 대한 다니의 해석은 "사람에게 운명이 있는데, 이 운명을 거스르려고 할 때 천지신명님이 야단을 치신다"는 것이다. 물론 다니의 해석에는 무교의 세계관을 구성하는 '운세'나 '운명'에 대한 관념이 포함되어 있으며, 그녀의 사유가 모든 무당이 생각하는 바를 대표한다고 볼 수는 없다. 또한 인간의 운명과 천신 사이에 어떤 관계가 있는지, 예를 들어 천신이 인간의 운명을 결정하는 존재인지 아니면 운명에 종속되는 존재인지는 명확하지 않다. 이런 문제점들을 차치하고서, 그녀가 무당으로 가진 경력과 무교 신령은 무당 개인과의 경험적 관계를 통해서 구축된다는 본고의 가정을 고려한다면, 다니의 천신 관념은 무속 신령의 특별한 성격을 분류하는 데 의미 있는 자료가 된다.

다니가 경험을 통해 구체화하는 천신의 성격은 마치 노자老子가 '천지불인'天地不仁이라는 구절에 담았던 의미처럼, 특별히 치우침이 없이 만물을 공평하게 대하는 신령의 모습과 같다. 다니 역시 천신은 '엄정한' 존재이지 '자비로운 존재는 아니'라고 이야기한 바 있다. 그러나 "천지신명이 들어와야 무당이 될 수 있다"는 무당들의 말에서처럼 천신은 한 개인이 무당이 되는 과정에서 가장 중요한 사건인 내림굿에서 반드시 모셔야 하는 신령이다. 또한 무당이라는 존재가 고통받는 사람들의 문제를 해결해 주는 존재임이 내림굿에서 강조된다는 점을 보면 천신 역시 '자비'를 구현하는 존재로 이해할 수 있다.

한편, 조상신들은 천신과 달리 자비로움을 직접 느낄 수 있는 대상으로 경험된다. 다니에게 조상신은 앞서 그녀의 신당을 묘사하면서 언급했던 '남성수'와 '여성수'[3]에 해당한다. 다니가 모시고 있는 '성수님'('남성수'와 '여성수'를 합해서 '성수님'이라 부른다)은 크게 두 가지 관계에서 비롯되었다. 하나는 다니의 아버지를 포함한 혈연 조상 가운데 큰무당으로 불렸던 이들과의 관계이며, 다른 하나는 다니의 신어머니나 신언니처럼 그녀의 무업 경력에서 중요한 의미를 가졌던 이들과의 관계이다. 이 신령들의 성격은 다니의 직접적인 기억, 다른 사람들을 통해서 들었던 혈연관계의 무당 조상에 대한 이야기, 다니 자신의 몸에 그 신령들이 실렸을 때 받은 느낌 등을 통해서 드러난다. 각각의 '성수님'들은 성격상의 차이가 있는 것으로 경험되기도 하지만, 대부분은 전통적으로 한국인이 가지고 있는 조상에 대한 관념과 크게 차이가 나지 않는다.

한 연구에 따르면, '자애로운 성격의 조상'이라는 관념은 유교 전통 및 부거제父居制를 기반으로 한 가족 구조에서 남성들의 경험을 반영한다. 아울러 친정을 떠나 새로운 가족으로 홀로 들어가 살아야 하는 주부들의 경험에서는 조상이 남성들과는 전혀 다른 방식으로 이해되어 가정

---

[3] 서울·경기 지역에서는 무당이 죽어서 신격화된 존재를 '대신마누라'(혹은 대신할머니)라고 부르지만, 황해도 무교 전통에서는 '남성수'와 '여성수'로 구분하여 부른다.

내 여러 가지 문제를 일으키는 부정적인 존재로 묘사되기도 한다.[4] 그러나 이런 해석은 일반적인 한국인의 경험에서 비롯된 조상 관념으로 제한될 필요가 있으며, 무당의 사회적 경험과 인식은 일반 한국인 여성과는 다르다는 점을 고려해야 한다. 무당으로서 자신의 운명을 받아들이고 무업에 대한 확신을 가지게 된 다니와 같은 무당들의 경우, 자신의 무당 계보를 구성하고 있는 '남성수'와 '여성수'는 현재의 자신을 가능하게 한 은덕을 베푼 존재로 이해된다. 조흥윤은 한국 무교의 신령들이 가진 특성 중의 하나로 '조상성'祖上性을 들면서 대부분의 무교 신령이 넓은 의미의 조상의 성격을 갖는다고 주장한 바 있다. 즉, "그것이 잡귀잡신이건 중국에서 유입된 중국계 신령이건, 모두 우리나라와 사회를 오늘에 이르기까지 이만큼 이루어 준 신령이라는 믿음이 전통무들 사이에"[5]서 발견되기 때문이라는 것이다. '이만큼 이루어 준 신령' 혹은 '전통무들'이라는 표현을 통해서 우리는 이 진술의 출처가 무업을 자신의 소명으로 받아들인 무당들이라는 점을 확인할 수 있다. 조상에 대한 혹은 조상신을 자애롭고 고마운 존재로 인식하는 다니와 '전통무들'의 경험과 해석은 현재 이들이 자신들의 정체성에 대한 확고한 인식에 바탕을 두고 있다고 볼 수 있다.

그러나 무당의 '성수님'이 항상 자애롭고 자비로운 존재인 것은 아니다. 다니가 이야기하듯이, 이들은 천신보다 한 번 더 기다려 줄 뿐이다. 무당이 소홀히 대하거나 잘못된 길로 간다고 여겨질 때면 여지없이 벌을 줄 수도 있는 엄격한 존재이기도 하다. 그렇다면, 무당의 가야 할 길은 어떤 것일까? 무당이 가야 하는 길에서 '자비'는 어떻게 구체화되는가?

---

4 로저 자넬리·임돈희, 『조상 의례와 한국 사회』, 김성철 옮김(일조각, 2000).
5 조흥윤, 앞의 책, 107쪽.

무당의 길: 영험과 공감(共感)의 확장

　무교의 핵심 의례인 굿이 전통문화 복원과 부활이라는 정책으로 인해서, 큰무당이라고 하면 으레 예술적 차원에서 굿을 잘하는 무당이라고 생각하기 쉽다. 그러나 실제로 굿을 후원하는 일반 손님이 무당에게 굿을 의뢰하는 경우나 나이 많은 제보자들의 이야기에 따르면, 굿을 잘하는 것도 중요한 부분이지만 더 중요한 것은 무당의 영험함이다. 영험함이란 신령들이 무당에게 전한 특별한 영적 능력으로, 이 능력을 얻고 지속하기 위해서 무당은 주기적으로 산에 가서 기도를 하거나 정기적으로 자신이 모신 신령을 대접하고 또한 신령이 원하는 것들을 제공하기도 한다.

　무당의 영험함은 자신을 찾은 손님이 현재 마주한 고통의 원인을 진단하고 고통의 상황을 극복할 수 있는 해결책을 제시할 수 있는 능력으로 구체화된다. 이 과정에서 손님의 고통과 고통의 원인을 포착하는 방법은 손님이 겪고 있는 문제의 상황을 볼 수 있는 '환시 체험'(vision)이나 '공감'이 대표적이다. 다니의 신당에 점을 보기 위해서 방문했던 한 노인 여성의 사례를 들어 본다. 다니를 방문한 이 여성은 둘째 아들이 이혼하고 난 뒤 살림이 정리되지 않아 마음을 잡지 못하고 있었으며, 막내아들은 구입한 땅이 팔리지 않아서 애를 먹고 있었다. 일찍 남편을 여의고 혼자서 아이들을 키워 왔던 이 여성 집안이 겪고 있는 문제는 남편의 묘를 이장移葬하고 나서 생긴 것이라는 점괘가 나왔다. 이장한 곳의 한쪽에 물이 흐르고 있다는 것이었다. 노인 여성이나 같이 점을 보러 왔던 딸은 마치 눈으로 보는 듯이 이장한 곳의 풍경을 말하는 다니의 점괘에 놀랄 수밖에 없었다. 대부분의 설명이 자신들이 보았던 묘지 주변의 실제 풍경과 일치했던 것이다. 이 손님들이 가고 나서 그와 같은 것을 도대체 어떻게 알 수 있는지 필자가 물었을 때, 다니는 점을 보는 동안 자신이 갑자기 소나무 향을 맡았으며 동시에 한쪽 몸이 차가워짐을 느꼈다고 말해 주었다. 바로 후각과 몸의 감각을 통한 망자의 상태와 자연경관에 대한 '공감'의 능력이 발휘되었던 것이다.

다니의 사례에서처럼, 찾아오는 손님이 겪고 있는 고통과 관련하여 무당이 자신의 몸으로 함께 느끼는 경우는 자주 보고된다. 한 번도 침술을 배우거나 한의학을 공부한 적이 없음에도 간단한 수지침이나 민간 의료 지식을 통해 환자를 치유하는 데 명성이 높은 무당들이 있다. 필자가 알고 있는, 이 처사라 불리는 50대 박수무당은 특별히 몸이 아픈 환자 손님이 자신을 찾아오는 경우, 환자가 고통을 받고 있는 부위가 자신 역시 동일하게 아파 온다고 이야기한다. 가끔씩 태백산이나 깊은 산중을 다니면서 약초를 직접 채취하기도 하는 이 처사의 경우, 자신이 환자에게 직접적인 시술을 할 수는 없기 때문에 환자에게 병원 치료를 추천하면서도 동시에 자신이 알고 있는 약초 처방을 해 준다. 그는 이러한 민간 치료 방식이 효과를 보는 경우가 많으며, 이러한 공감의 능력은 신령님에게서 비롯된다고 말한다. 따라서 무당을 타자의 고통을 자신의 몸으로 공감할 수 있는 능력을 가진 치료 전문가로 보아도 좋을 듯하다. 고통받는 민중의 표상으로서의 무당 이미지가 1980년대 민중 문화 운동가들에게 전유되었던 것도 무당이 가진 공감의 능력에서 비롯되었을지 모를 일이다.

무당에게 이러한 공감의 능력은 어떻게 생길까? 무당의 치료 능력에 관심을 가졌던 연구자들은, 무당이 가진 타자의 고통에 대한 공감 능력이, 무당 후보자가 신병을 통해 겪었던 죽음에 가까운 고통[6]과 내림굿을

---

6   이 고통은 육체적, 경제적, 사회적인 고통 모두를 포함하며, 이 과정은 종교적인 '죽음'으로 해석되기도 한다.

통해 신령으로부터 새로운 생명을 받는 과정에서 얻게 되는 능력이라고 생각했다. 즉, 자신의 고통에 대한 치유의 경험을 통해서 타자의 고통을 이해하게 된다는 것이다. 아울러 무당으로서의 경력을 쌓아 가면서 새로운 신령들을 지속적으로 모시게 된다는 사실 역시 주목할 필요가 있는데, 새로운 신령은 '영적 본질'에 대한 경험이 확대되고 강화됨을 뜻한다. 또한 새로운 신령을 계속 받아들인다는 것은 새로운 신령이 표상하는 영적인 능력, 즉 영험함이 의미하는 공감 능력이 증대된다는 것을 의미하는 것이기도 하다.

그렇다면, 공감의 능력을 가진 무당의 삶이 지향해야 하는 길은 무엇일까? 공감이 자비를 위해 반드시 필요한 전제 조건이라고 한다면 이 질문에 대한 대답은 보편적 영성으로서의 '자비'가 무교를 통해서 어떻게 구체화되고 있는지를 검토하는 데 상당히 중요하다. 앞서 언급했지만, 무당이 되는 길에서 가장 중요하며 극적인 사건은 내림굿이다. 내림굿에서 공감에 대한 직접적인 언급은 발견되지 않지만, 무당으로서 가게 되는 길이 어떤 것인지, 또한 큰무당의 길이 무엇인지 확인할 수 있다. 아래 인용하는 대화는 황해도 내림굿에서 흔히 볼 수 있는 한 장면으로, 내림굿을 받는 무당 후보자와 신어머니가 마주 앉아 어떤 신령이 무당 후보자에게 내렸는지, 그리고 무당으로서 나아가야 하는 길이 어떤 것인지를 잘 보여 준다. 이 자료는 김금화 만신의 무가집[7]에 수록된 부분이지만, 필자가 수십 차례의 현지 조사에서도 들을 수 있었던 대화 내용이다.

---

7 김금화, 『김금화의 무가집』(문음사, 1995). 아래에 소개하는 인용문에는 독자들의 이해를 돕기 위해서 원래 무가집에는 없는 한자어들을 포함시켰다. 또한 굳이 모든 내용을 다 포함할 필요가 없다고 생각하여 생략한 부분이 있음을 밝힌다.

경관만신: 머리를 들거라.
　　　　그대는 무엇이 되려는고?
새 기자祈者: 큰 무당이 되려 합니다.
경관만신: 무당이 되어 무엇을 하려는가?
새 기자: 만백성을 도와주려 합니다.

이처럼 만백성을 도와주는 것이 무당의 삶이라는 것을 고백한 후, 무당 후보자는 춤을 추며 자신에게 들어온 신령들의 옷과 무구를 영험을 이용해서 찾아낸다. 문제는 만백성을 어떻게 돕는다는 것인지에 대한 구체적인 방향은 제시되지 않는다는 점이다. 이 과정이 끝난 후에 계속되는 초부정·초감흥거리에서 무당이 부르는 만세받이(신을 초청하기 위해 부르는 무가)에서는 더 선명하게 무당의 길이 그려지고 있다.

··· 충효열사 호국대신護國大神으로 불려 주고
이름 놓고 호 얻어 앓던 사람 낫게 하고
무손無孫한 가중 세대봉사
빈貧한 가중 부귀천 돌아 주고
신의 출신 가슴에 대천문 열어 주고
목에 열쇠 열어 주고
입에는 시슬녹에 실수 없이 불려 주세요.

이 인용문에 따르면, 무당이 도와주어야 하는 '만백성'은 죽은 충효열사와 함께 병든 사람, 가난한 사람, 자손이 없는 사람 등 인간이 경험할 수 있는 모든 고통의 문제를 안고 있는 사람들이다. 살아 있는 사람들이 바라는 무병장수와 재수를 빌어 주는 것은 당연히 무당의 길이라 여길 수 있지만, 죽은 사람 역시 '만백성'의 범주에 포함되어 있다는 사실이 흥미롭다. 죽은 사람을 도와주는 방법 역시 구체적이다. '호국대신'이 역사적으로 한국인들이 죽은 자에게 부여했던 가장 큰 영광이라는 점에서, 억울함을 느낄 수도 있는 충효열사를 호국대신으로 전위시킴으로써 한국인이 생각하는 자비를 구체화한다. 그리고 여기에 자비를 구현하는 무당의 길이 있는 것이다. 무당의 길에 대한 묘사는 신의 제자가 되었다는 의미로 내림굿을 받은 무당 후보자의 머리를 풀어서 다시 묶어 주고 난 뒤 앞으로 어떤 무당이 될지를 점치는 '녹타기'를 할 때에도 계속된다.

> … 신神에 노적 쌓아 놓고/없는 백성/골고루 살게/도와주자/큰무당이/나라만신이 되어/같이 살자/똑같이/한길을 가자/이웃을 사촌처럼/빈한 가중/부귀천 돌아/무손한 가중/세대봉사하여 주어라 …

이상의 인용문 모두에서 발견되는 무당의 길은 모든 사람이 잘사는 세상에 대한 열망을 구체화하고 있다. 보편적 영성으로서의 '자비'를 추상적이고 개념적인 언어로 표현하고 있지 않을 뿐, 살아 있는 인간의 욕망뿐만 아니라 죽음 이후의 욕망까지 포괄하는 무교적 자비심이 바로 무당이 살아 내야 하는 당위론적인 삶으로 발현되는 것이다. 결국, 신령의 선택에 의한 고통을 재생으로 변화시키며 자신의 육체에 각인된 고통에 대한 경험을 바탕으로 타자의 고통을 공감하는 무당의 길 자체가 무교적 자비를 가장 구체화하는 것이라 할 수 있다.

나가면서

지금까지 필자는 '영적 본질' 혹은 신성함(the sacred)에 대한 무교 신자들의 경험이 구체화된 것으로서의 신령 관념과 내림굿 의례를 통해서 당위론적으로 제시된 무당의 삶이 어떻게 보편적인 영성으로서의 '자비'를 무교적인 방식으로 구체화하는지 고찰해 보았다. 인간 개개인의 사정이나 고통을 봐주기보다는, 치우침 없는 엄정함으로 모든 인간을 대하는 천신 계통의 신령으로부터 보다 자애로운 조상신의 성격을 강하게 지닌 것으로 무당에게 경험되는 다양한 신령들은 무당이 올바른 길을 가고 있는지 반성할 수 있는 준거점이 된다. 하지만 무당이 신령과 맺고 있는 수직적인 관계 못지않게, 현실 속 타자와 맺게 되는 수평적인 관계 역시 무당으로서 바른 삶을 살고 있는지를 평가할 수 있는 준거점으로 작용한다. 따라서 "크게 불리고 잘 불릴 수 있게 도와 달라"는 무당의 기원은 타자의 고통을 깊게 공감하고 더 많은 사람을 치료하면서 신령에 대한 자신의 경험과 무당으로서 자기 삶의 의미를 재확인하고픈 욕망을 표현하는 것으로 이해할 수 있다. 무당의 조상으로 잘 알려진 바리공주가 버려짐을 극복하고 결국에는 망자를 천도·재생시키는 구원자로 변화되었다는 신화는 자비 자체가 무당의 길임을 드러낸다.

그러나 어떤 무당도 바리공주의 삶에 드러난 자비를 정의하기 위해서 토론하거나 설명하려 들지 않는다. 실천을 통해서 그 의미를 드러낼 뿐이다. 최근에 필자가 만났던 몇몇 무당들은 봉사 단체를 설립하여 일주일에 한 번씩 봉사 활동을 한다. 정기적이고 지속적인 봉사 활동을 실천하기 위해 이들이 자체적으로 만든 규율이 딱 하나 있다. 그것은 자신들의 신령에 대한 이야기와 어떤 굿이 제대로 된 굿인지에 대한 평가를 결코 하지 않는다는 것이다. "아니 내 신령님이 소중하면 다른 제자들 신령님들도 소중하잖아요. 또 원래 굿은 이렇다는 둥 저렇다는 둥 하기 시작하면 봉사 활동이고 뭐고 아무것도 안 돼요"라는 것이 이유였다. 이 이유에 대해 필자는, '만백성'을 돕기 위해 천신으로부터 비롯된 무당의 운명과 바리공주 신화에 담긴 자비의 원형은 현실에서 제각기 다르게 경험될 수밖에 없다는 것을 이들이 잘 알고 있는 것으로 해석한다. 무당들이 이처럼 타자에게 보이는 이해와 관용은 "신령은 하나지만 제자본은 각본이다"라는 무당들의 흔한 이야기 속에 이미 담겨 있을지도 모른다. 이처럼 다원성(plurality)을 특징으로 하는 무교를 고려할 때, 무교 내에서 보편적 영성으로서의 '자비'를 추상적이고 세련된 언어로 개념화하는 것은 불필요한 일이다. '종교'의 이름으로 독립된 체계를 세우고 그 체계를 통해서 보편적인 진리를 소유할 수 있다고 생각하는 집단이 형성되면, 자비는 점점 인간의 구체적 삶에서 멀어지고 이상적 영역에 남게 된다. 이런 맥락에서 무교의 자비는 무당 개개인의 경험을 통해서 구성되는 다양한 실재를 인정하는 모습 안에 담겨 있다고 할 것이다.

7 이슬람과 자비

박현도

라흐만, 라힘, 라흐마

이슬람 종교 전통에서 자비는 유일신 알라Allah, 즉 하느님[1]의 속성屬性이다. 하느님에게는 '아름다운 이름'(asmāʾ al-ḥusnā) 99가지가 있는데, 이 이름들이 각각 하느님의 속성을 나타낸다. 99가지 중 처음 이름 두 개가 '라흐만'al-raḥmān과 '라힘'al-raḥīm인데,[2] 둘 다 자비를 의미한다. 그런데 혼

---

1 한국 이슬람교에서는 유일신의 아랍어명 알라Allah를 하느님이 아닌 '하나님'으로 번역하여 사용하고 있다.
2 괄호안 로마자 표기 아랍어 음사에서 al은 아랍어 정관사다. 이글에서는 문장 전체 음사가 필요할 때를 제외하고 정관사를 뺀 단어만 한글로 음사하겠다.

란스럽게도 우리말에서 전자는 '은혜'나 '자비', 후자는 '자비'나 '자애'慈愛로 번역되고 있다.³ 찬찬히 생각해 보면, 은혜나 자비나 자애는 힘이 센 쪽이 약한 상대에게 갖는 긍휼심의 표현으로, 말만 다를 뿐 내용상으로는 사실 모두 같은 말이다.

이슬람교의 경전 '꾸란'⁴에서 자비라는 말은 '동정심을 지니다, 불쌍히 여기다'라는 뜻을 지닌 동사 어근 Rā Ḥā Mīm(رحم)에서 나온다. 모두 339회 사용되는데, 이를 단어의 형태에 따라 다음과 같이 아홉 가지로 나눌 수 있다.

① 1형 동사 라히마raḥima: 28회
② 1형 동사 라히마의 동명사 라흐마raḥmah: 114회
③ 1형 동사 라히마의 능동분사 비교형 아르함arḥam: 4회
④ 1형 동사 라히마의 능동분사 라히민rāḥimīn: 6회
⑤ 명사 아르함arḥām: 12회
⑥ 명사 루흠ruḥm: 1회
⑦ 명사 라흐만raḥmān: 57회
⑧ 명사 라힘raḥīm: 116회
⑨ 명사 마르하마marḥamah: 1회

---

3   꾸란 한국어 번역본에서 김용선은 알-라흐만을 은혜, 알-라힘을 자비로 번역하였고, 최영길은 전자를 자비, 후자를 자애로 번역하였다. 김용선 역주, 『코란』(꾸란), 명문당, 2002; 최영길, 『성꾸란: 의미의 한국어 번역』, 파하드 국왕 꾸란 출판청, 이슬람력 1417년(1996~1997년).
4   이슬람교의 경전을 가리키는 말. 흔히 코란(Koran)이라고 부르는데, 정확한 발음은 꾸르안(Qur'ān)이다. 국내 이슬람학계에서는 꾸란으로 쓰는 경향이 짙다.

전 세계 무슬림들은 매일 라흐만과 라힘 이 두 단어를 함께 짝을 이뤄 "비스밀라히 르-라흐마니 르-라힘"(Bismillah al-Raḥmān al-Raḥīm)이라고 반복한다. 이 표현은 꾸란 114개 장章 중 아홉 번째 장만 제외하고 나머지 113개 장 첫머리에 나온다. 공식, 비공식적인 자리에서 연사가 청중을 향해 말을 할 때도, 모든 공식 문서 첫머리에도 빠지지 않고 반드시 등장하는 말이다. 우리말로 "참으로 은혜로우시고 자비로우신 알라의 이름으로" 또는 "자비로우시고 자애로우신 하느님의 이름으로"라고 번역한다.

그냥 "자비로우신 하느님의 이름으로"라고 옮겨도 문제가 없지만, 아랍어 원문에 라흐만과 라힘 두 단어가 나오기에 역자들이 이에 맞추어 두 단어로 옮기려 한다. 그런데 이는 우리말에만 국한된 일은 아니다. 중국어 꾸란에서는 라흐만과 라힘을 '인仁, 자慈' 또는 '자慈, 인仁'으로 서로 맞바꾸어 쓰는 경우가 적잖고, 일본어에서는 전자를 '자비', 후자를 '자애'로 쓰고 있으며, 영어에서는 전자를 'merciful', 'beneficent', 'gracious', 'clement', 후자를 'compassionate', 'merciful' 등으로 다양하게 옮긴다. 기본적으로 둘 다 자비라고 옮겨, "지극히 자비로우신 하느님의 이름으로"라고 써도 무방하다. 그런데 굳이 왜 둘로 나누어 하느님을 수식했을까? 자비로움을 더욱더 강조하기 위해서였을까?

서구학계에서는 알-라흐만이 이슬람 이전 남부 아라비아 지역 사람들이 믿던 신의 이름이라고 본다. 탈무드에서도 '자비로운 분'이라는 의미로 신을 지칭한다.5 서구 비무슬림 학자들은 이슬람의 예언자 무함마드가 라흐만을 알라와 등치等値했다고 본다. 이를 뒷받침하는 예로 라힘과 달리 라흐만은 항상 정관사 알al이 붙은 상태로 꾸란에 나온다는 점을

---

5 Arthur Jeffery, *The Foreign Vocabulary of the Qur'an* (Baroda: Oriental Institute, 1938), 140-141.

든다.[6] 단어의 형태가 늘 알-라흐만이라는 말이다. 또 다른 예로는 다음 꾸란 구절이다.

> 말하라, "알라 또는 알-라흐만에게 청하라. 어떤 이름으로 부르던 간에 그분은 최상의 이름을 지니시노라"(꾸란 17:110).

서구 학자들은 아라비아 남부 사람들이 신의 이름으로 부른 알-라흐만을 이슬람의 예언자 무함마드의 고향 메카 사람들이 낯설다는 이유로 거부하였다고 본다. 위 꾸란 구절은 그러한 배경 속에서 이해할 수 있다는 것이다. 물론 오늘날 무슬림들은 이러한 주장에 동의하지 않는다. 무슬림들은 라흐만과 라힘을 함께 쓰면서 늘 하느님이 자비로운 분이라는 점을 기억하고 위로를 받는다.

라흐만, 라힘과 함께 꾸란에서 자비의 뜻으로 쓰이면서 라힘 다음으로 가장 많이 등장하는 단어는 '라흐마'Raḥmah다. 꾸란에 사용된 자비라는 말 339회 중 라흐만, 라힘, 라흐마 이 세 단어가 287회 사용된다. 라흐마는 114회 등장하는데, 세 차례에 걸쳐 인간 사이에 자비로움이 있어야 한다고 언급한 것을 빼면 나머지 111회 모두 하느님과 관련된 말이다. 무슬림들은 "자비로우신 하느님의 이름으로"와 함께 "라흐마툴라히 와 바라카투후 알레이쿰"(raḥmatu llāhi wa barakātuhu 'alaykum)이라는 아랍어 표현을 자주 쓰는데, 이는 "하느님의 자비와 축복이 여러분과 함께"라는 뜻이다.

---

[6] B. Carra de Vaux and L. Gardet, "Basmala", in *Encyclopaedia of Islam*, New ed., vol. 1, p. 1085.

꾸란에서 자비의 하느님은 우리가 어디에 있든 간에 언제나 우리와 함께한다.

그분께서는 6일 만에 천지를 창조하시고 권좌에 오르셨다. 그분은 무엇이 땅을 관통하고 땅에서 나오는지, 하늘에서 내려오고 올라가는지 아신다. 그분은 너희들이 어디에 있든지 함께하신다. 하느님께서는 너희들이 하는 일을 모두 보시노라(꾸란 57:4).

그리고 하느님의 자비는 모든 것을 다 감싸고 세상에 대한 자비심으로 예언자 무함마드를 보냈다.

원하는 대로 징벌을 내릴 수 있으나 나의 자비는 모든 것을 감싸노라(꾸란 7:156).

우리는 세상에 대한 자비로 그대를 보냈다(꾸란 21:107).

그래서 무슬림들은 매일 예언자 무함마드가 전한 하느님의 말씀 꾸란을 읽으면서 자비의 하느님을 흠숭한다. "자비로우신 하느님의 이름으로" 예배하고, 말을 하고, 밥을 먹고, 잠을 청하고, 이웃에게는 "하느님의 자비와 축복이 여러분과 함께"라는 말을 건네며 안녕을 기원한다.

자비와 자궁(子宮)

이슬람에서 가르치는 자비와 관련해 반드시 이해해야 할 것은 자비가 자궁이라는 사실이다. 아랍어로 자궁은 '라힘'raḥim(복수 아르함arḥām)이다. 꾸란에는 모두 12회 나온다.7 자비를 뜻하는 라흐마와 같은 어원 라Rā 하Ḥā 밈Mīm에서 나온다. 이슬람교 전승에 따르면 자비의 하느님은 자궁을 만들고 자신의 이름인 자비를 주었다. 자비가 자궁이라는 말이다.

> 하느님께서 말씀하셨다. "나는 자비로운 하느님이다. 자궁을 창조하고 내 이름을 주었다. 자궁을 끊는 자는 내가 끊을 것이지만, 자궁을 잇는 자는 내가 함께할 것이다."8

자궁은 모든 인간관계의 시작이다. 혈연이 이루어지는 곳이다. 따라서 "자궁을 끊는다"는 말은 혈연관계를 단절한다는 말이다. 자궁에서 나온 피를 나눈 이들의 혈연관계, 즉 가족을 중요시하는 이슬람의 가르침이 고스란히 담겨 있다. 자비의 하느님은 가족 관계를 해치는 자를 용서하지 않는다. 하느님은 "자궁을 끊는" 자를 끊을 것이고, 잇는 자와 함께 하리라고 선언한다. 자궁이 하느님의 자비와 같으니 혈연관계가 얼마나 신성한 것인지 극명히 드러난다. 꾸란은 혈연관계를 끊는 이에게 엄청난 징벌이 내릴 것이라고 경고한다.

---

7 꾸란 2:228; 3:6; 4:1; 6:143; 6:144; 8:75; 13:8; 22:5; 31:34; 33:6; 47:22; 60:3.
8 Aḥmad ibn Ḥanbal, *al-Musnad* (Beirut: Dār Ṣādir, n.d.), I, 191, 194. Sachiko Murata, *The Tao of Islam: A Sourcebook on Gender Relationships in Islamic Thought* (Albany, NY.: State University of New York Press, 1992), 215에서 인용.

만일 권력이 있다면, 이 땅을 더럽히고 자궁을 끊을 것인가? 그러한 자를 하느님께서는 저주하시어 귀와 눈을 멀게 하시리라(꾸란 47:22-23).

자궁은 또한 모성애를 의미한다. 다음 전승은 자궁이 모성애와 밀접하게 연관되었음을 보여 준다.

우리는 하느님의 사도와 함께 전투를 치렀다. 사도는 어느 부족이 사는 곳을 지나가면서 "무슨 부족입니까?" 하고 물었다. 이에 그들은 "저희는 무슬림입니다"라고 답하였다. 한 여인이 화로를 만지고 있었다. 아들과 함께 있었다. 화로에서 뜨거운 불길이 솟자 얼른 아들을 잡아당겼다. 그런 뒤 예언자에게 다가가 "당신이 하느님의 사도이십니까?"라고 물었다. 그는 "그렇습니다"라고 답하였다. 그녀는 "부모님의 이름을 걸고 묻습니다. 하느님은 자비로운 자 중 가장 자비로우신 분이 아니십니까?"라고 물었다. 그러자 예언자는 "진정 그렇습니다" 하고 말하였다. 그러자 그녀는 "하느님이 종에게 자비로운 것보다 어미가 아이에게 더 자비롭지 않은가요?"라고 물었다. 예언자는 "하느님이 더 자비로우십니다"라고 답하였다. 이에 그녀는 "어미는 절대 자신의 아이를 불 속에 던지지 않습니다" 하고 말하였다. 하느님의 사도는 아래를 내려다보더니 울기 시작하였다. 그러고 나서는 머리를 치켜들고 그녀에게 말하였다. "하느님께서는 대들고 반항하며 '하느님 외에 신은 없고 …'라는 말을 하기를 거부하는 종들만 벌하십니다."[9]

유다교, 그리스도교, 이슬람교와 같은 유일신 신앙에서 가장 곤혹스

---

9   Ibn Mājah, *al-Sunan*, edited by M.F. ʿAbd al-Bāqī (Cairo: Dār Iḥyāʾ Kutub al-ʿArabiyyah, 1952), Zuhd 35. Murata, *The Tao of Islam*, 215에서 인용.

러운 질문은 자비로우신 신이 왜 징벌을 내리는가이다. 위 인용문에서 바로 그러한 의문이 제기되었고, 이에 징벌의 대상이 하느님을 따르지 않고 인정하지 않는 이들이라고 구체적으로 적시되었다. 하느님의 자비가 온 우주에 충만하지만, 하느님은 자비로우면서도 정의롭기에 올바르지 않은 이들을 심판한다. 바른 이들까지 심판하는 일은 당연히 없다. 이는 이슬람을 포함해서 모든 유일신 신앙이 공유하는 믿음이다. 꾸란은 이를 이렇게 표현한다.

나의 말은 바뀌지 않는다. 나는 종들을 부당하게 대하지 않는다(꾸란 50:29).

하느님은 하느님과 하느님의 사도에 순종하는 사람들, 하느님을 두려워하며 열망하는 사람들, 바른 일을 하는 사람들에게 자비를 베푼다.

겸허하고 은밀하게 주님께 청하라. 실로 그분은 잘못을 저지르는 자들을 좋아하지 않으신다. 깨끗해진 땅을 더럽히지 말라. 경외하는 마음으로 열렬히 그분께 청하라. 실로 하느님의 자비는 올바른 일을 하는 자들에게 가까우니(꾸란 7:55-56).

올바른 일을 하는 창조물을 자비로이 보살피는 하느님은 자궁을 창조하였다. 자궁은 인간이 만들어지는 곳이다. 이슬람에서는 자궁에서 인간이 생성되는 소우주小宇宙 창조 활동이 하느님의 자비가 우주를 만드는 대우주大宇宙 창조와 같은 과정이라고 가르친다. 더 나아가 인간 존재 자체가 하느님 자비의 산물로 인간 존재가 바로 자비다. 하느님이 만물에 존재를 부여했다는 말은 곧 만물에 자비를 베풀었다는 말이다. 꾸란에서 하느님을 일컬어 여섯 차례에 걸쳐 "모든 자비로운 것들 중에서 가장 자비로우시다"[10]라고 한 것은 바로 이를 두고 한 말이다. 만물에 자비를 부여하여 존재토록 하였으니 만물은 자비롭다. 그러나 만물이 자비의 원천인 하느님을 결코 능가할 수는 없는 일이다. 따라서 하느님은 가장 자비로운 분이다.

하느님의 자비와 인간의 자비

위에서 언급한 대로 꾸란이 하느님을 가장 자비로우신 분이라고 말한 것은 인간 역시 자비를 지녔다는 말이다. 자비로부터 존재를 부여받았으니 인간 존재가 자비의 산물이고, 존재에 자비를 지니고 있는 것이다. 비록 꾸란에 인간이 '하느님의 모상模像'(Imago Dei)대로 창조되었다는 구체적인 계시는 없지만, 자비에 관한 한 인간 역시 하느님처럼 자비심을 지닌다. 물론 인간의 자비는 하느님의 자비에 결코 미치지 못한다.

꾸란은 인간에게 약자를 긍휼히 여겨 구한 하느님처럼 자비심을 발휘하라고 가르친다. 하느님은 구체적으로 자신이 직접 뽑은 예언자 무함마드를 가엾게 여겨 자비를 베풀었다. 꾸란은 이렇게 말한다.

그분은 고아인 그대를 발견하여 보호하시지 않으셨던가.
그분은 방황하는 그대를 발견하여 인도하시지 않으셨던가.

---

[10] 꾸란 7:151; 12:64; 12:83; 12:92; 23:109; 23:118.

그분은 가난한 그대를 부유하게 만드시지 않으셨던가(꾸란 93:6-8).

고아였고, 방황하였고, 가난했던 무함마드를 하느님은 자비로이 돌보아 보호하고, 인도하고, 부유하게 만들었다. 인간 역시 무함마드와 같은 약자를 자비롭게 보살펴야 한다. 인간에게는 하느님으로부터 받은 자비심이 있기 때문이다.

고아를 괴롭히지 말라.
도움을 구하는 자를 내치지 말라(꾸란 93:9-10).

진실로, 고아의 재산을 부당하게 삼키는 자들은 배를 불로 채울 뿐이다. 그들은 화염 속에서 타 버릴 것이다(꾸란 4:10).

하느님의 자비로 창조되어 존재를 얻은 피조물 인간은 서로 자비를 베풀어야 한다. 그렇다면 구체적으로 어떤 관계에 자비가 명시되어 있는가? 앞에서 자비라는 용어 '라흐마'가 꾸란에서 114회 쓰이는데 그중 세 번은 사람들 사이의 관계에 관해 언급한다고 말한 바 있다. 그 세 가지 인간관계는 자식과 노부모, 부부, 그리스도인과 관련된다.

먼저 꾸란은 자신을 키워 준 노부모에게 자비로운 마음으로 몸을 굽혀 복종하고, 부모에게 자비를 베풀어 주시길 하느님께 간구하라고 가르친다.

너의 주님은 그분만을 섬기고 부모님을 잘 돌보라고 명하셨다. 부모 중 한 분이나 두 분 모두 나이가 들더라도, 무례한 말을 하지 말고, 내쫓지 말며

정중하게 말하라. 자비심을 지니고 그들에게 몸을 낮추라. 그리고 말하라, "나의 주님, 그들에게 자비를 베푸소서. 그들은 아이였던 저를 키웠습니다"(꾸란 17:23-24).

두 번째로 자비는 하느님이 부부에게 준 덕목이다. 하느님은 배우자가 배우자의 몸에서 나오도록 만들었다. 그렇기에 인간은 배우자에게서 편안함을 느끼고, 부부 사이에 다정함과 자비가 있는 것이다.

그분께서 보여 주신 징표 중 하나는 너희가 편안함을 느낄 수 있도록 너희들을 위하여 너희들 몸으로부터 배우자를 창조하신 것이다. 그분께서는 너희들 사이에 다정함과 자비를 심어 놓으셨다(꾸란 30:21).

끝으로 하느님은 예수를 따르는 사람들의 마음에 따스함과 자비를 심어 놓았다고 한다.

그런 후 우리는 사도들을 보내어 그들의 발자취를 따르게 하였다. 마리아의 아들 예수를 보내어 복음을 주었고, 그를 따르는 사람들이 따스한 마음과 자비심을 갖도록 하였다. 수도생활은 우리가 만든 것이 아니라 하느님을 기쁘게 해 드리기 위하여 그들이 만든 것이다. 그러나 그들은 이를 충실히 지키지 않았다. 그들 중 믿는 이들에게 상을 내렸으나, 대다수는 바르지 못한 자들이었다(꾸란 57:27).

라흐마와 함께 자비를 의미하는 라힘이 꾸란에 사용된 116회 중 딱 한 차례, 이슬람을 따르는 자들이 서로 자비를 베푼다고 명시한다.

무함마드는 하느님의 사도다. 그와 함께하는 사람들은 믿지 않는 자들에게는 강하지만, 서로에게는 자비롭다(꾸란 48:29).

이러한 인간의 자비는 모두 하느님의 자비와 연결되어 있다. 꾸란에서 인간의 자비란 결국 하느님의 자비를 모방한 것이고, 인간 사회의 윤리는 곧 하느님에게서 나오기 때문이다.[11] 꾸란은 이렇게 가르친다.

너희들 중 올바르고 부유한 사람들이 친척, 곤궁한 자, 하느님을 위해 이주한 이들을 돕도록 하라. 용서하고 관대한 마음을 품도록 하라. 하느님께서 너희들을 용서하길 바라지 않느냐? 하느님께서는 용서하시고 자비로우시니라(꾸란 24:22).

하느님이 용서하고 자비를 베풀듯 인간들 역시 그래야 한다는 가르침은 인간 사회의 자비라는 덕목이 곧 하느님의 자비에서 나온 것임을 보여 준다. 이는 그리스도교의 가르침과 다를 바 없다. 골로사이서 3장 13절은 "주님께서 여러분을 용서하신 것처럼 여러분도 서로 용서해야 합니다"라고 가르친다. 또 꾸란은 참는 것이 복수하는 것보다 더 낫다고 가르친다.

만일 벌해야 한다면 너희들이 당한 것처럼 벌하라. 그러나 인내심을 가지고 참는 것이 더 낫다(꾸란 16:126).

---

11 Toshihiko Izutsu, *Ethico-Religious Concepts in the Qur'ān* (Montreal & Kingston: McGill-Queen's University Press, 2002), 19.

더 나아가 하느님은 잘못을 한 인간을 조건 없이 용서한다.

말하라, "오, 죄를 지은 나의 종들이여! 하느님의 자비를 구하지 못할까 두려워 말라. 하느님은 모든 죄를 용서하신다. 그분은 용서하시고 자비로우시니라"(꾸란 39:53).

하느님은 자비를 베푸시어 잘못을 저지른 인간을 용서하시고 바르게 인도하신다. 이처럼 자비, 용서, 인도引導는 늘 함께한다. 하느님은 자신의 창조물에게 자비롭고, 창조물의 잘못을 용서하여 올바른 길로 이끈다. 자비와 함께 용서,[12] 인도[13] 또한 하느님의 속성을 나타내는 이름이다. 자비와 상통하는 온화함,[14] 관대함[15] 역시 하느님의 속성이다. 하느님의 자비는 인간을 해악과 멸망의 길에서 구한다.

그들에게 자비를 베푸시어 해악을 없애 주셨음에도 …(꾸란 23:75).

하느님께서 나와 내 사람들을 멸하시는지, 아니면 우리에게 자비를 베푸시는지 …(꾸란 67:28).

자비의 유무에 따라 삶과 죽음이 갈린다. 하느님의 자비를 믿지 않는 사람들은 심판의 날 고통을 겪는다. 그들은 하느님의 자비 덕분에 고통

---

12 용서하시는 분: 알-가파르(al-Ghaffār), 알-아푸(al-'Afū). 회개를 받아 주시는 분: 알-타왑(al-Tawwāb).
13 인도하시는 분: 알-하디(al-Hādī), 알-라시드(al-Rashīd).
14 알-라우프(al-Ra'ūf).
15 둘-잘랄 왈-이크람(Dhu'l-Jalāl wa'l-Ikrām).

스러운 삶에서 벗어날 수 있었다는 사실조차 기억 못한다. 그처럼 오만한 인간에게 닥치는 것은 최후의 심판의 고통뿐이다.

인간은 끊임없이 좋은 것을 요구하지만, 어려움이 닥치면 희망을 포기하고 낙담하며 방황한다. 어려움이 닥친 후 우리의 자비를 조금 맛보면서도 그는 "이는 내 덕이야. (심판의) 시간이 올 거라고 생각하지 않아. 그러나 만일 내가 주님께 불려가더라도 내가 좋은 일을 많이 했다는 것을 아실 거야"라고 말하리. 그러나 우리는 믿지 않는 자들에게 그들이 한 일을 모두 보여 주며 혹독한 심판을 맛보게 하리(꾸란 41:49-50).

해악과 멸망을 피하려면 인간은 오만함을 버리고 하느님의 길을 따라야 한다. 뉘우치는 자를 하느님은 언제나 관대히 용서한다. 이러한 하느님의 자비를 본받아 인간의 자비 역시 용서, 온화함, 관대함을 지니고, 노부모에게 자녀가 몸을 낮추듯 겸손하고, 부부처럼 다정하고, 하느님을 믿는 그리스도인과 같이 따스함을 지닌다. 고아, 빈자와 같은 사회적 약자에 대해 긍휼심을 갖는 것은 부연할 필요조차 없이 당연한 일이다. 자비는 사회적 강자가 약자에게만 보여 주는 것은 아닐 수 있다. 하느님과 인간의 관계에서는 당연히 강자인 하느님의 자비가 약자인 인간에게 혜택을 주지만, 인간관계에서는 강자와 약자라는 역학 관계를 초월하여 상대방에 대한 배려가 자비심의 발로일 것이다. 이슬람 전승에서 예언자 무함마드가 "예배를 더 하려고 하였으나 아이의 울음을 듣고 아이 엄마를 불편하게 하고 싶지 않아서 그만두었다"[16]고 한 것처럼 말이다.

---

16 Muhammad Muhsin Khan tr., *The Translation of the Meanings of Saḥīḥ al-Bukhārī* (Riyadh: Darussalam, 1997), vol. 1, p. 402, no. 707; p. 402-403, no. 708-709; p. 476, no. 868.

자비가 분노를 이긴다

그리스도교를 사랑의 종교라고 할 수 있다면, 이슬람교는 자비의 종교라고 해도 과언이 아니다. 그런데 사랑이나 자비나 사실 차이는 없다. 하느님은 창조주로서 세상 만물을 사랑과 자비로 품기 때문이다. 꾸란에서 그리스도인은 하느님으로부터 자비를 부여받았다. 그러니 적어도 이슬람의 입장에서 그리스도인이나 무슬림은 모두 자비 안에서 하느님을 체험한다.

유일신 신앙 전통의 하느님은 자비와 함께 징벌을 내린다. 그래서 자비를 절대적인 가치가 아니라 분노를 수반한 징벌과 대비하여 상대적으로 이해하는 경향이 있다. 그러다 보니 이슬람을 잘 모르는 사람들의 눈에 이슬람의 하느님은 마치 자비를 베풀기는 하나 동시에 분노하고 벌하는 신으로 비치기도 한다. 그러나 무슬림들에게 하느님은 무한한 자비의 하느님이다. 전승은 이를 이렇게 표현한다.

> 하느님께서는 세상을 창조하시고 권좌에 앉으신 후 당신의 책에 "나의 자비가 나의 분노를 누른다"고 쓰셨다.[17]

그렇다. 신의 분노는 자비를 이기지 못한다. 이슬람에서 말하는 하느님은 무한 자비의 하느님이다. 무슬림들이 매일 읊조리는 성스러운 두 마디 "자비로우신 하느님의 이름으로"와 "하느님의 자비와 축복이 여러분과 함께"는 분노의 하느님이 아니라 자비의 하느님이 현존함을 증언

17　Muhammad Muhsin Khan tr., *The Translation of the Meanings of Saḥīḥ al-Bukhārī* (Riyadh: Darussalam, 1997), vol. 4, p. 265, no. 3194.

한다. "자비로우신 하느님의 이름으로"라는 말 대신 "하느님의 이름으로"라고 하는 경우가 있는데, 이는 동물을 도살할 때다. 생존을 위해 음식을 장만하고자 생명을 죽이면서 감히 "자비의 하느님"을 운운할 수는 없기 때문이다.

이는 무엇을 말하는가? 무슬림들이 자비라는 용어에 대해 무척 경건한 자세를 취하고 있다는 사실을 증명한다. 실로 지난 1,400여 년에 걸친 이슬람 역사 속에서 무슬림들은 하느님의 분노보다 자비로움을 믿고 의지하고 따르려 노력하였기에 이슬람을 따르지 않는 공동체가 무슬림 사회에서 존속할 수 있었고, 사회적 약자들이 도움을 받으며 생존할 수 있었다. 비록 오늘날 자비의 하느님을 망각한 채 평화보다 칼을 선택한 무슬림들이 있긴 하지만, 이들은 소수에 불과하다.

이슬람에서 구원은 하느님의 자비에 달려 있다. 그 누구도 하느님의 자비 없이 구원을 받을 수는 없다. 하느님이 선택한 예언자들이라도 말이다. 분노를 누르는 무한한 하느님의 자비를 우리 인간이 받아 이 세상에 나올 수 있었다는 이슬람의 가르침을 상기하면, 존재가 자비 그 자체인 인간이 존재의 본성을 구현하지 못하는 것이 곧 하느님 불신이리라. 인간의 윤리적 덕목 모두가 하느님의 자비로부터 왔는데, 하느님이 자비로운 것처럼 자비로워지려고 노력하지 않는다면 진정 믿는 자가 될 수 있을까? 구원받을 수 있을까? 아닐 것이다.

자비의 하느님이 창조하여 당신의 이름을 부여한 자궁에서 인간이라는 소우주가 창조되었기에 인간은 모두 혈연관계로 맺어졌는데, 하느님 자비의 피조물인 인간이 서로 자비롭지 못하다면, 피조물의 도리를 하지 못한 것이다. 자비를 베풀지 못하는 자가 바로 자비의 하느님이 끊어 버릴 "자궁을 끊는 자"다.

자궁에서 함께 나온 자비의 존재들이 자각하여 자비가 자신의 본질임을 깨달으면 각박한 세상에 빛이 될 것 같다. 적어도 아이의 울음소리를 듣고 어미가 힘들어할까 보아 배려하는 마음에 예배를 중단한 예언자 무함마드를 기억하고 따스한 그 마음을 배우려는 무슬림이 넘쳐 나길 바라 본다. 큰 욕심은 아닐 것이다. 자비로 분노를 누르는 하느님을 믿는 이웃이기에.

8 자비로운 사목,
       자비로운 사목자

김인국

목자를 기르는 목자

삯꾼과 목자, 겉으로 보아서는 모른다. 누가 누구인지는 위기 국면에서 판명된다. 저 혼자 도망치는 자는 보나마나 가짜, 사력을 다해 끝까지 지켜 주는 이는 안 봐도 목자다. 그런데 사목자는 누구인가? 사목자는 목자와 다르다. 양을 기르는 자가 목자라면 사목자는 목자를 길러 내는 큰 목자다. 사목은 누군가를 다 된 사람이 되게 하는 과업이다. 누가 다 된 자인가? 덜 된 자가 소인이라면 다 된 자는 군자다. 저만 아는 불통의 소인과 달리, 군자는 사사로운 사랑으로는 만족하지 못하고 사회적인 사랑으로 나아가는 소통의 대인이다. 이로움이 아니라 의로움을 먼저 찾는다. 그는 사적인 인간이 아니라 공적인 인간이다. 궂은 일 앞에서 결코 돌아서는 법이 없으니 눈이 오면 눈을 치우고, 똥을 보면 똥을 치우는 이다. "밥을 먹으면 밥이 되고 옷을 입으면 옷이 되어, 모든 사람을 먹이고 모든 사람을 입히고 나아가 모든 사람을 비추고, 모든 사람을 살리는 그런 사람이다. 자기를 잊은 사람, 자기가 없는 사람, 참을 이룬 사람"(김흥호) 이런 사람이 바로 된사람, 참사람, 곧 그리스도다.

항민(恒民), 원민(怨民)을 호민(豪民)으로 키운 예수의 솜씨

목자를 키우는 사목의 원형, 목자를 기르는 목자의 전형은 예수 그리스도다. 덜 익은 자였다가 예수를 만나 다 익은 자가 된 수많은 인물들의 대표는 시몬으로 불리다가 베드로라는 이름을 갖게 된 그 사람이다. 참목자는 어떻게 목자들을 키웠던가? 복음서의 제자들은 돌봄이 필요한 양이었지만 사도행전에서 사도들은 늠름한 목자로 등장한다.

첫 설교(사도 2,14-36)를 마친 베드로가 처음으로 행한 것은 평생 한 번도 일어나 보지 못한 자를 일으켜 세운 일이었다. 앉은뱅이가 뚜벅뚜벅 걷기도 하고, 껑충껑충 뛰기도 하자 "사람들은 … 경탄하고 경악하였다"(사도 3,10)고 한다. 나면서부터 남의 손에 들려 구걸이나 일삼던 자가 벌떡 일어나 하느님을 찬양하였으니 오죽 놀랍고 두려웠겠는가. 그런데 앉은뱅이보다 놀라운 것은 베드로였다. 스승이 붙들려 가는데 멀뚱멀뚱 바라만 보던 사람, 가물거리는 겻불에 제 놀란 가슴을 덥히느라 잔뜩 쭈그리던(마르 15,67) 그 시시했던 자가 어떻게 시대의 무지를 꾸짖는 당당한 인간으로 돌변할 수 있단 말인가. 예수를 없애면 그만일 줄 알았는데 더 많은 예수들이 쑥쑥 태어나는 것을 목격하자 "예루살렘은 온통 술렁거리며"(마태 2,3) 경탄을 넘어 경악하였다. 이것이 바로 예수의 사목이다.

제자들의 활약상은 타볼 산에서 있었던 스승의 변모 못지않게 눈부셨다. 역사에 이만한 괄목상대刮目相對는 드물다. 제자들의 새로운 면모가 확실하게 입증된 자리는 법정이었다. 불과 며칠 전 예수를 죽여 없앨 구실을 꾸며 내느라 입이란 입마다 더러운 침을 튀기던 자리. 하나가 "자, 어떻게 하면 좋겠소?" 하고 물으면 나머지가 일제히 "그는 사형감이오" 하고 맞장구치던 바로 그 법정(마르 14,64)에 베드로가 끌려갔다. "지도자들과 원로들과 율법 학자들 … 그리고 한나스 대사제와 카야파와 그 밖의 대사제 가문 사람들도 모두 있었다"(사도 4,5-6)고 하니 출석 명단 또한 암흑의 금요일과 동일하다. 하지만 주눅 든 베드로는 더 이상 만날 수 없다. 그가 외쳤다. "여러분은 그분을 죽였으나 하느님은 살리셨소"(사도 4,10). 이 한마디에 권력은 얼어붙고 말았다.

모르오, 모르오, 나는 모르오! 그렇게 스승과의 인연을 부정하고 단절하며, 예루살렘과 로마 권력의 흉악한 결정에 힘없이 승복하던 자가 원심 파기를 선언하였으니 본격적인 전쟁은 이제부터 시작이다. 거리에서 인사받기를 좋아하는 위인들은 격분했으나 자제하였다. 본래 배운 게 없는 천한 것들이라서(사도 4,13) 그러려니 하며 몇 마디 엄포를 쏘았다. 예수의 이름으로는 절대로 떠들지 말라고 명령했는데 베드로가 "하느님의 말씀을 들어야지 사람의 말을 들어야 되겠소?"(사도 4,19)라며 눙치는 바람에 체면이 구겨지고 말았다. 그런 면박을 당하고도 사도들을 놓아줄 수밖에 없었다. 그들이 벌써 우호적인 시민 세력을 확보했기 때문이다.

감옥에서 1박 하고 이튿날 법정으로 향하는 예루살렘 투어는 한 번으로 끝나지 않았다. 사도들은 다시 감옥에 갇혔고 다시 법정에 끌려갔다. 주리를 틀어 본때를 보여 줄 테다 했지만 매 맞던 자들은 천하태평이었다. 살을 찢고 뼈를 분질러 버리는 태형도 별무소용이었다. "하느님께 복종해야지 사람에게 복종해서야 쓰겠는가!"(사도 5,29) 하면서 싱글벙글했기 때문이다. 어떤 폭력도 이만한 담력은 꺾을 수 없다. 결정적인 한마디! 이로써 두려움을 주는 자와 두려워하는 자의 위치는 뒤바뀌었다.

조선 중기의 문인 허균은 천하에 두려워할 것은 오직 백성뿐이라며 다음과 같이 말했다. "백성은 홍수나 화재, 호랑이나 표범보다 더 무서운 존재다." 그런데도 윗자리에 있는 사람들이 함부로 업신여기며 모질게 부려먹어도 아무 탈이 없다. 그 까닭이 무엇일까. 허균은 백성을 세 부류로 나눠서 설명했다. 첫째, 제 눈앞의 이익에만 마음을 쓸 뿐, 위에서 시키면 시키는 대로 고분고분 부림을 당하는 사람들이 있다. '항민'恒民이라 하는데 하나도 무섭지 않은 무력한 자들이다. 둘째, 살이 벗겨지다시피 빼앗기고 뼛골이 부서지도록 얻어맞는 현실을 미워하는 사람들이 있다. '원민'怨民이라 하는데 이 또한 두려워할 존재가 아니다. 셋째, 몸을 낮추고 마음을 감추면서 천지간을 흘겨보다가 때가 닥치면 자기 꿈을 펼치고자 일어서는 사람들이 있는데 이를 '호민'豪民이라 한다. 무릇 호민이야말로 권력자들이 두려워해야 할 자들이다.

비린내 나는 삶에 안주하며 수동적인 생활을 이어 가던 어부 시절의 시몬은 전형적인 항민이었다. 그러다가 스승을 만나 구차한 현실에 비로소 눈뜨고, 이래서야 되겠는가 하는 불만을 가졌지만 그렇다고 수난의 운명을 끌어안을 마음이야 갖추지 못했던, 그래서 그 어떤 유대나 연대를 맺지 못한 채 스승이 죽어 가는 시간에도 혼자였던 그는 영락없는 원민이었다. 하지만 오늘의 나는 믿는 사람이라 뱀을 쥐거나 독을 마시거나 아무런 해도 입지 않는다(마르 16,18)면서 권력자들의 무지몽매와 탐욕을 호되게 꾸짖고 있는 이 사람은 나무랄 데 없는 호민이다.

흩어졌다가 다시 모인 사람들은 얼마 지나지 않아 뿔뿔이 흩어졌다. 그러나 예전처럼 골방에 갇히지 않았으며(요한 20,19), "땅 끝"을 저마다의 행선지로 알고 힘차게 길을 떠났다. 세상을 등지고 외따로이 무리를 지으며 신앙을 고수했던 기존의 모델(에세네파)은 호민들의 소명과 거리가 멀었다. 자비로운 사목의 목표는 항민, 원민을 은근히 품어서 어엿번듯한 호민으로 키워 내는 데 있다.[1]

오늘의 사목

제아무리 착한 목자가 키운 양이라도 종당에는 잡아먹히는 것으로 끝난다. 하지만 우리 사목의 의의와 보람은 남에게 먹히는 존재가 아니라 남을 살리고 키우는 인재 양성에 있다. 그런데 오늘 우리의 사목은 어떤가. 삭막하고 살벌한 자본 사회의 가공할 위력에 제대로 대응하는 듬직한 사목일까?

먼저 한국 사회의 현실부터 돌아보자. 자본의 자유에 최고의 가치를 부여하는 신자유주의가 극단적으로 발달한 나라, 대한민국은 채찍과 당근을 운영 원리로 삼는다.[2] 경쟁에서 이긴 소수의 사람이나 간신히 커트라인을 넘어선 사람에게는 인센티브와 고속 승진이라는 달콤한 당근을 제공한다. 반면 불행하게도 경쟁에서 뒤처진 사람들은 실직과 실업이라는 매서운 채찍을 얻어맞아야 한다. 그러니 돈을 벌고 생계를 유지하려

---

[1] 김인국, "마침내 어엿한 호민으로 우뚝 서다", 『생활성서』 2016년 5월 호에서 부분 인용.
[2] 강신주, 『비상경보기』, 동녘, 2016, 177 참조.

면 반드시 경쟁에서 이겨야만 한다. 무자비한 경쟁은 이웃 사랑은 고사하고 자신을 사랑하는 일마저 불가능하게 만든다. 이웃은 없다. 잠재적 경쟁자만 있을 뿐이다. 더군다나 내가 원하는 인간이 아니라 자본가의 입맛에 맞는 일종의 상품이 되어야 하므로 인간으로서의 자긍심을 유지하는 일은 쉽지 않다. 사람답게 사는 일이 결코 자연스럽지 못한 나라. 길게 말해서 무엇하랴. 세계 최고의 자살률과 세계 최저의 출산율, 우리 사회의 비극적 현실은 이 두 마디로 요약된다.

그러므로 사목자들은 우선 채찍 맞고 쓰러진 사람들을 잡아 일으키는 한편, 용케 당근을 쥔 사람들을 설득해서 승리에 도취하는 대신 강도를 만나 죽도록 두들겨 맞고 신음하는 타인을 구호하는 일에 나서도록 해야 한다. 어느 것 하나 쉽지 않다. 조심해야 할 게 하나 있다. 교회가 아무리 착취나 소외, 경제적 불안, 경쟁 등으로 지치고 피로해진 사람들을 치유하더라도 9할을 타격하는 가혹한 채찍과 소수만을 위한 당근의 불의한 구조는 하나도 변하지 않는다는 사실이다.

> 삶에 지친 개인이 교회에 들러 기도하거나 사찰에서 기도 내지 명상을 하면 다시 기운을 꽉꽉 받고 또다시 처절한 생존 투쟁의 제자리로 돌아가는 게 한국에서의 서민 신도의 일상이 아닌가 싶습니다. 물론 '헬조선'의 세상에서 기도에 대한 믿음은 어쩌면 취약한 개인에게 주어진 정신 건강의 마지막 보루일 수도 있겠죠.[3]

살벌한 현실에 적응해서 어떻게든 살아남도록 거드는 사목이 아니

---

3 박노자·강인철, "한국 종교의 보수성을 어떻게 볼까", 『창작과 비평』 171호, 421.

라 '헬-조선'을 '헤븐-조선'으로 바꿀 수 있도록 성령의 뜨거운 입김을 불어넣어 주는 사목이 되기를 바란다. 최근 교회는 하느님의 자비로움을 모든 그리스도인들이 드러내야 한다는 목소리를 높이고 있다. 너무나 오랫동안 잊고 지냈던 사목의 근본을 기억해 낸 덕분이다. 무자비한 세상은 무한한 자비를 목말라하고 있다. 하느님이 자비로우시다! 이는 천기누설. 자비는 예수님이 알려 준 하느님의 비밀이다. "아버지께서 자비로우신 것같이 여러분도 자비롭게 되시오"(루가 6,36). 그런데 자비는 무엇인가? 자비의 '자'는 함께 기뻐한다는 뜻이고, '비'는 함께 신음한다는 뜻이다. 남이 잘되는 것을 더불어 기뻐하고, 남의 고통을 그냥 바라보지 않고 더불어 신음한다. 자비에는 함께 기뻐함과 함께 슬퍼함의 양면성이 있다.[4] 예수의 가르침에 따라 바오로 사도는 "기뻐하는 이들과는 함께 기뻐하고 우는 이들과는 함께 우시오"(로마 12,15) 하면서 이를 그리스도인 생활 규범의 하나로 제시하였다. 그러고 보면 「사목헌장」 1항은 너무나 오래된 호소였다.

> 기쁨과 희망, 슬픔과 고뇌, 오늘날 특히 가난한 사람들과 고통당하는 모든 이들의 그것은 바로 그리스도 제자들의 기쁨과 희망, 슬픔과 고뇌입니다. 그 어떤 것도 인간과 무관한 것은 있을 수 없기에 모든 것이 그리스도 제자들의 마음을 울리고 있습니다.

신자들은 힘들고

하여 교회는 자주 말한다. 아버지처럼 우리도 그렇게 자비를 베풀자

---

4 법정, 『일기일회』, 문학의 숲, 2009, 72.

고. "말과 행동으로 가난한 이들을 위로하고, 현대사회의 새로운 노예살이에 얽매인 이들에게 해방을 선포하며, 자신 안에 갇혀 있어 제대로 보지 못하는 이들이 다시 볼 수 있도록 하고, 존엄성을 빼앗긴 모든 이가 다시 그 존엄을 찾도록"(『자비의 얼굴』 16) 하는 일이 바로 자비의 사명이라고. 그런데 현실의 그리스도인들은 얼마나 자비로운가?

먼저 일선 사목자들이 약자들의 현실에 대해 발언하는 데 점점 어려움을 느끼고 있다는 점부터 말하고 싶다. 최근의 사례 하나를 소개한다. 『매일미사』에 인쇄된 「보편지향기도」를 그대로 바치는 게 송구스러워서 토요일 저녁마다 기도문을 준비한다. 작년 11월 14일 서울에서 열린 제1차 민중총궐기대회에 참여하여 쌀값 폭락에 항의하던 농민이 치명상을 입고 쓰러졌다는 속보가 전해지던 토요일 밤, 이런 기도문을 준비했다.

경찰이 쏜 물대포를 맞고 농민 한 분이 사경을 헤매고 있습니다. 힘이 정의가 되는 오늘의 풍경을 가슴 아프게 바라봅니다. 하느님 아버지, 이런 때일수록 시비를 가려 주실 성령의 지혜를 간절히 청합니다. 정의는 언제나 당신 손에 달려 있으니 그렇잖아도 시름에 겨운 저희를 위해 거짓은 엄하게 꾸짖어 주시고 진실은 환히 드러나게 해 주소서.

그런데 교중미사에서 이 기도가 바쳐지지 않았다. 전례 담당 교우들이 와서 하는 말이 "신부님이 써 주신 기도문이라고 저희가 그대로 읽을 수는 없습니다. 미안합니다만 이런 기도는 공동체를 갈라지게 만듭니다. 일치를 깨뜨리고 싶지 않습니다. 그리고 성당에서조차 세상 문제에 시달리는 것도 바라지 않습니다" 하는 것이었다. 부임한 지 얼마 되지 않아 모든 게 낯설던 때였는데 얼마 후 이런 편지도 받았다. "세상사에 대해 신부님이 이런저런 정보를 주시는 것이야 좋지만 거기에 대한 판단과 실천은 분명히 저희의 몫입니다." 지내고 보니 퍽 좋은 분들인데 이런 소리를 듣던 당시에는 앞이 캄캄했다. 사목자라면 누구나 겪는 일이다.

작년 초, 본당 평신도 지도자들을 위해 마련된 지구 연수에서 교황의 가르침을 전해 드렸다.

> 어느 누구도 종교를 개인의 내밀한 영역으로 가두어야 한다고 우리에게 요구할 수 없습니다. 종교는 국가 사회생활에 어떠한 영향도 미치지 말라고, 사회제도의 안녕에 관심을 갖지 말라고, 국민들에게 영향을 미치는 사건들에 대하여 의견을 표명하지 말라고, 그 어느 누구도 우리에게 요구할 수 없습니다. … 참다운 신앙은 결코 안락하거나 완전히 개인적일 수 없는 것으로서 … 교회는 정의를 위한 투쟁에서 비켜서 있을 수 없으며 그래서도 안 됩니다. 모든 그리스도인은 또 사목자들은 더 나은 세계의 건설에 진력하라는 부르심을 받고 있습니다(『복음의 기쁨』 183).

반응이 뜨거웠다. 그룹 토의에서 교회의 가르침이 그런 줄 몰랐다며 진심으로 고마워했다. 하지만 참석자들 가운데 몇몇이 신부들이 없는 자리에서 몹시 화를 냈다는 후문이 들렸다. 일상의 전투에서 지칠 대로 지친 교우들이 성당에서라도 휴전의 여유를 누리고 싶어 하는 그 심정을 어찌 모르랴. 하지만 사목자들이 사회적인 문제에 대해서는 아예 눈감고 귀 막고 입을 막기를 바라는 경향은 사람마다 깨알처럼 잘게 쪼개져서 각자도생을 당연한 생존 전략으로 여기는 현실과 무관하지 않다고 본다. 거기다 성속이원론-정교분리주의의 그늘까지 드리워졌을 테니 일부 교우들의 거친 반응은 영 이해 못할 바도 아니다. 하지만 예수님의 현실 개입에 대해서는 뭐라고 할 텐가? 이 땅에 들어오신 주님의 강생에 대해서 문제 삼았던 것은 악령 들린 어떤 자였다. 하늘에 계셔야 할 분이 어쩌자고 이 땅에 오셔서 감 놔라 대추 놔라 사사건건 간섭하십니까?(마르 1,24).

사목자들은 괴롭고

강론 때문에 소란이 벌어지고 나면 사목자들은 같은 일이 벌어지지 않도록 흔히 자기 검열에 빠져든다. 그렇게 움츠러들면 우리의 사목은 오그라들고 쪼그라들 수밖에 없다. 예수님에게도 회당과 성전은 모욕과 봉변의 자리요(마르 1,24), 적대자들이 살해를 결심하고 공모하게 만든 자리였다(마르 3,6; 11,18)는 사실을 명심해야 한다.

> 비참하고 고통스러운 상황들이 너무 많이 벌어지고 있습니다. 부유한 이들의 무관심에 파묻혀 더 이상 목소리를 내지 못하는 이들은 너무도 많은 상처를 입고 있습니다! 희년에 교회는 이러한 상처들을 돌보아 주라는 부르심, 위로의 기름을 부어 아픔을 덜어 주고 자비로 감싸 주며 연대와 세심한 배려로 치유하여 주라는 부르심을 더욱 강하게 받게 될 것입니다. … 눈을 뜨고 세상의 비참함을, 존엄을 박탈당한 우리 형제자매들의 상처를 보도록 합시다!(『자비의 얼굴』15).

교황의 목소리를 듣고 있으면 "새로운 길"(사도 9,2)을 외치는 그의 심정이 얼마나 간절하고 절박한지 눈물이 날 지경이다. 무자비한 경쟁, 폭력과 약탈의 시스템은 틀렸으니 머지않아 인류 사회 전체를 망칠 것이 분명한 이 낡은 길을 버리고 당장이라도 연대와 배려, 자비의 길로 돌아서라는 호소는 너무나 익숙한 목소리다. 이는 바로 예수를 죽인 여러분은 틀렸고, 하느님이 살려 낸 예수가 옳았다고 외치던 베드로의 선언이 아니던가. 최근 교황 프란치스코는 자신의 최고最高 선임자인 베드로가 그랬던 것처럼 권력자들을 꾸짖었다.

> 가난한 사람들 … 자기 목소리를 내지 못하는 사람들 … 그들의 절박한 요구를 해결해 주어야 할 뿐만 아니라, 그들이 인간적, 문화적으로 향상될 수 있도록 도와주어야 합니다. 저는 한국의 민주주의가 계속 강화되기를 희망하며, 오늘날 절실히 필요한 '연대의 세계화'에서도 이 나라가 앞장서 주기를 바랍니다. 연대의 세계화는 모든 인류 가족의 전인적인 발전을 그 목적으로 하는 것입니다.[5]

정치 지도자에게 연대를 통한 인간의 전인적 발전을 촉구한 교황은 평신도 지도자들에게도 같은 노력을 당부했다.

> 여러분의 활동은 자선사업에 국한되지 않고 인간 성장을 위한 구체적인 노력으로 확대되어야 합니다. … 가난한 이들을 돕는 것은 반드시 필요하고 좋은 일이지만, 그것으로 충분하지는 않습니다. 저는 여러분이 인간 증진이라는 분야에서 더 많은 노력을 기울여 주시도록 격려합니다. … 매 순간 수많은 사람들을 실직자로 만드는 돈의 문화로 위협받고 있습니다. … "신부님, 우리는 그들에게 먹을 것을 줍니다"라고 말할 수 있습니다. 그러나 그것으로는 충분하지 않습니다! 실직 상태에 있는 사람들이 그들 가정에 빵을 가져가고, 그들의 양식을 벌 수 있는 품위를 그들 마음속에서 느껴

---

[5] 2014. 8. 14. 대통령, 공직자, 외교단과의 만남(청와대 영빈관).

야 합니다.⁶

그런데 한국 교회는 어떻게 응답하고 있는가. 교황은 환호와 열광을 즐기기 위해 오지 않았다. 노익장을 과시하기 위함도 아니었다. 오로지 복음의 기쁨을 되찾고 자비로운 사목을 펼치자고 호소하기 위해서였다. 교황이 가난한 이들을 위하는 가난한 교회라야 진짜 교회라고 했을 때 주교들이 가장 먼저 활짝 웃었다. 자선으로 만족해서는 안 되고 반드시 인간 증진을 위한 노력으로 나아가야 성숙된 교회요 신앙이라고 했을 때에도 평신도 지도자들은 고개를 끄덕였다. 지금까지 걸어온 삶의 방향을 근본적으로 개선하겠다고 약속했던 것이다. 그런데 지금 우리는 별로 바뀌지 않았다. 복음의 급진성과 과격성을 생생하게 담고 있는 교황의 가르침에 너무나 성급하게 동의해 버린 것은 아닐까? 마음에 없으면서 그랬다면 위선이다. 만일 교황이 환기시켜 준 "새로운 길"(사도 9,2)이 낯설어서 머뭇거렸다면 이제 그만 "우리의 위선과 이기심을 감추려고 기꺼이 빠지는 무관심의 장벽을 무너뜨려야"(『자비의 얼굴』 15항) 한다.

자비로운 사목을 원하면

신앙과 현실을 분리하고 싶어 하는 신자들의 일반적인 경향과 눈앞에 닥친 일만으로도 힘겨운 사목자들의 형편을 감안할 때 교회는 그냥 살던 대로 살아갈 것이다. 그러나 사회적 자궁이 사라지다시피 한 세상

---

6 2014. 8. 16. 한국평신도사도직 지도자들에게(음성 꽃동네).

을 그냥 놔둔다면 "자비로운 어머니"인 교회는 그 무엇에서 자신의 존재 이유를 찾을 것인가? 자비로운 사목을 위해 다음 세 가지를 제안해 본다.

이리와 악어의 횡포에 맞서라

한국 사회에서 이리 떼 한가운데에 던져진 어린양들(루가 10,3)을 지켜 줄 든든한 목자를 찾는 일은 쉽지 않다. 양들의 생사는 온전히 국가와 자본의 손에 달려 있다. 그러므로 우리의 사목은 국가와 자본의 성향에 대해서 촉각을 기울여야 한다. 국가는 국가주의를, 자본은 자본주의를 통해서 자신의 존재 이유를 끊임없이 각인시키고 있다. 학교와 군대에서는 "나라의 융성이 나의 발전의 근본"이라는 문장을 외웠다. 덕분에 회사가 없으면 나도 없다는 교리가 아주 자연스러웠다. 그래서 국가와 자본에 대해서 너무나 고분고분하다. "국가란 무엇인가?" 군대와 경찰, 감옥을 개설하고 세금을 거둬들이는 국가의 본질에 대해서 본격적으로 의심을 품게 된 것은 최근의 일이다. "자본이란 무엇인가?" 사람을 건전지처럼 쓰고 나면 미련 없이 팽개치는 기업 폭력에 대해서는 알면서도 꼼짝 못한다. 국가와 자본의 폭력성이 그다지 불편하지 않다거나 스스로 자유롭다고 믿는다면 그는 이미 국가와 자본의 노예가 되었기 때문이다. 국가주의의 포로는 자신이 피해자가 되기 전까지는 국가가 얼마나 끔찍한 괴물인지 알지 못한다. 그래서 남들의 불행에 공감하지 못하고 함께 비 맞아 주는 연대는 언감생심, 꿈도 못 꾼다. 도리어 나라님이 하시는 일에 어째서 반대냐며 눈살을 찌푸리기 일쑤다. 가난한 사람들이 자신들을 기만하고 멸시하는 집권 여당에 표를 주는 현상도 국가주의의 결과다. 그런데 더욱 안타까운 일은 하느님 나라를 꿈꿔야 할 신앙인마저 국가주의에 대해 별다른 생각이 없다는 점이다.

한편 자본주의는 국가주의의 쌍둥이다. 노동자가 노동자를 편들지 않고 자본가의 손을 들어 주는 경우도 같은 맥락이다. 태어나면 누구나 노동자로 살아가야 하는데도 우리 아이를 노동자로 만들고 싶지 않아 대학에 보낸다고 말할 정도다. 노동을 천시하도록 배웠기 때문이다. 헌법이 정한 노동삼권이 무엇인지 금방 대답할 수 있는 시민은 드물다. 신자들도 별반 다르지 않다. 단결권, 단체행동권, 단체교섭권이 무엇에 쓰는 물건인지 배운 적이 없으므로 노조와 파업을 기업주의 시선으로 바라보면서 종편의 어조에 따라 분통을 터뜨리기 일쑤다. 보잘것없는 사람 하나에게 해 준 것이 나에게 해 준 것이라는 구절은 줄줄 외우지만 거리를 전전하는 해고 노동자가 바로 그 사람이라는 사실은 생각하지 못한다. 작년 말 쉬운 해고와 비정규직 확대에 반대하던 노동자들의 대표가 조계사로 피신한 일이 있었다. 자비로운 부처님이야 나를 품어 주시겠지 하고 그곳으로 갔던 모양인데 믿음의 시간은 그리 길지 않았다. 국가를 부정하고 자본을 미워하자는 말이 아니다. 국가의 본분에 대해서 분명히 알려 주고, 자본의 소명에 대해서도 정확하게 가르쳐야 한다는 뜻이다.

믿기 싫겠지만 정부와 기업 단체들은 "함께 살자!", "우리도 살게 해 달라!"는 애절한 호소를 가장 반사회적인 주장으로 꼽고 있다. 살려 달라는 애원을 국가는 화염으로(2009. 1. 21. 용산) 혹은 직사 물대포로(2015. 11. 14. 광화문) 잔인하게 진압해 버리는 현실이 이를 입증한다. 공익을 위한 공공의 힘이 '공권력'이어야 하는데 이 나라의 경찰은 사익 추구를 위한 몽둥이로 쓰이는 일을 자랑으로 여긴다. 승냥이들이 으르렁거리며 양들을 노리는데 아무 일도 하지 않는다면 그는 자신이 시시한 삯꾼임을 인정하는 것이다. 교회는 어머니의 본성 때문에 가만히 있지 못하고 너희는 본래 한 뿌리에서 나온 동포요 형제인데 왜 이리도 뜨겁게 지져 대고 찔러 대느냐고 호통을 친다.

거침없는 공격성과 천적이 전무하다는 점에서 그리고 공룡시대까지 올라가는 시원을 생각할 때 악어는 가히 국가와 자본의 표상이라 할 만하다. 국가가 사람을 위한 국가가 되고, 자본이 사람을 위한 자본이 될 수 있도록 하자면 악어의 욕망을 관리하고 다스릴 힘이 반드시 필요하다. 그것이 교회의 책임은 아니지만 교회의 메시지에는 이런 내용이 분명하게 들어 있어야 한다. 국가권력이 무섭고 자본권력이 두려워서 이 눈치 저 눈치를 보는 교회라면 바른 교회라고 할 수 없다. 예를 들어 작년 말부터 정부는 저低성과자의 해고와 임금피크제의 도입을 밀어붙이고 있다. 이를 두고 노사정 대타협의 결실, 우리 딸과 아들의 일자리를 위한 노동 개혁이라고 자화자찬했지만 사실상 경제 단체들의 숙원 사업을 해결해 준 것이다. 기업 광고로 먹고사는 언론들도 "이로써 꽉 막혔던 취업 시장에 숨통이 트였고 경기 활성화도 기대할 수 있게 되었다"며 맞장구를 쳤다. "금번 노동 개혁은 백만에 달하는 청년 실업자에게 희망을 안겨 주는 소식"이라는 말도 빠지지 않았다. 반면 노동자들은 쉬운 해고, 낮은 임금, 온 국민의 비정규직화가 어째서 우리를 살리는 일이냐며 분통을 터뜨리고 있다. 과연 노동 개혁인지 노동 개악인지 순진한 사람들은 뭐가 뭔지 모르겠다며 어리둥절한 표정이다. 국가와 자본이 노동자들을 벼랑 끝으로 몰고 있다면 교회는 무엇을 해야 할까.

이 나라의 그리스도인들이 … 물질주의의 유혹, 이기주의와 분열을 일으키는 무한 경쟁의 사조에 맞서 싸우기를 빕니다. 새로운 형태의 가난을 만들어 내고 노동자들을 소외시키는 비인간적인 경제 모델들을 거부하기를

빕니다.[7]

언제까지 한국의 자본 독재를 질타하는 목소리를 로마의 주교에게서만 들어야 하는지 묻고 싶다. 이래서는 안 된다. 한때 한국 천주교회는 정치 독재와 맞서 싸웠다. 지금은 정치 독재에다 자본 독재에 맞서 싸워야 한다. 교회는 잔잔한 호면의 파란 혀가 뱃전을 보드랍게 핥아 주는 화선에서 뱃놀이하는 미목수려한 귀공자가 아니다. 난폭한 파도의 머리를 짓밟으며 "잔잔하라!"고 호령하는 씩씩하고 늠름한 어부여야 한다.

하느님 나라를 설교하라

2000년 12월 한국 천주교회는 지난 이백 년의 잘못을 참회하면서,[8] "정교분리를 이유로", "일제의 식민 통치로 민족이 고통을 당하던 시기에 민족 독립에 앞장서는 신자들을 이해하지 못하고 때로는 제재"하고, "분단 극복과 민족의 화해와 일치를 위한 노력에 적극적이지 못하고 소홀히" 하고, 또 "소외되고 차별받는 사람들의 인권과 복지를 증진시키는 노력을 게을리"함으로써 "세상의 빛과 소금의 역할을 다하지" 못한 사실을 고백했다. 그러면서 자신의 "무관심과 방관 그리고 잘못으로 상처받은 분들에게 용서를 청"했다. 지금도 이런 과오의 연장선상에서 크게 벗어나지 못했다고 본다. 여전히 국가주의, 자본주의의 그늘로부터 완전히 자유롭지 못한 탓이다. 교회가 반국가주의와 반자본주의를 기치로 태어난 존재였음을 생각하면 놀라운 일이다.

성경은 시종 국가를 거슬러 하느님 나라를, 돈을 거슬러 하느님을 추

---

7   2014. 8. 15. 성모승천대축일 미사 중 교황 프란치스코의 강론(대전 월드컵경기장).
8   한국천주교주교회의, 「쇄신과 화해」, 2000. 12. 3.

구하도록 요구하고 있다. 그런데도 종종 국가와 자본의 위세에 눌리고 있다면 그것은 우리가 하느님과 하느님 나라를 잊어서 그렇다. 하느님을 잊었으니 그분의 나라를 잊은 것이고, 그 나라를 꿈꾸지 않는다면 하느님을 부정하는 것이나 다름없다. 예수님의 공생활 첫 말씀도 하느님 나라요(마르 1,15), 부활하셔서 40일간 가르치신 것도 하느님 나라요(사도 1,3), 사도 바오로가 사도행전 마지막에서 가르친 것 역시 하느님 나라였다(사도 28,31). 그런데 현실을 어떤가? 어느 개신교 은퇴 목회자의 뼈아픈 고백을 소개한다.

> 한국의 많은 설교자에게 지금 여기에서 이뤄져야 할 그 나라를 말하기는 쉽지 않습니다. 그것은 기득권층에 대한 치열한 반성과 회개를 주문해야 하기 때문입니다. 저 역시 상처받을 기득권층에 대한 지나친 배려 때문에 설교하지 못했습니다. 정확하게 말하면 용기가 부족했고 대담하지 못했습니다. … 오늘의 한국 교회는 어두운 시간을 보내고 있습니다.[9]

우리는 다를까?

성공한 그리스도인들에게는 하느님 나라가 불길한 메시지가 틀림없다. 그렇다고 그들의 눈치를 보느라 침묵하고 지낼 수야 없는 노릇이다. 하느님 나라는 세상 나라의 질서를 뒤집으려고 한다. 그래서 위험하다. 하지만 그러지 않고서야 비극과 파멸로부터 살아날 길이 없으니 십자가 앞에서도 예수는 나의 길을 가련다 했던 것이고, 사도들은 예수가 옳았다고 외친 것이다. 우리가 하느님 나라를 강론하지 않으면 사람들은

---

9 박철수, 『하느님 나라-기독교란 무엇인가?』, 대장간, 2015, 18-19.

영영 국가와 자본의 종살이에서 벗어날 수 없다. 교회는 "예수 믿어서 이 담에 천당 가세!" 해서도 안 되고, "예수 믿어서 지금 복 받으세!" 해서도 안 된다. 하느님 나라는 죽어서 가는 천당이 아니다. 그 나라는 또 세속적 성공과 부귀영화를 의미하지도 않는다. 하느님 나라는 지금 여기에서 드러나는 하느님의 통치다. 그 나라에서는 누구나 사랑받고 존중받는다. 차별도 없고 착취도 없다. 열정(passion)이 없으면 수난(passion)도 없다. 교회의 열정은 하느님 나라를 위한 것이어야 하고, 교회가 받는 수난은 하느님 나라 때문에 주어지는 십자가여야 한다.

시민들의 연대에 힘을 보태라

한국에서 국가와 자본은 과대 성장하였으나 시민사회는 과소 성장하였다. 그 바람에 사익 추구에 전념하는 강자 동맹은 너무나 강력해졌고, 공익을 도모하는 약자들의 연대는 턱없이 무력하고 느슨하기만 하다. 그래서 한쪽은 백전백승, 다른 한쪽은 백전백패다. 승자는 독식하고, 패자는 독박이다. 오죽했으면 대한망국이라고 했을까. 억울해도 가만히 있는 게 신상에 이롭다. 대들면 '종북 세력'으로 몰리기 십상이다. 한국에서는 교황조차 노란 리본 하나라도 함부로 달지 말라는 압력에 시달린다.

이런 삭막한 현실에서 자비로운 사목이란 약자들의 연대에 힘을 보태는 일이어야 한다. 노동조합과 시민 단체와 사귀어야 한다. 자선 구호비만큼 정의 평화 기금도 책정해서 도와야 한다. 중산층을 설득해서 시민운동의 일원이 되도록 하고, 노동운동에도 가담하도록 돕는 사목 프로그램이 나와야 한다. 여태껏 교회는 역량의 대부분을 가정 문제에 집중하다시피 했다. 마치 가정이 잘못돼서 세상이 잘못됐다고 믿는 것은 아닌지 착각이 들 때가 있다. 가정이 무너지면 사회도 무너지는 이치야 너무도 당연한 이치이지만 사회구조가 타락해서 가정 또한 병들어 가는 현실도 외면하지 말아야 한다.

연대를 위한 구체적인 실천으로서 먼저 현장 순례를 권한다. 처지를 바꾸어 생각해 보는 역지사지易地思之는 성경이 가르치는 황금률인바, 상대방의 입장이 어떤지 알고 싶으면 직접 그 자리에 서 보는 게 가장 훌륭한 방법이다. 본당 사목에서 가정방문이 중요하듯이 외롭게 울고 있는 사람들을 찾아가 주는 방문이야말로 교황이 말씀하신 "교회 밖으로 나가라!"의 핵심이다. 마리아와 엘리사벳이 만나서 우리 둘 다 세상을 구하는 큰 어머니가 되자고 다짐했듯이 우리가 그렇게 찾아가 주면 고립되었던 섬과 섬이 하나로 이어진다. 깨알처럼 쪼개졌던 너와 내가 만나서 연대의 강강수월래로 오늘의 시련을 이겨 내고 난관을 이겨 낼 수 있다. 그런 사례는 평택 대추리(2006년)부터 용산 남일당, 밀양, 제주 강정, 쌍용차의 평택과 대한문, 세월호의 팽목항과 광화문 광장까지 차고 넘친다. "우는 사람들이 있는 곳에 가 보면 언제나 신부와 수녀들이 기도하고 있었습니다"(정혜신). 이 얼마나 영예로운 찬사인가! 레지오, 꾸르실료, 성령쇄신운동 할 것 없이 교회의 모든 활력은 강자 동맹에 맞설 시민들의 에너지로 전환되어야 한다. 한국 교회의 사목이 한국 사회의 폭력을 치유할 약이 되고 싶다면 말이다.

새 길을 닦는 사목, 사목자

길 내는 일처럼 힘든 일은 없다. 더군다나 아무도 가 보지 못한 "새로운 길"(사도 9,2)을 내는 일이라면 더욱 어렵고 괴로운 관문들을 돌파해야 한다. 새 길을 걷는 자, 새 길을 닦는 자가 사목자다. 높은 산을 깎아 내리고 깊은 골짜기를 메우는 일이 주요 공정이다. 그래야만 사람이 오가는 반듯하고 평평한 길이 만들어질 수 있다. 너무 강한 것은 내려 주고, 너무 약한 것은 올려 주는 억강부약抑强扶弱이 신작로 건설의 핵심이다. 그런데 늘 위험천만한 사고가 잇따른다. '깎여야' 하는 쪽의 저항과 반격이 만만치 않다. 그래서 여간해서는 나서려고 하지 않는다. 이 어려운 일을 감당하는 자를 목자라 부르고, 그런 일꾼을 키우는 일을 사목이라고 했다. 온 나라가 온통 시산혈해屍山血海가 되고 말았을 때, 뜻있는 자들은 우선 재조산하再造山河의 역량을 발휘할 인물부터 찾아 나선다. 그 사람은 지금 어디에 있는가. 살아남기 위해 발버둥 쳐야 하는 나라가 아니라 누구나 살기 좋은 나라로 만들 인재를 어디서 만날 것인가. 뭇사람을 참사람 되게 하는 거룩한 탄생의 처소가 교회라면, 시끄러운 데서 쓰이기 위해 기도하며 준비하는 고요한 자리가 교회라면, 교회야말로 새 하늘 새 땅을 세울 동량들이 빽빽하게 무럭무럭 자라나는 산림이어야 한다.

9　수도생활과 자비

예수의 작은 자매들의 우애회 소속
수도자와의 인터뷰

수도생활 하신 지 얼마나 되었으며 현재 어떤 일을 하시는지요?

　1979년에 입회했으니 수도생활을 시작한 지 36년이 되었고, 현재는 수산물 작업장에서 오징어 손질하는 일을 하고 있습니다.

우선 소속 수도회인 예수의 작은 자매들의 우애회에 대해 소개해 주시겠습니까?

　저희 수도회의 영성을 소개하려면 올해로 서거 100주년을 맞이한 복자 샤를르 드 푸코를 먼저 소개하지 않을 수 없습니다. 프랑스 사람인 복자 푸코는 100년 전에 사하라사막에서 혼자 살다가 살해당했습니다.

외딴 사막에서 죽음으로써 푸코의 삶의 흔적은 지상에서 영원히 사라져 버릴 것 같았습니다. 그러나 썩은 밀알의 비유처럼 주님은 몇천 배의 열매를 맺게 해 주셨습니다.

푸코의 삶의 흔적이 아직 생생하게 남아 있을 무렵, 루이 마시뇽이라는 분이 자신은 평신도로서 푸코의 영성을 따른다며 유명한 전기 작가에게 푸코의 생애에 대해 글을 써 달라고 의뢰한 것이 그 시작이었습니다. 작가는 푸코의 삶을 조사하면서 그와 우정을 나눈 무슬림 친구들이 "푸코는 하느님의 사람이었다"라고 한 생생한 증언을 접하게 됩니다. 작가 자신이 푸코의 삶에 감동했고, 그 책은 전쟁 후 암담하던 당시에 희망을 주는 베스트셀러가 되었습니다. 이를 통해서 복자 푸코의 영성이 널리 알려졌습니다. 푸코의 전기를 읽은 신학생들이 그의 영성을 살아 보려고 그룹으로 모여 연구하고 서품을 받아 사하라로 가면서 예수의 작은 형제회가 창설되었습니다. 예수의 작은 자매들의 우애회 역시 복자 푸코의 삶에서 희망을 찾은 예수의 마들렌 작은 자매가 동료와 사하라사막으로 가면서 1939년 창설되었습니다. 그리고 그 전후로 많은 수도회, 봉헌된 평신도회, 교구 사제회, 일반 평신도회 등이 푸코의 영성을 살고자 창설되었습니다.

제가 이해하는 복자 푸코의 풍요로운 영성을 요약해서 세 가지로 말씀드릴 수 있을 것 같습니다.

첫째, 나자렛 정신이라고 할 수 있습니다. 하느님께서 나자렛이라는 좀 후진 동네의 주민으로 목수 일을 하시면서 생계를 유지하고, 특별한 면이 전혀 없는 평범한 일상생활을 30년 동안 하셨다는 것은 우리의 평범한 일상생활이 무척 소중하다는 의미로 받아들입니다.

둘째, 복자 푸코는 모든 사람의 형제가 되려고 했습니다. 선하거나 악하거나, 무슬림이거나 하느님을 믿지 않거나 모든 사람과 형제적 우애를 나누려고 노력하며 살았습니다. 저희는 이것을 우정의 사도직이라 부르고 있습니다.

셋째, 복자 푸코에게 사랑한다는 것은 사랑하는 상대와 닮고 같아지려는 열망을 따른다는 의미였습니다. 예수님께서 나자렛에서 목수로 사시며 인간에 대한 사랑을 드러내신 것처럼, 우리도 예수님을 사랑하면 예수님을 닮을 수밖에 없다고 보셨습니다. 복자 푸코는 복음에서 찾아낸 예수님을 '유일한 모델'로 여기고 항상 마음에 품으며 사셨습니다. 버림받고 살해당하신 예수님처럼 되기를 기도하며 사시다 결국 그렇게 돌아가셨습니다.

예수의 마들렌 작은 자매는 수도생활에서 이 영성을 살아갈 수 있도록 그 구체적인 길을 열어 놓으셨습니다.

예수의 작은 자매들의 우애회는 그리스도교 복음을 어떻게 이해하고 있으며 어떤 방식으로 전달하려고 합니까?

우리 모두는 복음을 통해서 오늘도 우리 가운데 사시며 활동하시는 예수님의 말씀을 들을 수 있고 예수님이 어떤 분이신지 알 수 있습니다. 복음은 저희가 따르고자 하는 유일한 모델이신 예수님을 알려 주며 저희 삶의 모든 방향을 제시해 줍니다. 그래서 저희에게는 성서 공부가 중요합니다. 공동체에서 함께 공부할 수 있는 방법도 찾고, 양성 기간 동안에는 모든 자매가 꼭 신학을 공부해야 합니다. 저희가 신학을 공부하는 이유는 어떤 내용을 배우고 익혀서 전달하기 위한 것이 아니라, 성서에 대해 배우고 더 깊이 살아 보려는 데 그 목적이 있습니다. 복자 푸코는 복음을 외치되 말이 아니라 삶으로 외쳐야 한다고 했습니다. 저희는 전해야 하는 어떤 것으로 복음을 바라보기보다는 저희가 살아가는 길로 이해하고 있습니다.

수도회가 특별히 가난한 삶의 방식을 견지하는 이유는 무엇입니까?

가난한 동네에서 살면서 저희가 도움을 줄 때보다는 받을 때가 더 많았는데, 도움을 받는다는 약자의 입장을 깊이 나눌 때 더 동질감을 느낍니다. 저희가 따르려는 예수님을 복음에서 찾아보면 태어날 때 마구간에서 가난하게 태어나셨습니다. 좋은 것이 나오기 힘든 동네인 나자렛 출신 주민으로 목수일을 하셨고, 예루살렘에서 제자도 없이 사형을 당하셨습니다. 스승이 이렇게 사셨으니 우리도 좀 따라서 살아 보기 위해 가난한 동네에 가서 그 동네 주민이 되어 살려고 하는 것입니다. 그러다 보니 가난할 수밖에 없는 것이지, 가난에 어떤 특별한 의미를 두고 쫓아가지는 않습니다. 예수님께서도 십자가에서 삶을 마치려고 십자가를 선택하신 것이 아니라, 아버지의 뜻을 따라서 사신 결과가 십자가일 것입니다.

그동안 여러 나라에서 가난한 사람들의 생활 방식을 유지하면서 수도생활을 이어 오셨는데, 구체적으로 어느 곳에서 어떤 생활을 하셨습니까? 각 나라에서 어떤 일을 하면서 얼마나 체류했으며, 언어와 지역 문화에 대해서는 어떻게 배웠는지, 그리고 어려웠던 점과 보람이 있었던 점은 무엇인지 자유롭게 나눠 주시면 좋겠습니다.

1979년에 수도회 입회하고 사당동 산동네에서 5평짜리 집에 살면서 공장 생활을 시작했습니다. 그런 동네가 있는 줄도 몰랐고, 공장에서 사람을 무시하는 것이 제게는 충격적이었습니다. 지금은 좋은 동네이지만 당시 사당동 산동네에는 5평짜리 집 약 500여 가구가 다닥다닥 붙어 있었습니다. 루핑이라는 기름종이 집은 겨울에 방 안에 널어 놓은 빨래가 일주일 동안 얼어 있을 정도로 추웠습니다. 그때 저희는 연탄을 아끼느라 불구멍을 꼭 막고 살았는데 아랫집 아주머니께서 자기네는 연탄난로를 때고 있으니 빨래가 잘 마른다고 자기네 방에 옷을 널도록 배려해 주셨습니다. 손님이 오실 때 그릇을 빌려 주거나 물을 길을 때 꼬마들이 등을 밀어 주기도 하는 등 도움을 얼마나 많이 받았는지 모릅니다. 저희도 이웃 아주머니가 해산하셨을 때 시아버지 상을 당해 조문객이 오는 동안 저희 집에서 함께 지냈는데 그때 벌어진 우스운 일들이 가끔 생각나기도 합니다.

특히 폐결핵을 앓던 이웃 아주머니 수산나 씨가 기억에 많이 남아 있습니다. 수산나 씨는 저희가 소개해서 요양소에 보내 드린 분입니다. 초등학생과 아장아장 걷는 아이들 셋을 집에 두고 요양소에 가셨는데 그곳에서 간식이 나오면 잡수시지 못하고 보관해 놓으셨습니다. 아이들 몫과 저희들 몫을 따로 구분해서 모아 놓았다가 저희가 방문을 가면 내주셨습니다. 건강상 잡수셔야 한다고 아무리 강조해도 돌아가실 때까지 그렇게 하셨습니다. 요즘도 조금 시든 사과를 보면 사과가 비싸서 사 먹지 못하던 시절 수산나 씨가 주셨던 사과를 늘 떠올리게 됩니다. 그 후에 집이 철거되고 수산나 씨 아이들과 남편과 할머니는 다른 동네로 이사 가셨습니다. 저희가 찾아가면 어느새 야간 고등학교를 다니며 공장에서 일하던 큰딸이 항상 차비를 챙겨서 일부러 버스 타는 곳까지 따라오곤 했습니다. 나중에 둘째 딸은 결혼하면서 남편 될 사람도 동의했다고 치매로 사람을 못 알아보시는 할머니를 모시고 갔다는 이야기를 들었습니다. 그 어머니에 그 아이들이라고 할 만하지요. 가장 걱정이 되었던 아이들이 이렇게 자랑스럽게 자랄 수 있었던 것은 어머니의 희생을 피부로 느끼며 살았기 때문이라고 생각합니다. 저희도 이들처럼 복음의 산 증인으로 살고 싶습니다.

멕시코에서는 언어를 1년 공부하고 얀뉴 부족이 사는 반사막 지역의 산에서 약 7년 정도 살았습니다. 우리나라에서는 쉽게 남미 인디언이라고 하는데 그것은 한국 사람을 아시아 사람이라고 하는 말과 같습니다. 다른 인디언 부족에게 쫓겨 산으로 흩어지면서 살아남은 얀뉴 부족은 말이 없고 조용한 부족입니다. 이들과 함께 살면서 삶의 척박함과 가난의 헐벗음 속에서도 자연과 함께 사는 법을 배웠습니다.

그들은 봄에 씨앗을 뿌리기 위해 메마른 땅을 파기 전에 일단 괭이로 십자가를 표시합니다. 땅에게 상처를 내려고 하니 허락해 달라고 청하는 것입니다. 십자가는 얀뉴 족에게 사방, 전 세계를 상징합니다. 모든 사람이 땅에서 나는 양식을 배불리 먹을 수 있기를 기원하는 뜻도 있습니다. 솟는 샘은 눈으로, 흐르는 물은 핏줄로 여기며 땅과 물을 보호하며 살아갑니다.

얀뉴 부족과 생활하던 중에 식별을 거쳐 멕시코시티에서 10년 정도 노숙자들과 만나면서 지냈습니다. 노숙자들은 오랫동안 길에서 살아왔기 때문에 어떤 시설에도 적응할 수 없는 사람들입니다. 마약과 폭력 속에 지내면서 점점 더 비인간화되어 갔습니다. 노숙자들을 만나려고 이런저런 방법을 찾고 있었지만, 처음에는 이런 사람들을 어떻게 만나야 할지 알 수 없었습니다. 마침 멕시코 교구 카리타스에서 노숙자들을 위해 프로젝트를 시작하자 저도 팀의 일원으로 일하며 노숙자들을 만나기 시작했습니다. 많은 양성을 받고 경험을 얻은 후에는 상점에서 일하면서 혼자서도 정기적으로 친구들을 만나며 일상적인 이야기를 나누었습니다. 한 사람의 역사를 알고 이해하게 되면, 그가 아무리 흉악한 행동을 해도 그의 행동과 그 사람 자체를 분리해서 볼 수 있는 경험을 하게 되었습니다. 친구들은 "편한 삶을 찾다가 내가 이렇게 되었다"고 말했는데, 게으름이 일도 못하게 하고 심지어는 매일 씻는 일조차 하기 싫게 만들어 점점 더 비인간화되어 간다고 합니다. 물론 그들이 어렸을 때부터 받아 온 학대와 착취가 원인이지만 자신의 처지를 정확하게 이야기하는 것에 많이 놀랐습니다. 그 친구들은 저 자신이 그들과 똑같은 인간이며 우리가 얼마나 나약한 존재인지를 가르쳐 주었습니다. 인간으로 존중하고 만나는 길을 끊임없이 찾으며, 무엇인가 베풀려는 유혹을 가까스로 넘길 때도 많았습니다.

　한번은 한 친구가 아이를 낳고 퇴원한 적이 있습니다. 그런데 갈 곳이 없었습니다. 그래서 도움을 줄 만한 사람을 알아보려고 친구들이 모이는 공원으로 데리고 갔습니다. 매춘하는 친구는 오늘 손님이 없어 노숙해야 한다면서 지금이라도 손님이 생겨 방값을 벌면 데리고 가겠다고 했습니다. 다른 친구들은 모두 방이 없다며 슬슬 빠졌습니다. 해산한 친구도 돌보지 못하느냐, 마약 살 돈은 가지고 있을 것 아니냐고 제가 우기고 있는데 마침 방을 한 달 얻은 친구가 나타나 자기가 책임지겠다고 데려갔습니다. 만일 그 친구를 어떤 시설에 맡겼다면 그는 도망쳤을 것이고, 시설에서는 무책임한 사람을 데려왔다고 했을 것입니다. 제가 그들과 만나며 지낸 10년 동안 길에서 태어난 아이들도 많고 2,30대에 죽은 친구들도 많습니다. 폭력에 노출된 채 길에서 태어나고 죽는 순간을 보는 일이 너무 아프고 괴로웠습니다. 그래서 자연으로 돌아가야 살 수 있겠다는 생각이 들어 농사를 지으려 했습니다.

멕시코시티를 떠나 쿠바에서 2년 동안 농업 노동자로 일하며 살았습니다. 쿠바는 남미에서 가장 학력이 높고 가장 안전한 곳입니다. 아마 남미에서 모든 어린이가 학교에 가는 나라는 쿠바밖에 없을 것입니다. 쿠바로 오기 전 멕시코에서는 강도를 당하고 두려워하며 긴장하고 다니다가, 안전한 곳에 오니 편안함을 느끼고 여기야말로 사람이 사는 곳이라는 느낌이 들었습니다.

모든 조직이 사람 중심으로 느껴졌는데, 제가 밭에서 일을 하다가 얼굴을 벌레에 물렸을 때도 3일을 쉬라는 진단이 나왔습니다. 일하기에는 지장이 없어서 일터로 갔더니 제 상관이 야단을 쳤습니다. 얼굴이 얼마나 중요한데 햇볕과 먼지 속에서 일을 하려고 하느냐는 것입니다. 물론 진단서만 있으면 월급은 전액이 나오니 이런 제도를 이용하는 사람도 있습니다.

경제적으로 어려운 나라이지만 모두가 약자를 배려하는 태도가 몸에 배었습니다. 버스를 타고 내릴 때도 도움을 주려는 사람들을 많이 만납니다. 학교와 병원은 무료이고 의사나 청소부의 월급이 별로 차이 나지 않아 비슷한 생활을 하니 의사가 환자를 이해하는 수준이 굉장히 높습니다. 거기에다 그곳 의대생들은 과별로 공부할 때 해당 과 전문 병원에서 환자를 간병인처럼 돌보다 회진 시간에는 환자의 상태를 구두로 보고한다고 합니다. 학생에 대한 환자의 평가도 점수에 영향을 줍니다. 전염병이 돌면 제일 먼저 방역과 조사를 하는 사람들도 의대생입니다. 한국에 돌아와 병원에 갈 때마다, 인간적으로 대해 주던 쿠바의 의사들이 그립습니다.

여러 곳에서 살아오면서 특별히 기억나는 일화는 무엇입니까?

멕시코에서 봉제 부품 가게 점원으로 일할 때 권총 강도 세 명이 마약을 하고 들이닥쳤습니다. 별 소용도 없는 비상벨이 가까이 있었지만 저는 마비되어 비상벨을 누르지 못했습니다. 강도 한 명은 저희 점원 여섯 명을 손님 한 명과 함께 뒤쪽 창고로 끌고 가 소리를 지르며 위협하고, 다른 강도는 주인을 때리며 돈을 내놓으라 소리를 지르면서 두 시간 정도가 흘렀습니다. 결국 점원 한 명을 권총으로 죽이려고 하자 주인은 돈을 내놓았고 그들은 사라졌습니다. 나중에 알게 된 사실은 우리 점원 중 셋이 강도와 한패였고, 그때 들어온 손님도 한패였습니다. 소중하게 여기고 함께 일을 해 온 사람이 배반했다는 사실, 강도가 들어온 순간 제가 마비되어 비상벨을 누르지 못했다는 사실이 두고두고 저를 괴롭혔습니다. 그 당시 제가 만나던 공원의 친구들도 모두 강도들이었는데 그 친구들은 이해하면서, 나를 꼼짝 못하게 한 이 강도들에게는 보복하고 싶은 마음이 계속 일어났습니다. 그 순간 제 믿음까지 무너져 내리고, 전능하신 하느님이라는 호칭이 싫어졌습니다. 전능하신 분이시라면 이런 일을 당하게 한 사람들을 벌하실 수 있어야 한다는 생각에 지배되었는지도 모릅니다. 그때부터 기도문에 '전능하신 하느님'이라 나오면 '자비하신 하느님'으로 고쳐 읽기 시작했습니다.

가난한 삶의 방식을 선택하고 가난한 사람들과 함께 살아가는 작은 자매회 수도자들의 삶은 외부인들이 보기에는 쉽지 않아 보입니다. 가난한 삶의 방식은 하느님의 자비와 어떤 연관이 있을까요?

저희 수도회 특성상 저희는 자비를 베푼다는 말을 못합니다. 저희 창설자인 마들렌 작은 자매께서는 존중하는 사랑을 강조하셨습니다. 가난한 사람들에게 무엇을 베풀기보다 동등하게 서로 나누는 삶을 사는 것입니다. 어떤 때는 매일 남의 신세만 져야 하는 상황이 싫고, 저도 한 번쯤 돈 걱정 없이 피정도 하고, 내야 하는 돈도 척척 내면서 모임에 다니고 싶을 때가 있었습니다. 그런 과정을 거친 후 이웃을 더 깊이 이해할 수 있었고, 가난이 주는 겸손을 통해 일하시는 예수님도 만났고, 이웃이 저희에게 베풀면서 느끼는 기쁨의 소중함도 깊이 깨닫게 되었습니다.

가난한 것은 잘못이 아닌데 부끄럽게 느끼고 부끄럽게 여기는 세상이 되었습니다. 제가 이번에 아르바이트 자리를 찾을 때 「벼룩시장」에 나온 곳은 다 알아보았는데 면접을 보러 가서 머리 모양이 늙어 보인다는 말까지 들었습니다. 채용은커녕 힘만 빠지게 만드는 사람들을 만나며, 저와 비슷한 처지의 사람들과 한마음으로 기도할 수 있었습니다. 저는 공동체도 있고 수도자라는 힘도 있는데, 이러한 배경이 없는 사람들은 어려움을 당하면서 가난의 실체를 알게 됩니다. 물론 비참함은 없어져야 하지만, 가난은 없어져야 하는 것이 아니고 부자보다 한 등급 낮은 것도 아닙니다. 살아 볼 만한 세상, 가난한 사람의 정체성을 인정하는 사회가 빨리 왔으면 좋겠습니다.

이곳 저희 부천 공동체는 외국인 노동자들과 이웃으로 살기 위해 시작했는데 많은 사람들이 외국인을 위해 무엇을 하느냐고 물어봅니다. 저희는 복지사업을 하거나 상황을 개선하려는 수도회가 아니고 가난한 사람들 가운데 그냥 존재하는 수도회라 외국인의 이웃으로 산다고 하면 이해하지 못하시는 분들이 있습니다. 살면서 확신이 드는 것은 외국인, 내국인 구별 없이 형제자매로, 이웃으로 사는 것이 얼마나 소중한가 하는 것입니다.

외국에서 생활하면서 비참한 환경에 있는 사람들을 많이 만나셨을 텐데, 그러한 사람들의 현실에서 하느님의 자비는 어떻게 전달된다고 보십니까?

브라질에서 평생 가난한 사람들과 사신 연로하신 주교님, 페드로 카살달리가의 시를 소개하고 싶습니다. 제가 즐겨 바치는 기도인데 번역은 좀 매끄럽지 못합니다.

> 넝마를 걸친 하느님과 마주치지 않았다면,
> 나는 가난한 사람들과 함께 살 수 없었을 것이다.
> 하느님께서 화덕처럼
> 나의 이기주의를 천천히 태우시지 않으셨다면,
> 아마도 이런 길로 들어설 힘이 없었을 것이다.
> 안개와 피곤을 가르며
> 하느님께서 새벽처럼 계시지 않았다면.

하느님께서 어떻게 살아갈지 모르는 사람들에게 이러한 목자들을 보내시는 중에 그분의 자비가 잘 드러난다고 생각합니다. 저희도 결국은 자비하신 하느님을 삶으로 전하기 위해 더듬거리며 살아간다고 할 수 있습니다. 또 한편으로 저희 수도회와 방식은 조금 다르지만, 가난한 사람들과 연대하려는 많은 사람들은, "너희는 내가 굶주렸을 때에 내게 먹을 것을 주었고, 내가 목말랐을 때에 내게 마시게 해 주었다. 나그네 되었을 때에 나를 맞아들였고 헐벗었을 때에는 내게 입혀 주었다. 병들었을 때에 나를 찾아왔고, 감옥에 갇혔을 때에도 내게로 와 주었다"는 마태오복음서 25장에 나오는 말씀의 영향을 받아서 주님께 다가가듯 가난한 사람들에게 다가갑니다. 마더 데레사 수녀님께서 하신 일을 보면 쉽게 이해할 수 있다고 생각합니다.

수도생활이 가난한 민중에게 하느님의 자비를 전달하는 통로가 될 수 있다고 보시나요?

예수님께선 아버지께서 자비하시니 자비로운 사람이 되어야 한다고 하셨고, 루가복음서 15장에서는 아들을 기다리다 달려가는 아버지의 모습을 소개해 주셨습니다. 자비는 하느님 행동의 원천이라고 생각합니다. 예수님께서는 "아버지께서 일하고 계시며 나도 일하고 있습니다"라고 하시며 안식일 법을 어기면서 병자를 고쳐 주셨습니다. 예수님께서 자비하신 아버지를 알려 주시려 행동하셨으니 예수님을 따르는 수도생활도 그럴 수밖에 없다고 생각합니다. 부모가 병든 자식을 보는 마음이 자비를 가장 잘 나타낸다고 생각되는데, 그런 면에서 장애인을 자녀로 둔 부모님은 수도자들보다 하느님의 자비를 더 잘 드러내고 있는 셈입니다. 이것은 하느님께서 본능으로 주신 것이지만, 수도자는 본능이 아닌 예수님의 행동 방식이 그랬으니 그것을 따르려고 노력하는 것입니다. 부모와 자식 간의 자비의 행동을 감히 모든 사람을 향해 실천해 보겠다고 꿈을 꾸지만, 저 자신이 하느님의 자비에 매달릴 일만 일어납니다. 저 자신이 어느 날 하느님의 자비를 가득 입은 것만 드러나리라 생각됩니다.

† 하느님의 자비를 말하기 힘든 상황에서 수도생활을 계속할 수 있었던 근거는 무엇이었습니까?

† 자비라는 언어를 통해서 오늘 한국 천주교회를 본다면 어떤 말을 할 수 있겠습니까?

* 이 주제에 대해 글을 써 주기로 한 분이 계셨으나 사정이 생겨서 글을 싣지 못했다. 대신에 '예수의 작은 자매들의 우애회' 소속 수도자 한 분과 짧게 인터뷰한 내용을 실었다. 이름 밝히기를 원하지 않으셨다. 사적이고 민감한 사안이어서 대답을 비워 둔 질문도 독자들의 성찰을 위해서 남겨 둔다.

2부

오늘 우리에게
자비를 묻는다

1 모방과 공감: 사랑과 자비가 그저 말뿐이지 않기 위하여

이찬수

사랑과 자비는 가능한가

사랑이니 자비니 하는 말들은 익숙하다. 종교에서는 이런 용어를 남발한다 싶을 정도로 자주 사용한다. 이웃을 사랑하라 요청하고, 자비로 워야 한다고 가르친다. 신자들은 이런 말을 들으면서 당연한 듯 여긴다.

하지만 자주 듣고 익숙하다 해서 쉽게 실천될 수 있는 가치나 자세는 아니다. 사랑과 자비가 쉬운 일이었으면 세상이 이 지경이 되었겠는가. 종교인이 그렇게 많은데도 세상이 평화롭지 않은 것도 사랑이나 자비가 그저 언어나 관념으로만 있을 때가 더 많기 때문이다. 특히 종교에서 말하는 사랑과 자비는 온 몸과 마음으로 전심전력을 다 기울일 때 겨우 그 모습이 보인다 할 만큼 실천하기 힘든 어떤 상태나 자세라 해도 과언이 아니다. 논의를 위해 '사랑'에 대한 사전적 정의부터 시작해 보자.

가령 국어사전에 따르면 사랑은 "어떤 사람이나 존재를 몹시 아끼고 귀중히 여기는 마음 혹은 그런 일"이다. 우리는 살면서 어떤 사람을 몹시 아끼고 귀중히 여기는 경험을 하기는 한다. 하지만 일시적 혹은 일정 기간 동안 누군가 혹은 무언가를 몹시 아끼는 경험을 할 수는 있을지언정, 평생 동안 같은 농도로 그렇게 하며 살기는 힘들다. 그것은 대단히 에너지를 많이 쓰는 일이며, 따라서 실제로 그렇게 사는 이도 드물다. 만일 하루 정도만 몹시 사랑하고 다음 날은 그 느낌이 희미해진다면, 누구든 그것을 사랑이라 말할 수 없을 것이다. 사랑에도 일관성이나 지속성이 있어야 한다는 뜻이다. 어떤 사람에 대한 마음 자세나 태도가 조변석개로 달라진다면 사랑이라 하기 힘들다.

사랑이라는 말은 흔하고 쉽지만 실제 경험하거나 실천하기는 어렵다. 지속적으로 사랑하기는 더욱이나 어렵다. 어느 한 사람을 사전적 의미만큼 두고두고 사랑하기도 쉽지 않은 일이다. 그런데 종교에서는 한 사람만이 아니라 이웃을, 나아가 인류를 사랑해야 한다는 식으로 가르치곤 한다. 한두 사람도 아닌 여러 사람을 지속적으로 아끼고 귀중히 여기며 살 수 있을까. 그런 경험은 실제 가능하기나 한 걸까. 이렇게 생각하다 보면 종교에서 말하는 사랑은 그저 말일 뿐, 실제로 가능한 경험인지는 대단히 의심스러워진다.

'자비'도 마찬가지다. 자비가 무슨 뜻인지 상세히 파악하다 보면, 과연 우리가 자비로워질 수 있겠는지 의심스러워진다. 가령 국어사전에서는 자비를 "남을 깊이 사랑하고 가엾이 여김 또는 그렇게 여겨서 베푸는 혜택"으로 정의한다. 그냥 사랑도 아니고 깊이 사랑하고 가엾이 여기는 행위란다. 누군가 무엇인가를 깊이 사랑하고 가엾이 여기며 그런 마음으로 어떤 혜택을 베푸는 행위라는 정의는 사실상 사랑의 내용과 다르지 않다. 그렇다면, 사랑이 그렇듯이, 자비 역시 경험하거나 실천하기 대단히 힘든 어떤 행위나 자세다. 무엇보다 나 자신이 그런 경험을 얼마나 하고 사는지 생각해 보면, 한편으로는 부끄러워지기도 하거니와, 다른 한편으로는 사전이 너무 이상적인 언어로만 규정되어 있는 것은 아닐까 싶을 만큼 다른 세상 얘기처럼 들리기도 한다. 종교에서는 가능하지 않은 이상적인 언어들을 너무 쉽게 선포하고 내세우는 것 아닐까 의구심이 들기도 한다. 그렇게 말하는 신부, 목사, 스님은 정말 사전적인 의미에서의 사랑과 자비를 실천하며 사는 것일까.

실제로 사랑에 대한 신학적인 언어, 자비에 대한 불교학적인 언어들로 깊이 들어가다 보면, 사랑이나 자비는 보통 사람들과는 상관없는 별세계처럼 여겨질 정도로 이상적이다. 일시적으로 자비 비슷한 행동을 하고, 일정 기간 깊이 사랑할 수는 있겠지만, 많은 이를 지속적으로 가엾게 여기기는 힘들다. 더욱이 나와 이해관계도 없는 이를 그렇게 사랑하기는 더 힘들다.

신을 사랑할 수 있는가

사람을 사랑하기도 힘든데, 신을 사랑하는 것은 오죽하겠는가. 유일신 종교에서는 '신을 사랑'하라 가르치는데, 신자들에게는 익숙한 말 같지만, 찬찬히 생각해 보면, 신을 사랑한다거나 신의 자비를 실천한다거나 하는 행위가 무엇을 말하는지 간단하지 않을뿐더러 그 실체도 모호하다. 신을 사랑하는 것을 세상적 가치나 삶의 방식에 휘둘리지 않고 삶의 근원과 목적에 어울리게 살아가는 삶의 방식이라고 해설할 수도 있을 것이다. 하지만 삶의 근원적 목적에 어울리게 사는 것이 무엇인지 해설하기도 어렵고, 그런 것이 있다고 해도 실제로 그렇게 살기는 더 힘들다. 게다가 삶의 근원적 목적도 사람과의 관계성에서만 설명되는 것이니, 신을 사랑하는 것은 인간을 사랑하는 것과 별개의 것도 아니다. "눈에 보이는 형제를 사랑하지 않는 자가 어떻게 보이지 않는 하느님을 사랑할 수 있겠느냐"(1요한 4,20)는 성서의 구절처럼, 하느님 사랑 이전에 선행되어야 할 일은 인간 사랑이다.

인간을 사랑해 본 사람만이 신을 사랑한다는 것이 무엇인지 가늠할 수 있고 실천할 가능성도 커진다. 사람을 사랑하지 않는 이가 신의 자비를 실천한다는 것은 문장이나 관념 속에서만 가능한 일이다. 신에 대한 사랑은 인간적 사랑의 개념이나 구조와 다르지 않기 때문이다. 무엇이든 스스로의 경험에 비추어서 이해하고 실천하기 마련이다.

그런데 인간을 사랑하고 자비를 실천하는 것도 간단하지 않은 일이니, 신을 사랑한다는 것은 정말 가능하기나 한 건지 의심스러워진다. 가족이나 연인을 넘어 이웃 전반에 대한 사랑, 나아가 인류를 위한 보편적 자비의 실천 같은 것도 그저 언어로만 있는 것 아닌지, 있더라도 특수한 어떤 사람들의 제한적 행위 아닌지 회의하고 의심하는 것도 한편 자연스럽다. 이 마당에 그냥 자비도 아니고 신의 자비를 실천하며 산다든지 하는 것이 과연 얼마나 현실성을 지닐 수 있겠는가. 종교에서 사랑과 자비에 대한 말을 반복한다 해도 현실이 사랑과 자비에서 멀리 떨어져 있는 것은 당연한 일일지 모른다.

그런데도 '자비의 희년'이란

그럼에도 그리스도교에서는 마치 자비가 가능하기라도 한 양, '자비의 희년'을 선포하고, 신자들에게 그런 삶을 요청한다. 프란치스코 교황이 2015년 12월 8일부터 2016년 11월 20일까지를 '자비의 희년'으로 선포하면서, 사랑과 용서를 베풀며 살라고 요청한 바 있다.

자비의 희년을 선포하면 그 기간 중에 자비를 구체화시킬 수 있는 것일까. 교황은 사람들이 사랑과 용서를 있는 그대로 실천할 수 있다고 믿는 것일까. 일반 신자는 그렇다 치고, 신부나 수녀, 주교나 추기경은 사전적이고 신학적인 의미에서의 사랑과 자비를 실천하며 살고 있을까. 교황은 평생 사랑과 자비의 삶을 살아온 것일까. 프란치스코 교황은 보기 드물게 솔직하고 인간적이어서, 역대 다른 교황들에 비해 사랑과 정의를 요청할 자격이 상대적으로 커 보이지만, 그럼에도 그의 삶과 사상에 비해 사랑과 자비의 가치는 이상적일 정도로 훨씬 크다.

그러나 교황이나 교회가 사랑과 자비를 요청하고, 신자들도 덩달아 그런 말을 익숙하게 따라 하는 것은 그들이 사랑과 자비를 온전히 실천할 자신이 있어서는 아닐 것이다. 사랑과 자비에 대해 말한다는 것은 자비를 늘 경험하고 있거나 경험할 수 있어서가 아니라, '경험하고 싶어서'라고 해야 하지 않을까 싶다. 나아가 온 세상이 그렇게 변화되기를 바라서이기도 할 것이다. 이성 간의 끌리는 감정이나 부모가 자식을 먼저 생각하는 그런 마음이 내게서 몇 단계 더 건너간 사람들, 나와 아무 관계 없는 사람들, 나아가 온 인류와 생명현상에까지 적용될 수 있다면 얼마나 좋겠는가 하는 이상적 희망의 표현이라 할 수 있을 것이다.

사랑과 자비는 현재적이고 경험적인 언어이기보다는, 기대와 희망의 언어라는 점에 더 큰 의미가 있다고 할 수 있다. 종교에서 사용하는 사랑이니 자비니 하는 말들은 모두가 서로 사랑하고 서로가 서로에게 자비로운 세상이 왔으면 좋겠다는 미래적 희망을 반영한 언어라 해야 옳다. 현실은 사랑과 자비와는 거리가 멀고도 멀지만, 인간은 사랑과 자비의 삶과 세상을 여전히 꿈꾸며 살고 있다는 뜻이다. 사랑을 받고 싶고 자비로운 혜택을 누리고 싶다는 깊은 욕망의 표현이라 하면 지나칠까.

하지만 이때 한 번 더 물어야 한다. 사랑과 자비는 그저 기대와 희망의 언어일 뿐인가. 현실과는 무관하기만 한 걸까. 정말 그것만으로 끝이라면, 포이어바흐나 마르크스가 비판하고 니체가 조롱한 대로, 이른바 종교인은 그저 허상이나 붙들고 삶의 안팎을 괴리시켜 놓고도 당연한 듯 사는 모순된 존재일 것이다. 허상을 남발하며 마치 현실인 양 붙들고 있으니, 그 얼마나 우습고 지독한 모순과 오류란 말인가. 종교인은 여기에 어떻게 답을 할 것인가. 그것이 정말로 허상이나 모순, 그리고 오류가 되지 않으려면, 설령 부담스럽더라도 기대와 희망을 가능한 한 현실화시키려는 노력 정도는 해야 하지 않을까. 그런 요청 정도는 깊이 수용하거나 진정으로 감수할 줄 알아야 하지 않을까. 노력하고 감수하는 그곳에서 사랑과 자비가 그나마 흔적이라도 드러나게 되겠기 때문이다. 그 흔적이 그나마 종교라는 것을 가능하게 해 주는 최소한의 근간이 되겠기 때문이다.

이러한 의문과 문제의식에 동의한다면, 이런 노력에도 구체성과 효율성을 확보할 필요가 있다. 이를 위해 너무 익숙하거나 경험하기 힘든 이상적 언어를 좀 더 현실감 있는 언어로 바꿀 필요가 있다. 좀 더 생생하고 좀 더 경험 가능하고 좀 더 현실적인 언어로 번역하는 작업만으로도 사랑과 자비의 내용을 현실 안에 좀 더 담아낼 수 있겠기 때문이다. 워낙 익숙하기에 들어도 감흥이 없거나 미약한 언어보다는, 무언가 다른 언어로 새롭게 다시 볼 필요가 있다는 말이다. '낯설게 보기' 혹은 '낯설게 하기'랄까. 낯설지는 않더라도 적어도 새로운 언어로 사랑과 자비를 담아내는 것이 익숙한 언어로 흘려보내는 것 이상의 효과를 가져올 수 있기 때문이다. 그럴 때 사랑이나 자비가 예수나 붓다같이 특별한 사람이나 실천하며 살 수 있는 고급 자세라는 생각에서 보통 사람들의 눈높이로 내려올 수 있게 된다.

자비보다 공감

여기서는 사랑과 자비의 대용어로 '공감'共感을 선택하고자 한다. 사람들이 함께 살아가기 위한 근본 능력 가운데 하나는 공감이다. 서로 공감해야 친구가 되고, 부부도 되고, 가족 관계도 유지된다. 서로 공감하는 것이 전혀 없다면 사회도 구성되지 않는다. 무엇보다 사랑도 자비도 공감을 근원으로 한다는 점에서 그렇다. 공감은 사랑과 자비의 근간이되, 어느 정도 가치중립적인 언어라는 점에서, 사랑과 자비에 비해 덜 부담스러운 언어다.

사전적 의미로 공감은 "남의 감정, 의견, 주장 따위에 대해 자기도 그렇다고 느낌 또는 그렇게 느끼는 기분"이다. 서로 간 입장이나 내적 상태의 공유라 할 수 있다. 공감, 즉 자기도 그렇다고 느끼는 기분 자체에는 특별한 가치나 방향이 들어 있지 않다. 하지만 누군가 고통스러워하는 일을 보는 일이 내게도 불편하거나 고통스럽다면, 그런 공감은 상대의 고통을 나누려는 최소한의 자세이자 가치 있고 의미가 담긴 공감이다. 로드킬 당한 고양이 사체에서 미간이 일그러진다면, 그것은 생명현상에 대한 공감의 증거이자, 난폭한 인간의 문명에 대한 반성적 마음이기도 하다. 투병하던 가족이 회복되었는데 나도 기쁘다면, 그것은 가족 간 공감의 증거다. 의도적으로 훈련했느냐와 관계없이 사람에게는 어느 정도라도 그런 기질이나 경향이 있다.

우물에 빠질지도 모르는 아이를 보면 누구라도 깜짝 놀라고 불쌍히 여기는 마음이 들어 아이를 구하려 하지 않겠느냐며, 맹자가 측은지심惻隱之心에 대해 말한 것은 이러한 기질을 진작에 통찰했기 때문이다. 맹자는 남의 불행과 괴로움을 가엾이 여기고 안타까워하는 마음이 없으면 사람이 아니라(無惻隱之心非人也,『맹자』「공손추」)고 가르친 바 있다. 타자의 불행과 아픔에 공감할 줄 아는 것이 인간 본성의 일부라는 것이다. 측은지심을 인간의 본성으로 보았다는 말은 인간에게 공감의 능력이 있고, 그것을 발휘할 의무가 있다는 뜻이기도 하다. 사랑이니 자비니 하는 마음과 자세도 이러한 공감력의 확장이다. 애당초 너무 익숙하거나 막상 실천하려면 부담스러운 사랑이나 자비 같은 용어보다는, 공감처럼 좀 더 현실감 있는 언어를 중심으로 그 능력을 확장해 나갈 필요가 있다.

물론 '사촌이 땅을 사면 배가 아프다'는 속담마따나, 남이 기쁠 때 나는 기쁘기는커녕 싫거나 질투가 날 수도 있다. 공감이 반드시 긍정적으로만 나타나는 것은 아니라는 말이다. 남은 가지고 있지만 나에게는 없는 것에 대해 질투를 느낄 수도 있다. 그러니 사랑과 자비의 대용어로 공감을 가져온다고 해도, 공감이 반드시 사랑과 자비의 형태로 나타나는 것은 아니라는 한계는 분명히 있다. 그리고 나와 상관없는 사람의 일일 경우 그저 무시하고서 그 일에 대해 아무런 공감이 생겨나지 않을 수도 있다. 공감이 사랑과 자비의 근간이되, 공감이 바로 사랑과 자비와 동일시되는 것은 아니라는 말이다. 여기서 공감의 두 측면에 대해 생각해 볼 필요가 있다.

그것은 자기중심적 공감과 타자 지향적 공감이다. 타자의 형편을 먼저 떠올리며 타자에게 나아가는 공감(영어 'empathy'가 비교적 여기에 어울린다)과 타자가 자신의 느낌에 맞추어 주기를 바라는 공감(영어로 'sympathy'가 비교적 여기에 어울린다)이다. 물론 일상에서는 'empathy'든 'sympathy'든 별 차이 없이 쓰이지만, 타자 지향적 공감과 자기중심적 공감은 분명히 구분된다.

자기중심적 공감은 자기가 중심이기에 타자를 자신의 수단처럼 여긴다. 상대방도 자기 뜻에 맞추기를 바라며 그로 인해 자신의 힘이나 영향이 더 확대되기를 바란다. 물론 상대방도 저마다 자기중심적 의도와 맞으면 이런 공감들이 서로 연합할 수도 있다. 이런 공감들이 연합하면 그들만의 집단이 형성된다. 이런 집단은 그들만의 공감과 거리가 먼 어떤 사람이나 사물에 대해서는 배타적이다. 타자를 배제시키거나 지배하는 형태로 이어지곤 한다. 이런 분위기가 더 뭉쳐 거대해지면 식민주의적 제국주의로 이어진다.

한편 소비에 대한 공감이 커지면 소비가 미덕인 양 제한된 자원을 끝없이 사용하는 분위기가 당연시된다. 상품을 생산하는 기업은 이런 소비 중심의 공감 욕구를 자극하면서 더 소비하라 선전한다. 사람들은 소비를 위한 경쟁에 내몰리면서 비인간적 자본주의를 강화시키는 데 기여하기도 한다. 정부는 정부대로 권력의 정당성을 확보하기 위해 끝없이 소비하라 재촉하고 경제성장의 수치를 올리기 위한 각종 정책을 내놓는다. 그럴수록 지구 전체는 위험해진다. 저마다 자신의 입장에서만 공감하다 보면, 자기도 모르는 사이에 사랑과 자비의 반대편, 달리 말하면 반생명적이고 폭력적인 상황에 일조하게 되는 것이다.

하지만 이런 식의 자기중심적 공감은 다른 이들에게도 자기중심적 공감을 자극하면서, 결국 자기를 향해 오는 지배와 폭력의 부메랑이 된다. 프랑스의 인류학자 르네 지라르가 상대방의 것을 자신도 소유하려는 모방 경쟁이 갈등과 폭력으로 이어진다고 보았듯이, 상대방과 같아지려는 욕망은 사회를 폭력적으로 만들고 결국 자신에게 다가오는 폭력의 동인이 된다. 자기중심적 공감이 사랑과 자비의 반대편으로 치닫게 만드는 것이다.

마찬가지로 사랑도 자기중심적으로 하면 폭력이 될 수 있다. 일방적 사랑이 자칫 성폭력이 되기도 하듯이, 받는 사람이 사랑이라 생각하지 않는 사랑은 폭력이 될 가능성이 크다. 그것은 당연히 사랑이 아니다. 마찬가지로 그저 시혜를 베푸는 정도의 자비는 시혜자의 자기 우월성을 전제한다는 점에서(전혀 안 하는 것보다 나을 수는 있지만) 종교에서 추구해야 할 본래적 의미의 자비라 하기 힘들다. 공감도 그것이 자기중심적이라면 사랑과 자비와는 거리가 멀다.

그렇다면 너를 내게 끌어오는 공감이 아닌, 너에게로 나아가 너를 살리는 공감에 초점을 두어야 한다. 자기중심적 공감이 아니라 타자 지향적 공감의 가능성을 중시해야 한다. 우물에 빠지려는 아이를 다급히 구하려는 그런 마음, 투병하던 가족이 완쾌되었을 때 본능적으로 느끼는 기쁨, 그런 공감력을 확장할 필요가 있다. 공감의 긍정적 기능을 좀 더 구체화해야 한다는 말이다.

공감을 위한 모방

어떻게 상대방의 느낌을 나도 비슷하게 공유하고, 상대방도 긍정할 수 있을까. 이번에는 공감을 긍정적으로 구체화하기 위해 '다른 것을 본뜨거나 본받는 행위', 즉 '모방'을 가져오고자 한다. 다른 것을 본뜨거나 본받는다는 말은 그 다른 것을 나도 누리고 싶은 욕망이 있다는 뜻이고, 나도 누리려는 욕망이 있다는 말은 그 다른 것과 교감하는 무엇이 있다는 뜻이다. 그런 점에서 모방은 공감과 상통하는 언어이며, 모방과 공감은 동전의 양면과 같은 관계다. 그러면서도 모방이 공감보다 인간의 욕망을 좀 더 반영한다는 점에서 모방은 공감을 설명하는 더 현실적인 언어라고 할 수 있다.

모방의 근간에는 공감이 있다. 남이 갖고 있는 것을 내가 가지려고 한다면, 그것은 남에 대한 모방이자, 소유물에 대한 공감이기도 하다. 모방은 특정 집단 혹은 공동체를 가능하게 해 주는 동력이기도 하다. 종교 공동체도 일종의 모방에서 비롯된다. 붓다를 모방하는 불자로 인해 불교가 형성되고, 예수를 따르고 모방한다면서 그리스도교가 생겨나는 것이기 때문이다. 물론 이때의 모방은 남의 소유물에 대한 모방과는 다른 차원이기는 하지만, 남을 따라 한다는 사실 자체는 다르지 않다.

르네 지라르는 모방을 문명의 근간으로 보았다. 그의 설명에 의하면, 모방에도 '부정적 모방'과 '긍정적 모방'이 있다. 부정적 모방들이 서로 증폭되어 갈등과 폭력으로 이어지기도 한다면, 긍정적 모방들은 갈등과 폭력을 줄이고 평화로 나아갈 수 있게 한다. 사랑과 자비보다는 공감이 덜 부담스럽거나 더 경험적이듯이, 공감보다는 모방이 덜 부담스럽거나 더 경험적인 언어다. 그중에서도 긍정적 모방의 작동 원리를 잘 보면, 모방 행위를 사랑과 자비로 역전시킬 수 있는 가능성을 확보할 수 있다. 모방이 인간의 의지와 자발적 능력을 좀 더 반영한 언어라는 점에서, 모방은 삶의 태도를 사랑이나 자비로 전환시키는 데 좀 더 현실적인 동력을 제공할 수 있다. 모방이 긍정적 공감을 위한 내적 준비를 위해 필요한 언어라는 말이다. 이런 식으로 공감이나 모방과 같은 더 일상적인 언어를 차용하면서 사랑과 자비의 상태로 전환시킬 수 있는 가능성을 모색해 볼 필요가 있는 것이다.

모방적 욕망과 희생의 시스템

물론 난제는 있다. 공감에 대해 해설하고 학습한다고 해서 바로 공감적 실천으로 이어지는 것은 아니라는 점이다. '공감해 봐야지' 하며 마음을 먹을 수는 있지만, 그렇다고 해서 정말로 대번에 공감할 수 있는 것은 아니라는 말이다. 공감에도 훈련과 준비가 필요하다. 그렇지 않으면 옆에서 사람이 죽어 나가도 무신경할 수 있는 것이 인간이기도 하기 때문이다. 이럴 때 르네 지라르의 모방 이론은 자기중심적 공감의 속도를 늦춰서 타자를 향하도록 하는 데 유용한 참고자료가 된다. 지라르의 입장을 조금만 더 알아보자.

지라르는 고대의 신화를 상세하게 분석하면서, 모방이 인간의 근본 능력이자 문명의 동력이라는 사실을 여러 각도로 밝힌 바 있다. 그에 의하면 인간의 일상은 모방에 근거한다. 모방의 동력은 타인과 같아지거나 그 이상이 되려는 욕망이다. 상대방의 소유를 자기도 소유하기 위해 상대방을 모방하려는 욕망이 일상화하면서 제도나 문화가 발생했다. 모방

욕이 여러 사람들 사이에 겹치면서 모방이 더 경쟁적으로 바뀌고, 모방적 경쟁 관계가 갈등을 불러일으키는 과정에 폭력도 벌어진다. 폭력의 주도자는 모방 자체다. 모방적 경쟁 관계가 심해지면서 서로의 가치를 떨어뜨리고 심지어 살생마저 벌어지기도 한다는 것이다. 자기중심적 공감의 극단적인 경우라 할 수 있다.

하지만 경쟁 관계에서 승리가 주는 강렬함 때문에 모방 경쟁은 지속된다. 경쟁 대상과 경쟁하면 할수록 경쟁 대상을 극복하기보다는 도리어 경쟁 상대와 동일해진다. 서로 대립하는 이들이 스스로를 상대방과 차별화하면 할수록 이들은 더 똑같은 존재가 되어 간다. 이런 식으로 대립이 계속되다 보면, 대립자들은 서로가 서로를 넘어뜨리는 '걸림돌'(스캔들)로 작용한다. 부정적 모방의 극단에서 상극적 폭력이 발생하는 것이다.

이 걸림돌이 집단 전체에게 문제시되던 즈음, 이 집단적 걸림돌을 해소시키는 방식으로 인류가 취해 온 행위 중의 하나가 희생양을 만드는 것이다. 한때는 예수에 동의하던 군중이 예수의 반대자로 변모하는 것이 그 사례다. '만인의 만인에 대한 반대'가 모방의 회오리 속에서 '만인의 일인에 대한 반대'로 변모하면서, 그 일인을 하나의 희생양으로 삼는다. 그러면서 군중의 폭력적 정서가 완화되거나 숨겨진다. 특히 고대사회에서 사회적 위기가 절정에 달하면 희생양을 등장시켜 거기에 만장일치적 모방 폭력을 가하곤 했는데, 이 희생양이 다른 폭력이 잠잠해지기를 바라는 이들을 중심으로 사회를 통합시키는 종교적 제물 역할을 해 온 것이다. 이것이 의례화하면서 '성스러운 폭력'이라는 개념도 등장하고 정당화된다. 성스러운 폭력은 폭력을 동원해 폭력을 제어하던 종교의 역할을 잘 보여 준다.

희생을 넘어 긍정 모방으로

　희생양 시스템은 폭력으로 폭력을 제압하는 행위의 일환이다. 전자의 폭력과 후자의 폭력이 어떤 관계인지는 좀 더 따져 보아야 하지만, 폭력을 통제하는 데 폭력이 사용되어 왔다는 사실은 분명하다. 가령 예방주사는 미량의 병균을 미리 주입시켜 내성을 키워서 향후 더 큰 병을 극복할 수 있도록 하기 위한 방법이다. 같은 논리로 재판도 폭력을 공식적으로 응징함으로써 이후의 폭력을 예방하는 과정이다. 그 기본 틀이 희생양 메커니즘이다. 희생양 메커니즘이 폭력을 제어하거나 줄이는 기능을 하기도 한다는 것이다. 폭력은 분명히 모방 경쟁의 과정이자 결과다. 모방으로 인해 폭력이 지속되는 상황만을 보면, 모방이 어떻게 사랑과 자비를 구체화하는지 잘 드러나지 않는다. 하지만 모방에도 긍정 모방이 있다. 전술했듯이, 부정 모방이 아니라 긍정 모방의 단계로 나아가야 하는데, 지라르는 구약성서에서 긍정 모방의 흔적을 찾아볼 수 있다고 한다. 가령 최초의 살인자 카인은 아벨을 죽인 뒤 자신도 누군가에 의해 살해될까 봐 두려워했다(창세 4,14). 자신도 '모방 폭력'의 대상자가 될까 염려한 것이다. 이것은 자신이 한 행동을 나도 누군가로부터 받으면 어떻게 하나 하는 심리의 표현이다. 하지만 신은 "카인을 죽이는 사람에게는 내가 일곱 갑절로 벌을 내릴 것"이라며 최초의 법을 공표한다. 최초의 살인에서 다른 살인을 막는 법이 생겨난 것이다. 형들로부터 질투를 받아 노예가 된 요셉이 자신을 노예로 팔아넘긴 형제들에게 보복하지 않고 화해하는 이야기도 긍정 모방의 사례다. 고통과 폭력의 가해자를 희생양으로 삼지 않고서도, 그 시스템에서 벗어나온 사례라는 것이다.

　신약성서에서는 한 걸음 더 나아간 사례를 보여 준다. 희생양 시스템에 의해 희생되고, 무고한 죽임을 당하면서까지 가해자들을 용서했던 예수의 경우다. 예수는 희생양 시스템 자체를 파괴한다. 부정 모방으로 문화가 폭력적 구조를 띠어 오게 된 것은 유사 이래 감추어져 온 불편한 진실이었지만, 예수의 십자가 죽음은 이러한 불편한 진실을 폭로하는 사건이기도 했다. 예수의 죽음은 모방적 경쟁 관계의 폭력성을 극복하고, 폭력이 어떻게 해서 구조화하고 힘을 얻어 가는지 폭로하는 대표적인 사건이었다.

희생양 메커니즘의 근간인 모방 경쟁은 인류의 폭력성과 그 극복 가능성을 동시에 보여 준다. 모방 경쟁은 폭력으로 이어지지만, 모방 경쟁에서 빠져나온 이들로 인해 인류는 물리적 폭력을 줄이고, 그 이상의 가치, 즉 사랑과 자비의 가능성을 일부나마 구체적으로 상상할 수 있게 된다. 사랑과 자비는 어느 개인이 단번에 감내해야 할 막중한 자세라기보다는 긍정 모방들을 통해 불러일으켜지는 긍정적 공감들에 비례한다. 모방의 부정성보다는 모방의 긍정성을 차근차근 확보해 나가는 작업은 중요하다.

자비와 소극적 모방

긍정 모방은 사랑과 자비라는 이상적 가치를 현실화시켜 주는 실질적 행위다. 달리 말하면 부정 모방과 그로 인한 경쟁으로부터 벗어나는 것이 사랑과 자비를 구현하는 길이라는 뜻이다. 예수가 제자들에게 자신을 모방하라고 한 것은 사실상 모방적 경쟁으로부터 벗어나라는 요청이었다. 예수를 모방하라는 것은 예수와 똑같아지라는 것이 아니라, 타자의 형편에 긍정적으로 공감하라는 것이다. 타자 지향적 공감의 가능성을 한 번 더 생각하라는 것이다.

이때 모방을 적극적 차원과 소극적 차원으로 구분해 다시 생각할 필요가 있다. 모방의 적극적 차원, 즉 적극적 모방은 "여러분은 무엇이든지 사람들이 여러분을 위해 해 주기 바라는 것을 그대로 그들에게 해 주시오"(마태 7,12; 루가 6,31)라는 예수의 말에서 잘 드러난다. 남이 나에게 해 주었으면 하는 것을 적극적으로 남에게 해 주는 자세다. 그런데 이것은 내가 원하는 것을 남도 원한다는 전제하에 성립될 수 있는 말이다. 내가 원하는 것을 남에게도 해 주려면, 남도 그것을 원하는지 살필 수 있어야 한다. 이러한 상호성을 의식하지 않은 채, 만일 나의 사랑을 너에게 일방적으로 적용한다면, 그것은 폭력이 될 수도 있다. 상호성을 의식하거나 남의 형편을 먼저 공감할 때 예수의 말은 사랑의 실천이 될 수 있는 것이다.

이와는 다소 다르게, 공자는 "자기가 원하지 않는 일을 남에게 하지 말라"(『논어』 「안연」 2; 「위령공」 23)고 가르친 바 있다. 자신이 원하는 일을 남에게 하는 적극적 방식은 자칫 폭력이 될 수도 있지만, 자신이 원하지 않는 일을 남에게도 하지 않는 소극적 방식은 폭력이 될 가능성이 일단 줄어든다. 물론 적극적인 사랑을 구현하기는 힘들지도 모르지만, 사랑의 이름으로 자기중심적 폭력이 되지 않도록 하는 데에는 의미가 있다. 이른바 소극적 모방은 자기가 원하지 않는 일을 남에게 하지 않는 것이다. 아무 행위도 하지 않는 것이 아니라, 남이 원하지 않는 일을 하지 않는 것이다. 이러한 행위는 말 그대로 소극적이다. 하지만 역설적으로 소극적 모방은 자비를 실천하는 안전하고 구체적인 길이 될 수 있다. 폭력으로 넘쳐 나는 세상에서 남이 원하지 않는 행위를 분간할 줄 아는 그런 주체성이 확보되고 난 이후 적극적 모방의 단계로 나아갈 수 있는 것이다.

부정 모방이 긍정 모방으로 전환될 수 있는 지점도 여기다. 가령 간음한 여인을 앞에 두고 돌로 칠 준비가 되어 있던 이들에게 예수가 취한 행동은 자비가 어떻게 사회화하는지 잘 보여 준다. 돌을 들고 이른바 죄인을 내려칠 준비가 되어 있는 이들에게 예수는 이렇게 말한다. "당신들 가운데서 죄 없는 사람이 먼저 돌을 던지시오." 예수의 이 말은 마치 얼음을 깨는 바늘처럼, 외부를 향한 부정 모방의 욕망에 들끓던 민중의 눈을 자신의 내면으로 돌려놓는다. 그러면서 돌에 맞아 죽어 갈 이의 고통에 대한 공감을 불러일으킨다. 돌을 내려놓은 이들의 행위를 자신의 죄악을 보게 된 이들의 자발적 포기로 해석할 수도 있겠지만, 돌을 맞아 고통스럽게 죽어 갈 이에 대한 공감 때문이라 보는 것이 더 일차적이다.

예수에게 죄란 타자의 고통에 둔감한 상태를 의미한다. 그 고통의 원인이 특히 사회적인 데 있을 경우, 예수는 그 사회적 모순에 도전했다. 그것은 고통에 대한 공감 때문이었다. 이것은 바꾸어 말하면 고통에 대한 공감이 자비의 근간이자 자비의 실천이 된다는 뜻이다. 예수가 죄를 개인의 형이상학적 실체로 접근하지 않고, 사회적 차원으로 이해한 것은 이웃의 고통을 자신의 책임인 양 적극 공감했다는 뜻이다. 그 공감의 실천이 이웃의 죄를 용서하는 형태로 나타난 것이다. 예수가 "여러분의 아버지께서 자비로우신 것같이 여러분도 자비롭게 되시오"(루가 6,36)라고 했을 때의 자비는 이웃의 고통에 둔감하지 말고 타자 지향적 공감으로 나아가라는 뜻이었다. 긍정 모방의 전형적인 태도를 잘 보여 준다. 긍정 모방은 타자의 고통에서 나의 고통을 볼 줄 아는 능력을 배양하는 데서 이루어진다.

다시 모방에서 자비로

어떻게 자비의 희년을 유명무실하게 넘기지 않을 것인가. "자기가 원하지 않는 일을 남에게 하지 않는 것", 이를 신앙의 언어로 받아들여야 한다. "자기가 원하지 않는 일을 남에게 하지 않기"가 개인적 차원에서 자비를 일부라도 구체화하는 데 공헌할 가능성이 크다.

나아가 자기가 원하지 않는 일의 사회적 의미도 파악할 수 있어야 한다. 내가 원하지 않는 어떤 것이 있다는 말은 내가 원하지 않는데도 해야만 하는 어떤 상황 속에 처해 있다는 뜻이다. 바꾸어 말하면, 사회가 나에게 요구하는 부당한 일에 대해 성찰하고 저항할 줄 알아야 한다는 뜻이다. 그래야 자비의 사회적 차원도 확보된다.

물론 공감이라는 내적 능력 자체만으로 사랑과 자비가 성립되거나 구현되는 것은 아니다. 앞에서 본 대로 공감에도 부정적 공감과 긍정적 공감이 있기 때문이다. 부정적 공감은 사람과 사회를 위태롭게 만든다. 공감과 함께 인간 자신이 폭력적 상황에 처해 있음을 주관적으로 인식하면서도 그러한 상황에서 다시 한 걸음 물러나 자신이 처한 상황을 객관화시킬 수도 있어야 한다. 그럴 때 나의 위치와 너와의 관계가 보인다. 프랑스 철학자 부르디외가 말한 "참여적 객관화"라는 표현은 이것을 잘 말해 준다. 참여적 객관화는 스스로를 폭력적 상황 속에 참여시키면서 동시에 그 폭력적 상황을 객관화시켜 더 많은 이들로 하여금 폭력적 상황에 눈뜨게 해야 하는 지식인의 자세를 잘 보여 준다.

신앙인도 마찬가지이다. 오늘날 사랑과 자비는 더 이상 교회의 언어 안에 제한되지 않는다. 그저 사랑과 자비를 선포한다고 해서 사랑과 자비가 실천되는 것은 아니다. 사랑과 자비를 선포하기 이전에 비인간적 상황에 대한 비판적 공감력에 대해 먼저 말해야 한다. 여객선 세월호가 침몰해 수백 명의 어린 학생들이 차가운 바다 속에 가라앉아 남은 가족이 오열하고, 도대체 왜 그런 엄청난 사건이 발생했는지 여러 해가 지나도록 규명이 되지 않고 있는데, 예배당 안에서의 언어가 평화로울 수는 없다. 일본에서 핵발전소가 폭발하고 지진이 일어나는데, 환한 얼굴로 감사의 미사만을 드릴 수는 없는 일이다. 북한에서 핵실험을 하고, 미국과 중국이 아시아에서 패권을 강화해 나가는데, 그 한복판에 있는 한반도가 평화로울 수는 없다. 사회가 폭력적인데 개인이 아무 일도 없는 양 평화로울 수는 없는 일이다.

이런 상황에서 자비의 희년을 선포하는 교회의 행위에는 무슨 의미가 있는 것일까. 분명한 사실은 이젠 사랑과 자비에 대한 신학적이고 교회적인 언어를 넘어서, 더 일반적인 언어로 번역할 수 있어야 한다. 교회의 언어는 하늘의 언어가 아니라 소소한 일상을 자극해서 결국 긍정적 모방과 공감력을 키우는 데 공헌할 수 있어야 한다. 사랑과 자비가 그저 개인의 내면에 머물면서, 폭력적이고 무자비한 사회로부터의 도피성 자기 위안 수준에 그쳐서는 안 된다. 자비의 희년은 자비가 일상적인 언어로 번역되고 사람들의 일상 안에 들어올 때에야 삶을 변화시키는 유의미한 촉매제가 될 수 있을 것이다. 이러한 일상화가 붓다의 자비, 예수의 사랑, 맹자의 측은지심처럼, 이미 수천 년 전부터 공감을 인간다움의 기초로 삼은 종교적 천재들의 삶을 오늘 되살리는 한 가지 길이 되는 것이다.

2　자비의 사건: 우리는 서로를 구원한다

정경일

골목 이웃의 기억

최근 텔레비전 드라마 「응답하라 1988」이 큰 인기를 끌었다. 아이돌 스타들과 관록 있는 배우들의 연기도 좋았지만, 그리 멀지 않은 과거에 우리에게도 이웃이 있고 마을이 있고 공동체가 있었다는 사실을 상기시켜 준 것도 인기 이유 중 하나였다. 드라마를 보며 추억에 젖는 '응팔' 세대 부모에게 아이들이 묻는다. "저때는 정말 저렇게 살았어? 대문도 안 닫고 살고, 막 남의 집에 가서 밥도 먹고?" 그 물음에는 신기함과 부러움이 섞여 있다. 지금은 보기 어려운 삶의 풍경이기 때문이다.

드라마 속 쌍문동 평범한 골목 사람들은 서로에게 이웃사촌이다. 같은 핏줄로 맺어진 가족은 아니지만 어른들은 호형호제하며 지내고 아이들도 남매나 사촌처럼 가까이 어울려 지낸다. 방송사의 프로그램 소개 글은 "앞집, 옆집, 뒷집 너 나 없이 나누고 살았던 골목 이웃들"로 그들을 묘사한다. 경제적으로 넉넉한 이웃은 딱한 처지에 있는 이웃을 돕는다. 부유한 이는 교만하지 않고 가난한 이는 비굴하지 않다. 젊은이들은 어느 시대나 마찬가지로 그때에도 우정과 사랑의 상처로 아파하지만, 민중의 고통에도 어느 정도 '응답'한다. 그 시대를 너무 낭만화하는 것은 문제지만, 그래도 그때까지는 우리 사회에 '공동체'가 있었던 것은 사실이다.

드라마의 배경이 된 1988년 전후, 한국 사회는 격동하고 있었다. 1987년 1월 14일, 남영동 치안본부 대공분실에서 박종철이 경찰의 고문으로 사망했다. 2월 7일, 군사정권의 은폐 조작과 원천 봉쇄를 뚫고 전국에서 추모대회가 열렸다. 4월 13일, 전두환 대통령의 강압적 호헌 조치 발표가 있었지만, 6월 10일, 분노한 민중은 "독재 타도, 민주 쟁취"를 외치며 거리를 가득 메웠다. 6월 9일 시위 중에 최루탄에 맞아 사경을 헤매던 대학생 이한열이 7월 5일에 죽었고, 7월 9일 그의 장례식에는 애도와 연대의 마음으로 백만 시민이 모였다. 여름에는 역사적 노동자 대투쟁이 있었고, 가을에는 서울 올림픽이 있었다. 비록 12월 대통령 선거에서 민주정의당이 재집권하는 데 성공하긴 했지만 민주 세력도 약진했다. 해가 바뀌어 1988년 4·26 총선에서는 한국 정치사 최초로 여소야대 국회가 탄생했다. 그 정치적 힘을 바탕으로 국회에서 '5·18 광주 민주화 운동 진상조사 특별위원회'와 '5공화국 비리 조사 특별위원회'가 구성되었다. 5월 15일에는 진보 민주 언론을 표방하는 「한겨레신문」이 창간되었다. 광주·5공 청문회가 시작되었고, 전두환 전 대통령은 대국민사과 후 백담사로 피신했다. 이처럼 '응팔' 시대에는 고통과 저항, 그리고 희망을 나누는 공동체적 연대가 있었다.

한편으로는 1980년대 후반까지 고도 경제성장이 지속되었다. 서울 올림픽 특수도 있었지만, 그보다는 3저(低) 현상(저금리, 저달러, 저유가) 덕분이었다. 경제 호황으로 일자리가 늘고 노동운동의 성과로 임금과 소득도 크게 증가했다. 김병권은 1987년 이후 IMF 직전 1996년까지 십여 년을 "한국 자본주의 경제사에 유일했던 황금기"[1]라고 표현한다. 가계 소득증가에 따른 대량 소비가 가능해지면서 문화 산업도 급성장했다. 1988년, 락카페 '우드스탁'에서 베이스 기타를 치고 있던 17세 정현철(서태지)은 몇 년 뒤 X세대의 문화 대통령이 되었다. 이런 풍요로운 문화 소비는 풍요로운 자본주의 없이는 가능하지 않았을 것이다.

하지만 「응답하라 1988」의 홍보 문구처럼 그 시대를 "가장 행복했던 시절"로만 추억할 수는 없다. 한편으로는 경제가 성장할수록 자본주의의 내재적 모순인 불평등도 악화되었다. 서울 올림픽의 그늘에 '상계동 올림픽'이 있었다. 1988년, 전두환 전 대통령의 동생 전경환 새마을운동본부 총재가 100억여 원 규모의 횡령, 탈세, 수수 혐의로 구속되어 7년형을 선고받았지만 2년 후 가석방과 함께 사면복권까지 되었다. 반면 같은 해 5백여만 원을 훔친 지강헌은 보호감호를 포함 17년 형을 선고받았다. 탈주 후 인질극을 벌이던 지강헌이 외친 "유전무죄 무전유죄"는 대중의 큰 공감을 얻었고, 그는 비지스의 「홀리데이」를 들으며 자살했다. 극단적으로 대조적인 이 두 사건은 이후 한국 사회가 경험할 소수 돈 있는 자들과 나머지 돈 없는 자들의 불평등을 극적으로 예고했다.

한 가지 주목할 것은, 1980년대는 미국의 로널드 레이건 대통령과

---

1 김병권, "한국 경제의 어제와 오늘: 복지를 넘어서는 경제개혁을 위하여", 정태인 외, 『리셋 코리아: 18대 대통령이 꼭 해야 할 16가지 개혁 과제』, 미래를소유한사람들, 2012, 39.

영국의 마거릿 대처 수상이 자유무역, 규제완화, 노동시장 유연화 정책을 통해 신자유주의를 안착시키려고 박차를 가하고 있던 시대라는 사실이다. 신자유주의의 핵심 원리 중 하나인 극단적 개인주의는 계급과 공동체를 해체했다. '응팔' 마지막 회는 철거 직전의 쌍문동 골목을 보여 준다. 택이네는 아파트로 이사 갔고, 정환이네와 덕선이네도 판교로 이사 갔다. 덕선이 말한다. "이제 이미 사라져 버린 것들에, 다시는 돌아갈 수 없는 시간들에 뒤늦은 인사를 고한다. 안녕, 나의 청춘! 굿바이 쌍문동!" 그 쌍문동 골목이 사라진 자리에도 높다란 아파트가 들어섰을 것이다.

아파트 사회

사회社會라는 한자어의 社는 '보일 시示'와 '흙 토土'로 구성되어 있다. 示는 주로 신神, 조상祖上, 제사祭祀, 사당祠堂과 같은 종교적 의미의 글자에 포함된다. 社의 土도 흙으로 쌓은 제단을 형상화한 것이다. 고대 중국인은 사회를 신에게 제사(社) 드리는 종교적 모임(會)으로 이해한 것이다. 한편 사회를 뜻하는 영어 단어 'society'의 라틴어 어원 'societas'에는 '동료애', '우애', '유대' 등의 의미가 담겨 있다. 그러므로 사회의 의미는 종교적 공동체 또는 유대적 공동체라고 할 수 있다.

사회가 그런 의미라면 오늘 우리가 살고 있는 신자유주의 세계에 '사회'라는 것이 있는 것일까? 아니 '우리'라고 할 만한 관계가 남아 있기는 한 것일까? 무수한 '나'가 각자 알아서 생존을 다투고 있을 뿐이지 않은가? 물론 현대인은 과거보다 더 높은 밀도로 가까이 모여 살고 있다. 하지만 "가까운 이웃이 먼 사촌보다 낫다"는 말은 옛날 속담일 뿐이다. 이웃은 가장 가까이 있지만 가장 무관한 존재다. 심지어 이웃은 위험하고 두려운 존재로 상상되기도 한다. 현대의 많은 영화들이 이웃을 두 얼굴의 연쇄살인마, 음울한 외톨이, 성가신 괴짜 등으로 묘사하는 것은 그런 두려움을 반영한다.

　서로 공간적으로 가까이 있지만 인격적 유대는 없는 삶을 가장 잘 보여 주는 것이 현대의 고밀도 주거 양식인 아파트다. 2014년 한국의 아파트 거주 비율은 주택 전체의 49.6%다. 프랑스 지리학자 발레리 줄레조가 한국을 "아파트 공화국"으로 부를 만하다. 아파트는 영어 '아파트먼트' apartment의 줄임말이다. 아파트먼트는 '따로', '떨어져', '조각조각' 등의 뜻을 가진 부사 '아파트'apart의 명사형이다. 건물 현관, 엘리베이터, 벽, 천장, 바닥을 공유하며 가장 가까이서 살고 있지만, 아파트의 이웃은 따로 떨어져 존재하는 조각이다. 가끔 들려오는 이웃의 소리는 불편하고 불쾌한 층간 소음이다. 한국 사회의 아파트는 사는(to live) 곳으로서의 사용 가치보다는 사는(to buy) 것으로서의 교환 가치/기호 가치가 더 중요하기에, 지역, 크기, 브랜드에 따라 아파트 주민의 계급이 달라진다. 그런 의미에서 한국의 아파트는 '공동주택'이라기보다는 원래의 말뜻대로 '분리주택'이다.

　아파트는 신자유주의 사회의 초상이다. 신자유주의 사회 자체가 '아파트 사회'다. 다른 말로 하면 '사회 없는 사회'다. 과장이나 은유가 아니다. 신자유주의의 여사제인 대처는 일찌감치 "사회라는 것은 없다. 개인과 가족만이 있을 뿐이다"라고 공언했다. 남 도울 생각이나 남 도움 받을 생각 말고 각자의 생존이나 도모하라는 것이다. 신자유주의는 사회를 '총성 없는 전쟁터'로, 타자를 적으로 바꿔 버렸다. 사느냐 죽느냐, 전쟁하듯 사는 현대인은 쓰러진 적을 돌보지 않는다.

그래도 대처는 가족의 가치까지 부정하지는 않았다. 오히려 신자유주의를 촉진하는 수단으로 가족주의를 활용했다. 그래서 사회는 없어도 개인과 '가족'은 있다고 한 것이다. 영화 「빌리 엘리어트」는 발레리노를 꿈꾸는 한 소년의 성장영화지만, 1980년대 중반 신자유주의적 대처리즘이 힘을 발휘하기 시작하던 영국 사회를 배경으로 보여 준다. 빌리의 아버지 재키와 형 토니는 구조 조정에 맞서 싸우는 광산 파업 노동자다. 누구보다도 단호하게 투쟁하던 재키는 빌리의 발레 교육비를 마련하기 위해 동지들을 배신하고 일터로 복귀한다. 이에 격분한 아들 토니에게 재키가 비통하게 말한다. "우리는 끝났지만 빌리에게는 기회를 줘야 하지 않겠니?" 노동자의 계급적 연대는 깨어졌지만 가족의 인간적 유대는 남았다.

그런데 오늘의 한국 사회에서는 계급적 연대는 말할 것도 없고 가족의 유대마저 파괴되고 있다. IMF 경제 위기 이후 지속되고 있는 현상은 가족 동반 자살이다. 특히 어린 자녀와 함께 죽는 자살자가 늘어나고 있다. 그 이유는 자기가 죽으면 남은 가족을 누군가 돌봐 줄 거라고 믿지 않기 때문이다. 경제협력개발기구(OECD)가 발표한 '2015 더 나은 삶 지수'에 따르면 한국은 'OECD' 국가 중 '사회적 연계' 부문에서 최하위다. 곤경에 처했을 때 의지하고 의존할 사람이 없다는 것이다. 어떤 의미에서 동반 자살은 가족 사랑의 병적, 파괴적 표현이다. 자기 아이를 지옥 같은 가난과 비참 속에 남겨 두느니 차라리 저세상으로 데려가겠다는 것이다. '코믹 가족극' 「응답하라 1988」 홍보물에는 "내 끝사랑은 가족입니다"라고 적혀 있다. 오늘의 '잔혹 가족극' 시대를 사는 사람들은 사회는 물론이고 가족조차 믿고 의지하지 못한다. 이제는 '개인 기업'만이 아니라 '개인 가족'도 확산되고 있는 것일까? 아파트 사회의 사람들은 리얼리티 쇼 제목처럼 "나 홀로 산다", 물론 그것의 잔혹 버전으로.

"무관심의 세계화"

'유엔난민기구'에 따르면 시리아, 리비아, 수단 등 내전 중인 북아프리카 국가들에서 탈출한 난민들 중 지중해를 건너다 사망하거나 실종된 이들이 2015년 한 해에만 약 4천 명이다. 살려고 죽음의 땅을 떠난 사람들이 죽음의 바다 속으로 가라앉는 것이다. 닐류페르 데미르 기자가 세 살배기 아일란 쿠르디의 "침묵하는 몸이 지르는 비명"을 찍어 전송한 사진을 보고 세계는 잠시 인간의 마음을 되찾는 듯했지만, 곧 원래의 배제 정책으로 돌아갔다. 세계는 살고 싶다는 난민들의 비명을 보고 들으면서도 침묵한다. 프란치스코 교황은 그 침묵을 "무관심의 세계화"라고 비판한다.

지중해로부터 약 9천 킬로미터 떨어진 거리에 있는 한국도 교황의 비판으로부터 자유로울 수 없다. 한국에도 1994년 이후 2015년 7월까지 약 760명의 시리아인이 난민 신청을 했다. 그중 대부분은 2011년 시리아 내전 발발 이후 한국에 온 이들이다. 그들 중 난민 인정을 받은 사람은 단 세 명이다. 그나마 570여 명은 인도적 체류 허가를 받았지만, 강제 출국만 당하지 않을 뿐 아무런 사회적, 경제적 보호를 받지 못한다. 2014년 한국에 온 시리아인 압둘은 인도적 체류자 신분으로는 살 길이 막막해 다시 유럽으로 돌아가 지중해를 건너다 목숨을 잃었다. 난민지원센터나 제도를 만들려고 하는 지역에서는 주민 반발이 거세다. 2013~2014년 '유엔난민기구' 집행이사회 의장국이기도 했던 한국이 죽음의 바다에서 살아 나오려는 난민에게 무관심하고 심지어 배타적이기까지 한 이유는 무엇일까? 그것은 한국 사회 자체가 죽음의 바다이기 때문이다.

유엔UN의 2015년 '세계 행복 보고서'에 따르면 한국의 국민행복지수는 조사 대상 157개국 중 58위다. 2014년에 158개국 중 47위였으니 불과 일 년 만에 무려 열한 계단 밑으로 내려온 셈이다. 이 사실이 충격적인가? 그렇게 생각하지 않는 사람들이 더 많아 보인다. 지난해 같은 발표에 대한 기사가 포털 사이트에 떴을 때 베스트 댓글은 "147위가 아니고?"였다. 한국인이 실제로 느끼는 심리적 행복지수는 유엔 조사 결과보다 훨씬 더 낮다는 것이다. 'OECD' 국가 중 한국의 자살률이 2003년 이후 지금까지 12년째 부동의 1위를 유지하고 있는 것을 보면 '불행 국가'에 산다는 자괴감은 엄살이 아니다.

가수 이애란의 「백 세 인생」이라는 노래가 국민가요 수준의 인기를 얻고 있다. 평균수명과 기대수명이 늘어난 만큼 백 세가 되어 "좋은 날 좋은 시"에 갈 때까지 오래오래 건강하게 살자는 바람이 보편적 공감을 불러일으킨 덕분이다. 그러나, 미안하지만, 한국 사회의 현실은 이 노래를 마냥 즐겁게 듣고 따라 부를 수 없게 한다. 2015년 한국보건사회연구원의 '초고령사회와 노후 소득' 보고서에 따르면 부부 노인 가구가 은퇴 후 사망 시까지 필요한 노후 소득은 평균 4억여 원이다. 과연 그 정도의 노후 자금을 마련할 수 있는 사람이 오늘의 한국인 중 얼마나 될까? 노후 대책은커녕 '노후 파산'을 염려하는 사람이 더 많은 것이 현실이 아닌가? '백 세 인생'의 흥겨움은 '백 세 불안'의 힘겨움을 덜어 주지 못한다.

2015년 경제 규모 세계 11위, 1인당 국민소득 27,000달러의 경제 대국에서 살고 있는데 한국인은 왜 이토록 불행하고 불안한 것일까? 문제는 불평등이다. 최근 IMF의 2016년 '아시아 불평등 분석 보고서'에 따르면 한국의 소득 상위 10%가 전체 소득의 45%를 차지하여 조사 대상 22개국 중 소득 불평등 1위다. 사회적, 경제적 계층 상승 사다리는 끊기고 불평등은 확대, 고착되어 간다. 소위 '금수저'와 '흙수저'는 같은 밥상을 공유할 수 없다. 어쩌다 주제를 모르고 금수저 곁에 다가간 흙수저는 호되게 '갑질'을 당한다. 불평등 사회를 사는 '을'은 경제적 고통인 가난만이 아니라 정신적 고통인 모멸감까지 겪어야 한다.

오늘의 한국 사회 자체가 불행, 불안, 불평등의 거센 풍랑이 몰아치는 죽음의 바다이다. 그 죽음의 바다 한가운데서 난민처럼 위태롭게 살아남아야 하는 사람들은 저 먼 바다에서 고통받는 타자에게 관심을 보이고 돌볼 여력이 없다. 가까운 곳에서도 마찬가지다. 무관심의 세계화는 한국 사회에서 가장 폭력적으로 지역화되고 있다. 그것은 무관심과 무자비의 구조화이다. 나 살기도 어렵다는 생각에 남의 고통에 무관심하고, 남을 이겨야 내가 살 수 있다는 생각에 남에게 무자비해진다. 무관심은 타자의 고통을 느끼지 않(으려)는 소극적 악이고 무자비는 타자의 고통을 통해 안락을 누리려는 적극적 악이다. 어떻게든 악착같이, 심지어 악행을 해서라도 살아남아야 한다는 생존주의가 이런 무관심과 무자비를 구조화한다.

"물질의 노예"

로널드 잉글하트는 한 국가가 가난할 때는 물질주의적 가치인 경제 성장과 그것을 강력하게 추진할 권력에 집착하지만, 어느 정도 경제적 성장을 이루게 되면 언론 자유, 인권, 민주주의, 환경, 다양성과 같은 탈물질주의적(post-materialist) 가치를 추구하게 된다고 주장한다. 그런데 한국은 예외다. '응팔' 시대 이후 세계적 경제 강국이 되었음에도 탈물질주의 지표는 매우 낮은 것이다. 박재홍과 강수택은 한국의 탈물질주의자 비율이 다른 경제 부국들보다는 10~15% 정도, 세계 평균보다는 5% 정도 낮다고 한다. 주목해야 할 것은 경제성장에 따라 증가하던 탈물질주의자 비율이 1990년대 이후 다시 감소 추세라는 것이다. 그 주요 원인은 1970년에서 1984년 사이에 태어난 젊은 세대가 탈물질주의를 포기하고 물질주의로 돌아간 것에 있다. 이는 그 세대가 1997년 IMF 구제금융 사태 이후 고용 불안정의 직격탄을 맞은 것과 관련이 있다. 박재홍과 강수택은 한국의 탈물질주의자 비율이 전체적으로 낮은 원인을 경제적 위기의식과 전쟁, 분단으로 인한 안보 불안감에서 찾는다.[2] 지금은 안전하고 풍요롭게 살고 있어도 언제든 다시 경제 위기나 전쟁이 닥칠 수 있다는 불안 때문에 물질에 집착한다는 것이다.

물질에 대한 집착은 오늘의 주류 한국 정치를 두 편으로 갈라놓았다. '물질주의적 여권'과 '물질주의적 야권'이다. 즉 여권과 야권 모두 물질주의적 가치를 공유하고 있는 것이다. 2012년 대선 직후에 서울대 '한국정치연구소'에서 실시한 '정치와 민주주의에 관한 의식조사'에 따르면 '차기 대통령이 가장 시급하게 해결해야 할 과제'에 대한 질문에 대해 박근혜 후보에게 투표한 사람들은 경제성장(60.9%), 사회통합(9.4%), 경제민주화(8.4%), 복지 확대(7.3%), 정치개혁(6.8%) 등의 순으로 답했고, 문재인 후보에게 투표한 사람들은 경제성장(47.4%), 경제민주화(13.0%), 정치개혁

---

2   박재홍·강수택, "한국의 세대 변화와 탈물질주의: 코호트 분석", 『한국사회학』 46집 4호, 2012, 83.

(11.1%), 복지 확대(10.7%), 사회통합(10.0%) 등의 순으로 답했다.³ 두 후보를 지지한 사람들 모두 '경제성장'을 가장 중시한 것이다. 이처럼 물질주의적 가치를 추구하는 데서는 정당과 정파의 차이가 따로 없다.

물질주의에 사로잡히는 데서는 빈부의 차이도 없다. 안병무는 영생을 얻으려면 가진 것을 다 팔아 가난한 사람에게 주고 자기를 따르라는 예수의 말에 근심하며 떠난 부자 청년은 "물질의 노예"였다고 말한다.⁴ 그 부자 청년은 갖고 있는 물질이 많았기에 그것을 버리기 어려웠다. 그런데 여기에서 안병무는 부자만이 아니라 가난한 자도 물질주의에 지배될 수 있음을 지적한다. 가난하기 때문에 물질을 더 욕망할 수 있다는 것이다. 부자는 가진 것을 잃지 않으려고, 가난한 자는 없는 것을 가지려고 물질의 노예가 되는 것이다. 물론 안병무는 삶을 위해 물질이 필요하다는 것은 부정하지 않는다. 그는 오히려 물질의 공유를 강조한다. 안병무가 부정하는 것은 삶이 물질을 위해 존재하는 "반反신적인 현실"이다.⁵

탈물질주의 이론대로라면 가난했던 '응팔' 이전 시대에는 물질주의가 불가피했다고 볼 수도 있다. 하지만 그때에도 고통받는 자의 신음소리에 대한 "응답"이 있었다. 그 시대의 사람들보다 훨씬 더 풍요롭게 살고 있는 우리는 타자의 고통에 무관심한 채 응답하지 않는다. 심지어 고통을 일으키는 무자비의 체제에 침묵의 참여로 공모한다. 이러한 무관심과 무자비의 체제는 물질주의로 인해 생겨나고 물질주의를 통해 지속된다. 신자유주의는 그런 물질주의의 극단적 체제다. 본래 타자의 고통에

---

3 장덕진, "박근혜 지지율의 비밀", 『황해문화』(2014. 3), 36-37.
4 안병무, "예수 운동과 물(物)", 한국신학연구소 엮음, 『1980년대 한국 민중신학의 전개』, 한국신학연구소, 1990, 357.
5 같은 글, 364.

자비로 응답하는 인간을 무관심하고 무자비한 인간으로 만드는 신자유주의는 반신적일 뿐만 아니라 반인간적이다.

연민과 자비

무관심과 무자비의 차가운 구조에서도 타자의 고통을 보고 따뜻한 인간의 마음으로 반응하는 사람들이 있다. 그 마음의 두 표정은 연민(pity)과 자비(compassion)다. 연민과 자비는 타자의 고통에 반응한다는 점에서 비슷하지만, 둘 사이에는 몇 가지 미묘하면서도 본질적인 차이가 있다.

우선, 연민에는 주체와 객체 사이에 심리적, 물리적, 사회적 거리가 있는 반면 자비에는 그런 거리가 없다. 연민을 느끼는 사람에게 타자의 고통은 언제나 '타자의' 것이다. 막스 셸러가 죽은 자식을 보며 부모가 느끼는 감정은 연민이 아니라고 하는 이유가 여기에 있다. 그 부모는 자식의 고통과 불행을 온전히 자신들의 것으로 느낀다.[6] 그렇게 타자의 고통을 자신의 것으로 느끼는 것이 자비다. 자비에는 나와 너 사이의 거리가 없다. 네가 아프면 나도 아픈 것이다.

연민은 이 아픔을 견디지 못해 고통과 거리를 둔다. 고통받는 자를 불쌍히 여기지만 그 고통의 영향권 바깥에 안전하게 머물려고 한다. 엄기호는 그런 연민의 욕망에서 이기주의를 포착한다. "대개 우리가 사회적 약자를 보며 느끼는 연민은 나는 그렇지 않다는 안도감과 쌍을 이룬

---

6   Luc Boltanski, *Distant Suffering: Politics, Morality and the Media* (Cambridge: Cambridge University Press, 1999), p. 8.

다. 연민의 결과가 나르시시즘으로 귀결되는 이유가 바로 여기에 있다."[7] 그런 연민은 타자를 사랑하는 것이 아니라 자신을 사랑하는 것이다.

연민과 자비는 타자의 고통에 동참하고 그 고통을 종식하기 위한 행동의 유무에서도 차이가 있다. 연민은 휘발성이다. 타자의 고통을 보게 되면 잠깐 아릿함을 느끼지만 금세 잊어버리거나 고개를 돌리고 일상으로 돌아간다. 이와 같은 연민의 휘발성과 찰나성에서는 행동이 일어나기 어렵다. 연민은 "아!" "쯧쯧!" "저런!" "주여!"와 같은 단발적 감탄사로 끝나 버릴 때가 많다.

자비는 감탄사가 아니라 동사다. 자비는 타자의 고통을 없애기 위하여 행동한다. 김종길의 시 「성탄제聖誕祭」는 행동하는 자비를 잘 표현해 준다.

어두운 방 안엔/빠알간 숯불이 피고/외로이 늙으신 할머니가/애처로이 잦아드는 어린 목숨을 지키고 계시었다./이윽고 눈 속을/아버지가 약藥을 가지고 돌아오시었다./아, 아버지가 눈을 헤치고 따 오신/그 붉은 산수유山茱萸 열매/나는 한 마리 어린 짐생/젊은 아버지의 서느런 옷자락에/열熱로 상기한 볼을 말없이 부비는 것이었다 …

고열로 고통을 겪고 있는 어린 자식을 위해 주저함 없이 한겨울 눈 속을 헤치며 산수유 열매를 찾아 따 오는 젊은 아버지의 행동, 그런 것이 자비다.

물론 연민도 행동을 일으킬 수 있다. 자선이 그 대표적 행동이다. 자

---

7   엄기호, 『단속사회: 쉴 새 없이 접속하고 끊임없이 차단한다』, 창비, 2014, 250.

선은 선하고 고귀한 덕목이다. 하지만 연민에 의한 자선에는 여전히 주체와 객체 사이의 거리가 있다. 미국의 '평화를 만드는 선禪 수행자들'(Zen Peacemakers)은 매년 며칠 동안 길거리 수행을 한다. 노숙자와 똑같이 지내면서 시대의 고통을 그대로 보고 경험하는 수행이다. 몇 년 전 한 부유한 여성이 그 수행에 참여했다. 어느 날, 한 행인이 그 여성 앞에 돈을 놓고 지나갔는데, 그 행인은 그 여성과 눈을 마주치지 않았다. 그 여성은 적선해 주는 다른 사람들도 비슷하게 행동하는 것을 알았다. 그 순간 그 여성은 자신도 전에는 그들과 똑같이 행동했던 것을 깨닫고 깊이 참회했다. 고통받는 사람에게 연민을 느끼는 사람은 자선은 베풀지만 그 고통받는 사람과 인격적 관계는 맺고 싶어 하지 않는다. 끝까지 책임지고 싶지 않아서다. 그 내밀한 욕망을 알아차린 프란치스코 교황은 자선을 행하는 사람에게 상대방의 눈을 보고, 그의 손을 잡고 돈을 주라고 권한다.[8] 물질적 자선만이 아니라 책임 있는 인격적 관계를 맺으라는 것이다.

연민과 자비의 또 다른 차이를 만드는 것이 바로 이 책임성이다. 연민은 타자가 겪는 고통의 원인과 해결에 대해 책임을 지지 않는다. 진은영은 세월호 참사 이후 우리 사회가 보인 "정오의 그림자처럼 짧"은 연민에서 사태의 책임을 모면하고 회피하려는 의도를 읽어 낸다. "고통받고 있는 사람들에게 연민을 느끼는 한, 우리는 우리 자신이 그런 고통을 가져온 원인에 연루되어 있지는 않다고 느끼는 것이다. 우리가 보여 주는 연민은 우리의 무능력함뿐만 아니라 우리의 무고함도 증명해 주는 셈이다."[9] 이렇게 책임지지 않는 연민과 달리 자비는 타자의 고통에 책임 있

---

8 안드레아 토르니엘리·자코모 갈레아치, 『이놈의 경제가 사람 잡네: 프란치스코 교황의 선한 사람들을 위한 자비의 경제학』, 최우혁 옮김, 갈라파고스, 2016, 28.

9 진은영, "우리의 연민은 정오의 그림자처럼 짧고, 우리의 수치심은 자정의 그림자처럼

게 응답하고 그 고통의 해결을 위해 책임 있게 참여한다.

위험한 자비: 사회적 분석과 정치적 실천

무자비한 자본주의 체제도 자선은 억압하지 않는다. 자선이 자본주의를 위협하지 않기 때문이다. 자선과 자본주의는 '자선자본주의'(philanthrocapitalism)로 합체하기도 한다. 빌 게이츠 같은 자선자본가는 좋은 자본주의가 가능하다는 믿음을 유포시킨다. 그런데 그의 자선은 그의 자본을 감소시키지 않는다. 2016년 4월 1일 현재, 빌 게이츠는 자산 총액 779억 달러로 여전히 세계 1위 부자다.[10] 그 많은 재산을 기부해도 오히려 재산이 늘어나는 것은 자선자본주의 덕분이 아니라 돈이 돈을 버는 투기자본주의 덕분이다.

여기에서 한 가지 분명히 해야 할 것은, 자비가 연민과 자선보다는 좀 더 고통받는 자의 관점에 서는 것이 사실이지만, 자비도 그 자체만으로는 무자비의 체제에 위협이 되지 못한다는 사실이다. 탈정치적 연민과 자선이 있는 것처럼 탈정치적 자비도 있다. 자비가 무자비의 체제를 위협하게 되는 것은 두 가지 요인과 연동될 때다. 고통의 구조적 원인을 묻는 '사회적 분석'과 고통의 구조를 없애는 '정치적 실천'이 그것이다.

자선 하면 떠오르는 이는 마더 데레사 수녀다. 고통받는 자를 위한 그의 자선사업이 국제적 성공을 거둘 수 있었던 이유는 그가 고통이 왜 있는지, 그 고통을 주는 자가 누구인지 묻지 않은 것과 관련이 있다. 만

길다", 김애란 외, 『눈먼 자들의 국가』, 문학동네, 2014, 67.

10 http://www.forbes.com/billionaires/list/#version:realtime

약 마더 테레사가 고통의 사회적 원인을 분석하고 지목했다면 그는 부유한 후원자들을 잃었을 것이다. 브라질 돔 헬더 까마라 대주교는 무자비의 체제가 허용하는 자선의 한계를 신랄하게 드러낸다. "내가 가난한 자에게 먹을 것을 주었을 때 그들은 나를 '성인'이라고 불렀다. 내가 가난한 자가 왜 굶주려야만 하는지 물었을 때 그들은 나를 '공산주의자'라고 불렀다." 무자비의 체제는 바로 이 "왜?"에 대해 신경질적 반응을 보인다. 그것은 가난이 개인적 나태나 무능 때문이 아니라 자본주의 체제의 구조적 모순 때문에 발생하는 것임을 드러내기 때문이다.

민중신학자 서남동이 그의 말년에 쓴 "빈곤의 사회학과 빈민의 신학"(1983)은 한국 사회의 가난을 사회경제적 방법으로 분석하고 그것을 성서 전승과 연결하여 신학화한 논문이다. 흥미롭게도 그가 본격적으로 사회적 분석을 신학 작업에 포함한 것은 자선사업에 대한 그의 비판적 문제의식과 관련이 있다. 서남동은 가난한 자에 대한 시혜적 자선사업이 오히려 구조적 가난을 연장하고 심화시킬 우려가 있다고 보고, 가난의 해결을 위한 "새로운 처방"과 "새로운 방식의 연대"를 요청한다. 그것은 "메시아 정치"의 이데올로기와 프락시스(실천)다.[11] 여기에서 서남동이 말하는 메시아 정치는 도덕적 자선이나 종교적 의례가 아니라 정치적 실천을 통해 구체화되는 것이다.

이처럼 사회적 분석과 정치적 실천을 만나게 되면 자비는 저항이 된다. 왜냐하면 고통의 구조적 원인을 밝히는 사회적 분석과 그 원인을 없애는 정치적 실천을 용납할 만큼 '좋은 자본주의'는 없기 때문이다. 헨리 나웬은 저항은 자비의 필수적 부분이며 진정한 표현이라고 주장하면

---

11 서남동, "빈곤의 사회학과 빈민의 신학", 『민중신학의 탐구』, 한길사, 1983, 405-406.

서,¹² 그 이유를 이렇게 이야기한다. "가난을 초래한 자에게 저항하지 않으면서 가난한 자의 고통을 함께할 수는 없다. 감옥의 열쇠를 갖고 있는 자에게 저항하지 않으면서 갇힌 자를 자유롭게 할 수는 없다. 억압하는 자에게 저항하지 않으면서 억압받는 자와 연대를 말할 수는 없다."¹³ 이러한 저항으로서의 자비는 위험한 것이다. 무자비의 체제는 자비로운 저항(혹은 저항적 자비)을 막기 위해 모든 수단을 동원하기 때문이다.

자비를 뜻하는 영어 단어 'compassion'은 라틴어 'cum'(함께)과 'pati'(고통을 겪다)를 어원으로 한다. 무자비의 체제 속에서 자비를 실천하는 사람은 가난한 자, 갇힌 자, 억압받는 자가 겪는 고통을 자신의 것으로 함께 겪는다. 엘살바도르의 오스카 로메로 대주교는 가난한 자에게 헌신한다는 것은 "가난한 자의 운명을 같이하는 것"이라고 했다. 그는 엘살바도르의 가난한 자가 갖는 운명은 "실종되는 것, 체포되는 것, 고문당하는 것, 시체로 발견되는 것"이라고 했다.¹⁴ 가난한 자와 운명을 같이하며 저항적 자비를 실천한 로메로는 1980년 3월 24일 미사 중에 암살당했다.

자비의 사건: 불이적(不二的) 구원

자선이든 자비든, 그것을 베푸는 주체와 베풂을 받는 객체가 분리되면 둘 사이에 위계가 생길 수 있다. 베푸는 자는 우월감을 가질 수 있고

12　Donald P. McNeill, Douglas A. Morrison and Henri J. Nouwen, *Compassion: A Reflection on the Christian Life* (London: Darton, Longman & Todd, 1982), p. 83.

13　같은 책, 124.

14　Robert Ellsberg, *All Saints: Daily Reflections on Saints, Prophets, and Witnesses for Our Time* (New York: Crossroad Publishing, 1997), p. 526.

베풂을 받는 자는 열등감에 빠질 수 있다. 저항으로서의 자비도 마찬가지다. 자신을 '위해' 대신 저항해 주는 구원자에게 의존할수록 고통받는 자는 구원의 수동적 대상으로 남게 된다. 역사가 가르쳐 주는 것은 모든 고통을 대신 해결해 주는 강한 메시아는 없다는 사실이다. 예수와 로메로는 스스로 고통받는 자가 되어 고통받는 자와 '함께' 저항하다 죽임당한 약한 메시아, "고난의 종"이다. 이처럼 자비를 요청하는 자와 자비를 실천하는 자의 비위계적 관계를, 그리고 자비의 구원론적 의미를 성찰하는 데 중요한 영감을 줄 수 있는 것이 민중신학의 관계론적 민중/메시아 사건 이해다.

안병무는 예수와 민중을 분리하고 위계화하는 서구적 주객 도식을 깨뜨리며 구원을 예수와 민중이 만나면서 일어나는 관계적 '사건'으로 본다. 기적이나 구원은 예수가 외재적 메시아로서 일방적으로 베풀어 준 것이 아니라, 민중이 요청하고 그 요청에 예수가 응답하면서 일어난 상호적 메시아 사건이라는 것이다. 민중이 없었다면 예수 사건, 메시아 사건도 없었을 것이다. 그러므로 고통의 담지자인 민중은 구원의 대상이 아니라 구원의 주체다. 민중은 자기초월적 민중/메시아 사건 속에서 스스로를 구원한다.

서남동은 "선한 사마리아인" 비유의 관계론적 해석을 통해 민중의 메시아적 역할을 이야기한다. 그는 강도 만난 자를 돕는 것은 "사람"이 되는 길이고 돕지 않는 것은 "짐승"이 되는 길이라고 한다.[15] 너무 과격하게 들릴 수도 있지만, 맹자의 인성론에 비추어 보면 충분히 받아들일 수 있는 주장이다. 맹자는 인간이라면 누구나 고통받는 자를 보면 가엾이

---

15 서남동, "민중신학을 말한다", 앞의 책, 180.

여기는 측은지심을 가지고 있고, 이 측은지심이 없으면 인간이 아니라고 가르치기 때문이다. 서남동에 따르면 타자의 고통에 응답함으로써 "새 인간"이 되는 것이 구원이다.[16] 따라서 사람이 될 기회를 주는 고통받는 민중은 메시아적 역할을 감당하고 있다는 것이다.

이와 같은 관계론적 민중/메시아 사건 이해는, 무관심은 "하느님이 세계로 들어오고 세계가 하느님에게 들어가는 문을 닫아 버리는 것"이라는 프란치스코 교황의 가르침을 새로운 관점으로 보게 해 준다. 교황이 깨우쳐 주는 것은 무관심이 구원의 기회를 사라지게 한다는 것이다. 이는 고통받는 자의 "신음소리"는 "그리스도의 부름"이며, 그 소리에 어떻게 응답하는가에 따라 "각자의 구원과 멸망이 결정된다"는 서남동의 통찰과 만난다.[17] 프란치스코 교황과 서남동의 주장을 종합하면, 하느님은 고통받는 자의 신음소리를 통해 세상으로 들어오고 인간은 그 신음소리에 응답함으로써 하느님에게로 들어가는 것이다. 고통받는 타자에 대한 관심과 자비는 구원의 문을 여는 사건이다.

구원을 이처럼 관계론적으로 이해하면 자비를 실천하는 자의 우월감이나 자만이 있을 수 없다. 오히려 자비를 요청하는 자가 자비를 실천하는 자에게 사람됨의 기회를 줌으로써 구원하기 때문이다. 그런데 이런 통찰을 고통받는 자가 구원하는 주체이고 그의 고통에 참여하는 자는 구원받는 객체라는 것으로 이해해서는 안 된다. 그런 이해는 또 다른 주객 이분법이다. 자비의 사건은 고통받는 자와 그 고통에 참여하는 자 모두를 구원하는 사건이다. "선한 사마리아인" 비유에서 강도 만난 자는 인간성을 파괴당한 '비인간'이다. 그에게 가까이 가서 치유하고 돌보는 자

---

16 같은 글, 181.
17 서남동, "소리의 내력", 같은 책, 116-117.

비는 그를 인간으로 회복시키는 구원 사건이다. 이처럼 자비 사건은 자비를 실천하는 자와 자비를 요청하는 자 모두의 인간성을 실현하는 구원 사건이다. 이러한 자비 사건에서는 서로를 구원하는 주체들이 있을 뿐 구원받는 객체는 없다. 자비의 사건은 서로의 고통을 나누며 서로를 구원하는 불이적 구원 사건이다.

안병무는 "나누어 준다"는 말보다 "나눈다"는 말이 더 옳다고 한다.[18] 자비는 베풀어 주거나 나누어 주는 것이 아니라 서로 나누는 것이다. 내 것인 물질을 너에게 나누어 주는 것이 아니라 하느님의 것인(그래서 모두의 것인) 물질을 서로 나누는 것이다. 자비는 기쁨(慈)과 슬픔(悲)을 서로 나누는 마음이다. 자비는 비인간화의 고통과 인간화의 구원을 서로 나누는 관계론적 사건이다. 그런 '서로-자비'의 구원 사건을 오늘의 무자비 체제에서 다시 경험하기 위해 우리에게 필요한 것은 미래의 메시아를 기대하는 것이 아니라 과거의 메시아 사건을 기억하는 것이다. 그것은 '응팔'보다 훨씬 더 오래된 기억, 무자비의 제국에 자비의 나눔으로 저항했던 예수 공동체의 기억이다. 그 기억을 오늘 다시 사건화, 현재화할 수 있을 때 우리는 서로를 구원할 수 있다.

> 믿는 사람들은 모두 함께 지내며 모든 것을 공동으로 소유하고, 재산과 재물을 팔아서 모든 사람에게 각자 필요한 만큼 나누어 주었다. 그리고 날마다 한마음으로 성전에 열심히 모이고, 집집마다 돌아가며 빵을 떼고 신명나는 순박한 마음으로 음식을 함께 들며 하느님을 찬양하였다(사도 2,44-47).

---

18 안병무, 『민중신학을 말한다』, 한길사, 1993, 122.

3 자비 없는 시절, 자비의 정치

김은희

고통의 연대, 정치의 역할

굳이 엘리엇T.S. Eliot의 시 「황무지」The Waste Land를 떠올리지 않더라도 이제 4월은 많은 사람들에게 그저 화사한 봄꽃을 만끽하며 마음 가벼이 즐거워만 할 수는 없는 계절이 되었다. 세월호 참사 1주기 때도 비가 내리시더니, 2주기를 함께 기억하기 위해 사람들이 모인 광화문 광장에는 올해도 눈물인 듯 어두운 하늘에서 비가 쏟아졌다. 광장이 넘치고 세종문화회관 계단 위까지 가득하도록 모인 사람들은 묵묵히 그 비를 맞으며 긴 시간을 함께했다. 늦은 밤 추모 문화제가 끝나고 온통 젖은 몸을 추슬러 지하철을 타고 집으로 돌아오는 길에 딥 퍼플DEEP PURPLE의 노래

「4월은 잔인한 계절」April is a Cruel time을 듣는다.

> 멈추지 않는 4월의 비, 고통으로 가득한 계곡, 잿빛 하늘을 올려다봐도 그 이유를 알 수가 없어. 푸르러야 할 잿빛 하늘. … 가끔 모두 잊고 미소를 지어 보지만 그 생각이 다시 밀려와 …

이제 그만 잊으라 고개 돌려 외면하는 시선 속에서도 안산에서부터 걷기를 함께하고 광장에 모인 이들은 고통에 연대하는 사람들이다. 고통에는 목적이 있다. 고통이 없다면, 느낄 수 없는 것에 대해서는 돌보지 않게 되고, 우리는 위험에 처하게 된다. 공감은 우리가 직접 느끼지 못하는 어떤 것을 느낄 수 있는 능력이고, 고통이 몸의 경계를 정하는 것이라면 우리는 그들의 고통에 함께 아파함으로써 어떤 사회구성체의 일부가 되는 것이다. 공감을 통한 동일시라는 말은 나를 확장해 당신과 연대한다는 의미다. 신체적 고통이 자아의 신체적 경계를 정하는 것이라면 이러한 동일시는 애정 어린 관심과 지지를 통해 더 큰 자아라는 지도의 경계선을 정하는 것이라고 할 수 있다.[1] 히브리서 2장 10절에 나오는 "고난을 통해 완전하게 하시는 것"이라는 말씀도 이와 같은 뜻으로 새길 수 있지 않을까.

공동체에서 부당한 죽음을 애도하는 일은 이 부당한 죽음에 대한 책임을 묻고 답하는 일에 다름 아니다. 애도 정국이라는 말이 회자되었음에도 이 부당한 죽음에 대한 애도는 끝내 완성되지 못했다. 죽음을 묻는 일은 생존을 묻는 일이기도 하다. 너의 죽음은 나에게 슬픔의 공감과, 우

---

1 레베카 솔닛, 『멀고도 가까운 – 읽기, 쓰기, 고독, 연대에 관하여』, 김현우 옮김, 반비, 2016, 151-158.

정의 연대를 서명하는 일만이 아니라 나의 생존, 그 익숙한 삶의 감각을 심문審問하는 것이기 때문이다. 부당한 죽음을 애도하는 정치적 공간은 마련되지 못하고, 망각 속으로 사라지고 있다. 어떻게 애도의 정치적 공간을 마련할 것인가, 혹은 애도를 통해 어떻게 정치적 삶을 다시 구축할 것인가 하는 문제는 여전히 중요한 질문이다.[2]

우리의 몸과 마음은 물질적 여유와 불편함 없는 일상의 안온함에 너무나 길들어 있다. 하지만 신체와 정신이 온전히 분리될 수 없듯이, 고통의 감각을 느끼는 존재인 사람이 어찌 타인의 고통에 무감할 수 있을까. 세월호 참사 2주기를 맞아 작가 김훈은 다음과 같이 적고 있다.

> 그 슬픔과 분노는 특별히 재수가 없어서 끔찍한 재앙을 당한 소수자의 불운으로 자리 매겨졌다. 그 소수의 고통을 사회적으로 표출하는 것은 다수의 마음을 불편하게 하는 것이고 다수가 먹고사는 일에 해로운 결과가 된다고 힘센 목청을 가진 언설의 기관들이 힘을 합쳐서 소리 질렀다. 소리 질러서 낙인찍었고, 구석으로 몰아붙였다. 그렇게 해서 4·16의 슬픔과 분노는 특별히 재수 없어서 재난을 당한 소수자의 것, 우는 자들만의 것, 루저들만의 것으로 밀려났다. 세월호가 침몰한 사건과 그 모든 배후의 문제를 다 합쳐서 세월호 제1사태라고 한다면, 제1사태 직후부터 이 나라의 통치구조 전체가 보여 준 붕괴와 파행은 세월호 제2사태다. 이것은 또다른 난파선이다.[3]

기억이란 개인적이고 주관적인 것이 아니라 정치적인 산물이다. 기

---

2 권명아, 『무한히 정치적인 외로움』, 갈무리, 2012, 79-80.
3 http://1boon.kakao.com/munhak/416, 2016.4.16.

억의 정치는 과거 시점이 아니라 현실의 투쟁이고, 사회는 기억을 통해 과거를 재구성한다. 기억할 만한 것을 기억하고, 여러 사람들이 공유하고 전달하면서 그 사회의 역사가 되고 전통이 되는 것이다.

4·13 총선 직후인 세월호 참사 2주기 행사와 관련해서 선거에서 '승리'한 더불어민주당은 "정치적 공방을 불러올까" 하는 우려가 있다며 당 차원에서 공식적으로는 참여하지 않는다고 결정했다. 세월호의 아픔에 공감하는 사람들 중에도 이것은 '정치적 사안이 아니'라고, 갈등은 덮어 두고 '순수한 마음'으로 추모하자고 말하기도 한다. 과연 그런가? 세월호는 '정치적 사안이 아니다'라는 말은 옳지 않다. 비뚤어진 이념 갈등으로 왜곡할 일이 아닐 뿐, 이것이 왜 정치가 아니란 말인가. 고통받고 있는 시민들을 끌어안고, 기억할 것을 기억하고, 무너져 내린 나라를 다시 세우고 잘못된 것은 바로잡는 정의가 바로 정치의 역할이다. 몫이 없는 이들의 민주주의, 비통한 이들을 위한 정치가 오히려 더 간절하다.

정치가 모든 사람을 위한 연민과 정의의 직물을 짜는 것이라는 점을 잊어버릴 때 우리 가운데 가장 취약한 이들이 맨 먼저 고통을 받는다. 그들이 고통을 겪을 때 우리 민주주의의 성실성도 고통을 겪는다. 정치란 권력을 사용하여 삶에 질서를 부여하는 행위이자, 심층적으론 하나의 인간적인 기획이다. 마음이 부서져 흩어진 게 아니라 깨어져 열린 사람들이 정치의 주축을 이룬다면, 보다 평등하고 정의롭고 자비로운 세계를 위해 차이를 창조적으로 끌어안고 힘을 용기 있게 사용할 수 있다.[4]

---

4 파커 J. 파머, 『비통한 자들을 위한 정치학: 왜 민주주의에서 마음이 중요한가』, 김찬호 옮김, 글항아리, 2012, 46.

지방선거 직후 밀양 행정대집행: 정치적 각성

나는 이번 4·13 총선에서 그 존재조차 인지하지 못한 유권자들이 절대다수인 소수 원외 정당 '녹색당'의 당원으로 최선을 다해 선거운동에 임했다. 우리는 선거운동 기간 내내 단지 유권자에게 한 표를 호소하는 것이 아니라 '나는 왜 녹색당 당원이 되었는지', '녹색당이 하려는 정치는 무엇인지', '정치란 과연 어떠해야 하는지'를 직접 자신의 말로 시민들에게 이야기했다. 시민들의 세금으로 지불된 호화로운 선거 유세단과 우렁찬 확성 장치에 가려질지언정 두 손 번쩍 든 피켓 하나로도 대형 선거 유세 차량과 맞짱을 뜬다며 즐거워할 만큼 우리는 주눅 들지 않았다.

투표 전날인 4월 12일 자정, 공식적으로 허용된 선거운동이 종료되고, 함께 애써 온 후보자들 그리고 당원들과 인사를 나누면서 서로를 격려했다. 고되지만 즐겁게 선거운동을 하면서 희망을 품기는 했어도, 기득권 정치가 몰아붙이듯 유권자들의 선택을 강요하는 선거 국면에서 녹색당이 제도 정치에 진입하기란 기적을 바란다고 할 만큼 쉽지 않은 일임을 모르는 바는 아니었다.

막차인가 싶은 버스를 타고 집으로 가는 길에 떠올린 것은 지난 2014년 밀양 행정대집행이었다. 2014년 지방선거가 끝나자마자 밀양 765kv 송전탑 반대 투쟁[5]에 들이닥친 행정대집행은 그야말로 국가 폭력

---

5 밀양 765kv 송전탑 반대 투쟁은 2000년 한전과 정부가 주민들 몰래 사업을 꾸리면서 시작되었다. 2005년부터 주민 투쟁이 시작되었고, 대책위를 구성하여 정부와 한전과의 협의와 현장 투쟁이 병행되었다. 2012년 1월 밀양 산외면 보라마을 고(故) 이치우 어르신의 분신자결로 밀양은 전국적으로 알려지게 되었다. 이후 밀양 투쟁은 전국의 시민사회단체 및 연대 시민들과의 지원 속에서 에너지 분야의 가장 중요한 이슈가 되었다. 수많은 연대 시민 및 단체들이 밀양을 방문하였고, 이는 주민들의 투쟁을 이어 가는 가장 큰 동력이 되었다. 그 와중에도 한전은 두 차례나 전면적인 공사를 재개하였으나, 주민들의 눈물겨운 투

이었고, 선거 직후 전격적으로 강행되었다. 표는 받았으니 가차 없이 치고 들어온 것이다. 2년 전 이맘때 밀양 대책위 주민들과 연대 시민들은 부북면 129번 현장, 단장면 용회마을 뒷산 101번 현장 여기저기에서 그렇게 버텨 냈다.

벌써 2년이 지났다. 765kv 초고압 송전탑을 두고 10년을 지속해 온 밀양의 싸움을 두고, 사람들은 이미 진 싸움 아니냐고 지금 할 수 있는 게 뭐가 있냐고 되묻는다. 과연 싸움은 끝났고, 밀양은 패배한 것일까? 밀양 할매들은 여전히 포기하지 않고 있다. 오늘도 농사를 돌보는 틈틈이 싸움을 살아 내고 있다. 밀양을 넘어 전국을 돌며 자신들의 경험과 생각을 풀어내고, 상처가 있는 곳곳을 찾아 세월호 유가족, 제주 강정마을 지킴이들, 유성기업 해고노동자들을 보듬는다. 2015년에는 전국 순례 기행을 담은 기록 『탈핵 탈송전탑 원정대』가 책으로 엮여 나왔고, 다큐멘터리 영화 「밀양 아리랑」을 통해 영화배우로도 데뷔를 했다. 밀양 대책위 주민 김영자 총무님은 송전탑 투쟁의 경험을 이렇게 말씀하신다.

> 이건 우리만의 싸움이 아니잖아요. 그 사람들 때문에 용기를 낼 수 있고, 탈핵이 우리가 살 수 있는 길이 되지 않을까. 내 지역의 미래를 보면 우리 지역에 송전탑이 안 들어서는 게 맞죠. 우리나라의 미래를 보면 탈핵이 되는 게 맞는 거 같아요. 이 싸움이 끝이 나도 '나는 함께할 것이다'라는 생각을 갖고 있어요. 우리 아들이 '이 싸움이 끝이 나도 엄마는 끝이 안 날 것 같

쟁과 이에 따른 여론 악화로 두 차례 모두 공사가 중단되기도 했다. 그러나 2013년 5월부터 국가기구와의 직접적인 충돌이 시작되었다. 2014년 6·4 지방선거 직후 행정대집행 압박이 가해지면서, 6월11일 경찰 병력과 공무원, 한전 직원 등이 동원되어 폭력적인 행정대집행이 단행되었다. 자세한 내용은 밀양 765kv 송전탑 반대 대책위원회, 『밀양 송전탑 반대 투쟁 백서 2005~2015』, 2015 참조.

습니다' 해요. 나는 못 잊을 것 같아요. 우리 싸움이 끝나도 그곳 사람들에게 힘이 되어 주고 싶어요, 작지만. 우리도 이렇게 많은 분들 도움을 받으며 싸우고 있잖아요.6

그녀의 싸움은 끝이 아닌 시작을 향해 간다. '우리 마을에 송전탑이 웬 말이냐!'로 시작된 밀양 대책위 투쟁은 주민들을 달라지게 했다. 우리 집 앞마당 송전탑 반대를 넘어 지속 가능한 사회를 향한 '탈핵'이라는 사회적 의제로 향하고, 그리고 삶 속에서 한 사람의 민주주의자로서 우리 사회 곳곳 연대의 손길이 필요한 현장과 손잡는 정치적 각성으로 나아가고 있다. 2016년 총선을 앞두고는 "밀양 송전탑 투쟁 4년, 정치가 돌보지 않은 곳에 늘 녹색당이 있었다"며 밀양대책위 할매 할배 30여 분이 함께 녹색당 당원이 되셨다. 이제 탈핵 탈송전탑과 이 나라의 민주주의의 역사를 직접 새로 써 보자고 말이다.

사회 곳곳이 세월호이고 밀양: 재난이 만들어 낸 힘

4·13 총선 당일 조금은 두근거리는 마음으로 아침 일찍 투표를 마치고 나서는데, 가장 먼저 들어야 했던 소식은 '뉴타운 철거민의 분신 사망'이었다. 돈의문 뉴타운 지역에서 상가를 운영하던 세입자 철거민이 강제 퇴거가 집행되자 이에 항의하며 분신해 병원으로 옮겨졌으나 하루를 넘기지 못하고 목숨을 놓아 버린 것이다. 용산 참사 7년이 넘었지만

---

6 밀양 구술 프로젝트, 『밀양을 살다』, 오월의 봄, 2014, 253.

여전한 강제 퇴거의 현실 속에서 세입자에 대한 대책 없는 개발이 또다시 사람의 생명을 앗아 가는 비극을 낳았다.

대추나무골이라 불리던 부산 만덕5지구에서도 선거 직후로 예고된 행정대집행에 저항해 주민이 9미터짜리 철탑 위에 올라가 있다. 송경동 시인은 달리 길을 찾지 못하고 철탑 위로 올라가야만 했던 고공 위의 사람들을 '하늘에 뜬 세월호'라고 말한다. 민간 사업자도 아닌 한국토지주택공사(LH)가 사업 시행자인 만덕5지구는 현재 마을의 건물 대부분이 철거된 상태이지만, 만덕 주민 공동체 소속 30여 가구가 남아 살아가고 있는 삶터이다. 주민들의 요구는 더 이상 밀려날 곳이 없으니 "지금 이대로 살고 싶다"는 것이다. 바로 밀양에서 10년 동안 할매들이 쏟아 낸 절규 "지금 이대로 살고 싶다"와 같다. 밀양 할매들의 긴 한숨과 탄식이 되살아나고, 곳곳에 눈물이 흘러 강을 이루고 있다.

지금 우리사회 곳곳이 재난과 같은 상황에 몰려 있다. 재난은 기본적으로 끔찍하고 비극적이고 슬픈 일이며, 제아무리 긍정적인 효과와 가능성이 부수적으로 나타난다 해도 바람직하다고 말할 수는 없다. 하지만 재난이 선물을 창조하지는 못해도, 선물이 도착하는 통로가 될 수 있다는 희망의 메시지도 있다. 레베카 솔닛은 재난이 사회적 열망과 가능성을 보여 주는 놀라운 창을 제공할 수 있으며 그런 우정과 환대의 재난 공동체 사례로 '미스바 카페'를 소개한다. '미스바'mizpah는 히브리어로 "(물리적으로나 죽음에 의해) 분리된 사람들 사이의 정서적 유대"를 뜻하고, 구약성서에 나오는 단어로, "국가적 비상사태가 발생하면 사람들이 만나곤 했던" 망루라고 되어 있으며, "안식처, 희망에 찬 기대의 장소를 상징"한다.[7]

---

7   레베카 솔닛, 『이 폐허를 응시하라』, 정해영 옮김, 도서출판 펜타그램, 2012, 34.

재난을 연구한 사회학자 프리츠는 삶은 일종의 재난이라고 전제한다. 다만 구체적 재난 상황에서는 그런 일을 혼자 겪는 것이 아니라는 점이 다르고, 실제 재난은 일상적 재난으로부터 우리를 해방시키기도 한다는 점을 발견해 냈다. 그는 재난 시에 공동체적 일체감이 어떻게 생기는지를 구체적으로 묘사한다.

많은 사람이 위험과 상실, 박탈을 함께 겪음으로써, 사회적 고립을 극복한 생존자들 사이에 친밀하고 집단적인 연대감이 생기고, 친밀한 소통과 표현의 통로가 나타나며, 든든한 마음과 서로를 물심양면으로 도우려는 의지가 샘솟는다. '외부인'이 '내부인'이 되고, '주변인'이 '중심인물'이 된다. 그리하여 사람들은 전에 없던 확신을 가지고 모든 사람이 인정하는 기본적 가치들을 인식하게 된다. 그리고 이런 가치들을 유지하려면 집단행동이 필요하며, 개인과 집단의 목표는 서로 긴밀하게 얽혀 있음도 깨닫는다. 개인과 사회적 필요의 이러한 얽힘은 정상적인 상황에서는 불가능했을 소속감과 일체감을 느끼게 한다.[8]

생각해 보면 세월호 유가족과 지지 시민들, 밀양 765kv 반대 대책위 주민과 연대자들이 보여 준 모습들이 재난 속에서 피어난 우정과 환대의 공동체이자, 민주주의와 삶의 정치로 진화하는 과정 바로 그것이다.

---

[8] http://dspace.udel.edu/handle/19716/1325 (Charles Fritz 1996).

타자와의 관계: 공유지 확대의 정치

이번 총선 결과 유권자들의 표심은 미리 예측했던 여론조사 결과와는 많이 달랐다. 일부에서는 '뜻밖의 결과'라고 말하기도 했고, 여론조사 예측이 왜 빗나갔는지 원인을 분석하기도 한다. 선거에서의 투표뿐만 아니라, 어떤 면에서는 정치를 객관적으로 인식하고 법칙을 찾아내려는 태도 자체가 정치의 실천적 측면을 은폐하기도 한다. 이성을 배제하는 것은 옳지 않지만 마찬가지로 오로지 이성만을 신봉하는 것도 일면적이다. 정치만 그런 게 아니라 경제도 다르지 않아서, 경제학자 아마르티아 센은 '이익-비용'을 자신의 행동 규범으로 삼는 인간을 '합리적 바보'라고 설명한다.[9]

정치와 맺는 관계(relation)는 눈을 부릅뜨고 볼수록 다분히 비합리(irrational)인 것을 담고 있어서, 정치는 '이유/동기'(cause)의 총체로서 파악되어야 하고, 따라서 '이성'이나 '합리성'만으로는 파악될 수 없는 정치의 측면을 집중적으로 관찰해 볼 필요가 있다. 정치란 자기 이외의 타자의 존재를 전제로, 이런 사람들과 협력하거나 거래하거나, 이들에 반발하거나 이들을 강제하여, 공동체에 바람직하다고 생각되는 것을 끈질기게 실현해 가는 것이다. '자신에게 좋은 것'이 '타인에게 좋은 것', 즉 '공동체에 좋은 것'이라고는 할 수 없다.[10] 이런 간극을 메우고 좁혀 공유지(commons)를 확대하려는 것이 바로 정치다.

---

9   Amartya Sen, "Rational Fools: A Critique of the Behavioural Foundations of Economic Theory" 1977, *Choice, Welfare and Measurement*, MIT Press, 1982.
10 요시다 도오루, 『정치는 감정에 따라 움직인다』, 김상운 옮김, 바다출판사, 2015, 9.

생명과 평화의 정치

2014년 당시 한국을 방문해 세월호 유가족들과 시민들의 마음을 보듬어 주셨던 프란치스코 교황의 회칙 『찬미받으소서』는 '온전한 생태학'에 대한 인식과 변화를 제안하고 있다. 생태 전환과 기후 정의에 관한 가톨릭의 의미 있는 첫 문건이기도 한 회칙에서 말하는 온전한 생태학이란 "우리가 이 세상에서 인간으로서 차지하는 특별한 위치와 우리 주변과 맺고 있는 관계를 존중하는 생태학"을 의미한다. 그리고 온전한 생태학을 위해서 '관계'에 대한 성찰과 변화, 책임을 강조하고 있다. 또한 '생태적 회심'은 개인뿐 아니라 공동체와 국가적 차원에서도 반드시 필요하므로 국내적, 국제적 정치의 역할도 중요한 내용으로 담고 있다.

북아메리카 원주민 다코타Dakota 족의 인사말 중에 "미타쿠예 오야신"(Mitakuye Oyasin/Mitákuye Oyás'iŋ)이라는 말이 있다. '우리 모두는 서로 연결되어 있다'는 뜻을 지닌 이 말은 인간을 포함한 생태계와 자연의 본성을 압축적으로 표현한 아름다운 인사말이다. 회칙 『찬미받으소서』가 가진 관점도 결국 가난한 이들과 지구의 취약함의 긴밀한 관계, 그리고 세상의 모든 것이 서로 연결되어 있다는 확신에 맞닿아 있다. 믿음의 여부에 제한 없이, 우리는 회칙이 '자신에게 좋은 것'에서 '공동체에 좋은 것'으로 확장되는 정치와 깊이 관련되어 있음을 진지하게 마음에 새겨야 한다.

회칙 외에도 최근에 로마 가톨릭에서 전해진 반가운 소식이 있었는데, 역사적으로 오랫동안 견지해 왔던 정의로운 전쟁론(bellum iustum/Just War Theory)을 비판하고 비폭력을 통한 '정의로운 평화'(just peace)를 대안으로 선택한다는 입장이 바로 그것이다.[11] 정의로운 전쟁론은 아우구스티누스를 기점으로 법학자나 신학자들의 논의를 거쳐 왔으며, 신神에 의해 허락된 전쟁이라는 의미의 성전聖戰(holy war)이라는 사고를 종종 수반하기도 했다. 이제 평화를 위한 명목으로 폭력이 자행되는 전쟁을 거부하고 '오직 평화'의 길을 간다는 것이다.

유럽 여러 나라에서 의미 있는 대안 정치 세력으로 자리 잡고 사회 변화에 역할을 하고 있는 녹색당은 '글로벌 그린스'Global Greens를 통해 국제적 네트워크를 형성하고 있다. 2011년 일본 후쿠시마에서 일어난 재난인 3·11 사태를 계기로, '우리는 어떤 사회에서 살고 싶은가'라는 근원적 질문을 성찰하면서 '생명과 평화의 정치'를 지향하는 정치 세력으로 한국에도 녹색당이 만들어져 활동하고 있다.

종교와 목회자 그리고 정치와의 관계

재미난 제목으로 눈에 띄는 책 『대통령 예수』Jesus for President는 그리스도교 평화운동가인 셰인 클레어본과 크리스 호의 저작이다. 두 저자는 정치를 '세상과 관계를 맺는 일'로 정의하면서 '그리스도교 신앙은 정치적인 것'이라고 강조한다. "그리스도인이라면 정치를 멀리하거나, 정치에 무관심해서는 안 된다. 이웃 사랑을 실천해야 하는 그리스도인에게

---

11 Joshua J. McElwee, "Landmark Vatican conference rejects just war theory, asks for encyclical on nonviolence", http://ncronline.org/news/vatican/landmark-vatican-conference-rejects-just-war-theory-asks-encyclical-nonviolence; NCR Online, "Time to rethink: Vatican conference rejects 'just war' theory", http://cathnews.com/cathnews/24910-vatcian-conference-rejects-just-war-theory

좋은 정치에 대한 관심과 실천은 회피할 수 없는 소명"이라는 것이다. 예수를 대통령이라 부른다면, 그의 정치 슬로건은 '희년(jubilee)!'일 것이라고 제시하면서, 빚을 탕감하고 불공평을 깨뜨리며 포로와 억압받는 자를 자유롭게 하는 반제국적 경제 전통인 희년을 강조한다. 희년 원칙을 실제로 실천하면 세상이 완전히 뒤집히고 국세청이 곤란에 빠질 줄 처음부터 알고 계셨다는 발칙한 상상을 제안하고 있기도 하다.[12]

오늘날 현대 대의민주주의의 핵심인 정당도 종교와 무관하지 않다. 정당정치가 자리 잡은 유럽에서도 종교적 지향을 기반으로 하는 주요 정당들이 적잖이 존재한다. 예를 들어 독일의 경우 보수적 자유주의와 그리스도교 민주주의를 이념으로 하는 기독교민주연합(CDU, 기민당)이 활동하고 있다. 한국에서도 이번 20대 총선에서 기독자유당, 기독민주당, 그린불교연합당 등 종교적 지향을 토대로 한 정당들이 여럿 참여했고, 총선 결과 눈에 띄는 특이점으로 기독자유당이 새누리당, 더불어민주당, 국민의당, 정의당 등 기존 원내 정당을 제외하고는 가장 높은 정당 득표를 기록한 점이 회자되기도 했다. 이번에 기독자유당이 얻은 득표는 역대 기독교 정당이 얻은 표 가운데서 가장 많은 득표 수를 기록했고, 1997년 대선 출마 이래 지속적으로 정치 세력화를 도모해 온 시도가 이제 원내 진입을 목전에 둔 정도로 확장된 것이다. 그러나 성소수자와 이슬람에 대한 혐오, 차별 금지법 반대를 대표 공약으로 내세우면서 공격과 배제를 토대로 지지 기반을 확보하려는 기독자유당의 정치적 입장에는 동의하기 어렵다. 또한 성 평등과 민주주의 원리 차원에서 공직 선거법상에 명문 규정된 비례대표 50% 여성 할당과 남녀교호순번제 조항을 명시

---

12 셰인 클레어본·크리스 호, 『대통령 예수 – 평범한 급진주의자를 위한 정치학』, 이주일 옮김, 죠이북스, 2016.

적으로 어기고 비례대표 후보 10명 중 9명을 남성 목회자 중심으로 공천한 점 역시 부적절한 것이었다. 이러한 상황과 관련하여 역사학자 에릭 홉스봄은 정치화된 종교의 흥기에 있어서 경계해야 할 대목은 대규모 종교적 유권자의 등장이 아니라, 종교 내부의 급진적이지만 압도적인 우익 이데올로기의 등장이라고 지적한 바 있다. 이는 특히 근본주의 개신교와 전통주의 이슬람교에서 두드러진다. 양자 모두 '경전 종교'의 전통적 근본주의 방식, 곧 경전의 순전한 원본으로 회귀하는 모습을 보여 준다고 설명한다.[13]

구체적으로 종교 정당이 등장하고 목회자의 정치 참여 가능성이 목격되는 상황에서 종교와 목회자 그리고 정치와의 관계를 고민하지 않을 수 없다. 기민당 소속인 앙겔라 메르켈 독일 총리는 "신앙을 앞세워 정치할 수 없다"고 입장을 명확히 한 바 있는데, 부시 전 미국 대통령의 경우를 들어 "그리스도인 정치가는 하느님의 이름을 정치적 의도를 가지고 이용해서는 안 됩니다. 예를 들자면, 이라크 전쟁의 경우 우리는 이 현상을 목격했습니다. 또한 교회의 권위를 이용하는 경우에도 저는 바람직한 것이 아니라고 생각합니다"라고 선을 그었다.[14] 개인의 종교적 신념에도 불구하고 정치인으로서 위임받은 공적 권한을 행사함에 있어서 무엇이 정치의 근본과 민주주의에 부합하는가 하는 점이 우선한다는 점에서 앙겔라 메르켈의 입장은 지극히 적절하다. 종교인이 정치를 한다는 것은 '종교의 이름으로' 권력을 취하고자 하는 것이 아니라 종교적 영성, 예를 들어 정의와 평화, 생명의 가치와 같은 '그리스도교 정신'을 이루는 정치를 하는 것이어야 한다.

---

13   에릭 홉스봄, 『파열의 시대』, 이경일 옮김, 까치, 2015, 262.
14   폴커 레징, 『그리스도인 앙겔라 메르켈』, 조용석 옮김, 한들출판사, 2010, 137.

세계 3대 판타지 소설로 꼽히는 『나니아 연대기』의 저자이자 그리스도교 사상가인 C.S. 루이스는 목회자의 역할과 관련해 "목회자는 필요한 일들을 돌보기 위해 전체 교회 가운데 따로 구별되어 특별히 훈련받은 사람들입니다. 그런 그들에게 정치적 프로그램을 제시하라는 것은 전혀 훈련받지 못한 생판 다른 영역의 일을 하라고 요구하는 것이나 다름없습니다. 그런 일은 사실 우리 같은 평신도가 해야 합니다"라고 설명한다.[15]

복음주의는 본질적으로 자율적인 신도들의 총체라 할 수 있고, 그것은 가난하고 억압받고 소외된, 사회적으로 방황하는 사람들의 풀뿌리 운동이거나 그런 운동으로 시작되었다고 한다. 성경을 온전하게 이해하고 있지는 못하지만 "나는 여러분을 더 이상 종들이라고 부르지 않겠습니다. 사실 종은 자기 주인이 무슨 일을 하는지 모르기 때문입니다. 나는 여러분을 친구들이라고 불렀습니다. 내가 내 아버지에게서 들은 것을 모두 여러분에게 알려 주었기 때문입니다"라는 요한복음서 15장 15절을 기억하고 있다. 이 구절은 어찌 보면 민주주의의 시작과도 같은 의미를 담고 있는 게 아닐까 생각되기도 한다.

시민이 '삭제'되지 않는 새로운 정치와 민주주의를 상상하자

4·13 총선이 끝났다. 이번 선거 결과 당선된 20대 국회 국회의원들의 모습은 '40억 원이 넘는 재산을 가진 고학력의 50대 이상 중년 기혼 남성'으로 모아진다. 여전히 우리가 '정치인'이라고 할 때 떠올리는 딱 그

---

[15] C.S. 루이스, 『순전한 기독교』, 장경철 옮김, 홍성사, 2001, 139.

모습이다. 여성들, 청년들, 가난한 사람들과 같은, 우리 사회를 구성하고 있는 다양한 시민들의 모습이 반영되어 있지 못하다. 선거에서 공천된 사람 또는 당선된 사람들이 이렇게 특정한 조건으로 정형화된다는 것 자체가 민주주의에 반한다.

요즘 시민들은 국회의원들에게 불만이 많고, 더 이상 관심조차 갖지 않는 경우가 대부분이다. 왜일까? 그것은 그들이 더 이상 시민들의 말에 제대로 귀 기울이지 않고, 사회를 잘 대표하고 있지 못하기 때문이다. 이반 일리치는 직업 정치가를 포함한 전문가 엘리트들이 어떻게 권력을 독점하고 자신의 이익을 지켜 왔는가를 이야기하면서, 말 없는 다수가 입을 열어 저항할 때 우리를 불구로 만드는 전문가 시대는 막을 내릴 것이라고 제안한다. 전문가 정치는커녕 '자영업자 정치'라고 조롱받고 있는 우리 현실의 국회의원들을 생각하면 여러 가지를 다시 고민하지 않을 수 없다. 선거를 '민주주의의 꽃'이라고들 한다. 선거 과정을 통해 선출된 시민의 대표를 의회로 보내 정치를 위임한다. 그래서인지 정치라 하면 곧바로 선거나 선출된 의원 또는 의회를 떠올리지만, 이것은 '대의제'의 한 과정일 뿐 민주주의의 전부일 수는 없다. 기존의 대의제 정치 시스템은 몇 년에 한 번 선거를 통해 대표자를 선택할 수는 있지만 그 대표자들이 어떤 결정을 내리는가에 대하여 시민들은 완전히 소외되어 있다.[16]

지금의 정치는 민주주의를 대의민주주의로, 그리고 대의민주주의를 선거로 축소시켜 버린 측면도 없지 않다. 판 레이브라우크는 『국민을 위한 선거는 없다』라는 책에서 "선거는 정치에서 화석연료라 할 수 있다. 과거에는 선거가 민주주의에 엄청난 자극제가 되었다. 석유가 경제에 활

---

16 김은희 외, 『숨통이 트인다』, 포도밭출판사, 2015, 92–93.

력을 불어넣는 것과 같은 이치다. 하지만 지금에 와서 선거는 거대하면서도 완전히 새로운 문제들을 야기하는 것이 사실이다. 우리가 서둘러서 이 민주주의 화석연료의 본질에 대해 고민하지 않는다면 대규모 위기가 우리를 위협하게 될 것"이라고 지적한다.[17]

특히, 한국의 경우 국회의원 선거에서 강력한 승자 독식 구조인 '단순다수 소선거구제'를 선거제도로 채택하고 있어서 오로지 힘 있는 1등만이 살아남게 된다. 시민들은 나의 살아 있는 정치적 의사가 혹시나 사표死票가 되지 않을까 걱정하면서 최선보다는 당선 가능성 있는 차선을 택할 수밖에 없도록 강요한다. 이렇다 보니 힘없는 사람들, 사회적으로 배제된 소수자들의 목소리가 정치에 반영될 수 있는 길이 막히게 되고, 새로운 정치를 제안하는 소수 대안 정당이 국회에 들어가기도 매우 어렵다. 정치는 점점 더 '그들만의 리그'가 되어 더 높은 진입 장벽을 쌓아 시민들을 배제하면서 자신들만의 이익을 위해 담합하는 집단이 되어 간다. 하지만 정치를 야유하고 정치인을 비난하는 것으로는 정치가 살아나고 민주주의가 회복될 수 없다. 시민들이 정치에 무관심해질수록 민주주의는 무력화되고, 정치는 가난한 보통 시민들에게서 떨어져 기득권 정치인들의 전유물이 된다. 정치인들은 선거 때마다 특권을 내려놓겠다, 정치를 개혁하겠다 공약을 늘어놓지만, 그들에게만 맡겨 두어서는 불가능한 과제이다. 이제 더 미루지 않고 선거제도와 정치 시스템을 바꾸기 위한 시민적 운동이 절실하다. 기존의 정치를 개선하려는 노력과 함께 새로운 정치에 대한 상상력도 키워야 한다. 여러 가지 실험이 가능하겠지만, 무엇보다 '시민들의 참여'가 보장되는 방식이 우선이다.

---

17 다비트 판 레이브라우크, 『국민을 위한 선거는 없다』, 양영란 옮김, 갈라파고스, 2016, 84-85.

프랑스의 지식 공유 웹진 「라비데지데」[18]에는 '2112년의 세계'(Le monde en 2112)라는 주제로 각 분야 전문가들이 구상해 본 실현 가능한 이상향을 풀어 쓴 글들이 게재되었는데, 그중에는 정치와 관련하여 「제비뽑기 혁명」[19]이라는 제목의 글도 포함되어 있다. 2011년 11월에 처음 게재된 이 이야기는 유럽생태녹색당 메스Metz 지부의 실험을 소개하는 것을 시작으로 제비뽑기 민주주의를 통해 프랑스가 정치의 근본적인 변화를 이루는 제6공화국으로 이행한다는 내용을 담고 있다.[20]

제비뽑기 민주주의가 주는 상상력으로 인해 매력적이라고 느끼는 사람들도 대의민주주의가 너무나 당연하게 인식되어 온 탓인지 "고대 그리스에서나 가능했던", 아니면 아직은 불가능한 '미래의 정치'로 이해하는 경향이 없지 않다. 하지만 현재의 시간은 미래를 품고 있다는 말처럼 지금 시작해야 미래에도 가능한 것이다. 현실에서 적용 가능한 민주주의 프로젝트로 '100% 추첨제 직접민주주의'가 이미 작동되고 있는 사례도 있다. 바로 한국 녹색당의 100% 추첨제 대의원 제도가 그것이다. 녹색당은 강령에서 "풀뿌리 당원들이 중심이 되는 정당, 중앙으로 집중된 권력을 마을이 되찾는 지역 분권적인 정당, 직접민주주의와 추첨제 등 다양한 민주적 원리들이 살아 숨 쉬는 정당"이라고 스스로를 규정하고 있다. 이를 위해 당원 모두가 직접 참여하는 당원 총회를 최고 의사결정기구로 두고, 대의 기구인 대의원대회를 성별과 연령 및 지역 배분 기준과 소수자 참여 보장을 전제로 100% 전원 추첨제로 구성하고 있다. 대

---

18 www.laviedesidees.fr
19 http://www.laviedesidees.fr/La-revolution-du-tirage-au-sort.html
20 이브 생토메 외, 『내일을 위한 유토피아 – 22세기 세계』, 전미연 외 옮김, 황소걸음, 2016, 55-63.

의원대회는 녹색당의 최고 대의 기관으로, 대의원 추첨제는 녹색당이 지향하는 진정한 풀뿌리 민주주의의 실현을 위한 새로운 도전이다. 과거 일부 진보 정당에서 부분적으로 추첨을 통해 대의원을 선출한 경험이 있지만, 전면적으로 무작위 추첨을 통해 대의원을 선출한 사례는 전 세계 정당사에서도 유례를 찾기 힘든 제도이다.[21]

'영성'靈性(Spirituality)은 주로 종교적 의미에서 사용되지만 맥락에 따라 다양한 의미로 확장될 수 있다고 생각한다. 우리가 살아가는 데 가슴에 품어야 할 준칙으로서 가장 깊은 가치와 의미가 영성이라면, 개인의 영성만큼이나 중요한 것이 '사회적 영성'이다. 어떤 힘없는 이들도 배제됨이 없는, 사람이 삭제되지 않는 민주주의 가치가 우리가 정진해야 할 '사회적 영성'의 하나가 아닐까? 영성에 있어서 내적 성찰은 무엇보다 중요한 덕목이지만, 깨달음에 깊이를 더한다는 것은 나만의 충만함이 아니라 내가 살고 있는 사회를 그러한 충만함으로 채우기 위한 사회적 실천과도 연결되어야 한다. 지금 우리 사회가 마주하고 있는 정치적 한계들을 극복하기 위해, 정치에 대한 무관심과 혐오를 내려놓고 사회적 영성의 실천이라는 측면에서 승자 독식 구조를 해체하는 정치 개혁에 더 많은 시민들이 관심을 가지고 참여할 수 있기를 소망한다.

---

21 김은희, "제비뽑기, 민주주의의 열쇠", 『녹색평론』 147호, 녹색평론사, 2016, 233.

4 자비의 학교, 자비로운 스승

황주환

학교의 추억

드라마 「응답하라 1988」은 재미있었다. 딸아이가 보던 드라마를 아내와 지켜보다가 함께 빠져들었다. 나와 아내의 학창 시절은 드라마의 시대보다 몇 년 앞서지만, 지난 청소년기를 추억하기에 모자람이 없었다. 당시 유행하던 옷, 음악, 영화, 분식점 그리고 학교.

그런데 드라마의 교실 풍경에서 우리의 옛 학교가 잘 느껴지지는 않았다. 교실은 대체로 평화로웠고 교사 역시 재미있는 역할들이었다. 쌍문동 사람들은 온화하고 아이들이 자라 모두 성공하듯, 드라마는 그 시대를 정직하게 말하지 않았던 것이다. 소품과 에피소드는 세밀했지만 결핍과 폭력은 애써 외면했다.

　사람들은 지난 학창 시절을 대체로 아름답게 추억한다. 기억은 선택적이기에 지나가 버린 청춘을 아름답게 다시 불러내곤 하지만, 그 시절을 지금 일상으로 다시 감내할지는 모르겠다. 교사로 오래 있으면서 나도 옛 학교를 떠올리곤 하는데, 오늘날 경쟁 학교가 지옥 같다 해서 그 옛날 학교가 아름답게 채색되지는 않았다. 나는 그 시절 학교로 돌아가고 싶지 않다. 학교는 군대처럼 조직되었고 이해할 수 없는 규율이 만연했다. 한 교실에 60여 명씩 빼곡히 앉은 학생들은 수시로 주먹다짐을 했고, 교사는 무소불위의 권력을 휘둘렀다.

　교사는 교실에서 절대군주였다. 이유도 없이 학생의 인격을 모독했고 폭행도 잦았다. 그런데 교사 역시 교무실에서는 절대노예였다. 내가 교사가 되어 전해 들은 옛 교무실 풍경은, 절대군주인 교장 교감의 폭언과 모독 그리고 손찌검까지 있었단다. 학생뿐 아니라 교사도 인간 대접을 받지 못했던 것이다. 그리고 학교장도 마찬가지였다. 교직 삼 년차 때, 학교장이나 교감이 가야 할 도교육청 학력 향상 방안 출장을 교무부장이 내려 받아, 결국 교무 기획이던 내가 가게 되었다.

　정장 차림의 수백 명 교장 교감이 도교육청 넓은 회의장에 도열했다. 잡담도 없는 무거운 정적에 당혹할 정도였다. 한참 후 교육감이 수십 명 교육청 직원들의 보필을 받으며 입장하자, 주변에 도열해 있던 교장 교감들이 움직이기 시작했다. 모두 허리를 구십 도 숙이며 연신 머리를 조아렸다. 딱 조폭영화에서 보던, 숨 막힐 정도로 경직되고 비굴해지는 장면! 그 장면이 학교장의 모든 것을 말하지는 않지만, 시간이 지날수록 이는 우리 교육의 핵심을 보여 주는 장면으로 부각되었다.

　어느 누가 자존과 자유를 말할 수 있었을까. 학생은 인간이 아니었고, 교사도 학교장도 권력의 사슬에 매여 있었다. 교육감도 장관에게 그 러했으리라. 어쩌면 오직 한 사람 '절대존엄'만이 이 나라의 주인으로 자 유를 누렸는지 모르겠다. 모두 살아남기 위해 복종했을 테고 혹은 출세 하려고 비굴했을 테다. 그렇게 얻은 권력의 자리에서 폭력을 전리품처럼 행사했을 테고, 우리는 그런 권력의 말단 교사에게 두들겨 맞으며 자랐 다. 그것을 배움이라 여기던 시절이었다. 드라마에서는 말하지 않은 우 리의 학교가 그렇게 지나갔다.

그리고 삼십 년이 지난 지금, 버스 회수권과 마이마이 카세트를 스마 트폰이 대신하는 상전벽해가 일었다. 이제 선출직 교육감은 임명직 장관 의 명령을 거부하기도 하고, 특목고 학교장들은 단체로 교육감에게 언성 을 높이기도 한다. 학교장이 교사에게 손찌검하는 것은 상상할 수 없는 일이고, 교사도 학생에게 예전 같은 폭력을 행사하지는 않는다. 세상이 변한 만큼 학교도 변했다. 그런데도 왜 나는 여전히 학교가 불편할까. 학 생이 아니라 교사가 되어서도 말이다.

그래도 자비로운 교사들

'자비의 학교, 자비로운 스승'이라니? 프란치스코 교황의 '자비의 특 별 희년 선포'에 맞추어 자비로운 학교와 스승을 말하려니 참으로 쉽지 않다. 더구나 나는 성경에 비추어 자비를 성찰할 능력이 없기에 더욱 난 감하다. 그래서 프란치스코 교황의 칙서를 따라가 보니, 자비를 자애, 진 실, 신비, 궁극, 사랑, 용서, 고유한 본질, 온유한 배려, 인자하심, 영원, 심 오한 구원, 눈에 보이게 드러나는 것, 참된 하느님 자녀의 식별 기준 등으로 설명했다.

그렇다면 이처럼 학생을 사랑하고 용서하고 배려하는 선생님은 언제나 있지 않았던가! 황폐했던 교육 환경에서도 진실한 선생님들은 있었다. 학생들에게 따뜻한 눈길과 애착을 보여 준 선생님들 때문에, 우리는 이나마 사람다운 꼴을 갖춘 것이리라. 한 반에 60여 명의 남학생들이 내뿜는 객기에도 불구하고 우리를 한 번도 때리지 않았던 미술 선생님도 기억나고, 맹랑한 질문을 끝까지 들어 주며 웃음 머금던 생물 선생님도 떠오른다.

그 선생님들은 어린 우리가 미처 몰랐던 교무실의 폭력을 뒤로 한 채, 교실에서만큼은 양심을 지키려 했을 테다. 퇴학이 일상이던 시절에도 학생 징계를 반대하며 늦은 교실을 지키던 선생님처럼, 아이의 가난을 모욕하지 않던 선생님처럼 학생의 삶을 받쳐 주던 선생님들은 곳곳에 있었다. 주당 30시간 넘나드는 초인적인 수업과 온갖 업무에 파묻혔을 선생님으로서는 결코 쉬운 일이 아니었으리라. 폭력의 시절에, 그 헌신과 용서와 배려는 작은 것이 아니었다.

그 시절을 지나 이제 학교는 다른 공간이 되었다. 학생을 독촉하던 납입금도 없어졌고 퇴학 처분도 사라졌다. 이제 아이들은 디지털 교실에서 피자와 통닭 파티도 한다. 여전히 폭력적인 교사는 있다지만, 대개의 교사들은 아이들에게 다감하고 세심하다. 옛 학교와는 비교할 바 아니다. 그런데도 왜 아이들은 학교에서 행복하지 않다는 걸까. 왜 학교를 거부하고 곳곳에서 폭력을 행사하고 또 자살하는 걸까. 이만하면 좋은 학교이고 이만하면 좋은 선생님인데 말이다. 아무리 살펴봐도 내 옛 학교의 모든 것보다 '발전'했는데, 교사인 나도 그리고 학생도 왜 행복해지지 않은 것일까.

교사 개인의 자비는 개인에게 맡겨 두자. 낙오한 학생을 감싸 안는 교사에서부터 엄격한 교사까지 나름 진실한 마음일 테다. 교사의 사랑이 때로 간섭과 모욕이 되기도 한다지만, 그 선의를 비난만 할 수 없지 않겠는가. 사랑과 용서와 배려의 방향과 질감은 다양하기 마련이다. 그게 사람 사는 모습이기도 할 테다. 나는 단지 교사의 수많은 선의에도 불구하고 왜 아이들의 고통이 멈추지 않는가를 묻는 것이다.

그래서 학교는 자비로운가

학교는 자비롭지 않다. 교사의 선의에도 불구하고 학교가 자비로웠던 적이 한 번이라도 있었는지 모르겠다. 교실마다 컴퓨터와 에어컨이 들어와도, 이는 교육 본질과는 무관한 변화일 뿐이다. 우리 교육은 오직 한 가지 목적을 중심에 두고 공전해 왔다. 교사에게 복종하든 자본에 복종하든, 두들겨 맞으면서 복종하든 석차 경쟁에 복종하든, 억압과 복종의 교육은 변하지 않았던 것이다. 그것은 옛 학교와 다른 방식으로 이루어지고 있기에, 우리가 물어야 하는 것은 바로 변하지 않는 학교다.

그날 도교육청 교장 교감단의 회의장에서도 그랬다. 단상에 오른 교육감은 학생 인성과 창의적 교육을 강조하고 내려갔다. 곧이어 단상에 오른 실무자는 '현실'을 말했다. '작년에 우리 도는 서울대에 ○명 보냈다. 충분하지는 않지만 ○○도보다는 많아서 그나마 다행이다. 다른 건 몰라도 ○○도보다는 서울대에 많이 보내야 하지 않겠는가. 올해에는 더 보낼 수 있도록 학력 향상을 노력해 달라. 그런데 희망 학생만 보충수업하라는 공문 보냈다고 공문대로 하면 어떻게 하는가. 모두 희망하는 것으로 서류 받아 놓고 참가시켜라'라는 요지의 전달 연수를 했다. 서울대 진학생 수에 따라 학교 지원금이 내려오던 이십 년 전의 장면이라지만, 이것이 우리 교육의 원래 모습이다.

입시 경쟁이 학교의 모든 것이 된 지 오래다. 한국 사회에서 공부 못한다는 것, 혹은 (좋은) 대학 가지 못했다는 것이 무엇을 의미하는지 여기서 다시 말할 필요가 있을까. (좋은) 대학에 진학해야만 그나마 '번듯한' 직업을 찾을 수 있고 사람 대접 해 주는 것이 우리 사회라면 지나친 비약일까. 한국 사회는 학력과 학벌에 따른 과도한 임금 차별과 승자 독식을 상식으로 여긴다. 학교 다닐 때 한때 공부 못했다고 학교 이후의 노동을 멸시한다. 그래서 가진 것 없는 대중은 생존하기 위해 오직 석차 경쟁에 매달린다. 대학 졸업장이 생존을 보장하지 못한다지만 대학 졸업장이 없으면 경쟁의 기회조차 가질 수 없는 사회에서, 대중이 대학 입시에 집착하는 것은 당연하지 않겠는가. 노동의 가치를 인정하지 않는 사회에서, 대중은 학교 경쟁에 모든 것을 걸고 있는 셈이다.

이 경쟁에서 살아남으려 부모들은 초등학교부터 아이의 대학 입시 전략을 짜기도 한다. 중고등학교는 내신 반영 시험과 수행 평가, 그리고 봉사와 체험 활동 등 학생부 관리로 상시적 입시 경쟁 체제가 되었다. 대학입학 사정관제 혹은 학생부 전형은 고교 등급제를 의심하게 한다. 교사의 체벌은 사라졌다지만 촘촘한 경쟁과 벌점 제도가 아이들의 일거수일투족을 감시 제어하고 있는 것이다.

그 경쟁을 견디지 못한 학생들이 우울과 적개심을 키우다가 학교를 떠나고 폭력을 행사하고 그리고 자살한다. 그러자 이제 교육청은 학생 인성을 들먹인다. 우리더러 행복한 학교를 만들라고 한다. 그들은 우리에게 경쟁에도 앞서고 인성도 반듯하고 학교 생활도 행복하다고 매번 보고하란다. 인격이 분열되지 않고 이것이 가능하겠는가? 학교는 분열적이다.

나는 교사 개인의 선의를 부정하지 않는다. 교사는 학생의 고통에 세심하게 반응해야 하지만, 그것만으로 학생의 고통이 해결되지는 않는다. 내 옛 선생님의 사랑에도 불구하고 우리가 행복하지 않았던 것처럼, 교실 안의 자비만으로 우리는 행복해지지 않는다. 교사의 열성에도 불구하고 학생의 고통이 멈추지 않는다면, 그 열성의 방식도 달라져야 하지 않겠는가. 그래서 자비를 말하고 싶은 교사는 학교 밖의 사회를 질문해야 한다. 학교 경쟁의 뿌리인 승자 독식 사회, 그 사회 폭력을 외면한 교사의 자비란 어떤 것인지 물어보는 것이다.

자비의 육체적 활동

프란치스코 교황이 칙서에서 "자비의 육체적 활동"을 말했다. 곧 '배고픈 이들에게 먹을 것을 주고, 목마른 이들에게 마실 것을 주며, 헐벗은 이들에게 입을 것을 주고, 나그네들을 따뜻하게 맞아 주며, 병든 이들을 돌보아 주고, 감옥에 있는 이들을 찾아 주며, 죽은 이들을 묻어 주는 것'을 말했다.

가난이라는 비참함에 무뎌진 우리의 양심을 다시 일깨워 주고, 새로운 노예살이에 얽매인 이들에게 해방을, 그리고 다시 존엄을 찾도록, 연대와 치유와 행동을 제시했다. 정의와 자비는 두 가지 대립하는 실재가 아니라 한 실재의 두 가지 차원의 충만한 사랑이라고, 말하자면 버림받고 억압받는 자들에 대한 치유와 연대를 말한 것이리라. 그래서 나는 사회의 차별과 억압에 맞서는 것을 자비의 한 축으로 이해했다. 교사의 자비가 교실 안에서 정직하게 꽃피려면, 교실 밖의 자비도 함께 말해야 하는 것이리라. 교사는 학교 밖의 억압, 학교 밖의 정의도 함께 성찰해야 하는 것이리라.

역사 교과서 국정화 반대 서명 교사를 확인하고 보고하라는 공문이 겨울방학 중에 내려왔다. 2만여 명의 교사들이 반대 서명을 한 것에, 교육부는 가담 정도에 따라 차등 징계하겠단다. 교사로 있으면서 수십 번도 넘는 서명을 했지만, 단지 서명했다는 이유만으로 징계를 받는 것은 처음이다. 그것도 교사가 교과서에 의견을 표명했다고 말이다. 그런데 국정화 찬성에 서명한 교사들은 징계하지 않겠다면서도 반대 서명자를 징계하는 이유가 "정치적 당파성을 드러냈기 때문"이란다. 그들은 최소한의 논리도 부끄러움도 없다. 오직 그들에게 복종하는가 아닌가만을 문제 삼는다.

학교는 처음부터 그랬다. 오직 지배 권력에 복종하는 국민을 만드는 것이 제일의 목적이었다. 일제시대 황국신민을 배출할 목적으로 국민교육을 시작한 이래, 이 방향은 지금껏 한 번도 수정된 적이 없다. 해방 이후에도 친일 부역 앞잡이들이 반공 애국자로 변신해 교육을 틀어쥐고 대중의 의식을 장악했다. 그들은 반공과 자본의 논리로 대중을 억압하면서 자기 배를 불렸다. 그런 그들이 자기 치부를 가르칠 수 있겠는가. 자기 배만 불린 그들이 노동 대중의 권리와 이익을 가르칠 수는 없으리라.

노동 드라마 「송곳」을 교실에서 상영한 교사가 징계성 전보를 당했다. '허락 없이 비교육적이고 학생에게 불필요한 노동 투쟁 관련 드라마를 상영'했기 때문이란다. 대부분 학생이 노동자로 살아가게 되지만, 그때나 지금이나 학교는 노동을 '비교육적이고 불필요한 것'이라 한다. 이처럼 학교는 대중이 자기 이익을 배반하도록 가르쳐 왔다. 말하자면 학교에서 노동의 가치와 권리를 한 번도 배우지 못한 대중이, 노동의 언어를 배반하게 되었고, 결국 대중은 자기 고통의 이유조차 모르게 되었다. 그래서 대중에게 자기 고통을 질문할 언어를 가르치는 교사는, 지금도 자기 목을 걸어야 한다. 이 땅의 고통을 질문하는 교사는, 자비가 몸을 얻는 "자비의 육체적 활동"에 목을 거는 것이다.

아이들이 학교 밖을 묻는다

이명박 정권 초기에 촛불 집회가 들불처럼 일었다. 그런데 교육청은 학생들이 촛불 집회에 참석하지 못하도록 했다. 교실 안에서 세상의 아름다움만 가르치고 배우라 했다. 그런데 수업 중에 세상이 궁금했던 아이들이, 촛불 집회에 가면 안 되느냐고 내게 물었다. 나는 "여러분 판단대로 하라. 대한민국은 집회의 자유가 있다. 그런데 국가권력은 집회의 합법성을 규정하지만, 그 규정을 국가에 맡기지 않았던 것이 바로 민주주의 역사다"라고 답하며, 집회에 참가하든 않든 스스로 판단하라 했다. 그러자 학생들이 "만약 교육청이나 학교에 알려지면 어떻게 되느냐"고 다시 물었다. 아이들은 감시당하는 두려움을 말한 것이다. "내 생각에는 교육청이 여러분을 파악하기도 힘들 테지만, 설혹 파악해도 큰 문제가 될 것 같지는 않다. 그렇지만 위협이 없는 것은 아니다. 그 위협을 감당하는 것 역시 여러분 몫이고, 이를 시민의 용기라고 말할 수 있겠다"고 했다. 그리고 교과서 밖으로 나가고 학교 밖을 질문하기를 두려워하지 말자고 했다. 나는 학생을 선동하고 위험에 빠뜨린 교사인지 모른다.

교사는 자주 교과서 밖을 질문 받곤 한다. 아이들은 용산의 화재와 쌍용자동차를 묻기도 한다. 세월호를 묻고 위안부 협상을 묻는다. 이렇게 세상을 질문하는 아이들에게, 너희는 아직 세상을 몰라도 된다고 말할까? 교과서만 열심히 공부하면 세상을 알게 된다고 답할까? 그런데 학생들은 눈앞의 현실을 물었고, 나는 그 현실을 눈감을 수 없었다.

용산의 세입자들이 도시 재개발 사업에 밀려 평생 모은 돈을 잃고 쫓겨날 처지가 되었다. 그들이 망루에 오른 지 하루 만에 경찰관과 함께 6명이 불에 타 죽었고 23명이 부상당했다. 가족 동의 없이 시신을 부검했고, 3,000여 쪽의 수사 기록을 감춘 채 재판을 끝냈다. 그리고 불에 탄 철거민들을 감옥에 보냈다. 회계 조작으로 2,600여 명 쌍용자동차 노동자를 해고해도, 그 회계 조작을 합리적인 경영이라 한다. 눈앞에서 아이들이 가라앉아도 책임지는 사람이 없고, 분노하는 대중을 테러범 취급한다. 그들은 오직 '최종적이고 불가역적인' 권력을 행사할 따름이다.

교실에서 내게 질문하는, 내 앞의 이 아이들은 이들 삶과 무관할 수 있을까? 결국은 누가 불타고 해고되고 또 가라앉게 될까? 이 아이들이 수학여행을 떠나고 곳곳의 노동자가 될 터인데도, 학교는 세상을 말하지 않는다. 아름다운 교과서가 한없이 부끄러운 사회에서, 아름다움만 가르치는 교사는 모두 거짓이다.

나는 믿음을 잃은 교사다. 내가 교과서와 학교를 믿지 않는 것처럼, 곳곳의 사람들이 사랑과 용서와 배려를 잃어 간다. 그 가운데 그도 나처럼 믿음을 잃었다. 거리의 변호사로 불리며 현장을 뛰어다니던 권영국은 "오늘로서 나는 사법 정의에 대한 환상을 버린다" 했다. 그는 용산과 쌍용자동차처럼 상식과 원칙이 통하지 않는 재판을 수없이 경험하고서, "오늘로서 나는, 천민자본과 이를 옹호하는 권력의 카르텔이 너무도 강고한 이 땅에서 노동자들이 법원의 판결을 통해 자신들의 권리를 보장받을 수 있다는 망상을 버리기로 한다"며, 한국의 사법부를 제도적 폭력이라고 일갈한다. 불법으로 연행되는 노동자를 미란다원칙에 따라 접견한다는 이유로, 변호사인 그마저 연행되고 또 수감되는 사회에서, 그는 법치를 믿지 않게 되었단다.

법리를 따지던 그가 이제 법리를 따르지 않겠단다. 법으로 세상의 정의와 양심을 지키고 싶어 했지만, 바로 그 법에 의해 정의와 양심이 압살되는 치욕을 견디지 못한 것이다. 교과서를 오래 가르치다가 결국 교과서를 믿지 않게 된 나는, 그의 분노에 (격하게) 공감한다. 그의 분노에 무거운 아픔과 깊은 슬픔을 느낀다. 학교에서도 법정에서도 정의와 양심을 찾을 수 없는 한국 사회, 나는 이곳에서 자비를 말할 용기조차 잃은 게다.

루쉰을 따라, 자비에서 멀어지다

세월호 참사 후, 교육감 선거에서 17개 시도 가운데 소위 진보적 후보가 대거 당선되었다. '가만히 있으라'는 교육을 바꾸고 싶은 대중의 선택이었으리라. 참으로 놀라운 결과였다. 그런데 그들은 사사건건 교육감을 공격했다. 그들은 '가만히 있지 않는 교사'를 징계하라며 교육감을 압박하고 월권한다. 의무 급식에 어깃장을 놓고, 학생 교복비와 수학여행비를 지원하겠다는 교육감을 비난한다. 대통령 공약이었던 누리 과정 예산을 교육감에게 떠넘기고, 친일 인명사전을 도서관에 비치하지 못하도록 방해한다. 바람 잘 날 없이 맞선다.

대중의 이익은 처음부터 고려 사항이 아니었다. 그런데 그들이 진보

교육감을 견디지 못하는 것은 몇 푼 예산 때문만이 아니다. 그들은 대중의 의식 자각을 두려워하는 것이다. 대중이 자기 이익을 깨닫고 진짜 자기 이익을 선택하는, 정치 학습을 두려워한다. 왜냐하면 대중의 깨달음은 곧 그들의 사멸로 이어지니까.

그래서 교육감 직선제를 폐지하자고 한다. 앞서 그들 세력들이 대거 교육감에 당선되었을 때, 국민 승리니 민주주의니 하던 그 제도를 이제는 없애자고 한다. 상식과 원칙이 통하지 않는다. 공직자 인사청문회에서 위장 전입, 부동산 투기, 병역 문제 등도 입맛에 따라 고무줄 잣대가 되는 것을 보면, 그들은 염치를 모른다. 자기 이익에 따라 교과서도 바꾸고 선거제도도 바꾸고, 인간 도리와 양심의 기준마저 바꾼다. 그 덕택에 나도 생각을 바꾸게 되었다. 이제야 루쉰의 그 글을 이해한 것이다.

루쉰은 작가와 사회평론가 그리고 혁명가로 살면서 낡은 지배와 치열하게 맞섰다. 중국이 외세 침탈과 내분으로 극심한 혼란에 빠지자 사회 개혁을 갈망하며 평생을 싸웠다. 특히 중국민의 우매함과 허위의식을 가차 없이 공격하며, 의식 혁명에 매진했다. 그 가운데 임어당이 '물에 빠진 개는 때리지 않는 것'이라며 중국에는 페어가 부족하다 한 것에, 루쉰은 「페어플레이는 아직 이르다」라는 글로 반박한다. 루쉰은 말하길, 물에 빠진 개는 때리지 말아야 하는 것이 아니라 오히려 더욱 때려야 한단다. 사람을 무는 개라면 땅에 있건 물에 빠졌건 더욱 때려야 하는데도 때리지 않았기 때문에 도리어 개에게 물린다고 하며, 이 때문에 순진한 사람이 고생을 사서 하게 된단다.

그렇게 해야 하는 이유로, 신해혁명기 왕금발의 죽음을 들려준다. 왕정을 끝내고 중화민국을 꿈꾼 혁명의 혼란기에 혁명가 추근秋瑾이 누군가의 밀고로 죽었다. 이후 혁명이 성공하자 추근의 동지인 왕금발이 군사 책임자로 추근의 고향에 부임한다. 반동 세력은 몸을 사렸다. 왕금발이 추근을 살해한 주모자를 체포하지만, 이미 새 세상이 된 마당에 옛 원한을 들춰 무엇하겠느냐며 주모자를 석방한다. 그런데 혁명이 실패로 귀결되고 반동 세력이 다시 힘을 얻자, 왕금발은 그들에게 총살당한다. 왕금발이 석방했던 그 주모자가 왕금발의 죽음에 큰 역할을 했던 것이다.

아마 역사에 자주 있는 장면일 테다. 루쉰은 왕금발의 죽음만으로 이 글을 쓰지는 않았을 테다. 루쉰은 인간의 도리와 양심이 숨 쉬는 해방을 위해 혁명을 갈구했다. 그런데 인간의 도리와 양심을 지킨 자들이 무참히 배반당하는 반동을 수없이 봐 왔던 것이다. 기회주의, 이중 잣대, 포악함을 무수히 경험하고 페어플레이는 아직 이르다고 한 것이리라. 악행을 일삼던 자들이 권력을 잃고 동정을 구하면, 사람들은 '너그럽게 용서하라'며 악인을 구제해 주지만, 정작 악인들은 구제되고 나서도 결코 회개하지 않는다고 했다. 선의를 베풀었던 왕금발이 살해된 것처럼, 그들은 인간의 도리와 양심을 아랑곳하지 않는다.

루쉰은 "마음씨 좋은 우리 선열들이 요괴들에게 베풀었던 자비가 그들을 번식시킨 탓이다. 이로 인해 뒷날 각성한 젊은이들은 암흑 세력에 대항하기 위해 보다 많은 기력과 생명을 소모해야 했다"며 페어플레이는 아직 이르다 한 것이다. 그러면서 "당신에게 페어하지도 않는데, 당신만 그에게 페어했다가는 결국 자신만 손해를 보게 된다. 이렇게 되면 나중에는 페어하려 해도 할 수 없고 페어 안 하려 해도 안 할 수 없게 된다. 그러므로 페어플레이를 하려면 먼저 상대를 똑똑히 보고, 페어를 받을 자격이 없는 자라면 조금도 페어하게 대할 필요가 없다. 상대가 페어하게 나온 다음, 그에게 페어해도 늦지 않다"고 했다.

루쉰은 조건을 말한다. 이는 폭력과 복수를 버리고, 심판도 단죄도

하지 말라는 교황의 말씀에도 반한다. 루쉰의 이 글을 처음 읽었던 젊은 날, 나는 동의하지 못했다. 우리는 용서와 배려를 미덕으로, 증오와 복수를 야만으로 배우지 않았던가. 비록 '나'는 실행하지 못하더라도 '당신'은 부정하면 안 되는 상식으로 여기지 않던가. 그런데 루쉰은 '현실'을 말한 것이다. 도리와 양심은 도리와 양심을 지키는 자들에게만 말할 수 있는 것이라며, 자격 없는 자에게는 관대하지 말라고 한 것이다. 언제부터인가 이 글이 자주 떠올랐고, 다시 되씹으며 나는 자비에서 점점 멀어지고 있었다.

그렇다고 식인 파티를 도울 수는 없지 않은가

어느 날 낯선 학생들이 찾아왔다. 내 책을 읽은 타 학교 학생들이었다. 학교 밖의 사회 모순과 억압도 외면하지 말아야 한다는 나의 글을 읽고, 자기 학교의 부당함을 언론에 고발하겠다며 내게 도움을 청하러 왔다. 학교의 부정을 일거에 없앨 기세였다.

들뜬 학생들의 말을 다 들은 후, 나는 '현실'을 말했다. "여러분이 알려 준 그런 부정의는 곳곳의 학교에 있어, 한 줌 뉴스거리도 안 될 것이다. 물론 그것이 용인되어서는 안 되기에 여러분의 분노는 정당하다. 그런데 교육청도 교육부도 언론도 이 사태를 모르지 않는다. 그래서 여러분 방식으로는 부정을 해결하지 못한 채, 오히려 여러분만 다친다. 내 말이 비겁하게 들릴 수 있겠지만 이것이 현실이다. 나는 여러분을 위험에 빠뜨릴 수 없다. 오늘 여러분의 분노를 기억하자. 그리고 피 흘리지 않고도 여러분의 정의를 이룰 방법을 공부해야 한다. 충분히 가능한 일이다.

지금 곧바로 여러분 뜻을 이루지 못한다고 좌절해서는 안 된다" 했고, 아이들도 받아들였다. 나는 학생들의 분노를 외면한 것인가. 페어하지 않는 권력이 두려웠던 것인가. 그러나 다시 그 상황이 와도 나는 그렇게 할 것이다.

루쉰이 북경여자사범대 교수로 재직할 때, 교사간의 갈등과 학생들의 퇴학 등으로 깊은 고통을 겪는다. 그러던 중 1926년, 외세와 결탁한 봉건 세력이 대중에게 발포해 수백 명의 사상자가 발생한다. 그 참변에 루쉰의 제자도 살해당했다. 그는 대중의 해방을 위해 싸움을 주저하지 않았지만, 자기 글에 영향 받은 제자들이 개혁을 앞서 외치다가 살해되는 현실을 매우 고통스러워했다. 루쉰은 "더 이상 무슨 할 말이 있을 것인가?"라며, 자기 글이 젊은이를 죽음으로 내모는 것은 아닌지 회의한다.

루쉰은 이 일을 겪은 후, 자기 사상의 변화를 말하며 2년간 침묵을 결심한다. 자신이 식인 파티를 도왔기 때문이란다. 중국에는 살아 있는 새우를 술에 담가 먹는 취하醉蝦 요리가 있다. 새우가 푸들푸들 꿈틀거릴수록 사람들은 유쾌하게 요리를 즐긴다. 루쉰은 자기가 청년들의 의식을 깨어나게 하고 그들의 감각을 예리하게 했지만, 그것 때문에 청년들이 재앙을 당할 때 곱절의 고통을 맛보게 한 것이란다. 루쉰은 자기가 바로 취하 요리를 거들고 있는 셈이란다.

이 얼마나 두려운 책임감인가. 루쉰은 평생 중국민, 특히 젊은이들의 의식 각성을 주문했다. 아무도 듣지 않을 철의 방에서라도 외침을 멈추지 않겠다는 그였지만, 정작 자기 글을 읽고 의식을 깨친 청년이 현실 속으로 진격하다가 죽임을 당한 것이 괴로웠던 것이다. 그는 자기를 잔인하다 했다. 그 괴로움은 교과서 안에 안전하게 머무는 교사는 이해하지 못할 고통이다.

아니나 다를까 일 년 후, 루쉰은 한 청년으로부터 편지를 받는다. 청년은 루쉰을 선생으로 칭하며, 선생이 취하 요리를 만들었고 자신이 취한 새우라 했다. 이제 정신과 육체가 지쳤고 애인과 생활고에 시달리게 되었다며 이렇게 말한다. "아무것도 모르던 때가 행복했습니다. 앎은 고통의 시작이었습니다. 이 독약을 저에게 먹인 것은 선생님입니다"라며 자기가 가야 할 최후의 길을 가르쳐 달라 한다. 선생의 말을 따랐지만, 선생이 말한 세상은 오지 않은 채 자기만 파괴되고 있다는 것이다. 교과서 밖을 질문하는 교사는 이 청년의 질문이 얼마나 두려운 것인지 잘 안다.

혁명은 쉽지 않지만, 반동은 쉬운 것이 역사의 장면들이다. 루쉰은 청년에게 "여러 가지를 따져 보지 않고 곧장 암흑 속으로 진격했기에 수난을 겪는 것"이라며, 그렇게 "미래를 지나치게 밝게 생각하기에 한 번 장애를 만나면 큰 실망에 빠지는" 것이라고 충고한다. 그리고 몇 가지 당부를 덧붙인다. 생계를 도모하고 지친 애인을 위로해 주고 애인을 굶기지 말라는 것, 그리고 이를 혁명과 정반대 길이라 말하는 사람도 있지만 개의할 바가 안 된다며 잠시 쉬기를 권한다. 그리고 "그러나 나는 당신이 영원히 몰락하는 것은 바라지 않습니다"라며 글을 맺는다.

영원히 몰락하지 않는, 자비를 다시 묻는다

폭력 사회가 우리를 몰락시키려 한다. 사회 곳곳의 폭력이 학교로 밀려들었고, 이제 우리 양심마저 검열한다. 공무원이 지켜야 할 공직 가치로 '애국심'을 넣고는, 면접에서 '역사 교과서 국정화'에 대한 의견을 묻는다. 답을 고민해야 하나? 합격한 뒤 양심을 말해도 늦지 않다고 하면,

결국 양심을 속이는 것일까. 그런데 페어하지 않는 그들에게 우리가 페어한들 무슨 소용이겠는가. 그들이 우리의 몰락을 바라는데, 그들의 식인 파티를 도울 필요는 없지 않겠는가. 그들의 가짜 질문에 우리 양심을 고민하지 말자.

그러나 반대로, 누가 묻지 않아도 소리쳐야 할 때가 있다. 퇴근 후 인근 공장 노조원과 '노동법 개악 반대 서명' 운동을 했다. 지나가는 사람들에게 노동법 개정의 부당성을 손나팔로 소리쳤고, 우리의 소란에 학생들이 모여들었다. 학원에 가던 아이들이 사진을 찍어 퍼 날랐고, 지나가는 사람들에게 서명을 권유했다. 아이들은 신이 났다.

그런데, 다음 날 교실에서 한 학생이 물었다. "어제 지나가던 어른에게 서명을 권했더니 너희들이 서명 받아도 세상은 안 바뀐다고 하던데요?"라며 시무룩했다. 틀린 말이 아니다. 말해도 소용없을 거란 무력감이다. 역사 교과서 국정화든 노동법 개정이든, 서명이 현실을 바꾸지 못했다. 그런데 생각해 보자. 만약 몇몇의 서명으로 세상을 금방 바꿀 수 있다면 세상은 얼마나 제각각 변덕스러워지겠는가.

나는 학생의 질문에 마음을 담아 답했다. "서명은 폭력을 기억하는 하나의 방식이다. 기억이 없으면 역사도 사라지고 질문의 대상도 사라진다. 당연히 질문할 언어도 사라진다. 잠깐의 분노보다 오래 기억하는 것이 세상을 바꾸는 기본이다. 마찬가지로 여러분도 지금 행복하지 않은 학교를 오래 기억하길 바란다. 학교를 졸업했다고 자기와 무관하다 하면 안 된다. 지금 어른들이 폭력의 사회를 외면하면 여러분이 그 사회를 살아야 하는 것처럼, 학교와 사회는 다르지 않다. 그런데 손가락 끝 서명도 안 하면서 세상이 바뀌지 않는다고 하는 사람이야말로, 물방울 없이 강물이 되고자 하는 마음처럼 어리석다"고 답했다. 이는 나 자신에게 답한 것이기도 했다.

 몇 마디 말로 세상은 변하지 않는다. 말로 변하는 세상이 언제 있었던가. 말하고 말하고 말해서 잊지 않는 것, 질문하고 질문하고 질문해서 답을 구하는 것, 이것이 세상을 바꾸는 방법이다. 나의 언어로 나의 이익을 질문하는 것을 익히면, 피 흘리지 않고도 답을 찾을 수 있다. 그래서 나는 아이들에게 질문하고, 아이들의 질문에 답할 것이다. 학교가 변하지 않는다고 내가 질문을 멈출 수는 없지 않겠는가. 아이들에게 질문하기를 멈추지 않는다면, 나는 사랑을 멈추지 않는 것이다. 나는 몰락하지 않을 것이다. 이 무참한 세상에서도 우리는 생계를 도모하고 애인을 위로하며, 몰락하지 않을 것이다.

 무엇이 교사의 자비인지 모르겠다. 그러나 무엇이 자비가 아닌지 조금은 알 것 같다. 교원 평가일 하루 전에 학생들에게 피자 돌리는 것이 자비는 아닐 테다. 교과서의 아름다움만 말하는 것도, 침묵과 망각으로 도피하는 것도 자비가 아닐 테다. 타인의 고통을 상상하지 못하는 것, 그래서 다른 세상을 상상하지 못하는 것도 자비가 아닌 것 같다.

 자비가 없는 세상, 나는 이곳의 불의를 오래 보면서 분노와 사랑이 다르지 않다는 믿음을 갖게 되었다. 그러면서 학교의 억압과 폭력에 분노하는, 내 사랑의 방식도 자주 생각하게 되었다. 말하자면 괴물과 싸우다가 괴물을 닮아 가는 것, 나는 이것이 두려웠다고 솔직히 말하겠다. 더구나 교황은 칙서에서 "하느님께서는 정의를 거부하지 않으시지만 정의만으로는 충분하지 않다"고 한다. "정의만을 요구할 때 결국 정의가 무너지게 된다"며 정의를 넘어서는 자비와 용서를 말한다. 자비와 용서로 정의를 넘어서는 것, 내게는 모순어법인 이것이 "자비의 신비"인지 모르겠다. 나는 자비를 알지 못하는 것이리라. 그래서 "참된 정의의 바탕이 되는 사랑"을 내게 질문하는 것으로, 용서를 구한다.

5 동물의 삶과 인간의 자비

박병상

"고속도로에서 멧돼지가 차량과 충돌하는 사고가 났습니다. 다행히 인명피해는 없었지만, 큰 사고로 이어질 뻔한 아찔한 순간이었습니다."

저녁을 때우려고 들어간 식당에서 뉴스를 보는데, 마이크를 쥔 기자는 특종이라도 되는 양, 뒷부분이 크게 찌그러진 승용차와 차 밑에 깔린 멧돼지 사체를 번갈아 보여 주며 호들갑 떨었다. 그때 옆 식탁에서 두런거리는 소리가 들린다. "많이 찌그러졌네. 저런 때 누가 책임지는 거지?" 고속으로 달리다 갓길에서 뛰어든 멧돼지를 치고 멈칫했을 때, 뒤따르던 자동차가 추돌했다면 도로교통법은 누가 얼마나 보상하도록 규정했는지 묻는 걸까? 자동차보험회사는 안전거리 미확보를 이유로 뒤차 차주에게 보험료 인상을 이듬해에 통보할까?

고속도로가 산록을 끊고 지나간다면 멧돼지의 영역은 토막이 난다. 먹잇감은 그만큼 부족해지고 짝을 찾을 확률은 크게 줄어든다. 근친교배가 빈번해지면 악성 유전자가 축적되고, 굶주리면 다음 세대를 이을 수 없다. 생태계의 안정성을 고려하지 않는 무자비한 개발로 터전을 잃은 멧돼지를 비롯해 고라니와 삵은 '자연의 이웃'이다. 하지만 사람은 자연의 이웃에게 선택의 여지를 거의 남겨 두지 않았다. 남은 선택은 고속도로 너머에 있다. 아스팔트가 토해 내는 악취와 소음을 무릅쓰고 빼어난 후각이 안내하는 대로 먹을 게 널린 곳으로, 또는 짝이 기다리는 곳으로 돌진하는 수밖에.

멧돼지는 최단거리를 직선으로 내달리는 습성이 있다. 자동차가 드문 한밤중. 야음을 틈타 고속도로를 가로지르는 멧돼지. 용케 절반을 건넜지만 순간 툭 튀어나온 코에 큰 통증이 몰리는가 싶더니 눈앞이 아득하다. 눈앞을 가로막은 콘크리트 중앙분리대에 부딪힌 것이다. 정신 차리고 오던 길을 돌아가려니 무언가 환한 물질에 눈이 부셔 아무것도 볼 수 없다. 자동차 전조등이다. 멈칫하다가 그만 나동그라지며 데굴데굴 구르다 다시 짓누르는 극한 충격을 받고 자동차 밑에 깔린다. 절명한다.

5년 동안 200여 마리 멧돼지가 그렇게 죽었고 그보다 많은 동물들이 비참하게 생을 마쳤다. 고속도로에 생태 통로는 거의 없다. 있어도 소용없다. 생태 통로로 유인하는 장치가 없지 않은가. 언론은 운전자가 알아서 조심하라며 방치하는 교통 행정을 이따금 비판하지만 억울하게 죽은 자연의 이웃에게 안타까운 시선을 던지지는 않는다. 해마다 반복되는 뉴스를 듣는 사람들은 "다행히 다친 사람이 없다"는 기자의 멘트에 안심하면서 찌그러진 자동차 수리비의 액수와 책임 소재가 궁금하지만 처참하게 죽은 멧돼지를 불쌍하다 여기지 않는다.

쿠바에서 관광객을 끌어들이는 헤밍웨이 저택은 수십 마리의 사슴 머리가 서재와 거실의 벽을 장식하고 있다. 생전에 사냥을 무척 즐겼다는 증거일 텐데, 헤밍웨이는 앙증맞은 4개의 무덤을 뜰에 마련해 놓았다. 묘비까지 있는 무덤에 애완견이 잠들어 있다. 키우던 금붕어가 죽었을 때도 가슴이 아려 오는데 한집에서 오래 같이 살던 개나 고양이가 죽으면 오죽할까? 고락을 같이해 온 애완견에 대한 헤밍웨이의 애틋한 마음을 느끼게 되는 순간인데, 관광객들은 벽마다 두세 마리 붙어 있는 사슴 머리의 주인공이던 생명에게는 애도를 표하지 않는다. 그저 근사한 장식물로 여길 따름이다.

편견 속의 동물

고급 디지털카메라뿐 아니라 성능 좋은 망원렌즈가 널리 보급된 요즘, 우리나라에 서식하거나 계절마다 찾아오는 텃새와 철새 400여 종의 이름을 줄줄 외는 사람이 많다. 생긴 자태를 구별하는 데 그치는 게 아니다. 생태적 특징을 두루 꿰지만 10여 종에 불과한 개구리 종류를 구별하는 이는 드물다. 별 관심이 없다. 기껏해야, 생태 조사하는 사람에게 다가가 "그거 몸에 좋아요?" 묻곤 이내 발길 돌리고 만다. 나비를 잘 안다 자부하는 사람은 많아도 지렁이에 관심 있는 이 몹시 드물다. 지렁이는 그저 음식 쓰레기만 처리하면 그뿐인 미물이다. 지렁이가 사람이 버린 음식 쓰레기를 진정 좋아하는지 여부는 전혀 궁금하지 않다. 도시의 골목 후미진 곳에서 토사물을 연신 쪼아 대는 비둘기도 음식 쓰레기를 흔쾌해 할 리 없는데.

여름이 지나도 귓전에서 웽웽거리는 모기. 단잠을 방해하는 모기는 인간의 천적인가? 신문지를 둘둘 감아 응징하는 데에서 그치지 않고 발본색원을 선언한다. 장구벌레가 오물거리는 정화조에 미꾸라지를 풀어 넣지만, 맑은 물을 선호하는 미꾸라지가 암흑 속의 분뇨를 달가워할지 전혀 확인하지 않았다. 암모니아 악취가 진동하는 정화조에서 미꾸라지들이 살아남을지 궁금해하지 않는다. 번식할 때가 되면 혼인색이 분홍과 하늘색으로 더욱 영롱해지는 각시붕어도 고인 물에 오물거리는 장구벌레를 잘도 먹는데, 정화조에 넣지 않는다. 거실의 밝은 조명 아래의 투명한 어항에 인공 조개와 함께 넣지만, 각시붕어는 밝은 곳을 그리 좋아하지 않는다.

바퀴, 지저분한 곤충의 대명사다. 옮기는 병균이 많다고 하니 가까이 할 수 없는 해충인데, 낡은 건물의 식당, 화장실에 많다. 바퀴를 보면 많은 여성들이 소스라치게 놀라지만 사실 바퀴 쪽이 더 놀란다. 초당 25센티미터 속력으로 허둥지둥 달아나기 바쁘지 않은가. 하지만 가만 생각해보자. 바퀴가 사람에게 무슨 해코지라도 했나? 병균을 옮긴다고? 에이! 사람이 옮기는 세균이 훨씬 많다. 파리와 구더기는 어떤가? 원주민들과 호주 사막을 횡단하던 백인 의사 말로 모건은 파리가 떼로 들러붙자 몸서리를 쳤지만 원주민은 아니었다. 온몸을 맡기는 게 아닌가. 더 핥을 게 없자 거짓말처럼 사라진 파리. 파리가 떠난 몸이 상쾌할 정도로 깨끗해졌다는데, 구더기는 약품이 모자라는 전장에서 더없이 요긴하다고 한다. 곪아 터진 상처 부위를 먹어 치우며 새살이 돋게 돕는단다. 그래도 지저분한가?[1]

---

1 말로 모건, 『무탄트 메시지』, 류시화 옮김, 정신세계사, 2003.

까만 눈을 깜빡이며 하수구를 전전하는 생쥐는 하수도를 정화하는데, 지저분한가? 생쥐가 지저분하게 보이는 건 하수구 자체가 지저분해서 그렇다. 깨끗한 데 머무는 생쥐라면 당연히 깨끗하다. 천적에게 하도 혼이 나니 구석으로 몰리고, 도시에서 안심할 곳이 냄새 고약한 하수도였던 거다. 호강하는 생쥐도 있다. 부엌에 고개를 내미는 내원사의 생쥐들은 지율 스님이 들어오면 어깨를 타고 놀았다고 한다. 국숫발을 내어주니 고맙고 반갑기 때문일 텐데, 누군가 문을 열려 하면 냉큼 숨어들었다고 한다. 지나치는 관광객의 발소리에 반응하지 않던 내원사의 생쥐들은 지율 스님에게 살가웠을 뿐 아니라 전혀 지저분하지 않았다.

동물에 대한 공감은 어떻게 생겨날까? 동정심일까? 눈이 크고 순해 보이면? 큰 눈으로 무언가 호소를 하는 듯하면? 몸이 하얗거나 무늬가 선명하면? 화사하다면? 둥글둥글한 몸을 뒤뚱거리며 다가와 관심을 보이는 어린 개체라면? 그럴 때 동정심이 생기고 그런 개체의 어려움에 공감하게 되는 건 사람만의 특징이 아니다. 동물도 사람의 아기에게 공감과 동정심을 갖는데 자연의 동물들은 대부분 자신의 터전을 잃어 간다. 순전히 사람 때문에.

"예쁘면 무조건 용서된다!"며 젊고 늘씬한 여성의 프로필 사진을 보곤 덮어놓고 페이스북 친구 신청 하는 남성들이 나중에 낭패를 보는 경우가 많다. 민망한 사진이나 상품 광고가 멋대로 게시되는 경험을 하면 외모에 현혹돼 판단력을 유보한 행위를 후회하게 된다. 이후부터는 사진보다 활동 내용에 관심을 쏟겠지. 눈이 큰 사슴보다 이빨이 날카롭고 사납게 으르렁대는 늑대를 보면서 동정심을 느끼는 이는 드물 텐데, 늑대는 흉악한 동물일까? 1920년 10월 인도의 늑대는 인간의 어린 자매를 가족처럼 키웠는데.

세계 최초 국립공원인 미국 옐로스톤 국립공원에서 실제 있었던 이야기 하나. 자연의 보전과 이용의 조화를 내세우지만 관광객 유치도 중요하게 생각하는 국립공원인데, 늑대가 사슴을 먹어 치우니 공원 당국은 걱정이 많았다. 관광객이 줄어들 것을 염려한 당국이 전문 총잡이를 고용해 늑대를 전멸시켰더니, 과연! 늑대가 사라지자 사슴이 순식간에 200배 이상 늘어났다. 하지만 훨씬 늘어난 건 쥐였고, 쥐가 사슴의 먹이를 닥치는 대로 먹어 치우는 게 아닌가. 쥐가 들끓으며 먹이를 잃은 사슴들이 처참하게 죽어 나가자 국립공원 당국은 서둘러 다른 지역의 늑대를 끌어들여야 했다. 그 사건 이후 사람들은 늑대를 새롭게 보게 되었다. 늑대는 원래 사슴을 먹어 치우지는 못한다. 워낙 빨라서 대부분 놓친다. 그저 다치거나 늙고 병든 개체를 솎아 낼 뿐이다. 늑대도 새끼를 먹여야 한다는 사실에 사람들은 비로소 공감하게 되었다.

동물의 처지를 공감하게 이끄는 체험

바람이 찬 겨울밤, 한강 환경유역청 앞의 차가운 콘크리트 바닥에서 얇은 비닐을 이불 삼아 비박 농성하는 박그림 선생. 그는 설악산 산양을 지키는 데 삶을 걸었다. 젊은 시절 설악산에서 우연히 산양의 서글픈 눈동자와 마주친 이후, 초라하게 남은 산양의 터전을 지켜 주기로 마음먹었기에 모진 추위를 견딜 수 있었다. 성실한 생태 조사와 산양 보전 대책 없이 설악산에 놓을 케이블카를 기필코 막아야 한다고 다짐한다. 케이블카는 산에 드는 이의 마음에 경외심을 불어넣지 못한다. 설악산은 그저 경관 좋은 놀이터로 전락하고 만다. 케이블카를 세우고 운영하는 과정에서 발생하는 산양과 다른 동식물의 안위 문제는 관광객 증가를 원하는 이들에게 중요한 일이 아니겠지만 산양의 눈을 바라본 박그림 선생은 달랐다.

골프장으로 이어지는 아스팔트 도로에 어린 하늘다람쥐가 처참하게 깔려 죽은 모습을 본 종교인은 강원도에 우후죽순 들어서는 골프장을 막으려 오늘도 집에 들어가지 못한다. 골프장을 만들지 않으면 사람은 기껏 놀이터가 줄어들 뿐이다. 골프야 다른 장소에서 얼마든지 즐길 수 있지만 자연의 이웃은 오랜 터전을 잃는다. 나아가 생명마저 빼앗기지 않던가. 가엾은 동물에 대한 동정심은 사람에게 자연스레 이어진다. 사회적 약자가 당하는 소외와 고통의 소리에 귀를 기울이게 된다. 다른 종교를 가진 이의 이야기에 공감하려고 노력한다. 학력과 지위의 높낮이가 차별로 이어지는 걸 반대한다.

1992년 미국 로스앤젤레스 폭동 당시, 텔레비전 카메라 앞에 선 거리의 청소년이 "저는 소리만 들어도 어떤 총인지 알지요" 하며 자신의 재주를 자랑스러워했다. 그 말에 당혹한 어떤 환경운동가는 학교에 붙잡힌 아이의 손을 잡고 산으로 들로 나가자고 학부모에게 제안했다. 어려서부터 자연에 익숙해 소리만 들어도 어떤 새인지 알고 동물의 처지를 공감하게 되면 자연은 물론 가족과 친구, 이웃에 대한 동정심도 함양된다며 차라리 수업을 빼먹자고 권유했다. 오죽하면 그런 제안을 했을까? 돈벌이가 신통한 직장에 취직하려고 어릴 적부터 대학 입시 준비에 매달려야 하는 우리네도 마찬가지일 텐데, 학벌 좋아 돈 잘 버는 사람들은 골프장으로 이어지는 아스팔트에서 로드킬 당한 동물에게 동정심을 느낄까?

캐나다의 데이비드 스즈키는 어린 시절 자연에서 뒹굴며 살았다. 제2차 세계대전이 발발하자 참전국도 아닌 캐나다의 정부가 미국처럼 일본인에게 자국으로 돌아가거나 사람들 왕래가 드문 곳으로 떠날 것을 요구했기 때문인데, 그의 가족은 할아버지 때 이민한 분명한 캐나다인이었다. 미국인과 독일군을 척 보고 구별할 수 없는 캐나다 당국에 의해 봉변에 가까운 불이익을 강요당했지만 어릴 적 경험은 데이비드 스즈키의 내면을 살렸다. 시골에서 다양한 동식물을 관찰하며 자연에 대한 지평을 넓힌 데이비드 스즈키는 자연의 다양성을 있는 그대로 이해하고 배려하는 감수성을 기를 수 있었고 훗날 생명공학의 문제를 지적하는 유전학자가 될 수 있었다.

생태계의 질서를 교란할 생명공학으로 거액의 연구비를 받는 지식인의 행태에 안타까워하는 데이비드 스즈키는 캐나다인이 가장 존경하는 인물이다. 생태계의 안정을 해치는 인간의 지나친 개발과 그로 인한 기후변화를 염려하는 것은 물론이고 점점 소외되는 사회적 약자와 다음 세대를 먼저 생각하며 솔선 행동하는 지식인이기 때문이다. 생명공학을 가까운 거리에서 연구할 수 있는 유전학자였지만 그는 생명공학이 저지를 생태계 교란을 꿰뚫어 볼 수 있었다. 유전자의 다양성을 해치고 생물의 다양성을 비웃는 생명공학이 사람의 유전자를 분리해 상품화하리라는 불길한 징후를 외면하지 않았다. 그는 일본 사회에서 소외되는 부라쿠민, 아이누, 오키나와 류큐인 그리고 재일 조선인을 따뜻한 시선으로 바라보며 그들과 대화하고 격려한다. 비록 소외되고 위축된 현실이지만 자신의 역사를 기억하고 전통과 문화를 간직하려는 노력을 지지한다.

청소년들은 자연에서 자라나야 한다. 소리만 들어도 어떤 새인지 알아야 할 나이에 총소리를 구별하는 청소년, 그리고 뒷골목에서 폭력배들과 어울리며 마약을 팔면서 경찰을 피해 달아나야 하는 거리의 청소년만이 아니다. 감방 같은 공간에서 꼼짝 못한 채 학력 경쟁에서 이길 궁리만 하는 학교 안의 청소년들도 자연을 만끽해야 한다. 하지만 아이의 손을 잡고 과천 서울대공원을 찾은 우리 부모는 어떤가? 정문에서 가장 가까운 하마에서 가장 먼 곳의 호랑이 사육사까지 질질 끌며 모두 보여 주려고 아이를 채근한다. 부모의 욕심은 아이들을 지치게 한다. 표시판을 보며 이것저것 설명하는 부모의 기대를 무너뜨리고 집에 가자고 떼를 쓰고 만다. 입이 쑥 나온 아이는 다시는 동물원에 오고 싶지 않으리라. 부모는 어릴 적 어떻게 자연을 만났을까? 적어도 사람들로 북적이는 동물원은 아니었겠지.

여름 철새의 울음소리를 녹음하려고 무거운 녹음기와 망원렌즈 달린 카메라까지 목에 걸고 울음소리를 따라 한발 한발 강원도의 숲으로 들어가던 대학원생은 녹음기 버튼 소리에 놀라 달아난 새를 허탈하게 바라보며 풀썩 주저앉았다. 새는 사람을 피해야 한다는 학습에 충실했을 터. 여름 햇살로 흘린 땀을 연신 닦는 대학원생의 행동을 아까부터 주시하던 어린 하늘다람쥐 한 마리가 호기심을 이기지 못하고 가까운 나뭇가지로 미끄러져 날아와 앉았다. 반가운 마음에 카메라를 들어 하늘다람쥐를 촬영하려던 대학원생은 다시 실패했다. 어린 하늘다람쥐도 렌즈가 비죽 나온 카메라를 경계한 것일 텐데, 대학원생은 고개를 갸웃하며 작은 눈을 깜박이던 하늘다람쥐를 평생 잊지 못할 것이다. 이미 40여 곳의 산기슭을 파헤친 골프장이 운영 중인 강원도에 다시 40여 개 골프장이 계획돼 공사 중이라는 사실에 가슴이 아플 것이다. 골프장으로 이어지는 아스팔트 도로는 하늘다람쥐와 족제비 그리고 개구리와 뱀 종류에게 치명적이라는 사실을 알기 때문이다.

서양미술사학자 곰브리치가 일찍이 설파했듯, "알면 보인다". 보이면 배려하게 된다. 분별없는 개발로 터전이 교란되어 위기에 처한 동물을 자연에서 보면 그들의 고통을 비로소 이해하며 동정심이 일고 공존할 대안을 찾고 싶어진다. 경칩 전후 굴삭기를 동원하며 계곡을 뒤집어엎어 북방산 개구리를 모조리 잡아들이는 사람들을 보면 분노가 일고, 비 내리는 이른 봄 칠흑 같은 밤이면 알을 낳으려고 산에서 물이 고인 논이나 호수로 이동하는 두꺼비를 보호하려고 나선다. 산록을 끊는 아스팔트에서 운전자에게 전단을 나누어 준다. 천천히 가다 두꺼비를 보면 잠시 정차해 달라 당부하기 위해서.

곤경에 처한 자연의 이웃을 돕는 그 자체로 사람은 뿌듯한 만족을 느낄 수 있다. 말라 가는 물웅덩이에서 오물거리는 올챙이들에게 물길을 만들어 주는 개구리의 동영상은 보는 이에게 작은 감동을 준다. 개구리에게도 이타심이 있구나! 밀물을 따라 해안으로 들어왔다 썰물 때 모래사장에 갇힌 고래를 구출하는 사람들의 동영상은 보는 이에게 벅찬 감동으로 이어진다. 다음 밀물 때까지 고래 온몸에 바닷물을 연신 끼얹으며 피부를 보호하는 데 그치지 않고 모래를 고래가 고립된 곳까지 넓게 파서 바닷물이 들어오게 유도한 뒤, 담요로 덮은 고래를 있는 힘을 합해 해안까지 굴리며 구조해 낸 사람들. 그들은 얼마나 가슴이 벅찰까? 동영상을 보는 사람은 그 자리에 함께 있었으면 좋았을 거라 생각한다.

동물과 주고받는 감성

팔리 모왓은 젊은 시절 캐나다 북부 툰드라 지역으로 늑대 생태를 조사하기 위해 여행을 떠났다. 신선한 이끼를 찾아 북극권을 이동하는 순록 떼는 장엄하다. 그 장면을 보기 위해 많은 관광객이 모여드는데 늑대가 행렬을 방해하고 대열을 흩뜨린다. 캐나다 정부는 늑대를 제거해야 한다고 믿었다. 하지만 잔혹하고 사악한 늑대 무리를 극지방에서 효과적으로 없애기 어려울 터. 정부는 젊은 생태학자 팔리 모왓에게 늑대의 생태를 조사하라는 임무를 주었다.[2]

간교하고 무자비한 늑대를 가까이에서 조사하려면 준비가 철저해야 한다. 무거운 보호 장비와 무기까지 잔뜩 짊어지고 출발해야 했지만 웬걸! 현장에서 전혀 사용할 필요가 없었다. 사냥할 때를 제외하면 늑대는 점잖고 배려심이 깊은 이웃이기 때문이었다. 소변으로 자신의 영역을 표시하는 늑대들처럼 팔리 모왓 자신도 소변으로 경계를 표시하며 늑대의 영역을 침범해 보았다. 그러자 사냥에서 돌아온 늑대 가족은 잠시 머뭇거리더니 선뜻 자신의 영역을 내주고 돌아서는 게 아닌가. 의아한 듯 한동안 새로운 경계선을 맴돌다 '뭐 필요하다면 내주겠다'는 호의 같았다.

새끼를 낳은 게 분명한 늑대의 굴에서 성체들이 모두 빠져나간 걸 확인한 팔리 모왓은 저울과 자, 수첩과 필기구를 들고 엉금엉금 늑대 굴로 잠입했다. 전등을 켜고 기다시피 새끼들에게 다가간 순간, 눈앞에 커다란 다리가 보이는 게 아닌가. 아차! 늑대 굴의 출입구는 하나가 아니지! 자신을 보호할 아무런 수단이 없이 날카로운 늑대 이빨 앞에 얌전하게 놓인 먹잇감과 다름없는 신세가 되었는데, 불안감을 감추며 눈을 들어 우두머리 늑대를 바라보았더니 그것 참! 으르렁대지 않는 늑대의 표정이 참 묘했다. "아무것도 준비한 게 없는데 이렇게 불쑥 찾아오면 어떻게 하나 …" 난감해하는 듯했다. 새끼들의 몸무게와 길이를 무사히 측정하고 밖으로 나온 팔리 모왓은 우두머리 늑대에게 이름을 붙여 주었다. '앨버트 아저씨'라고.

---

2 팔리 모왓, 『울지 않는 늑대』, 이한중 옮김, 돌베개, 2013.

감성을 주고받으며 공감하는 관계가 되면 이름을 붙이고 싶어지나 보다. 집에 애완동물을 들여온 사람은 여러 마리를 반려하더라도 개성에 맞는 이름을 살갑게 붙인다. 무미건조하게 번호를 달지 않는다. 실험동물이나 교도소의 죄수처럼 번호를 달면 사사로운 감정이 끼어들 틈이 사라진다. 2014년 3월 SBS 텔레비전의 인기 프로그램 「짝」이 갑자기 결방된 데 이어 폐지된 사건의 원인은 한 출연 여성의 자살에 있었다. 시종일관 번호로 출연 남녀를 구별한 그 짝짓기 프로그램은 끊임없이 겉모습을 비교했다. 열등감이나 우월 의식을 부추기며 상품화했다. 공감과 거리가 멀었다.

한 대학원생은 한 무리의 실험용 생쥐 중 한 마리에 이름을 붙이고 각별한 관심을 쏟는 실험을 했다. 실험실에서 절대 금지된 행동이었지만 자신을 시험해 보기로 했는데, 역시 마지막 단계, 죽이는 일은 차마 할 수 없었다고 고백했다. 먹이를 줄 때마다 눈길을 마주하며 관심을 보이자 살갑게 다가왔던 녀석은 약물을 주입할 때에도 얌전했는데, 자신이 죽을 줄도 모르고 반가워하는 생쥐를 어떻게 죽인단 말인가. 결국 후배에게 맡길 수밖에 없었고, 그 사실을 나중에 안 지도교수에게 크게 혼났다고 회고했다.

힘겹게 사슴을 잡는 옐로스톤 국립공원의 늑대처럼 툰드라 지역의 늑대도 순록을 쉽게 잡지 못했다. 어미에게서 떨어진 새끼를 가까스로 추격해 겨우 반타작할 따름이라는 걸 파악한 팔리 모왓은 늑대의 주식은 쥐라는 사실을 확인했다. 수시로 순록을 잡아먹는다면 툰드라 지역에 순록이 아니라 늑대가 떼를 이뤄야겠지만 아니지 않은가. 늑대가 병들거나 다친 순록을 솎아 내지 않고 쥐를 잡아먹지 않는다면 순록은 커다란 떼로 건강하게 이동할 수 없을 것이다. 그러므로 순록과 늑대는 다분히 공생 관계가 아닌가.

　순록의 뼈가 한군데 쌓여 있는 이유는 무엇일까? 왜 순록 뼈 무더기에 머리뼈가 한결같이 없는 걸까? 북극권의 원주민들은 사냥한 순록을 함부로 버리지 않는다. 불필요한 사냥을 삼갈 뿐 아니라 사냥했다면 순록의 가죽과 뼈까지 알뜰하게 사용하는데, 무슨 연유일까? 팔리 모왓은 백인들의 소행이라는 걸 알아냈다. 일부 원주민에게 돈과 총을 쥐어 주고 매수한 뒤 장식을 위해 머리만 떼어 간 거였다. 분노한 팔리 모왓은 그 사실을 폭로하고 생태계의 보전을 외치는 작가로 변신하게 되었다.

인간의 지독한 편견

　돈벌이를 위해 과학기술을 앞세우는 인간의 폭력은 자연의 이웃에게 치명적이다. 자연은 무한하다고 가정하며 동물의 터전을 막무가내로 개발하는 데에서 그치지 않는다. 오만과 편견, 그리고 우월주의로 무장하고 단지 재미를 충족시키려는 사냥을 즐긴다. 위험 상황이 아니건만 새끼 때부터 길들여진 사자의 생명을 빼앗는 이른바 '트로피 사냥'이 아프리카 일원에서 지금도 버젓이 성행한다. 하찮은 호기심을 채우려고 밀렵꾼을 매수하는 일도 서슴지 않았다. 파리채로 사용하려고 하마의 꼬리를 잘라 내는 행위는 파이프 담배의 재를 털기 위해 고릴라 발바닥을 주문하는 일로 이어졌다. 상아를 위해 밀렵한 코끼리의 머리를 기계톱으로 베어 내는 행위도 서슴지 않았다.

　제국주의의 산물인 동물원은 전시할 동물을 수집하는 과정에서 밀렵을 마다하지 않았다. 밀렵꾼들은 유인원 한 마리를 생포하기 위해 한

무리를 사살하곤 했다. 무리 지어 살아가는 유인원을 한 마리만 사로잡는 일은 어렵다. 가난한 밀렵꾼에게 한 마리씩 유인해 사로잡는 장비는 없다. 한 집단을 마구 사살하다 공포에 질려 꼼짝달싹 못하는 어린 개체를 사로잡을 따름이다. 그 과정에서 사살한 고릴라와 침팬지의 몸은 시장에서 고기로 은밀하게 팔려 나가고, 고릴라 발바닥은 호텔에서 주문한 유인원이 도착하기를 기다리는 백인 남자들의 파이프 재떨이로 납품되었다. 그 현장을 찾아가 테이블을 뒤엎고 채찍을 휘두른 고릴라 연구자 다이안 포시는 1985년, 사주를 받은 밀렵꾼에 의해 처참하게 살해되었다. 발바닥을 빼앗긴 고릴라처럼.

대학의 연구실 책임자는 지하의 철창에 가둔 실험용 침팬지를 만나러 가는 제인 구달에게 비닐장갑을 꼭 착용하라고 신신당부했다. 실험용 침팬지는 고가일 뿐 아니라 구하기 쉽지 않다. 그러므로 다른 실험동물과 달리 한 차례 실험하고 죽일 수 없다. 침팬지가 기력을 잃을 때까지 여러 번 약물을 투여하거나 연구용 균을 접종한다. 따라서 언제든 면역력이 떨어졌을 가능성이 있다. 연구실 책임자는 침팬지에게 제인 구달의 손에 묻은 균이 침투할 걸 걱정했을까? 침팬지에게 접종한 균이 제인 구달에게 옮겨 갈 걸 염려한 건 아닐까?

어둑한 지하 실험실 철창 속의 침팬지는 하얀 가운을 입은 사람들이 다가와도 시선을 허공에 두고 미동도 하지 않았다. 저항하면 더 큰 고통이 수반될 뿐, 결국 원하는 균을 접종하고 약물을 투여하며 피를 뽑아 가는 인간이 아닌가. 마음대로 하라는 듯, 자포자기 상태의 침팬지를 안타깝게 바라보며 눈물 흘리던 제인 구달은 비닐장갑을 벗은 손을 철창에 넣고 침팬지를 어루만졌다. 제인 구달이 맨손을 내밀어도 꿈쩍 않던 침팬지였는데, 문득 무언가 다른 온기를 느꼈을까? 비로소 물끄러미 눈을 맞추던 철창 속의 침팬지는 제인 구달에게 다가가 가만히 눈물을 닦아 주었다.

　동물실험은 정당한가? 동물실험 결과를 사람에게 적용할 수 있을까? 의사인 레이 그릭과 수의사인 진 스윙글 그릭 부부는 동물실험 결과가 사람과 비슷한 경향이 나타날 수 있더라도 신뢰할 만한 경우는 거의 없다고 주장한다. 동물실험 결과를 믿고 진통제 탈리도마이드의 부작용을 계속 무시하는 바람에 손과 발이 흔적만 보이는 아기가 거듭 태어난 사례가 있다. 하지만 실험동물에게서 이상 증세가 나타나야 판매를 중단할 수 있다는 규정 때문에 엉뚱한 실험동물을 무리하게 실험하며 죽여야 했다고 덧붙인다. 사람이 사용할 화장품이나 의약품은 직접 사람을 대상으로 연구하는 편이 과학적으로 합리적이라고 그릭 부부는 단언한다.[3]

　동물 공연장은 정의로운가? 과천 서울대공원의 동물 공연장 계획을 발표하면서 서울시는 "어린이들의 동물에 대한 사랑"을 가르치기 위한 목적과 더불어 관람객이 "동물을 자식과 같이 생각하며 사랑하리라 확신"하므로 동물 공연장을 세운다고 했다. 관중에게 절하고, 공 굴리고, 그네와 세발자전거를 타는 곰. 수건으로 얼굴 닦고, 외발자전거와 롤러스케이트를 타고, 노래하며 춤추는 침팬지. 거수경례, 악수, 손뼉, 피아노·북·심벌즈 치고, 줄 맞춰 걷고, 볼링, 샤워, 세수, 뽀뽀하고, 춤추는 물개는 "재롱과 묘기"를 부리는 걸까? 야성을 빼앗긴 동물의 사람 흉내를 "자라나는 어린이들이 동물과 친숙해질 수 있는 기회를 마련하기 위한" 배려라고 자평해도 무방할까?

　동물원은 동물의 본성을 얼마나 배려하고 있나? 좁은 우리 안에서

---

[3] 레이 그릭·진 스윙글 그릭, 『탐욕과 오만의 동물실험』, 김익현 옮김, 다른세상, 2005.

쳇바퀴 돌며 같은 동작을 반복하는 이른바 '정형 행위'는 넓은 면적을 차지하던 맹수에게만 한정되는 게 아니다. 코끼리는 앞뒤로 몸을 의미 없이 흔들고, 돌고래는 원을 그리면서 헤엄치며, 늑대는 하루 종일 제자리를 맴돈다. 제 몸을 감추려 하는 동물을 탁 트인 공간에 드러내 놓는 전시 행태는 차라리 애교다. 한여름에 미지근한 물에서 호흡곤란 증세를 느끼는 북극권 동물은 이따금 만장한 관람객 앞에서 얼음 속의 과일을 깨어 먹지만 일상이 고통스럽다. 콘크리트 바닥에 겹질려서 발가락이 잘린 유인원은 보기 민망할 정도다. 동물이 사람의 시선을 눈치채지 못하게 설계하고 먹이를 습성에 맞춰 다양하게 배려하는 동물원은 우리나라에 없다. 생태적 조건을 고려하기 어렵거나 넓은 공간을 보장하기 어려운 동물은 아예 전시와 사육을 하지 않아야 옳다.

동물원이나 공연장의 울타리에 갇힌 동물만이 아니다. 자연에 서식하는 동물이라도 크고 작은 도로가 터전을 잠식하며 끊어 놓으니 생존하기 버겁다. 고속도로 중간에 생태 통로가 눈에 띄지만 그건 사람의 눈일 뿐, 동물은 쉽게 찾지 못한다. 사람에게 생색내려는 생태 통로는 대책이 아니다. 고속도로 양쪽의 동물이 쉽게 찾아가 자유롭게 이동할 수 있도록 동물의 눈높이에서 생태 통로를 설계하고 관리해야 한다. 자동차의 소음과 전조등 빛을 느끼지 못해야 하고 사람의 냄새와 흔적이 없어야 한다. 생태 통로로 자연스럽게 이동할 수 있도록 동물 종류에 알맞은 길을 주변에 조성해야 한다. 너구리와 멧돼지의 이동 통로는 두더지와 두꺼비의 방식과 같지 않다. 같은 파충류라도 뱀은 거북과 다르게 이동한다. 도로 양측에 어떤 동물이 얼마나 분포하는지 사전에 조사하고 그에 맞는 생태 통로를 개설한 뒤에도 할 일은 남아 있다. 일정 기간 모니터링을 하고 필요하다면 개선해야 한다.

댐이나 보를 세우면 담수어류들이 강을 전처럼 거슬러 오르지 못한다. 그렇기에 단위 면적 공사비가 댐이나 보에 비해 서너 배 이상 들어가는 어도를 설치한다. 강을 오르내리는 어류는 종류가 많고 습성도 제각각이다. 따라서 강을 거슬러 오르는 방식도 다양한데 우리 강에 설치된 어도는 어류들의 다양한 습성을 고려하지 않은 경우가 대부분이다. 평소에 물이 흐르지 않는 곳에 설치했거나 설계와 시공이 부실하니 어도를 쉽사리 넘지 못한다. 어도에 모여들어 넘어가려 애를 쓰는 어류들은 기다리는 백로나 해오라기 같은 새들의 먹이가 되고 만다. 하천의 생태계를 복원하려는 차원이라면 댐이나 보를 철거하는 게 바람직하지만, 현실적으로 어렵다면 다채로운 어류를 배려하는 생태적 어도로 개선해야 한다.

부메랑이 된 사람의 이기심

육지와 바다를 회유하며 산란하고 성장하는 연어는 요즘 식탁에 오를 기회가 거의 없다. 가을에 강으로 오르려다 사로잡힌 암수를 활용해 인공으로 수정시킨 뒤 부화한 치어를 양식하여 시장에 내놓는 경우가 대부분이기 때문이다. 우리나라에 들어오는 수입 연어의 실상이 그러한데, 게다가 양식하는 과정에서 유전자 조작 옥수수를 가공한 사료를 먹이는 사례가 늘고 있다고 언론은 전한다. 효율화를 위해 본성이 억압된 연어의 건강은 괜찮을까? 유전자를 조작해 빠른 시간 안에 정상보다 수십 배 자라는 연어를 개발해 보급하기도 하는데, 그런 연어를 자연에 방생하면 생식은 물론이고 생존 자체가 불가능할 뿐 아니라 조작된 유전자를 다른 생물에 전파할 수 있다. 생태적 재앙으로 이어질 수 있다.

유전자를 조작한 옥수수와 콩을 주요 성분으로 배합하는 사료에 전적으로 의존하는 소와 돼지, 그리고 닭과 오리는 극단적으로 밀집시켜 사육한다. 이른바 '공장 축산'이다. 항생제와 성장호르몬을 투여하며 좁은 공간에서 최단 시간에 살찌우는 까닭에 이른 나이에 도살하지 않더라도 제 수명을 누리지 못한다. 본성에 어긋나는 먹이를 먹어야 할 뿐 아니라 움직임이 최대한 억제되기 때문이다. 그뿐인가? 사육과 도축 과정에 사용하는 기계의 오차 범위 이내로 몸의 크기와 무게를 획일화시키는 과정에서 타고난 유전 다양성을 잃어 사육 환경이 조금만 바뀌어도 떼죽음하는 비극을 피하지 못한다. 걸핏하면 조류독감과 구제역이 발생하는 이유가 그렇다. 사람에게 부메랑이 된 광우병도 가축에게 강요하는 가혹한 축산 환경과 무관하지 않다. 채식이 어렵다면 육식의 재료가 된 가축의 사육 조건을 먼저 파악하는 건 어떨까? 다소 가격이 비싸더라도 가축의 본성을 최선을 다해 보살핀 고기와 계란과 우유도 있다. 소비자를 그만큼 건강하게 인도할 텐데.

사람은 자신의 주위에서 조금이라도 위협적이거나 귀찮게 구는 동물을 여지없이 배제한다. 원래 그런 동물이 서식하던 지역을 개발해 침입했건만 인정사정없이 몰아낸다. 사자나 호랑이 같은 맹수만이 아니다. 밭을 기웃거리는 크고 작은 동물은 물론이고 음식에 앉거나 피부를 가렵게 하는 곤충도 박멸 대상이 된다. 자신의 생존을 위해 농작물에 다가오는 곤충을 해충이라 규정한 뒤 뿌리는 맹독성 약품은 결국 사람에게 부메랑이 되었다. 곤충에 내성이 생기자 독성을 높여 효과를 보았지만 잠시 뿐, 거듭 강력해진 독성은 농부와 소비자에게 없었던 질병을 선사하게 된 것인데, 최근 다국적 기업인 몬산토가 보급한 초강력 농약이 '소두증'을 일으켰다는 의혹이 일었다. 태아의 신경계 분화를 차단해 머리가 작은 신생아를 태어나게 했다는 의혹은 공포의 부메랑이 되었다.

과학기술을 앞세우는 사람은 유전자를 조작해 동물을 멸종으로 몰아가려 한다. 유전자가 조작된 모기와 교배하는 보통 모기를 불임으로 유도하는 생명공학의 결과는 자칫 자연계의 먹이사슬을 타고 불임이 돌이킬 수 없이 퍼져 나가게 할 수 있다. 조작된 유전자가 엉뚱한 동물로 전파될 가능성이 있기 때문이다. 뼈대가 약한 모기가 사람에게 병균을 옮긴다지만 그건 박멸을 합리화하려는 핑계에 불과하다. 사실 가려움을 참지 못하기에 박멸을 생각하지만, 모기가 없다면 사람은 많은 이야기를 잃을 것이다. 파리도 바퀴도 사정은 비슷하다.

공감으로 이어지는 자비

5월에 접어들면 도시의 가로수와 근린공원의 조경수는 살충제 세례를 받는다. 부드럽게 펼치는 잎사귀를 알에서 막 부화한 애벌레가 갉기 때문이라는데, 저주와 같은 살충제의 냄새가 퍼지면 참새와 박새는 물론이고 요즘 도시에 늘어나는 직박구리도 얼씬하지 않는다. 사람이 개발하는 살충제의 독성보다 빨리 내성을 갖추는 애벌레는 살충제를 뿌린다고 구제되는 게 아니다. 새들이 외면하는 사이 애벌레는 나뭇잎을 집중 갉아 대는데, 잎사귀에 묻는 살충제 성분은 비에 씻겨 땅속으로 스미고 놀란 지렁이들은 밖으로 나갔다 햇살에 말라붙고 만다. 그렇게 죽은 지렁이를 개미들도 외면한다.

한낮이 따뜻한 5월이면 엄마 손 잡은 아기들이 아장아장 근린공원을 걷거나 뛴다. 나무 아래에서 위를 향해 뿌린 살충제는 햇살에 말라 근린공원으로 내려앉아 자전거를 타는 어린이와 아장아장 걷는 아기 코 높이에서 스멀거리는데, 막 걷기를 배운 꼬마가 무언가를 꽁꽁 밟아 댄다. 살충제에 기력을 잃어 근린공원의 보도블록으로 떨어진 작은 애벌레였다. 뒤따라온 엄마는 "아이 더러워! 저쪽으로 가자" 하며 아기 손을 낚아챘다. 애벌레가 더러웠을까? 아기가 신은 고운 신발에 터진 애벌레의 체액이 물드는 게 싫었던 게지. "아이 불쌍해라. 더 자라면 예쁜 나비가 될 텐데. 우리 이 애벌레를 나뭇잎에 올려 줄까?" 하고 아기 앞에서 말하고 행동으로 옮겼다면 순자의 성악설이 맹자의 성선설로 바뀌는 위대한 순간을 맞았을 텐데.

자동차나 자전거에 밟혀 다리가 부러져 버림받은 개를 입양하는 사람이 있다. 그는 개에게 바퀴가 달린 인공 다리를 부착했다. 비록 불편하고 감각이 없지만 그 개는 제 주인을 충실하게 따른다. 공감하기 때문일 것이다. 흥부전을 들먹이지 않더라도, 공감은 동물에게 전달된다. 언젠가 읽은 수의사의 경험담을 되새겨 보자. 육식동물의 공격을 피하다 가죽이 벗겨진 얼룩말에 다가간 수의사 이야기다. 마취 없이 소독을 하고 상처 부위를 꿰맬 때까지 움직이지 않던 얼룩말이 치료를 마치자 천천히 멀어지면서 고맙다는 듯이 뒤를 힐끗 돌아보더란다. 부러진 다리가 붙은 제비처럼 금은보화가 가득 담긴 박 씨를 물어 오지 않아도 수의사는 평생 잊지 못할 감동을 선물로 받은 것이다.

늘 같은 시간 같은 장소에서 땅콩을 전하는 등산객의 어깨와 손바닥은 반갑게 다가오는 곤줄박이가 차지한다. 곤줄박이만이 아니다. 개구리 뒷다리를 받아먹던 때까치는 먹이를 주는 과수원 일꾼이 다가오면 어깨로 날아와 고개를 갸웃거리며 눈을 맞추곤 했다. 과수원에 농약을 뿌리기 전의 경험이지만, 그런 경험은 자연의 동물이 이웃처럼 살갑게 다가

오게 만든다. 자연과 사람이 하나라는 걸 깊이 각인하게 된다. 상처받은 자연의 이웃에 대한 작은 자비가 그렇듯 사람 자신을 기쁘게 한다. 비로소 동물의 비좁아지는 삶터에 진정한 관심을 갖는다. 아름답지 않은가?

6 강정의 진실과 자비

양운기

숙명적 우수(憂愁)의 섬, 제주

우리나라 남쪽에 있는 타원형의 섬 제주는 많은 사람들이 즐겨 찾는 아름다운 곳이다. 빼어난 자연의 아름다움과 더불어 어디에도 뒤지지 않는 생태 자원이 있다. 한라산과 360여 개의 기생화산들은 무수한 설화를 품은 채 제주를 찾는 사람들의 상상력을 자극하고 아름다움을 넘어서 경이로움을 느끼게 한다.

그러나 아름다운 섬 제주에는 하염없는 우수가 깃들어 있다. 제주만의 독특한 지리적 조건과 특징적 가치는 외부 환경과 맞물리면서 예부터 오늘까지 제주를 늘 긴장시켜 왔다. 특히 대륙과의 관계에서 볼 때 제주의 위치는 매우 민감하며, 호전적 태도를 지닌 외부 세력들은 제주를 대륙으로 진출하는 길목으로 인식한다. 일본은 36년의 강점 기간 동안 제주를 대륙 침략의 교두보로 이용하며 제주 주민들을 처참하게 약탈했다. 그 약탈의 흔적은 제주의 아름다움과 중첩되어 보는 이들의 마음을 애달프게 한다. 1945년 일본이 떠났으나 해방의 기쁨을 맛보고 한숨을 돌린 것은 잠시뿐이었다.

일본이 떠난 후 우리 땅은 미국과 소련 등 강대국의 이해관계로 두 동강 났고, 국가 공권력은 1947년부터 7년 7개월간 제주에서 상상할 수 없는 참혹한 살육을 벌였다. 공식 집계 3만여 명, 비공식 집계 8만여 명이 군과 경찰 등 공권력과 당시 미군정의 지시로 처참하게 목숨을 잃었다. 바로 4·3 사건이다.

1945년 9월 8일 북위 35도 이남에 들어온 미국이 군정 체제를 갖추고 아직 완전한 꼴을 갖추지 못한 이 땅을 통치할 즈음 우리 경찰과 군은 미군정 체제에 들어가야만 했다. 그렇기에 "나라가 온전치 못해서 어쩔 수 없이 제주에서 4·3 비극이 발생했다"거나 "4·3은 미국의 책임이 아니다"라는 변명은 국가주의자들의 주장일 뿐이다. 그들은 국가가 백성보다 우선이고 따라서 백성들의 삶과 생명은 국가보다 하위에 있다고 여긴다. 그러나 백성 없이 국가가 존재할 수 없고 국가가 백성 없이 성립될 수 없다고 본다면, 이런 국가주의자들의 주장은 명백한 허위이다. 그들이야말로 자신들의 정치적 목적과 이익을 위해 백성을 이용하고 술책을 부리는 살인 매국노이다. 4·3은 분명히 미군정 체제에서 발생했기에 미국에 책임이 있으며, 미군정 체제 아래서 군과 경찰을 움직였던 당시 권력에도 분명한 책임이 있다.

제주의 슬픈 역사가 비단 현대사에만 국한된 것은 아니다. 과거에는 대표적 귀양지였고 민란과 봉기가 잦아들 날이 없었던 궁핍한 변방이었다. 사람들은 이런 아픔의 역사와 상관없이 여행의 달콤함을 맛보려 제주를 방문하고, 기쁨을 만끽하고 환호하며 새로운 힘과 영감을 얻어 제주를 떠나 다시 일상으로 돌아간다. 그리고 제주는 제주를 찾았던 사람들의 새로운 활기와 희망을 보며 자신의 아픔을 뛰어넘는 기지를 발휘하며 살아간다. 제주의 어느 곳에 어떤 아픔이 있었냐는 듯 다시 자신만의 일상으로 돌아가고, 아름다움의 향기를 찾아오는 사람들을 맞이할 준비를 한다. 아름답게 보이는 오늘의 제주는 어느 누구도 먼저 말하지 못하는 비애를 가슴에 품고 있다. 오랜 세월 울음과 분노를 삼키며 평온한 듯 제 자리를 버티고 있다.

다른 옷으로 변장한 비극적 폭력

2007년 4월 26일 저녁, 제주 강정마을에는 60여 년 전 있었던 4·3의 폭력과 같은 거대한 비극의 그림자가 드리워졌다. '강정마을 해군기지 유치 신청'이라는 뉴스는 암흑처럼 그렇게 찾아왔다. 나는 2002년 '화순마을'에 해군기지가 건설될 것이라는 소문이 돌았던 이후, 2006년에 '위미마을'에 해군기지 부지를 물색하고 있다는 소식을 들을 때까지 지인과 함께 '화순마을'과 '위미마을'을 찾은 적이 있다. 그때 주민들과 만나고 상황을 전해 들었던 터라 강정마을이 해군기지를 유치하기로 신청했다는 소식은 의외였다. 여러 경로를 통해 확인한 결과 '해군기지 유치 신청'은 국가가 강정 주민들에게 사기를 친 것이며, 60여 년 전의 비극과 비슷한 출발점에 있었다. 변신한 악마가 제주를 다시 방문한 것이었다.

2007년 4월 26일 밤, 마을 회장 윤태정은 2천여 명의 주민 중 백여 명 정도의 주민만 모아 놓고 '해군기지 유치의 안'을 007작전처럼 진행하고, 표결 없이 박수로 처리하고 말았다. 강정마을 임시총회였다. 임시총회는 회의가 열리기 일주일 전 회의 날짜와 회의 안건을 사전 공고하게 되어 있다. 그러나 회의 날짜와 안건은 3일 전에야 공고됐다. 마을회장 윤태정은 "마을 향약鄕約에 근거해 주민 51명만 참석하면 총회는 성원이 된다"고 주장하며 "마을 발전을 염원하는 주민들의 중론을 모아 해군기지 유치를 결정했다"고 하지만 향약에 나오는 '마을의 중론을 모으는 임시총회의 사전 공고 기간을 지키지 않은 이유'에 대해서는 말하지 않고 있다. 왜? 무엇 때문에 말이 없는가? 누구의 지시인가?

강정마을에 앞서 '화순마을'에서는 이미 주민들의 심한 반대로 해군기지 유치가 무산되었다. 2007년 3월 18일 '위미마을 총회'에서도 해군기지 유치가 부결되면서 해군기지 유치를 주도하던 해군과 김태환 도지사 등은 조바심을 내며 전전긍긍했다. 그러고는 드디어 '강정마을'에서 비극적 테러를 저지른 것이다. 마을 공동체에 대한 테러이며, 민주주의 원리에 대한 테러이며, 백성들의 세금으로 엄청난 예산을 쓰는 사업을 부당한 방법으로 처리하는 서민 경제에 대한 테러이며, 합리와 상식에 대한 테러였고, 인간의 존엄과 품위에 대한 테러였다.

강정마을 해군기지는 국가권력이 주민들에게 공포와 겁을 주면서 시작됐다. 계획된 시나리오를 집행하듯 치밀하게 준비하여 밀어붙였다. 주민들은 해군기지 유치보다 현저히 비중이 낮은 작은 사업도 이런 방식의 임시총회를 통해 결정해 본 적이 없었기에 두려움을 느꼈다. 이후 강정에서 벌어지는 국가 폭력은 모두 합법이 되었고, 강정 주민들의 저항 및 주민들과 연대하는 모든 활동은 불법으로 규정되어 체포와 연행과 구속이 반복되었다.

남극 펭귄들은 평소 무리 지어 생활하다 배가 고프면 바다에 뛰어들어 물고기를 사냥한다. 문제는 물속에 펭귄의 천적인 바다표범이 살고 있다는 것이다. 이때 펭귄 무리는 바깥쪽에 서 있는 펭귄들을 밀어내면서 바다에 표범이 가까이 있는지 확인하고, 바다에 들어간 펭귄들이 별 이상이 없으면 무리 전체가 바다로 뛰어들어 물고기를 사냥한다. 펭귄들 중 바깥쪽에 서 있는 무리들은 가장 힘이 없는 놈들이며, 힘세고 영향력이 있는 놈들은 특권층이 되어 늘 무리 중앙에 있다. 결국 펭귄 집단의 안전을 도모하는 원리는 힘없는 구성원들의 희생에 있다고 볼 수 있다. 힘없는 펭귄들이 희생되어야만 강한 펭귄 무리들이 안전하게 살아간다. 강자들이 약자들을 밀어내면서 자기 자리를 유지해 나가는 것은 펭귄들의 관계에서만 볼 수 있는 게 아니다.

누구를 위한 희생인가? 강정처럼 작은 마을에 거대한 해군기지는 왜, 무엇을 위해, 누구를 위해 있는 것인가? 왜 테러를 동반하고 탄생하는가? 수많은 약자들의 희생 위에서 소수의 강자들이 특권을 누리는 폭력적 세계가 제주의 작은 마을 강정에 들어서는 이유는 어디에 있는가?

미국의 아시아 회귀 전략

20세기 두 차례의 피비린내 나는 전쟁을 통해 세계를 주도하며 군산복합체를 굳게 한 미국은 강한 군사력을 내세워 공산주의의 팽창을 막고 자본주의를 확대하는 일에 몰두했다. 1970년대 초반까지 아시아에서 군사력을 과시하며 스스로 경찰 노릇을 자처했던 미국의 베트남전쟁 패배는 더 이상의 군사개입을 주저하게 했고 경제마저 휘청거리게 만들었다. 아시아 사회주의 국가 베트남을 우습게 봤던 미국의 군산복합 패권이 심각한 도전을 받은 것이다.

그래서 군산복합 자본주의와 미국식 민주주의를 확대하려던 미국은 중동으로 발길을 옮겼으나 '보이지 않는 적과 싸운다'는 비난에 직면하고, 20여 년에 걸친 중동의 끈질긴 저항으로 처절하게 실패하고 말았다. 2010년까지 무려 4,500명이 넘는 젊은이들이 고국으로 돌아가지 못한 채 저승을 향했고 900조 원이 넘는 전쟁 비용을 쓰면서 어마어마한 재정 적자를 낳았다. 미국의 우월 의식에 바탕을 둔 미국식 민주주의와 자본주의를 이식하려 했으나 전쟁으로 흥한 자 전쟁으로 비틀거린 꼴이 되었다. 이 실패는 미국 정치와 군사전략에 지금까지도 부담으로 작용하고 있으며 '아시아 회귀, 재균형'(Pivot to Asia, Rebalancing Asia) 전략의 근거가 되기도 한다.

'한미 상호 방위조약'과 '한미 주둔군 지위협정' 그리고 강정

1953년 10월 1일 한미 양국이 조인하고 1954년 11월 18일에 발효된 '한미 상호 방위조약' 4조는 이렇다. "상호적 합의에 의하여 미합중국의 육군, 해군과 공군을 대한민국의 영토 내와 그 부근에 배치하는 권리를 대한민국은 이를 받아들이고 미합중국은 이를 수락한다." 이 조약에 따르면 미군은 자신들이 원한다면 한국 어디에도 주둔할 수 있고 그럴 권리가 있다. 이 조약을 구체적으로 실행하기 위해 한미 양국은 1966년 7월 9일 '주한미군 지위협정'(Status of Forces Agreement, SOFA)을 맺었다. 그러니까 미합중국의 권리를 보장하기 위해 맺은 조약이 'SOFA'다. 풀어 쓰면 '한국과 미합중국 간의 상호 방위조약 제4호에 의한 시설과 구역 및 대한민국에서의 합중국 군대의 지위에 관한 협정'이다.

이로써 한국 땅 어디라도 미국은 자신이 원하는 곳에 군대를 주둔시킬 수 있고 주둔하는 군인들의 지위도 매우 특별하게 대우받는다. 나아가 'SOFA 제10조 3항의 규정'에 따라 미군 함정은 한국의 항구에 입항할 때 '통고'만 하면 된다. 미군의 안전이 위험하다고 판단될 경우 이 '통고'마저도 면제된다. 또한 주한미군이 어떠한 범죄를 저질러도 한국 경찰이 체포하고 처벌하기가 쉽지 않게 협정이 맺어져 있다. 잊을 만하면 발생하는 주한미군 범죄를 처벌하지 못하고 미군 당국으로 넘겨주는 이유가 바로 이 협정 때문이다. 매우 불평등하게 체결된 이 협정은 이 땅에서 미군을 형사 처벌하기 어렵게 만들 뿐만 아니라, 미군에게는 한국 어디에도 주둔할 권리가 생긴다. 미군이 한국 어디에도 주둔할 권리!

1900년 이후 세계에서 가장 불평등하게 맺어진 협정이라는 평가를 받는 'SOFA'는 이처럼 한국의 처참함을 보여 준다. 이 정도면 우리는 미국의 노예이지 독립국이라고 할 수 없다. 1945년 일본 욱일기가 빠지고 미국 성조기가 게양된 순간 우리는 피부색만 바뀐 지배자 아래 살고 있다고 해도 과언이 아니다.

미국은 끊임없는 정복 전쟁으로 자국의 산업과 자본을 키워 가는 제국주의 국가들의 일반적 속성을 그대로 보여 준다. 제국주의란 다른 나라의 영토 및 지역을 힘으로 점령하려는 이념이고 그런 국가가 제국이다. 19세기 후반 영국, 프랑스, 미국, 독일, 일본 등 힘으로 영토 확장에 몰두한 나라들을 제국이라고 하는 이유다. 미국은 자국의 이익을 위해서라면 언제라도 이 힘을 쓴다. 자국의 경제 회복을 위해 군수회사의 무기 수

출(무기의 소비)이 필요하면 언제든지 국제사회에 긴장을 유발하고 분쟁을 부추기며 자국의 경제 회복을 꾀한다. 미국이 제국주의적 태도를 버리지 않는 한, 아시아 국가와 민중의 안전보장은 없고 평화를 꿈꾸는 것은 말 그대로 꿈일 뿐이다.

미군이 한국 영토 내에 어디든지 주둔하고 싶다면 한국은 주둔지를 제공해야 하는 것, 'SOFA' 협정에 따르면 그것은 미국의 권리다. 미국은 이 불평등 협정의 개정에 나서지 않는다. 아니 나설 이유가 없다. 자신에게 유리한 조항을 개정할 이유가 없는 것이다. 특히 'SOFA 10조 3항'의 규정에 따라 미군 함정은 한국의 항구에 입항할 때 '통고'만 하면 된다. 주권국가의 영토에 외국군이 주둔하는데 협정 자체로 허락해야 하는 굴욕적 상황, 그 협정도 미국의 안전에 위협이 될 때는 지키지 않아도 되는 것, 바로 이것이 미국이 동아시아와 태평양을 지배하는 실제적 힘이다. 제주 강정 해군기지에 미군은 그냥 들어올 수 있다는 말이다. 이제 강정 해군기지의 용도가 확실하게 보이지 않는가? 평화나 화해라는 단어는 미국의 사전에서 찾아볼 수 없다. 이것이 군산복합체 미국이 2011년, 오바마의 입을 빌려 발표한 '아시아 회귀 전략'(Pivot to Asia, Rebalancing Asia)의 근거이자 정체이며 본질이다.

포위되고 묶인 강정

지난 100여 년 우리 땅은 제국주의 전쟁놀음에 한시도 편할 날이 없었다. 자그마한 동네지만 강정의 폭발력은 매우 크다. 동아시아 평화를 일거에 날려 버리는 큰 화약고가 될 여지가 있다. 제국주의와 그에 찬동하는 종사자들이 권력 핵심부에서 나라를 좌지우지하는 한, 인간에게 주어진 고유한 권리(전쟁의 위협을 받지 않을 권리)는 보장되지 않는다. 그렇기에 국가주의에 매몰당하는 인간을 위해 고유한 권리를 주장하고 진실을 세상에 알리는 활동은 당연한 일이다. 제주가 동아시아의 화약고가 되는 상황을 안타까워하는 국제 평화운동가들과 시민 활동가들, 제주 교회가 강정에서 그런 활동을 하고 있다. 그런데 이런 활동은 권력으로부터 온갖 탄압과 수모를 겪는다. 약 9년 동안 진행된 평화운동에서 사법 처리를 받은 사람이 600명을 넘겼고 구속자 숫자는 40여 명이 넘는다. 주민들이 부담해야 하는 벌금도 수억 원 이상이다. 오랫동안 이어져 오던 마을 공동체는 해군과 제주도 당국이 이간한 덕에 찬성과 반대로 나뉘어 원수처럼 심각한 고통을 겪고 있다. 빼어난 아름다움을 자랑하던 앞바다의 자연 생태는 하루아침에 풀 한 포기 못 자라는 시멘트 바닥으로 변했고 많던 생물들이 사라졌다.

　미국 캘리포니아 주 샌디에이고San Diego에는 해병대 사령부가 있으며 괌Guam에는 미국 제7함대가 주둔하고 있다. 하와이에는 미 태평양 함대 사령부가 있다. 오키나와에는 동양 최대의 카데나·후텐마 미군기지가 있다. 오키나와 중부 면적의 50%나 되는 땅을 미국이 차지하고 있다. 그리고 제주 강정의 해군기지가 있다. 캘리포니아-괌-하와이-오키나와-강정으로 이어지는 미군 벨트가 눈에 보인다. 세계 30여 개국의 미군 주둔지와 함께 강정은 우리 땅이 아니라 미군 벨트일 뿐이다. 위정자들은 강정이 한국 해군기지라고 주장하지만 그들이 'SOFA 제10조 3항의 규정'을 모르지 않는다. 그들은 국제조약에 어두운 백성들을 이용하여 미국의 종살이를 지속하고 거기서 얻는 떡고물을 받아 살아가는 매국을 하며 죽음의 문화를 주도한다. 강정은 이렇게 포위되어 두려움에 떨고 있다. 지난 100여 년이 그랬던 것처럼 지금도 노예의 삶을 강요받고 있다.

진실을 전하는 일

사막에 살고 있는 베두인족에 얽힌 이야기가 있다. 사막을 여행하는 큰 상인들은 지리를 잘 아는 베두인족의 안내를 받는데 여행길이 계속되면서 힘들고 지치면 여행객들은 신기루를 보는 경우가 있다고 한다. 하지만 베두인족 안내자는 그들을 끌면서 "거기가 아니고 이쪽이다"라고 바로잡아 준다고 한다. 이런 일이 몇 번 계속되면 짜증이 난 여행자는 총을 꺼내어 안내자를 죽이는 경우가 발생한다. 하지만 안내자는 죽어 가는 고통 속에서도 손을 내밀어 "거기가 아니고 이쪽"이라고 방향을 알려 준다. 죽었음에도 죽지 않는 것, 죽어 가면서도 '방향'을 알리는 것, 그것은 죽음이 아니다.

몇 년 전 강정의 현실에 과학적으로 접근하고 이해하기 위해서 샌디에이고 해병대 사령부와 하와이 함대 사령부, 오키나와의 후텐마 기지를 돌아봤다. 샌디에이고와 하와이에서 거대함을 과시하는 미 해병대 사령부와 함대 사령부를 목격하면 오키나와가 자연스럽게 연상된다. 태평양에 떠 있는 하와이에서 오키나와로 연결된 미국의 태평양, 동아시아 지배 전략이 여과 없이 드러나기 때문이다. 오키나와에는 동아시아 최대의 카데나 공군기지와 15분마다 비행기가 뜨는 후텐마 공군기지가 있다. 여기서 재일동포 여성 유영자 씨를 만났다. 이 여성은 일본 국적을 취득하지 않고 재일 한국인으로 불이익을 받으며 미군기지 확대를 반대하는 평화운동가다. 오키나와에서 2차 대전 이후 70년 이상 사실상의 식민지를 구축한 미국 제국주의에 저항하며 미군기지 확장을 반대하는 가녀린 여성 유영자! 온갖 불이익을 감수하면서까지 반생명적 군사주의 폐해를 알리는 그녀의 삶은 무엇을 말하는가? 그녀와 함께 활동하는 도미야마, 강정과 연대하기 위해 특별히 한국어를 배워 유창한 한국어를 구사하는 오오무라, 타카하시, 일장기를 불태운 사건으로 유명한 치바나 쇼오이치 등은 일본의 우경화를 부추기며 동아시아에 군사주의를 확대하는 미국 군산복합체의 실체를 알리는 일을 하고 있었다. 그들은 왜 자신들의 삶을 세상의 흐름에 맡기지 않고 세상을 거슬러 살면서 거대한 군사주의에 저항하고 있는가? 미국이 '아시아 회귀 전략'을 지속하는 한 오키나와는 강정과 같다는 숙명을 인식하기 때문이다.

오키나와에 미군이 상륙했을 때 오키나와 주민들은 토굴에 숨어서 지내다 죽어 나갔고 제주에서는 4·3 당시 다랑쉬 굴과 큰 넓궤 등지에서 고귀한 생명들이 무참히 죽어야만 했다. 닮은꼴이었다. 그렇게 죽어서 끝난 것이 아니다. 지금도 다른 모습으로 진행 중인 등골 오싹한 현실은 '하느님 자비의 손길'이 우선 약자에게 향해져야 함을 분명하게 보여 준다. 생명을 앗아 간 자보다 생명을 빼앗긴 자에게 자비의 손길을 먼저 내밀어야 하지 않겠는가. 강정과 오키나와는 연대하여 하느님의 자비를 나누고 있다. 연대와 자비야말로 하느님의 다른 이름일 것이다.

하느님 자비의 손길

37개월 동안 지속된 한국전쟁 사망자는 200~250만 명에 달하고 그 중 민간인은 90여만 명이 된다고 한다. 부상자와 후유증을 겪는 사람까지 포함하면 엄청난 피해다. 사람은 누구나 살 권리가 있고 행복할 권리가 있지만 무력 앞에서는 보장되지 않는다. 우리나라는 한국전쟁 이전부터 지금까지 제국주의 일본과 미국의 무력행사에 노출되어 있다. 군사력을 앞세운 제국의 무력행사에는 전쟁은 물론이고 전쟁을 위한 영토(군사기지) 확보도 포함된다. 한국은 1900년 이후부터 일본과 미국의 제국주의 무력 앞에서 행복할 권리를 보장받지 못했다. 일제강점기가 그러했고 한국전쟁 전후로도 역시 무력은 행복할 권리를 빼앗았다.

일제강점기와 미국의 동아시아 군사전략을 빼놓고 강정 해군기지를 설명할 수 없다. 그래서 강정을 이해하려면 1900년 일제강점기가 시작될 즈음부터 지금까지 약 100여 년을 자비의 시선으로 바라보는 게 절실하다. 한국전쟁은 이 100여 년 역사의 가운데쯤에서 일어난 살육의 정점이라고 할 수 있다.

하느님의 자비는 추상적 관념이 아니라 구체적 실재다(『자비의 얼굴』 6). 예수 그리스도가 하느님 아버지의 자비의 얼굴(『자비의 얼굴』 1)이라면 예수 그리스도의 자비는 매우 구체적이라야 한다. 100여 년 제국주의 무력에 시달려 온 강정을 향해서 자비의 손길을 어떻게 내밀 것인가? 우리에게 손을 내밀 의지가 있다면 어떤 방법으로 접근할 것인가?

누가 교황에게 중립을 지키라 하는가

2014년 한국을 방문했던 교황은 8월 18일 귀국길 기내 기자회견에서 "세월호 유족의 고통 앞에서 중립을 지킬 수 없었다"고 말했다. 이 말이 화제가 되어 세간에는 "고통 앞에 중립 없다"는 말이 유행(?)이며 지금도 계속 인용되고 있다. 고통 앞에 중립이 없다는 말이 정신적이고 도덕적인 힘으로 작용하는 것은 그만큼 종교가 중립을 지켜야 하는 것으로 인식하고 있었다는 반증이다. 가슴 아픈 일이다. 그동안 종교가 중립을 지키는 집단으로 인식되었다는 것은 그렇게 교육했고 교육되었다는 흔적이다. 누구의 책임인가? 중요한 사실은, 교황이 "유족에게서 세월호 추모 리본을 받아 달았는데 반나절쯤 지나자 어떤 사람이 다가와 '중립을 지켜야 하니 리본을 떼는 것이 좋지 않겠냐?'고 했지만 나는 그에게 '인간적인 고통 앞에서 중립을 지킬 수는 없다'고 말했다"고 부연 설명했다는 점이다.

나는 여기서 말하는 '어떤 사람'이 누구인지 매우 궁금하다. 교황에게 다가갈 수 있는 위치에 있는 사람은 누구인가? 교황 가까이서 그런 말을 할 수 있는 사람은 누굴까? 교황에게 접근할 수 있는 사람이 매우 제한되어 있다고 볼 때 혹시 고위 성직자가 아닐까? 아니라면 적어도 지도자급 교계 인사일 가능성이 크다.

교황을 정치인으로 보고 세월호 사안에 정치적으로 접근한다면 가능한 제안이다. 하지만 목자로서의 교황은 고통 앞에서 정치적일 수 없다. 이 작은 해프닝(?)은 우리의 정체를 알려 주는 의미 넘치는 슬픈 자화상이다. 또한 그 제안을 들은 교황의 심정은 얼마나 참담했을까? 제안을 했던 그는 교황의 기내 회견 내용을 들으면서 어떤 생각을 했을까? 그런 제안을 한 사람이 우리의 지도자 중 한 사람이라는 추측을 할 때 우리 교회의 정체성은 매우 참담하다. 지금 그런 사람이 교회의 지도자라면 그가 세상을 향해 '하느님 자비의 손길'을 내밀 수 있을까? 내가 괜한 생각을 하는 것일까?

2015년 4월 11일 발표된 『자비의 얼굴』은 '의인들을 사랑하고 마음이 부서진 이들을 고치고 상처를 싸매 주시는' 예수 그리스도의 구체적 모습을 설명하면서 실천을 촉구하는 강력한 권고이다. 여기에 당연히 중립은 없다. 예전에도 중립은 없었다. 정치적이고 심약한 교회의 지도자들과 직업 정치인들이 중립을 언급하며 복음적 실천과 선택에 혼란을 부추긴 적은 있지만 애초에 예수 그리스도의 복음에 중립은 없다.

최소한 2016년 12월 20일까지는 칙서 『자비의 얼굴』이 그동안 주저했던 '선택'으로 신앙인들을 이끌지 모른다. 하지만 과연 그럴까? 교황에게 "중립을 지켜야 하니 리본을 떼는 것이 좋지 않겠냐?"고 제안하는 고위 성직자나 교계 지도자가 있는 한 '자비'는, 교황이 말하는 '고통받는 사람들'을 향하지 못하고 중립으로 머물 가능성이 매우 크다고 확신한다. 그래서 교황은 외롭게 걷고 있으며 하느님 자비의 손길은 표류할 가능성이 크다.

강정에 자비의 손길을

씁쓸한 해프닝이라고 할 수 있는 일이 또 있다. 2013년 11월 26일 교황의 권고 『복음의 기쁨』이 발표되었다. 49항은 "자기 안위만을 신경 쓰고 폐쇄적이며 건강하지 못한 교회보다는 거리로 나와 다치고 상처받고 더럽혀진 교회를 저는 더 좋아합니다"라고 했다. 한마디로 교회 울타리를 벗어나서 교회 밖 세상의 아픔에 함께하라는 강력한 권고다. 2008년 이명박 대통령 임기 시작 후 한국 교회의 소수는 거리에서 미사를 봉헌하고 기도회를 열어야 하는 일이 많아졌다. 정권의 정책이 다수의 서민과 약자들을 배려하기보다는 소수의 부자와 강자들을 위해 일방적으로 밀어붙였기 때문이다. 소수의 교회 구성원들이 할 수 있는 것이라곤 길거리로 밀려난 사회적 약자들 옆에 앉는 것뿐이었다. 물론 그 이전에도 소수의 교회 구성원들은 거리로 밀려날 수밖에 없었던 약자들 곁에, 연민의 마음으로, 먼지 날리는 거리에서 미사를 봉헌하고 기도회를 열며 그들 옆에 앉았다. 강정도 그런 곳 중 하나였다.

나는 2012년 말부터 약 30개월간 제주 서귀포시에 거주하며 강정 평화 활동에 참여했다. 강정 해군기지 부지 선정 과정에서 공사의 진행 과정까지 거의가 불법, 탈법, 편법이었음을 확인했기 때문이다. 강정 해군기지 추진 과정을 확인한 결과, 시대를 살아가는 구성원으로서, 교회의 아들로서, 수도자로서, 신앙인의 한 사람으로서 어떤 불이익이 발생하더라도 반대 운동에 참여해야만 하는 것이었다. 교황의 권고 『복음의 기쁨』은 내가 제주에 거주한 지 1년 후 발표되었고 '거리로 나가서 상처 입는 교회를 좋아한다'는 내용이 담겨 있었다. 사실 소수의 구성원들은 이미 이를 실천하고 있었고, 이 실천 때문에 교회 일부 지도자들로부터 비난과 눈총을 받고 있는 터였다. 늦은 감이 있지만 『복음의 기쁨』 발표는 반가운 일이었고 그동안의 실천이 옳았다는 안도감을 주었다.

이후 거리에서 교회의 거룩한 전례를 한다고 비난하거나 대놓고 훈계하는 경우가 현저히 줄어들었다. 가까운 지인이나 교회 지도자들도 훈계를 주저하는 것을 목격할 수 있었다. 그래서 몇몇 수도자들, 활동가들, 성직자들이 모였을 때 교황께서 권고한 『복음의 기쁨』이 세긴 세다고 우스갯소리를 하곤 했다. 물론 지금도 몇몇 교회 지도자들은 교회의 매체 등에서 『복음의 기쁨』의 의미는 '거리로 나가라'는 것이 아니라고 공공연히 주장하는 글을 본 적이 있다. 왜 과거처럼 강하고 엄격하게 '거리에 나가지 말라'고 말하지 못하는가? 교황에게 '중립을 지키라'고 했던 그 지도자는 왜 '거리에 나가지 말라'고 말하지 않는가? 좀 더 정확하고 분명하게 반대의 뜻을 밝히지 않는 이유는 교황을 의식하기 때문인가? 교황의 영향력 때문에 거리의 전례를 비난하길 주저한다? 『복음의 기쁨』이 발표되기 전에는 당당하게 훈계하던 목소리가 어디로 갔단 말인가? 이 얼마나 황당한가? 느닷없고 가엾은 일이다.

한편 강정 해군기지 정문 앞 천막에서 미사를 봉헌하는 교회의 지도자들도 있었다. 먼지 날리고 소음이 강한 거리의 천막에서 상처 입은 사람들과 함께 상처 입은 미사를 봉헌하는 교회 지도자에게서 '자비의 얼굴'을 얼핏 볼 수 있다. 강정의 현실에 내민 자비의 손길일 것이며, 교황이 말하는 교회 모습일 것이다. 그러나 그 지도자는 분명히 상처를 입을 것이고 '종북 사제, 차라리 김정은의 품으로 가라'고 비난받을 것이다. '하느님의 자비는 추상적인 관념이 아니라 당신의 사랑을 보여 주는 구체적인 실재'이기 때문에 받는 비난이다.

교황은 귀국길 기내 회견에서 기자가 "세월호 추모 행동이 정치적으로 이용될 수 있다고 생각하지 않았느냐?"고 묻자 "인간적인 고통 앞에 서면 마음이 시키는 대로 행동하게 된다. 어떤 이들은 이를 두고 '정치적인 이유'로 그렇게 한다고 생각할 것"이라고 답했다. 교황은 정치적 입장이 아니라 목자의 태도를 분명하게 밝혔으며 목자적 연민에 따라 움직였다. 그리고 정치적이라는 비난의 십자가를 받아들였다. 약자를 향한 간절한 마음은 십자가만을 남기게 된다. 그래서 '예수 그리스도는 하느님 자비의 얼굴'이라고 하지 않았겠는가.

약자에게 우선 필요한 하느님의 자비

자비는 하느님의 본성이며 힘이며 행동이다. 하느님의 자비는 모든 시대 모든 사람을 향하고 모든 사람에게 필요하다. 그러나 또한 억울하고 핍박받고 고통당하고 가난한 사회적 약자들에게 우선 필요하다. 하지만 '번영의 시대에 영적 단체가 되어 있는 교회'(교황이 한국 주교단에게 연설한 내용을 나는 이렇게 이해했다)는 하느님의 자비가 특정 부류의 약자들에게 우선 필요하다는 말을 매우 불편하게 받아들일 것이다. 교황 프란치스코와 제2차 바티칸 공의회를 관련지으면서 프란치스코 교황을 공의회 후 첫 교황으로 보는 시각이 있다. 여기에는 전임 교황 두 분이 제2차 바티칸 공의회를 매우 소극적으로 받아들였다는 함의가 있다. 즉, 교회가 문을 열고 교회 울타리 밖으로 나가서 세상의 구조를 직면하고 희생자들과 함께하는 선택에 매우 소홀하고 주저했다고 할 수 있다. 그래서 교황 프란치스코가 사실상 처음으로 제2차 바티칸 공의회의 정신을 실천하려 애쓰고 있다는 말이다. 그렇다면 어떤 관점에서 강정을 봐야 하는가? 우리가, 교회가, 교회 지도자들이 강정 해군기지 문제를 바라보는 시각이 어떤지는 제2차 바티칸 공의회를 이해하는 정도와 밀접하게 연결되어 있다고 생각한다. 비단 강정 해군기지 문제만이 아니라, 지금 한국 사회에서 '하느님의 자비'를 묵상한다면 어떻게 움직이고 실천해야 하는지도 공의회 정신을 이해하는 만큼 가능하다.

나는 칙서 『자비의 얼굴』을 읽다가 4항의 바오로 6세 연설을 인용한 부분에서 제2차 바티칸 공의회의 또 다른 핵심을 한순간에 눈치챌 수 있었다. "착한 사마리아인의 옛이야기가 우리 공의회의 정신을 이끌어 준

모범이자 규범이었다." 그래서 교황 프란치스코가 말하는 자비는 억울한 처지의 약자에게 우선적으로 향한다는 확신이 든다. 강정이 대변하는 오늘의 한국 사회에서 자비의 손길을 억울한 약자에게 먼저 뻗어야 하는 이유가 여기에 있다. 그런데 '우선적 선택'은 교회 공동체가 분열될 수 있다는 우려와 주장에 자주 매몰되며, 하느님의 자비는 모두에게 똑같이 전해지는 균형이 필요하다는 사목적(?) 주장에도 왕왕 묻힌다. 때문에 역설적으로 더욱 자비의 손길을 선택적으로, 약자들에게 우선적으로 내밀어야 한다. 아래는 『자비의 얼굴』 19항이다.

> 사회의 이러한 곪은 상처는 개인생활과 사회생활의 근간을 위협하기에 하늘에까지 이르는 중대한 죄입니다. … 이 부패를 척결하려면 현명함, 경계심, 정직성과 투명성 그리고 어떠한 부정행위라도 고발할 수 있는 용기가 필요합니다. 공개적으로 부패와 맞서 싸우지 않으면, 우리는 모두 언젠가 부패에 가담하여 우리의 삶을 파괴하고 말 것입니다.

헬렌 켈러

지금 우리는 중대한 위기를 맞고 있습니다. 우리의 국가와 의회가 준비하고 있는 전쟁과 방어는 민중을 위한 것이 아닙니다. 멕시코, 남미, 중국, 필리핀 등에서의 미국 투기꾼들의 자본을 보호하기 위한 것이며 군수업체의 엄청난 이윤을 위한 것입니다. (미국 백인들이) 수많은 흑인을 학살하는 상황에서 우리의 지배자는 세계 평화와 민주주의를 지키기 위해 싸우고 있다고 말할 수 있겠습니까? 노동자들은 이미 자신들의 적은 자본가들이며 정직한 땀과 성실한 노동으로는 아무것도 얻을 수 없다는 것을 알고 있습니다. 그러나 여전히 그들의 순진한 가슴 깊은 곳에는 조국이 있다는 믿음이 있습니다. 아, 이 노예의 눈먼 허영심이여. 수백만 인류의 죽음과 고통을 의미하는 전쟁 준비에 대항하여 파업합시다.

제1차 세계대전에 참여하기 위해 독일에 선전포고한 미국 정부를 비판하고, 전쟁 무기를 생산하는 노동자들에게 파업을 촉구하는 헬렌 켈러의 연설이다. 많은 사람들은 그녀가 장애를 이겨 낸 장애인 여성이라고만 알고 있다. 그러나 그녀는 전쟁을 반대하고 무기 공장 노동자들에게 파업을 촉구할 만큼 미국 자본주의를 비판했으며, 전쟁의 목적이 군수회사들의 이윤이라는 점을 통찰한 적극적 평화운동가이자 사회운동가였다. 미국 자본주의 사회의 근본적 구조가 변해야 장애인 문제도 개선될 것임을 간파하고 이러한 근본적 변화를 요구했던 것이다.

그녀는 처음에 많은 사람들과 언론, 정당들로부터 존경을 받았다. 자서전『삶의 한복판』에는 이런 대목이 있다. "나의 활동이 사회봉사나 시각 장애에 국한되는 한 그들은 나를 현대의 기적이라고 과장되게 추켜올렸다. 그러나 내가 사회적, 정치적 현안에 대해 논하기 시작하면 그들의 태도는 완전히 바뀐다." 실제 그녀가 미국 군사주의와 자본주의 부작용으로 인한 미국의 사회구조 문제를 지적하며 비판하면 사람들은 "누군가 헬렌 켈러를 조종하고 있다"고 하면서 장애인이라 쉽게 실수를 저지른다고 공격했다.

그녀가 받았던 수모는 브라질의 돔 헬더 까마라 주교가 했던 말과 참으로 비슷하다. "가난한 사람에 대한 교회 책임을 말하며 가난한 사람을 도와야 한다고 말하자 사람들은 나를 성자라 불렀다. 그러나 내가 가난의 원인을 따지며 가난을 만드는 구조를 바꿔야 한다고 말하자 나를 공산주의자라 했다." 헬더 까마라 주교는 남미의 사회문제를 꿰뚫어 보았고 민중의 가난 문제는 세계 자본주의의 근본 문제와 맞물려 있다고 보았다. 그래서 자본주의의 근본적 변화를 요구했고 자본주의와 더불어 성장하는 군사주의를 비판하며 외롭게 저항했던 것이다.

그녀와 헬더 까마라 주교는 진실을 꿰뚫어 보았고 그에 따라 행동했을 때 사람들로부터 "사회주의자 또는 공산주의자"라고 비판받았다. 헬렌 켈러나 헬더 까마라 주교는 백성이 고통받는 사회의 구조적 문제를 지적했고 그 구조를 유지하고 조종하는 문제를 개선해야만 백성의 고통 문제가 해결된다고 믿었다.

헬렌 켈러 인생의 특정 시기만 보여 주며 나머지 부분에 대해서 침묵하도록 부추기는 이는 누구인가? 누가 그녀의 특정 정신을 통제하고 있는가? 미국 학교에서는 헬렌 켈러가 '보는 법을 배웠다'고 가르치지만 '그가 무엇을 보았는지'에 대해서는 일체 가르치지 않는다. 그는 반反군사주의자였으며 미국의 불의에 맞서 일평생 싸웠던 평화의 투사였지만 이런 사실을 잘 모르는 사람이 많다. 헨리 데이비드 소로는 간디와 마틴 루터 킹에게 가장 큰 영향을 끼친 시민 불복종 운동의 선구자였지만, 그는 오직 『월든』에서 뽑아낸 자연과 숲, 시냇물에 관한 영감 어린 에세이 작가로만 알려져 있는 것과 같은 이치다. 그는 "우리는 먼저 인간이어야 하고 그다음에 국민이어야 한다. 법에 대한 존경심보다는 먼저 정의에 대한 존경심을 가르쳐야 한다"며 노예제도와 영토 확장을 위한 멕시코 전쟁을 반대했고 투옥되기를 마다하지 않았다.

헬렌 켈러가 태어나서 장애를 이겨 내기 전 20대까지만 세상에 알려지게 하고 그 이후의 삶에 대하여는 침묵하도록 언론과 교육을 감시한 주인공은 연방수사국(FBI)임이 밝혀졌다. 그녀가 장애를 이겨 낸 여성으로만 알려져야 미국의 군수회사, 나아가 미국의 전쟁 계획을 숨길 수 있었기 때문이다. 미국의 군사주의와 'FBI'는 그녀가 장애를 이겨 낸 여성으로만 남기를 바랐고 군수회사의 이윤만을 챙겨 주는 전쟁에 반대하는 평화운동가, 전쟁 반대 운동가로 알려지기를 원치 않았던 것이다.

"물질주의의 유혹과 이기주의와 분열을 일으키는 무한 경쟁의 사조에 맞서 싸우라." "새로운 형태의 가난을 만들어 내고 노동자들을 소외시키는 비인간적 경제 모델을 거부하라." 교황 프란치스코가 한국에서 던진 말이다. 교황이 떠난 자리가 크다. 한국은 언제 그랬느냐는 듯 조용하고 그분이 했던 말은 허공에 사라진 듯하다. 헬렌 켈러를 장애를 이겨 낸 여성으로만 묶으려는 것처럼, 교회는 다시 '사목적 균형'을 말하며 중립을 요구하고 있다. 그녀가 '보는 법을 배웠다'고 가르치지만 '무엇을 보았는가'를 가르치지 않은 미국처럼, 교황의 가르침은 거리에 나가라는 것이 아니라고 말하는 이의 정체는 무엇인가? 그들은 억울하고 고통받는 사람들에게 자비의 손길을 우선 내미는 실천을 두고 '교황의 뜻은 그것이 아니'라고 훈계한다. 무한 경쟁의 물질주의를 부추기는 금융자본주의나 대규모 무력을 동원해 이웃 나라를 굴복시키는 군사주의 확장을 보면서 윤리적, 도덕적 경고만이 교회 몫이라 하고 싶은가? 언제까지 그럴 것인가? 거리로 내몰린 사람들을 찾아 거리로 나가서 그들 옆에 앉으려는 교회의 구성원들을 비난하는 저의는 무엇인가? 구체적 실재를 보면서 추상적 관념을 계속 말하고 싶은 이유는 무엇인가?

저항과 연대

강정 해군기지는 지난 2월 26일 준공식을 했다. 10여 년의 공사 기간 동안 전쟁 같은 갈등을 뒤로하고 거의 마무리 단계에 있다. 겉으로는 평온을 찾아가는 듯 보이나 군사기지가 품고 있는 본질은 그대로 있다. 이제 더 이상 반대 운동이 의미가 없다고 한다. 아는 친구도, 지인도, 교회의 지도자급에 있는 사람도 그렇게 말한다. 지난 10년 동안 아무리 소리쳐도 정부와 해군이 꼼짝하지 않으니 보기가 딱해서 하는 말이다. 이제 완공된 마당에 되돌릴 수도 없고, 정부를 이길 수 없다는 말이다. 안타까움에, 초조함에, 낙심이 클까 봐 하는 말로 이해한다.

해군기지 반대 운동에 나선 사람들은 성공을 목표로 하거나 정부를 이기는 것을 목표로 하지 않았고 누가 시켜서 한 것도 아니다. 검찰이 나를 기소하는 데 쓴 말은, "다수의 사람들과 공모共謀"하여 해군기지 공사 업무를 방해하고 공무집행을 방해했다는, 이른바 "특수공무집행방해"를 했다는 것이다. 검찰은 검찰대로 처벌 의지를 표현하느라 그렇게 쓰고 있지만 누구하고 공모하지도 않았고 공모할 의지도, 그럴 시간도 없었다. 세계의 시민으로, 한국 땅에 사는 사람으로, 교회의 아들로, 신앙인으로, 해군기지 공사 현장에서 활동하실 예수님을 만나고 싶은 마음에 강정 땅을 밟았을 뿐이다. 신앙의 명령이었고 진실 인식의 발로, 그 이상도 그 이하도 아니다. 강정 땅을 밟은 결과로 만에 하나 해군기지 공사가 중단된다면 그거야말로 감사하고 기쁠 일이지만 언감생심 가능한 일이기나 한가? 거대한 국가 시스템이 움직이는 군사기지 공사를 중단시킬 꿈이야 꿀 수 있지만 그것이 목적이 아니었고 다만 진실에 주목할 뿐이다.

강정 해군기지가 "국가의 안보"를 위한 것이라는 정부와 해군의 선전은 진실이 아니다. 국가는 백성을 지키지 않았고, 백성의 생각과 미래와 재산과 공동체의 나눔을 빼앗았고, 오랫동안 이어져 온 삶의 터전을 빼앗았다. 그래서 그것은 백성을 위한 국가가 아니며 테러를 저지른 주체이다. 그렇기에 진실은 더욱 알려져야 한다고 생각할 뿐이다. 부지 선정 절차의 부당함과 음모와 협잡, 주민이 배제된 현실을 알려야겠다고 생각한다. 이 모든 것 뒤에 군사주의를 주도하는 미국과 군수산업이 있으며, 여기에 동조하는 한국의 지도자들이 숨어 있다는 것을 알려야겠다는 생각뿐이다. 그리고 이 진실을 알리는 일은 해군기지 공사가 시작될 때나 100% 준공될 때나 계속되어야 한다고 믿는다. 그러므로 이제 준공되었으니 그만하라는 요구는 매우 정치적일 수 있는 말이다. 거짓말과 음모로 시작된 공사도 준공되었으니 어쩔 수 없이 인정해야 한다는 말은, 그리스도 신앙의 내용과 무관하다.

거룩한 전례

신앙은 현실적 힘을 말하는 것이 아니라 진실에 응답하는 것이다. 완공되었기 때문에 진실도 내려놓아야 하는 것이 신앙의 요청이라면, 그런 신앙은 현실 논리에 지나지 않는다. 정치가 현실의 힘과 무게를 측정하며 행동하고 판단하는 것이라면, 신앙은 현실에 있지만 현실 논리를 넘어서 진실을 향해야 한다. 강정 해군기지 반대 활동은 정치적 입장과 현실 논리가 아니라 신앙적 삶을 물으면서 나왔으며, 행동으로 드러나는 평화운동이다. 우리는 똑같은 이유로 강정 해군기지를 반대하는 사람들과 연대하고 군사기지 축소를 지향한다. 그렇게 함으로써 생명을 위협하고 죽이는 전쟁을 반대하고 평화를 이루는 일에 한발 더 가까이 갈 수 있기 때문이다. 이 길에서 예수 그리스도를 가까이서 만날 수 있고, 그분께서 생애를 걸고 가꾼 것이 생명과 평화임을 믿기 때문이다. 강정을 향한 발길은 그분의 이끄심에 움직이는 것이며, 그분의 진실을 알리는 일이고, 십자가의 삶으로 초대하는 부르심에 대한 응답이다. 그러나 초대에 응답한다는 것은 일상적으로 권력의 감시 아래 놓이는 일이며, 수많은 사람들의 비난을 감수하는 일이며, 이해받지 못할 일이고 일종의 죽음이다. 그래서 거룩한 전례라고 할 수 있다. 예수님의 삶의 방법은 예수님의 죽음을 통해 알려졌고, 십자가 위의 죽음은 분명히 '자비의 손길을 내미는 우선적 선택'의 결과이기 때문이다. 그리고 그분은 끝내 부활하셨다. 이처럼 그분께서 남겨 주신 '제물이 되는 삶'은 비가 오나 눈이 오나 해군기지 정문 앞에서 지속되고 있다. 신앙은 손쉬운 해답(삶)을 거절할 수 있는 용기를 준다. 어찌 완공되었다고 그만둘 수 있는 일인가? 완공된다고 진실이 없어지는 것은 아니다.

아! 그래도 어느 날 군사기지 건설은 애초에 잘못되었다는 말이 들리면 좋겠다. 그래서 평화와 인권의 지평을 넓히기 위해 활동하는 사람들이 낙심하지 않았으면 한다. 좋은 것은 성큼 다가오지 않음을 자각하며, 비틀거리고 때로는 쓰러지고 더러는 회의와 의심이 따르더라도, 다시 진실을 향한 길에 들어설 수 있기를 간절히 바란다. "주 홀로 온갖 것을 지어내시고, 주 홀로 만민에게 만족 주시며, 주 홀로 모든 이의 빛이 되시고, 희망을 품은 이의 갚음 되시네"(「성무일도」 제3주간 월요일 독서기도 찬미가).

3,200일이 넘었다. 강정 주민과 평화 활동가들, 선의의 손길들이 모여서 10여 년을 국가주의와 군사주의의 광풍에 저항해 왔다. 지금도 해

군기지 정문 앞에서는 매일 11시 미사가 봉헌된다. 군에 입대해서 돌아오지 못하는 젊은 영혼이 한 해에 150여 명이다. 누가 우주에 하나밖에 없는 이 생명을 빼앗는가? 강정에서 그들의 고귀한 영혼의 안식과 평화를 위해 기도드린다. 그러나 늘 그렇듯 정보 요원들과 경찰들은 분주하다. "지금 여러분께서는 형법 314조, 업무방해를 하고 있습니다. 지금 이동하지 않으면 형사처벌을 받을 수 있습니다." 앵무새 같은 방송은 주민들과 활동가들을 계속 위협하고 있다. 아! 빼앗긴 들에 정녕 봄은 오려나.

7　자비의 삶과 죽음

박승옥

홀로죽음, 떼죽음의 사막 사회, 대한민국

　대한민국은 지금 단군 이래 전무후무한 풍요를 구가하고 있다. 4인 가족 기준 월 소득 150만 원이면 한국에서는 차상위 빈곤 계층에 속한다. 실제로 자기 집 없이 아이들 학교 보내려면 이 소득으로는 그야말로 극빈 생활을 할 수밖에 없다. 그러나 이 150만 원이란 소득은 북한과 동남아 노동자의 2~3년치 연봉에 해당한다. 그리고 한국의 차상위 빈곤 계층이 누리고 있는 소비생활은 솔직히 말하면 역대 어느 제왕이나 귀족보다도 호화롭다. 네로 황제라고 해서 칠레산 포도주를 마시지는 못했다. 세종대왕도 에어컨 나오는 가마 타고 출퇴근하지는 못했다.

밥은 단추 하나만 누르면 전기밥솥이 저절로 다 해 주고, 음식물 조리는 스위치를 돌리기만 하면 가스레인지와 전자레인지가 대신 해 준다. 빨래도 세탁기 단추 하나만 누르면 된다. 심지어 이빨도 전동칫솔이 알아서 닦아 준다. 손으로 누르기만 하면 수백 킬로미터 떨어진 가족하고도 실시간으로 영상을 보며 대화를 나눌 수 있다. 버튼만 누르면 겨울철에는 더운 바람이, 여름철에는 찬바람이 저절로 나온다.

한마디로 세계에서 그 유례를 찾을 수 없을 정도로 경이로운 압축 경제성장과 그 결과로서의 압축 풍요라고 하지 않을 수 없다. 사실 오늘날 한국인의 풍요로운 소비생활과 편리하기 이를 데 없는 일상생활 수준은 미국과 유럽인과 비교해도 전혀 뒤지지 않는다. 오히려 어떤 면에서는 사치와 향락과 방종을 더 누리고 있다고 해도 지나친 말이 아니다.

이런 풍요의 대가는 크다. 그중에서도 앞으로 한국인의 삶을 뿌리째 뒤흔들고 뒤통수를 후려치게 될 기후변화가 가장 큰 부메랑으로 돌아오게 될 것이다. 서울의 연평균 기온은 1948년 11.7℃에서 2007년 13.3℃로 1.6℃나 상승하였다. 세계에서 가장 빠른 증가 속도다. 이산화탄소 농도도 세계에서 가장 먼저 400ppm을 돌파한 곳이 한반도이다. 초미세먼지는 일 년 내내 일상의 뿌연 공기로 시민들의 폐 속을 야금야금 갉아먹고 있는 중이다. 조만간 기후변화라기보다는 기후 재앙이 식량 위기를 비롯해서 우리의 풍요로운 삶 전체를 밑바닥에서부터 송두리째 쓸어버릴 것이다.

기후변화 이전에 이미 절대다수 한국인은 전혀 다른 풍요의 그늘 속에서 고통스럽고 힘든 삶을 살고 있다. 대한민국의 풍요란 재벌을 비롯한 특권 관료, 정치인, 언론인 등 0.1% 특권 엘리트 금수저들의 풍요이지, 99.9%의 인민은 전혀 풍요를 누리지 못하고 있다.

나날의 삶이 불안정한 비정규직 노동자가 이미 800만 명이 넘는다. 기초 생활 수급자와 차상위층을 포함한 빈곤층이 700만 명 이상이다. 단전단수 가구는 100만에 이르고, 일곱 가구 가운데 한 가구의 가장이 직업 없는 백수다. 게다가 가계 빚은 1천조 원을 넘어 한국인은 거의 대부분 채무 노예 신세에서 벗어나지를 못하고 있다. 부채 가구의 평균 빚은 8천만 원이 넘는다.

부산 시내 주택가에서 숨진 지 5년이 지난 것으로 추정되는 60대 할머니가 백골 상태로 발견됐다. 주민들은 아무도 그의 죽음을 몰랐다.

지난달 30일 오전 11시 30분쯤 부산 부산진구 초읍동 한 주택에서 김모씨(67·여)가 숨진 것을 집주인(64)이 발견했다. 집주인은 "김씨가 두꺼운 옷을 껴입고 손에는 목장갑을 낀 채 반듯이 누워 있었으며 백골 상태였다"고 말했다. 집주인은 김씨가 수년째 보이지 않아 혹시나 하는 마음에 문을 열고 들어갔다가 김씨를 발견했다고 진술했다. 경찰은 2008년 김씨를 마지막으로 봤다는 주변 사람들의 진술을 토대로 김씨가 5년 전 난방이 되지 않는 집에서 추위에 떨다 사망한 것으로 보고 있다. 이 집은 1층짜리 다가구 주택으로 모두 3가구가 살고 있다. 김씨는 1999년부터 혼자 살았으며 2008년부터 모습을 보이지 않았으나 이웃은 김씨가 다른 사정으로 집을 비웠다고 생각했다. 김씨는 평생 독신으로 살았고 유일한 가족인 이복동생은 10여 년 전부터 연락이 끊겨 아무도 김씨를 찾지 않았다. 김씨는 보증금 700만 원, 월세 10만 원에 살았다. 집주인은 월세가 밀리자 몇 차례 문을 두드렸으나 인기척이 없었고 보증금이 남아 있는 상태여서 발길을 돌린 것으로 알려졌다. 부산에서는 지난 1월과 2월 부민동과 남부민동에서 숨진 지 6년, 2년이 된 백골 시신이 잇따라 발견됐다. 모두 가족, 이웃과 연락을 끊고 홀로 지내는 사람들이었다.[1]

몇 년 전 신문 기사다. 지금은 이런 기사가 별로 없다. 이러한 홀로죽음(고독사)이 없어져서가 아니다. 지금 이 순간에도 전국 곳곳에서 헤아릴 수조차 없는 사람들이 홀로죽음을 맞이한다. 요컨대 기삿거리가 되지 않을 정도로 홀로죽음은 우리 삶의 일상이 돼 버렸다. 홀로죽음은 수급자나 차상위 등 극빈층에만 해당되는 일이 아니다. 전국의 요양 시설이나 요양 병원에 있는 노인 가운데는 경제적 여유가 있음에도 홀로죽음을 맞이하는 사람이 부지기수다. 홀로죽음의 가능성이 높은 독거노인 수가 무려 100만 명이 넘는다.

같은 해인 2013년 1월 16일 부산의 한 다세대주택 보일러실에서 백골이 된 시신이 발견되었다. 이 다세대주택 2층 끝방에서 혼자 살던 50대 남성이 전깃줄로 목을 매 스스로 삶을 마감한 것은 이미 6년 전이었다. 방문 앞에는 2006년 11월 이후의 각종 고지서와 독촉장들이 수북이 쌓여 있었다. 무려 6년의 세월 동안 아무도 이웃의 죽음을 몰랐던 것이다. 먹다 남은 약봉지와 빛바랜 옷가지 몇 벌. 외롭게 살다 숨진 고인이 세상에 남긴 흔적의 전부였다.

그 며칠 전인 1월 10일에는 부산 해운대 한 아파트에서 35세 여성이 숨진 채 8개월 만에 발견되기도 했다. 수도세, 관리비 등이 몇 개월 동안 연체되자 강제 퇴거를 위해 찾아온 법원 집행관이 시신을 발견했다. 유서에는 가족과 떨어져 15년을 홀로 살아온 자신의 삶에 대한 회한과 세

---

1 「경향신문」 2013년 10월 1일 자. "부산 도심서 또 백골 시신 … 5년 만에 발견."

상에 대한 원망이 담겨 있었다. 1천여 가구가 사는 아파트였지만 그녀의 죽음을 반 년이 넘도록 아무도 눈치채지 못했다.

통계청 발표에 따르면 2013년 한국의 자살자 수는 13,836명이다. 이른바 선진국이 모여 있다는 경제협력개발기구(OECD) 30여 개 나라의 평균 자살자 수보다 2배 이상이고 당연히 1위를 차지하고 있다. 그나마 2010년 15,566명, 2011년 15,906명, 2012년 14,160명보다 좀 줄어든 숫자이다. 하루에 약 40여 명에 가까운 사람들이 스스로 목숨을 끊는 사회, 이런 사회를 정상이라고 보기는 어렵다.

어쩌다 이 지경이 되었을까. 생각해 보면 우리는 참으로 이상하고도 끔찍한 세상에서 살고 있다. 세월호 참사와 같은 어이없는 재난의 떼죽음만 국가 살인이 아니다. 사회안전망이 없어서 생기는 떼죽음과 홀로죽음은 똑같은 제도와 사회구조에서 파생된 국가 살인이다. 주권자를 주권 상실의 노예 신세로 전락하게 만들고 돈이 세상을 지배하게끔 만든 1948년 체제, 공동체를 해체시켜 파편화되고 고립된 노동노예를 부려야 이윤을 극대화할 수 있는 자본주의 체제 국가의 국민 살해 행위다.

세월호 떼죽음과 홀로죽음이 국가 살인 행위라는 말에 즉각 반론이 제기될 수 있다. 그런 측면이 없는 것은 아니지만, 특히 자살은 결국 개인의 선택 문제가 아니냐는 의문이다. 그렇다. 물론 홀로죽음이건 자살이건 모든 죽음은 개인의 문제이다. 그러나 어떤 사람도 즐겁고 기쁘게 젖과 꿀을 먹듯 흔쾌히 고독사와 자살을 선택하지 않는다. 지금 여기 대한민국의 고독사와 자살은 자본주의 국가가 경쟁에서 탈락한 잉여 노동자들을 폐품처럼 처리하는 하나의 방식이다.

대한민국 정부는 사람을 잔인하게 죽이는 첨단 무기 구입에 2015년 한 해에만 무려 42조 원(세계 10위, 2014년은 세계 1위)을 지출했다. 그러나 최소한의 노인 살리기 사회안전망인 노인 연금에는 9조 원만 배정했다. 한국의 복지 예산은 경제협력개발기구 꼴찌이다. 부자들의 종합소득세는 2조 원을 깎아 주는 대신 서민들로부터는 3조 원의 담뱃세를 거뒀다. 한숨을 쉬고 위로를 받아야 할 사람들, 담배도 못 피우는 퇴출 노동력이 안전하게 기댈 곳은 한국 사회 어디에도 없다. 국가는 5천만 개의 노예노동 수용소인 다람쥐 쳇바퀴를 건설해 놓고 쳇바퀴 바깥은 깜깜한 고독사와 자살의 낭떠러지로 만들어 놓았다. 오직 경쟁에서 탈락하지 않기 위해 용을 쓰다가 쓸모없어진 국민이 갈 곳이라곤 거대한 쳇바퀴 체제 안에서는 절망의 낭떠러지밖에 없다.

자비와 자본주의

홀로죽음의 다른 말은 홀로삶이다. 고독사는 고독한 생의 종착역일 뿐이다. 우리는 지금 만인의 만인에 대한 경쟁과 투쟁을 당연시하고, 모든 개인이 이웃도 없이 모래알처럼 홀로삶들로 각자도생各自圖生하다가 각자도사各自圖死하는 자본주의 사막 사회를 살고 있는 중이다.

자본주의 초기 영국에서는 영주들이 공유지에 울타리를 치고 농민을 강제로 땅에서 쫓아냈다. 그렇게 토지에서 '해방된' 이들에게는 노동력을 '자유롭게' 오직 자본가에게만 팔 수 있는 자유만 허용되었다. 다른 길은 없었다. 이렇게 농민은 임금 노예인 노동자로 전락하고 말았다. 당시 영국 노동자의 노동 시간은 보통 16~18시간이었다. 임금은 그야말로 빵 한 조각 값도 되지 않았다. 심지어는 다섯 살짜리 아이도 공장에 나가 일을 해야만 간신히 굶어 죽지 않을 지경이었다. 이 같은 끔찍한 노동력

착취를 통해 자본주의의 원시적 축적이 이루어질 수 있었다. 그래서 칼 폴라니는 영국 시인 윌리엄 모리스의 표현을 빌려서 자본주의를 '악마의 맷돌'이라고 명확히 규정했다. 이런 끔찍한 인간 착취와 억압, 학살이 지금은 전 세계로 확대되어 더욱 큰 규모로 더 심하게 자행되고 있다.

자본주의는 인간과 공동체, 심지어는 자연까지도 모조리 맷돌에 집어넣어 으깨고 갈아, 오직 최대 이윤의 금가루만을 쥐어짜내고자 하는 재앙의 흉기이다. 사람은 그저 일회용 소모품에 지나지 않는다. 약 2백 년 전 영국에서 인간의 이기심과 경쟁심 본능을 극단화시켜 만들어 낸, 그야말로 기이하고도 어두운 맘몬의 경제체제다. 오죽하면 프란치스코 교황이 사람을 죽일 뿐인 경제, 소외와 불평등을 가져오는 오늘날의 자본주의 경제체제에 대해 그리스도의 이름으로 "멈춰!"라고 소리치며 거부해야 한다고까지 역설했을까.

"살인해서는 안 된다"는 계명이 인간 생명의 가치를 지키기 위하여 분명한 선을 그어 놓은 것처럼, 오늘날 우리는 "배척과 불평등의 경제는 안 된다"고 말해야 합니다. 그러한 경제는 사람을 죽일 뿐입니다. 나이 든 노숙자가 길에서 얼어 죽은 것은 기사화되지 않으면서, 주가 지수가 조금만 내려가도 기사화되는 것이 말이나 되는 일입니까? 이것이 바로 배척입니다. 한쪽에서는 굶주림에 시달리고 있는 사람들이 있는데도 음식이 버려지고 있는 현실을 우리는 더 이상 가만히 보고 있을 수만은 없습니다. 이는 사회적 불평등입니다. 오늘날 모든 것이 경쟁의 논리와 약육강식의 법칙 아래 놓이게 되면서 힘없는 이는 힘센 자에게 먹히고 있습니다. 그 결과 수많은 사람이 배척되고 소외되고 있습니다. 그들에게는 일자리도, 희망도, 현실을 벗

어날 방법도 없습니다.²

자본주의 체제에서 자비란 불가능하다. 혹시 자비의 실천이라고 착각하고 있다면 가슴에 손을 얹고 그것이 자선이나 자기만족이 아닌지 되물어 보아야 한다. 돈이 사람의 주인으로 군림하는 물신주의 사고방식의 자본주의 인간에게 최대한의 이윤 극대화와 최대한의 황금 바벨탑 쌓기 이외의 본성이 자라날 토양은 애초부터 없다. 달과 화성에서 감자를 키울 수 없는 것처럼 말이다. 이기주의의 지옥에 스스로 갇힌 자본주의 체제의 인간은 이미 자비의 심성을 탈취당해 저주받은 삶을 살 수밖에 없다. 모든 것을 돈으로 환산하는 자본주의 체제 속 인간에게 자비의 마음, 공감과 연민과 동정심은 싹수부터 잘릴 수밖에 없다.

자비慈悲란 붓다의 가르침 그대로 다른 존재에게 이익과 행복을 주려는 의지, 다른 존재의 불이익과 괴로움을 없애 주려는 의지를 말한다. 붓다는 자비의 실천을 강조하면서 네 가지 베풂, 즉 사섭법을 가르치고 있다. 보시布施, 부드럽고 사랑스런 말(愛語), 이타주의(利行), 함께하는 행동(同事) 등이 그것이다. 하나같이 경쟁과 이기심, 배제와 증오와 전쟁을 먹으면서 암세포처럼 자라는 자본주의를 부정하는 행동 강령이다.

자비란 말의 영어 'compassion' 또한 '다른 사람과 함께 어떤 일을 견딘다'는 말에서 유래한다. 자비란 협동과 공감, 이타주의와 사랑의 정신 없이는 불가능한 실천이다. 예수의 가르침은 한마디로 자비의 가르침이라고 단언할 수 있을 정도이다.

---

2 『복음의 기쁨』, 한국천주교중앙협의회, 2014, 53-54.

자비는 그리스도교의 가르침에서도 처음부터 그 중심에 있었던 것으로 보인다. 예수도 힐렐처럼 황금률을 가르쳤으며, 다만 긍정적인 표현법을 사용했다. 랍비들처럼 그는 토라의 가장 숭고한 계율은 마음과 영혼을 다해 신을 사랑하고, 이웃을 자신과 같이 사랑하라는 것이라고 믿었다. 복음서들은 예수가 창녀, 문둥병자, 간질병 환자, 그리고 로마의 세금을 걷는다는 이유로 배반자로 비난당한 세리에 이르기까지 '죄인들'을 포함한 '모든 사람을 위한 배려'를 실천했음을 보여 준다. 그의 추종자들은 다른 사람에 대한 판단을 삼가야만 했다. 부자와 가난한 자가 같은 식탁에 함께 앉는 신의 왕국에 들어간 사람들은 굶주린 자들에게 음식을 주고, 아프거나 감옥에 갇힌 사람들을 찾아가는 자애로운 행위를 실천하는 사람들이었다. 예수의 헌신적인 제자들은 자신이 가진 모든 것을 가난한 사람들에게 주어야만 했다. 또한 예수는 아힘사를 실천했던 사람으로 제시된다. 예수는 자신을 따르는 무리들에게 "너희는 눈에는 눈, 이에는 이라는 말을 들었을 것이다. 하지만 나는 너희에게 말한다. 사악한 자에게 저항하지 말라. 오히려 누군가 너의 오른쪽 뺨을 때리면 왼쪽 뺨을 마저 돌려 대라"고 했다.[3]

그러므로 자비로운 삶이란, 그리고 자비로운 죽음이란 자본주의 체제에서 뛰쳐나오는 이탈을 전제로 한다. 자비의 삶과 죽음은 홀로삶과 홀로죽음의 대척점에 있는 대안의 삶과 죽음이다. 자비는 자본주의 체제를 극복하고자 하는 다른 토양에서 싹을 틔우는 생명의 마음이다.

예수와 붓다는 당시 사회체제에서 스스로 뛰쳐나와 새로운 세상을 설파하고 자비를 몸소 실천했다. 예수는 당시 로마의 학정에 신음하고

---

[3] 카렌 암스트롱, 『카렌 암스트롱, 자비를 말하다』, 권혁 옮김, 돋을새김, 2012, 69-70.

있던 유다인들에게 이웃을 섬기는 사랑의 세상, 민중이 스스로 지상에서 실천하는 하느님 세상의 삶을 보여 주었다. 예수는 예루살렘 성전에 들어가 장사꾼들과 환전상들을 채찍으로 모두 쫓아냈다. 그리고 현실 권력을 넘어서 이웃끼리 만들어 내는 자비의 하느님 세상, 우애와 환대의 공동체 세상을 지상의 현실 속에서 실천하고자 했다.

예수와 붓다 시대로부터 2천 년이 지난 오늘, 예수와 붓다의 가르침을 따르는 사람들은 대한민국 국민의 절반을 넘는다. 그럼에도 왜 우리 사회는 예수와 붓다의 자비행이 도처에 넘치고 넘치지 않는 것일까. 왜 우리 사회는 붓다와 예수 당시의 인도와 유다 사회와 하등 다를 바 없이, 아니 오히려 더 극심하게 전쟁 위협이 끊이지 않고 가난한 자의 고단한 삶은 여전하기만 한 것일까.

붓다는 깨달은 사람이란 반드시 저잣거리의 모든 사람들에게 자비를 실천하는 사람이라고 역설했다. 사바세계의 진흙탕 속으로 들어가 다른 사람의 불행을 덜어 주기 위해 할 수 있는 모든 것을 하는 사람이라고 가르쳤다. 그런데 오늘날 한국 불교의 이른바 출가 승려 가운데, 이런 깨달은 사람이 얼마나 되는지는 솔직히 잘 모르겠다. 대중이 알아듣지도 이해할 수도 없는 불경을 웅얼웅얼 낭송하기만 하고, 뜻도 의미도 도무지 알쏭달쏭한 간화선의 화두만 가지고 장난하는 한국 불교 승려들의 행태는 그야말로 무림고수를 사칭하는 사기꾼과 하나도 다를 바 없다.

물론 우리의 몸과 마음은 끊임없이 외부의 조건과 자극에 반응해야만 하며 식욕, 색욕, 물욕 등을 충족시켜야만 생존이 가능하다. 이기심과 경쟁, 욕망과 생존 본능은 인간의 조건 그 자체다. 이것을 부정할 수는 없다. 그러나 동시에 인간에게는 협동과 우애, 사랑과 환대, 이타주의와 공감의 본능이 있다. 자비란 이기심의 생존 본능과 동전의 양면이다. 이타

심도 결국에는 이기심이라는 사회생물학의 이기적 유전자 이론은 일종의 일원론에 함몰된 환원주의 이론이다. 이런 일원론은 자본주의에 최적화된 일종의 자본주의 과학 이론일 뿐이다. 이기적 유전자론을 허구로 만드는 현실의 증거와 과학 실험 결과는 너무나 많다.

우리는 자신을 이롭게 하기 위해 벌인 이기주의의 행동 결과가 결코 자신을 이롭게 하지 못한다는 사실을 경험을 통해 잘 알고 있다. 그럼에도 우리는 조건반사 식으로 손쉽게 이기주의 행동을 저지른다. 배 안의 오른쪽 편에만 의자가 있다고 했을 때, 의자를 차지하기 위해 승객 모두가 오른쪽으로 달려간다면 배는 즉시 기울어져 전복되고 만다. 내 몸을 편하게 하기 위해 의자를 차지하려는 이기주의 행동이 나를 죽음에 이르게 만드는 것이다.

이기주의와 탐욕, 증오는 인간을 좁은 시야에 갇히게 만든다. 반면에 이타주의와 감사의 마음, 평화와 자비는 자기라는 우물 안에 갇힌 시선을 해방시켜 준다. 이기주의와 경쟁에 갇혀 있을 것인지, 이타주의와 이웃에 대한 사랑으로 나아갈 것인지는 순전히 어떤 삶과 세상을 선택할 것인가 하는 인간 의지의 문제이다.

탐욕은 억누른다고 없어지는 것이 아니다. 억누르는 것이 아니라 생각을 바꾸어 욕망을 멈추거나 적절하게 조절하는 것이 오히려 삶을 윤택하게 한다는 사실을 깨우쳐야 한다. 붓다와 예수, 공자와 맹자, 노자 등 인류의 스승들은 모두 인간의 탐욕을 멈추거나 없앨 것을 가르쳤다. 붓다와 예수의 경지에까지 도달하지는 못한다 할지라도 평범한 사람들도 탐욕을 멈추고 자기 안에 갇힌 본능과 감정을 벗어나 자애와 협동, 사랑의 마음을 키울 수는 있다. 그러면 새로운 삶의 기적과 기쁨을 온전히 누릴 수 있다는 사실을 시중의 장삼이사도 경험을 통해 알고 있다. 보따리 선생 해월 최시형은 36년의 기나긴 추적과 수배 생활을 하면서도 전국을 돌아다니며 사람이 곧 한울이라고, 내 안에 한울님을 모시고 살리는 동시에 이웃의 한울님도 모시고 살리라고 설파했고 수많은 백성이 이에 공감했다. 당시 동학교도는 들불처럼 전국을 뒤덮었다.

　자비심이란 이기심을 버리는 것이 아니다. 이기심을 멈추고 나 자신뿐만 아니라 이웃에게 시선을 돌리는 것을 말한다. 내 삶의 확대와 세상의 발견, 이웃이라는 거울을 통해 나 자신의 삶을 제대로 보고 내 삶을 더 풍부하게 만드는 것, 그것이 바로 자비의 실천이다. 이타주의를 통해 이기주의를 벗어난 자유와 해방의 삶이 바로 자비의 삶이다.

국가의 풍요에서 공동체의 재생과 풍요로

　자비를 실천하려면 자본주의 사회를 바꿔야 한다. 떼죽음과 홀로죽음의 '죽임 사회'를 '살림 사회'로 바꿔야 한다. 노예와도 같은 인민의 삶과 세습 계급사회로 전락한 우리 사회를 바꿔야 한다. 동시에 이런 삶을 강요하고 공동체와 사회를 해체하는 국가를 바꿔야 한다. 파국을 향해 달려가는 경제성장의 폭주 기관차를 멈춰 세우고 나 자신과 이웃을 돌아보아야 한다.

　자본주의 시장경제는 오직 이윤 극대화만을 최고의 가치로 추구하는 경제체제이다. 그래서 끊임없는 무한 성장을 해야만 존립 가능하다. 성장을 멈추는 순간 자본주의는 붕괴되고 만다. 자본주의의 불황과 대공황은 자본주의의 숙명이지만, 지금까지는 새로운 시장과 새로운 경제 영역 개척을 통해 자연과 사람에 대한 착취를 극대화함으로써 이를 연장시켜 왔다. 그러나 이제 지구상에 새로운 시장은 없다. 새로운 경제 영역도 없다. 착취할 대상도 사람의 몸 이외에는 이제 없다. 대신 자본주의 산업화의 원동력이었던 석유, 가스 등 화석연료 에너지 자원과 거의 모든 천연자원이 고갈되어 버리고 말았다. 최후의 돈벌이, 최후의 자본주의라고 일컬어지는 금융자본주의는 자본주의의 수명이 다했음을 말해 주는 지표이기도 하다.

자본주의의 대안으로 등장했던 사회주의는 구소련의 붕괴와 더불어 이미 실패한 실험으로 끝나고 말았다. 평등과 평화, 인간 해방과 자유인의 연대라는 희망을 향해 수많은 사람이 목숨을 걸고 사회주의 혁명의 길로 나아갔던 적이 있었다. 그러나 사회주의 또한 자본주의와 똑같은 쌍둥이 경제체제로 무한 성장과 공동체 해체의 국가주의로 치닫고 말았다. 구소련을 비롯한 현실사회주의 국가들은 수많은 사람을 숙청하면서 대부분 끔찍한 전체주의 체제로 귀결되고 말았고, 결국 자본주의와의 경쟁에서 탈락해 국가 자체가 해체되어 버렸다. 자본주의건 사회주의건 부국강병의 국가주의란 결국에는 인민을 노예화하고 인민을 불평등과 빈곤의 나락으로 빠뜨려 소모품의 삶을 살게 만든다.

자본주의를 극복하는 새로운 경제, 새로운 사회는 무엇보다도 생각을 바꾸는 데서 시작해야 한다. 국가권력을 바꾸기에 앞서 인민들 개개인의 생각과 삶의 방식부터 바꿔야 진정한 자유인의 연대체로서 사회와 국가가 바뀔 수 있다. 인민이 깨어 있는 주권자로서 주권을 확실하게 행사하는 자기 삶의 주인이자 주체가 되어야 사회와 국가의 주인과 주체가 될 수 있다.

모든 사람이 최소 비용으로 최대 이익을 취하는 경제인이라는 생각을 내면화해야, 모든 사람이 모든 사람과 경쟁해서 이겨야 살아갈 수 있다는 생각을 내면화해야 자본주의 시장경제는 존립 가능하다. 그래서 이런 생각 자체부터 바꿔야 자본주의 시장경제를 극복할 수 있다. 자본주의와 시장경제, 경쟁과 적자생존, 경제성장과 산업화 등의 단어에 갇혀 있는 뇌신경 구조부터 싹 뒤집어야 한다.

모든 새로운 세상은 새로운 자유인의 생각과 이념과 열정에서 잉태된다. 구체제의 이데올로기와 단호하게 결별하고, 새로운 이념과 뜨거운 사랑을 나누면서 혼인을 해야 비로소 신체제의 신천지가 옥동자로 태어난다. 경쟁에서 협동으로, 전쟁에서 평화로, 국가에서 공동체로, 경제성장에서 경제자립으로, 노예노동에서 자유노동으로 생각을 바꿔야 세상의 개벽은 시작된다.

삶의 풍요는 상품을 소비하는 데서 오는 게 아님을 자각해야 삶의 전환이 가능해진다. 높은 연봉은 언제 폐품으로 버려질지 모르는 살찐 돼지 같은 노예노동의 징표이지, 자유인의 조건이 아님을 인식해야 새로운 삶과 새로운 세상의 단초가 열린다. 많은 국가 예산을 투입해야만 확고부동한 사회안전망이 구축되고 복지사회가 되는 것이 아님을 깨달아야 국가주의의 허구에서 벗어날 수 있다. 단순히 국가권력을 바꾼다고 세상은 바뀌지 않는다. 국가권력을 바꾸기에 앞서 먼저 개개인의 삶의 방식이 바뀌어야 한다. 개인의 성찰과 사상의 전환이 없는 국가권력의 단순한 교체와 이동은 또 다른 억압과 착취의 시작일 뿐이다.

내 삶을 바꾸고 세상을 바꾸는 일은 홀로삶을 극복하면서 시작된다. 그것은 다람쥐 쳇바퀴 칸막이를 부수고 개인주의를 깜깜한 낭떠러지 아래로 던져 버리는 일로부터 시작된다. 서구 개인주의란 자유로운 개인의 성장을 가로막고 오직 홀로삶의 시각만을 부풀려 비만증 노동노예를 양산하는 패스트푸드다. 서로 상부상조하고 신뢰하는 인간관계가 없다면 삭막한 삶의 극복은 불가능하다. 이웃과의 형제 관계가 가장 귀중한 재화이며, 가장 강력한 사회안전망이다. 그것이 바로 공동체이고 협동조합이며, 지역공동체의 재생과 협동사회경제의 구축이다. 경쟁에서 협동으로, 전쟁에서 평화로 세상을 바꾸는 일은 새로운 이웃 관계의 복원에서 출발한다.

어려운 때일수록 서로 돕고 협력해야만 살길이 열린다. 세월호 참사 때 전국에서 달려온 수많은 자원봉사자들, 세월호 유가족의 아픔을 자신의 아픔으로 받아들이고 하다못해 노란 리본이라도 단 수많은 인민들, 이들의 자비심과 자비행이 우리 사회의 희망이다. 인민의 자비행이 만든 재난 공동체의 상부상조 정신이야말로 우리가 살길이다. 그리고 그런 기초 공동체가 아직도 살아 있는 곳이 종교 공동체이다. 청해진해운이 속한 종교 소재벌 집단처럼 사람의 목숨을 그렇게 파리 목숨보다도 못하게 앗아 가는 이상한 종교 공동체와는 전혀 다른, 진심으로 예수의 삶과 말씀을 따르는 초기 종교 공동체 말이다. 진심으로 붓다의 가르침을 저잣거리에서 실천에 옮기는 보살행의 종교 공동체 말이다. 1894년 갑오농민혁명의 원동력이었던 동학의 만민 평등, 모심과 살림의 유무상자有無相資 공동체 말이다.

한스 큉의 방대한 문헌 섭렵과 조사 연구에 따르면 초기 가톨릭 공동체에서는 올바른 교리보다 올바른 삶이 더 중요했다. 무엇을 믿는가보다 어떻게 사는가가 더 중요했다. 고통받는 사람에 대한 헌신, 가난한 이웃에 대한 음식 제공, 병자에 대한 보살핌, 죽은 자에 대한 매장 등은 그리스도인의 덕목이었으며, 이를 바탕으로 그리스도인은 강한 우애와 환대의 공동체 생활을 영위했다. 교회는 비그리스도인에 대해서도 배척하지

않고 똑같이 잠자리를 제공하고 음식을 제공했다.[4]

이런 강한 공동체성이 중세 내내 이어진 서구 유럽 농촌과 도시 코뮌에 원형으로 간직되어 있었다. 그래서 크로포트킨은 서구 중세를 암흑시대가 아니라 코뮌의 황금시대라고 역설했다. 교회와 수도원은 코뮌의 중심이었고 일상생활에 필요한 각종 기술과 수공업 제품의 근거지였다. 조직 이론의 모범이라고 알려진 공산당의 세포 조직론은 그 원전이 가톨릭 교회의 기초 공동체 조직론이었다.

조선 시대 또한 토지 균점을 바탕으로 한 소농 중심의 공동체 사회였다. 조선의 마을마다 조직되어 있던 두레는 조선 후기 양반 관료들의 부패와 탐학으로 농민이 견딜 수 없을 정도에 이를 때까지 농민의 생활을 지탱해 주던 노동 공동체였다. 농민은 나름의 사회안전망인 상부상조의 두레 공동체 속에서 자립과 자치의 삶을 이어 나갈 수 있었다. 조선 시대 내내 소작료가 3~4할에 머물 수 있었던 것은 양반 지주라도 함부로 건드릴 수 없는 이런 강한 두레 공동체가 있었기에 가능한 일이었다. 그런 두레 공동체, 마을 공동체의 단위가 아직도 행정구역과는 별개로 남아 있는 리里와 동洞이다.

서구 중세나 조선의 농업 사회를 미화할 필요도 없고 미화할 수도 없다. 아마존 부족의 수렵 채취 사회를 이상화할 필요도 없다. 세상은 끊임없이 변하고 우리는 지금 여기 이곳에서 우리의 현실에 맞게 자본주의를 극복하는 새로운 세상을 만들어 나가야 할 뿐이다. 다만 우리는 역사를 통해, 국가 이전에 공동체가 있었고, 해체된 공동체를 재생시키는 일이야말로 자유인으로서 내 삶과 세상을 바꾸는 지름길이라는 사실을 깨달

---

[4] 한스 큉, 『그리스도교』, 이종한 옮김, 분도출판사, 2005.

고 실천해야 할 뿐이다.

협동조합 운동과 마을 공동체 운동은 그런 공동체 재생 운동의 시작이다. 이것이 우리 시대 자비의 삶을 실천하는 현실의 대안이다.

멈춰야만 자비의 세상이 온다

사람 낚는 어부가 나타난 시대로부터 수십 차례 희년이 지났다. 그럼에도 '희년'(yobel)이란 말의 본디 뜻을 살리는 일이 요즘처럼 절박하게 요구되던 시기는 없었다. 그 본디 뜻이란, 집과 땅의 공평한 재분배와 회복, 채무 변제, 노동노예 신세로부터의 해방 등이다. 그러나 수많은 노동노예들이 제각각 다람쥐 쳇바퀴에 갇혀 열심히 쳇바퀴를 돌리는 한 모래알 사막 사회는 결코 바뀌지 않는다. 오늘날 하루에도 수없이 일어나고 있는 끔찍하고 처참한 폭력과 테러, 자살과 홀로죽음 사태는 노예노동자들이 자본주의의 칸막이 현실에서 뛰쳐나오지 않는 한 사라지지 않는다.

전 유럽을 공포로 몰아넣은 2015년 11월 13일의 파리 테러 사태 주범은 '이슬람국가'(IS) 전사자가 아니다. 주범은 미국과 러시아와 프랑스의 군산복합체들이다. 자국민 25만 명 이상을 학살하고 지금도 학살을 계속하고 있는 시리아 아사드 정권에 그 학살 무기를 대는 자가 누구인가? 친러시아 아사드 정권을 무너뜨리기 위해 이슬람국가에게 무기를 공급하고 이슬람국가를 이면에서 지원하고 있는 것이 미국의 군산복합체라는 사실은 만인 공지의 사실이다. 심지어 미국은 최근까지도 이슬람국가가 장악하고 있는 지역에 공공연히 낙하산으로 무기를 공급하기도 했다.

전쟁은 자본주의 이윤 극대화의 가장 좋은 기회이다. 제1차 세계대전은 약 9백만 명으로 추산되는 군인과 민간인을 참혹하게 죽였다. 그러나 당시 영국, 프랑스 등에 전쟁 물자를 독점 공급했던 제이피 모건을 비롯해서 연합국과 추축국 모두에게 동시에 자금과 물자를 지원한 로스차일드, 록펠러 등 국제 금융 마피아들에게는 황금의 바벨탑을 쌓아 올리는 최고의 돈벌이 시장이었다. 당시 미국 기업의 평균 이윤율은 평상시 6~12%였지만 전쟁이 나자 1,800%로 뛰어올랐다. 이들은 제2차 세계대전에서는 약 4천만 명으로 추산되는 인민을 죽이고 떼돈을 금고에 집어넣었다.[5]

지금도 여전히 이들은 테러와의 전쟁을 수행하는 미국의 배후 지배자들이며, 아프가니스탄, 이라크, 우크라이나 등 전 세계를 전쟁터로 만들고 있는 원흉들이다. 이런 최악의 군산복합 자본주의, 금융독점 자본주의를 극복하지 않는 한 영성 파괴와 생태계 파괴는 멈추지 않는다.

그러나 지배자, 억압자, 착취자를 타도하고 죽이는 폭력과 테러로는 결코 지배와 착취를 멈출 수 없고 체제를 멈추게 할 수도 없다. 죽는 것은 오히려 지배자가 아니라 수많은 인민들뿐이다. 예수는 자신을 따르는 사람들과 함께 무기를 드는 민족해방전쟁을 선택하지 않았다. 아니 그런 경쟁과 전쟁으로는 결단코 하느님 나라가 오지 않는다는 사실을 온몸을 던져 보여 주었다. 예수는 오히려 오른뺨을 때리는 지배자, 착취자의 폭력에 대해 왼뺨도 내주라고 과감히 선언했다. 그리고 실제로 예수는 몸소 십자가에 못 박히는 비폭력 평화를 보여 주었다.

예수가 설파한 진리란 뛰어난 사람들만 실천할 수 있는 대단히 거창하고 높고 고매한 덕목들이 아니다. 사실은 '우리 공동의 집'에서 살아가

---

5 스메들리 버틀러, 『전쟁은 사기다』, 권민 옮김, 공존, 2013.

는 데 필요한 지극히 단순한 인간 사회의 덕목들이다. 내 존재의 소중함과 똑같이 이웃의 존재 또한 소중함을 인정하고, 이웃과 평화롭게 지내고, 재물과 음식과 남의 여자와 남자를 탐하지 말고, 자비를 베풀고, 불의를 저지르지 말고, 소나 말이나 풀 한 포기 생명체도 허투루 다루지 말고, 하느님의 선물인 자연의 기적들, 음식과 물건들을 절약하고 또 절약하고 … 등등 대대로 우리의 할머니, 할아버지로부터 내려온 평범한 삶의 지혜, 그러나 지금과 같은 풍요로운 시대에는 까맣게 잊고 사는 자비의 지혜들이다.

개개인의 마음 깊은 곳에서부터 지배와 억압과 착취의 족쇄를 풀고, 인간 내면의 근본에 자리 잡은 인간성과 영성의 힘을 다시 일으켜 세워야만 난파 직전의 현실을 멈춰 세울 수 있다. 부활이란 바로 예수 말씀의 부활인 동시에 상식의 부활이다. 비폭력 평화의 힘의 부활, 평화 세력의 부활, 자기희생과 헌신의 힘의 부활이다. 원수를 사랑하고 착취자와 억압자까지도 회심할 수 있도록 최후에는 십자가에 못 박힌 예수의 비폭력 평화의 삶이야말로 세상을 바꾸는 가장 현실적인 자비행의 부활이자 실천이다.

베네딕도 수도원에는 '스타치오'statio라고 부르는 전통이 있다. 성전에 들어가기 전 잠시 멈춰 서서 호흡을 가다듬고 자신을 성찰하는 행위를 말한다. '멈춘다'라는 뜻의 라틴어에서 유래한 말로 '정거장', '역'(station)의 어원이다. 불가의 참선 수행에서도 멈추고(止) 단지 바라보기만 하는(觀) 일이 현실을 직시하고 진리를 깨닫기 위한 핵심 방편이다.

멈춤은 아무것도 하지 않는 중단을 의미하지 않는다. 멈춤은 성찰이자 되돌아봄이고 지혜의 축적이자 용기다. 멈춤은 새로운 삶과 새로운 깨달음으로 가는 길이며 새로운 기운을 축적하는 행위다. 그런 새로운 기운이 없으면 파국을 극복하는 비상구나 탈출구는 결코 찾아낼 수 없다. 가장 중요한 멈춤은 앞만 바라보던 시선을 옆으로 돌리는 것이다. 나를 돌아보고 이웃을 발견하고, 동시에 한 걸음 더 나아가 풀 한 포기, 나무 한 그루, 길고양이 하나의 생명체까지 발견하는 것이다. 이웃과 손을 잡는 이웃 관계의 회복, 내가 살고 있는 자연과 손을 잡는 것, 그것이 내 삶을 바꾸고, 새로운 세상으로 나아가기 위한 첫걸음이다.

사실 자본주의가 지닌 힘의 원천은 착취당하는 인민 개개인의 먼지 같은 피와 땀이다. 자본주의의 흡혈귀들을 만든 건 다름 아닌 인민 자신들이다. 인민들이 스스로 착취와 억압을 받아들인 노예가 되었기 때문에 이들이 그렇게 괴물로 성장할 수 있었던 것이다. 인민들이 스스로 재래시장 대신 재벌의 대형 마트에서 장을 보고, 중소기업 제품 대신 재벌의 브랜드 상품을 구매했기 때문에 재벌이 저렇게 부를 축적할 수 있게 되고 인민들을 마음껏 착취하고 억압할 수 있는 힘을 갖게 된 것이다.

인민이 모두 권력과 재물의 태산과 바벨탑에 가는 것을 멈추고, 거기 가서 밭농사 논농사도 짓지 말고, 넘치고 넘치는 상품 만드는 일도 하지 말고, 거기 가서 장도 보지 말고 그러면 바벨탑의 컨베이어 벨트는 돌아가지 않고 멈춰 설 수밖에 없다. 그러면 체제는 저절로 멈추어진다. 그리고 한 걸음 더 나아가 우리는 그저 즐겁게 이웃의 티끌과 바보들과 함께 스스로 집밥을 만들어 같이 나누어 먹고, 함께 일하고, 기쁘게 놀면 된다. 예수님의 오병이어 기적은 이런 멈춤의 지혜와 우리의 공동의 집을 가장 극적으로 보여 주는 생생한 증거이다.

멈춤이야말로 수탈당하는 노동노예들, 힘없는 바보들과 티끌들의 최상 지혜이다. 무력으로 권력자와 재벌들과 군산복합체와 국제 금융 마피아들을 이길 가능성은 아예 없다. 무력과 착취와 억압을 이길 수 있는 가장 강력한 수단은 또 다른 무력이 아니라 멈춤과 비폭력 평화다. 바보들이 착취당함과 억압당함을 멈추는 그 순간, 돈과 권력은 힘없는 휴지 조각이 되고 만다. 티끌들이 자유인이 되고 바보가 되어 자유와 자비의 삶을 이웃과 누리는 것, 그것이 저 권력과 부를 허무는 지름길이다. 신자유주의를 이기는 가장 슬기롭고 즐거운 비폭력 평화의 체제 바꾸기 비법이다.

자비란 평화다

6·25동란의 원체험은 한국인들을 세상에서 가장 전쟁을 두려워하는 사람들로 만들었을 뿐만 아니라 또한 동시에 역으로 폭력을 가장 내면화한 국가의 국민으로 만들기도 했다. 타자를 두려워하고 배제해서 우리가 얻을 것은 아무것도 없다. 우리는 근 1세기에 걸친 근대화, 산업화의 명암도 경험했다. 허무한 뉴타운의 신기루와 똑같이 성장과 개발을 위해 경쟁 지상주의에 갖다 바친 삶이 결국 사막이었다는 사실도 알고 말았다. 100년 동안이나 수입하고 또 수입해서 압축한 세상이 결국 '고난의 행군'으로 귀결되고 말았음을 북한은 먼저 겪었다. 이 같은 고난의 길이 조만간 남한에도 다가오리라는 것은 상식이다.

우리는 모두 이웃이다. 이웃이 없으면 나도 없다. 우리는 타자와의 관계에서 비로소 개별자, 개인으로 정립된다. 이 세상에는 중심이 되는 사람도, 중심이 되는 지역도, 중심이 되는 국가도 없다. 우리가 살고 있는 이 지구별은 둥글며, 둥근 지구에 중앙은 없다. 모든 사람, 모든 국가, 모든 지역이 모두 중앙이다. 내 앞과 옆과 뒤에 있는 사람은 제거해야 할 적이 아니라 나와 삶의 방식과 견해가 다른 이웃이다. 우리나라 옆에 있는 국가는 지도에서 삭제해 버려야 할 적이 아니라 다른 문화와 역사를 지닌 이웃 국가이다.

6·25동란과 남북 독재정권의 적대적 공존을 겪은 대한민국 국민에게 가장 필요한 생각 바꾸기는 바로 이 같은 이웃의 존재에 대한 인정과 재인식이다. 이웃은 결코 적이 아니라는 발상의 전환이다. 논쟁 상대는 끈질기게 함께 의견을 교환하는 이웃이며, 이런 논쟁을 통해 내 의견과 견해 또한 풍부해지고 변할 수 있다. 상대방을 때려죽여서라도 타도하고 근절해야 할 적으로 삼는 진보-보수 진영논리는 더불어 함께 사는 공동체의 논리가 아니다. 누군가를 죽여야만 내가 산다는 생각은 결국 공멸과 자멸로 가는 전쟁 논리이자 끝없는 죽임의 순환논리일 뿐이다. 모든 사회악과 불행의 근원을 북한과 빨갱이 종북 세력, 미제와 미제의 주구인 괴뢰 반동들에 돌리는 것은 진실로 지겨운 환원주의의 극치다. 벗어던져야 하는 망상이자 아집, 집착이다.

우리는 이제 이처럼 상대방을 죽이는 살벌한 배제와 살육의 진영논리에서 벗어나야 한다. 우리는 이제 그 사람이 보수건 진보건 여성주의자건 여성혐오주의자건 상대방을 한 사람의 고귀한 주권자로 인정해야 한다. 더불어 함께 살아갈 수밖에 없는 이웃으로 받아들여야만 한다. 나와 다르기 때문에 상대방을 불편하게 생각한다면, 상대방 또한 나를 불편하게 여길 수 있다는 점을 역지사지해야 한다. 물론 살인과 전쟁을 주장하는 사람들은 이웃으로서 설득과 논쟁을 통해 생각을 바꿀 수 있는 기회를 주어야 한다. 그러나 살인과 전쟁을 행동으로 옮기는 사람이나 집단은 다르다. 그런 사람과 집단은 명명백백히 공동체와 대한민국을 파괴하는 개인이나 세력이며 이웃이 아니라 추방해야 할 대상이다. 6·25

동란을 일으킨 김일성과 박헌영, 이승만은 명백히 전쟁범죄자들이며 살인자들이다. 이들을 추방할 만한 평화 세력이 강력하게 구축되어 있지 못했기 때문에 결국 골육상잔의 전쟁이 터지고 만 것이다.

우리는 길을 가면서 왼쪽으로 간다고 생각한다. 내가 기준이기 때문이다. 그러나 나와 맞은편에서 내 쪽으로 걸어오는 사람의 입장에서 보면 나는 오른쪽으로 오고 있다. 왼쪽과 오른쪽, 가고 오는 것은 위치와 처지에 따라 달라진다.

빨갱이 공산주의자, 종북 좌파를 모조리 때려죽이고, 미국의 군사력을 빌려서라도 평양의 주석궁을 탱크로 밀어 버리면 악은 사라지고 대한민국은 번성하고 비정규직은 정규직이 되고 1천만에 달하는 차상위 계층의 삶이 인간다운 자비의 삶으로 바뀔 수 있을까. 자본가를 모조리 도륙하고 사회주의 경제를 실시하거나 협동조합 경제로 강제로 바꾸면 정의와 평등 사회가 실현되고 협동의 사회와 국가로 바뀔 수 있을까. 6·25 동란으로부터 무려 70여 년이 지난 지금도 여전히 이런 생각에 사로잡혀 있는 사람들이 있다는 것은 참으로 슬픈 일이 아닐 수 없다.

새는 좌우의 날개로 날 뿐, 오른쪽 날개가 왼쪽 날개를 칼로 잘라 내는 이상한 행위를 저지르지는 않는다. 자신의 오른손으로 왼손을 자른다면 이는 정신병자이다. 그런데 우리는 분단 70년 동안 그런 정신병자의 행위를 서슴지 않았고, 지금도 여전히 그런 자해 행위를 지속하고 있다.

우리 모두는 평등하게 태어나 지구의 중심에서 평등하게 둥근 원탁에 앉아 있는 이웃들이다. 인간의 삶은 투쟁하고 싸우는 일에만 헛되이 시간을 낭비하기에는 너무나 짧다. 우리의 공동의 집을 건설하고 우애와 사랑을 나누는 일만 하기에도 시간이 모자라다. 자비롭게 이웃과 살다 죽음을 맞이하는 것, 그것이 그렇게 어려운 일일까.

8 여성과 자비: 여성, '뜨거운 돌'로 부활하다

구미정

헬조선에서 미생으로 산다는 것

당신의 이름이 무엇입니까, 묻는 모세에게 하느님은 "나는 나"라고 대답하신다(탈출 3,14). 절묘한 답이다. 내가 나이지, 다른 부름말이 뭐 필요한가. 이름을 통해 알 수 있는 것은 지시 대상의 극히 일부, 그것도 껍데기에 지나지 않는다. 그가 한 일, 그리고 그 속에 담긴 뜻을 더듬을 때라야 지시 대상의 알짜에 접근할 수 있는 법이다.

사람도 마찬가지다. 사람이면 그냥 사람이지, 그 밖에 다른 무엇이 있을 리 없다. 그런데도 우리는 사람을 그냥 사람으로 보지 않는다. 남자, 여자, 남편, 아내, 아버지, 어머니, 아들, 딸, 선생, 학생, 노인, 어린이, 장애인, 이성애자, 동성애자, 정규직, 비정규직, 알바 등등 무수한 부름말 속에 그를 가두어, 이것이 그 사람의 정체가 되게 한다. '나'를 형성하는 다양한 변수들 가운데 자신의 필요에 따라 어느 하나를 상수로 만들어 함부로 나에 대해 재단하니, 맞다, 이것이야말로 '타인'이라는 이름의 지옥이 빚어내는 고통이다.

사람은 '사람 구실'을 해야 사람으로 살 수 있다. 사람 구실을 하려면 사람들의 모둠살이(사회) 안에서 자신의 자리/장소를 갖는 일이 필수다. 부모가 공들여 자식의 공부를 뒷바라지하는 이유도 오직 그 때문이다. 자식으로 하여금 사회 안에서 자기 자리/장소를 갖게 하기 위해서다. 하여 공부 안 하는 자식에게 부모가 하는 잔소리는 매양 한 가지다. "너 언제 사람 될래?" 대학 공부까지 마치고도 여전히 방구들을 지지고 있는 자식 역시 똑같은 지청구를 피하지 못한다. "너 언제 사람 될래?"

한데 사회 안에서 자기 자리/장소를 갖는 일이 어디 그리 쉬운가. 영화 「국제시장」(2014) 주인공들이 거쳐 온 시대와 지금 청년들이 몸담고 있는 시대는 완연히 다르다. 그때는 정수라의 노래 「아, 대한민국」에 나오는 가사처럼 "원하는 것은 무엇이든 얻을 수 있고, 뜻하는 것은 무엇이건 될 수가 있"다는 믿음이 팽배했는지 모르겠다. 우리 경제가 이른바 '고도성장'을 향해 내달리던 시절이었으니까.

기성세대가 청년들에게 '노오력'(요즘은 '노력'을 길게 늘여 '노오력'이라고 발음하는 게 유행이다)을 강조하는 것도 그 시절에 대한 향수 때문일 테다. 허나 지금은 명실공히 '저성장' 시대다. 아무리 '노오력'해도 '흙수저'가 '금수저'로 변하는 일은 결코 일어나지 않는다. 어릴 때부터 '스펙 쌓기' 경쟁에 내몰려 이미 만신창이가 된 청년들의 '노오력'에 고작 '열정페이'로 응답하는 사회라니 …. 요즘 청년들은 이 나라를 "은혜로운" 대한민국은

커녕 '헬Hell조선'이라 조롱한다.

이 얼마나 예리한가. '헬조선'이라는 말에는 대한민국이 도무지 대한 '민'국이 아닌 것 같다는 통찰이 깔려 있다. 역사상 대한민국은 1919년 4월 11일 상해에서 출범한 대한민국 임시정부에 연원을 둔다. 당시는 제국주의 질서가 팽배하던 때였다. 조선의 마지막 왕이었던 고종이 조선왕조의 중세적 체질을 개선한답시고 새로 구상한 나라가 대한'제'국 아니었나. 이 대한제국이 1910년 일본제국에게 '합병'된 사실은 우리가 잘 아는 바다.

그로부터 9년여 만에, 여전히 일본제국의 식민 지배가 서슬 퍼런 시절, 3·1운동의 염원을 모아 세워진 임시정부가 대한'제'국의 회복이 아닌 대한'민'국의 건설을 표방했다. 이것은 실로 놀라운 진보다. 대한민국 임시정부에 참여한 인사들이 어느새 중세적 봉건 질서를 탈피했음은 물론, 당시 '당연한' 세계 질서였던 제국주의마저도 극복했다는 뜻이니까 말이다.

조선왕조는 왕의 나라였다. 아니 왕을 앞세워 자기 이득을 챙기는 데 혈안이 된 노론 세력의 나라였다. 그런가 하면 대한제국은 황제의 나라였다. 아니 황제를 앞세워 자기 이익을 챙기는 데 혈안이 된 친일파들의 나라였다. 하지만 새 나라는 기필코 그 나라의 구성원(民)이 주인이 되어야 한다는 것이다. 이런 생각이 대한민국 정부가 공식 수립된 1948년이 아니라 그보다 훨씬 이전에 싹텄다는 사실은 정말 기적이 아닐 수 없다.

한데 광복된 지 70여 년, 그 사이에 대한민국은 세계 경제 순위 11위에 올라설 정도로 비약적인 발전을 이루었다지만, 대부분의 사람들에게는 동화 같은 이야기다. '금수저-은수저-동수저-흙수저'로 분화된 신新계급론이 등장했을 정도로 역사가 퇴보했다. 대한민국이 평범한 보통 사람들의 나라라고 믿는 사람이 아직도 있을까. '민'이 들어갈 자리에 기업, 그것도 한 줌밖에 안 되는 재벌 기업이 떡 버티고 앉아서 정부를 호령하니 그야말로 가관이다.

'진리의 산실'이라는 대학마저 기업 앞에 무릎을 꿇었다. 대학이 '취업 학교'로 전락한 게 그 증거다. 기업이 원하는 인재를 상납하느라 혈안이 된 대학에서 자유와 낭만이 웬 말인가. 이렇게 뒤틀린 상황은 모욕적이다. 대한'민'국 건설을 위해 목숨을 바친 수많은 독립운동가들의 희생을 도매금으로 팔아넘기는 행위다. 하지만 뭐니 뭐니 해도 '먹고사는' 문제가 제일 중요한 이 시대, 이른바 '신자유주의' 시대에는 모욕감조차 사치라는 게 더 슬프다.

'땅콩 리턴' 사건을 보자. 대한항공 여객기 1등석에 탄 그 회사 부사장은 승무원의 서비스에 화가 났다. 땅콩을 접시에 옮겨 담지 않고 봉지 그대로 내준 게 화근이었다. 당장 승무원에게 '내리라' 고함치고 기장더러 비행기를 '돌리라' 명령할 만큼, 그의 분노는 거셌다. 자신의 감정이 정당하냐 아니냐는 그에게 조금도 문제가 아니었다. 그는 '갑'이고, 갑의 느낌은 언제나 정당하다고 배웠기 때문이다.

반면, 그의 가치관에 따르면, 자기 항공사에서 일하는 직원들에게는 감정이 없어야 했다. 얼마든지 기계 부품이나 소모품처럼 다루어도 괜찮은 대상들이었다. 여기에 '을'의 비애가 있다. 지렁이는 밟히면 꿈틀하지만, 을은 갑의 '갑질'을 묵묵히 받아 내야 한다. 을의 생사여탈권이 갑의 손에 달려 있기 때문이다.

자신의 자리/장소가 항구적인 갑에 비해, 을의 자리/장소는 언제나 일시적이기에, 을에게는 모욕감조차 허용되지 않는다. 모욕을 당해서 화가 난다고 그대로 표출했다가는 당장에 '모가지'가 잘릴 테다. 억울하고

분해도 참고 참으면서 생글거리는 얼굴로 '고갱님, 고갱님' 응대해야 한다. 이것은 굴욕이다. 굴욕은 힘의 논리에 굴복한 모욕의 변태變態다.

높은 '사람', 힘 있는 '사람', 돈 많은 '사람', 정규직을 꿰찬 '사람'만 사람이고, 나머지는 전부 '미생未生'에 지나지 않는 이 시대는 그래서 '웃프다'. 누리집에 올라온 '굴욕 사진'들도 하나같이 웃픈 표정을 하고 있다. 웃긴데 슬픈, 슬픈데 웃긴 이 형용 모순이야말로 슬퍼할 권리마저 간단히 무시되어 버리는 우리 시대의 특징이다.

전태일과 세월호

2014년 4월 16일 '세월호' 참사가 일어났다. 304명이 몰살당했는데, 그중 대다수는 안산 단원고등학교 2학년 학생들이었다. 제주도 수학여행 길에 참변을 당한 것이다. 문학인들은 같은 해 6월 2일 '문학인 시국선언'을 통해 즉각 애도를 표했다. 무려 754명이 연대서명하며 "우리는 이런 권력에게 국가 개조를 맡기지 않았다"는 제목으로 시국선언문을 발표했다. 이로써 '문학은 본래 세상의 모든 약한 것들을 위한 것이고 세상의 가장 위태로운 경계에 대한 증언'임을 밝히 드러냈다.

이 문장에서 '문학'의 자리에 '신학'이 들어가지 못해 조바심이 난 것은 비단 나만의 감정이 아니리라. 그래서인가, '문학인 시국선언'이 있고 나서 한참이 지난 10월 30일 드디어 '신학자 호소문'이 나왔다. "세월호의 아픔에 참여하는 이 땅의 신학자들"이라고 밝힌 177명의 연대서명으로 작성된 호소문은 대통령과 정치인, 그리고 한국 교회 교우들을 향한 호소를 담고 있었는데, 골자는 '진상 규명을 원하는 유족들의 한 맺힌 절규'를 외면하지 말고 '진실을 세우는 일'에 힘써 달라는 내용이었다.

    표현의 수위가 '문학인 시국선언'보다는 못하지만, 또한 숫자로도 문학인들의 규모에 비할 바가 아니지만, 이 땅의 '권력 종교'를 자임하는 그리스도교 내부에서 이나마 파열음이라도 터져 나온 게 얼마나 다행인가. 나아가 '신학자 호소문'이 세월호 참사를 '전태일 사건처럼 시대의 획을 긋는 사건'으로 자리매김한 것은 얼마나 적확한가.

    전태일의 분신 사건은 독재정권 시절의 국가가 '국민'과 '비非국민'을 어떻게 나누어 관리했는지를 여실히 폭로한 사건이었다. 전후 세대에게 '산업 역군'의 이미지를 덧씌워 가난의 굴레에서 벗어나는 것만이 유일한 삶의 목표인 것처럼 세뇌시킨 국가는 열심히 일해도 여전히 '가난한 사람들'에게 '비국민'의 꼬리표를 붙였다. 국가가 이들의 실패를 보듬고 위로하기는커녕 이들을 착취하고 수탈하는 데 앞장섰다. 이 모욕을 굴욕으로 치환하는 대신에, 분노하고 저항한 이가 전태일이다. 자기 몸을 불사르면서 그가 던진 말, "노동자도 인간이다"는 '비국민'으로 치부된 사람들 역시 국가의 서비스가 필요한 국민임을 일깨운 위대한 인권선언이었다.

    '문학인 시국선언'에 이어 2014년 7월 31일 세월호 추모 시집이 발간되었다. 『우리 모두가 세월호였다』라는 제목의 이 시집에서 시인들은 세월호 사건을 '국가에 의한 학살'이라고 성토했다. 대체 어떤 국가이기에 "치킨이나 피자라면 자다가도 벌떡 일어나고/날면 하늘이 모자라는 새파란 국민"(이상국, 「이 나라가 무슨 짓을 했는지」)을 '대량 학살'한단 말인가. "다른 나라에서 버린 배를 사들여서/여객 정원을 늘려 돈을 벌려고 구조를 변경하는/자본을 허가하는 나라/배 떨림이 심하다고 문제 제기하는 노동자를/해고하겠다고 협박하는 나라/승객의 안전보다 선박 회사의 이익을 대변하는 나라/비정규 저임금으로 선박 노동자를 자주 바꿔치는 나라/배가 기울자/"승객 여러분, 승무원의 지시가 있을 때까지 제자리에서 대기하십시오"/하고는 선장과 선원이 먼저 탈출하는 나라/사람을 먼저 구하기보다/정부에 보고할 승선 인원 파악에만 분주한/재난대책본부가 있는 나라/경제는 일류고 재난대책은 삼류인/사람 중심이 아닌 돈 중심의 나라"(공광규,「노란 리본을 묶으며」)이다.

여기서 대한민국은 국민을 보호하기는커녕, 자본과 결탁하여 국민을 산 채로 수장水葬시킨 원흉으로 폭로된다. 세월호 참사로 드러난 국가의 민낯은 전태일 사건에서 폭로된 민낯보다 더 추하고 악하다. 그때는 독재정권 시절이라 그랬다지만, 이른바 '민주화' 시대인데도 국가는 국민을 주인으로 대접하지 않는다. 오히려 신자유주의와 결탁하여 국민을 무한히 경쟁하는 정글로 몰아넣는 자본의 노예이자 기업의 하수인 노릇을 열심히 한다.

옳습니다, 저는 개입니다

시인은 전태일 사건을 계기로 인권 감수성이 깨어나 모두 어깨 걸고 함께 민주주의를 외쳤던 시절을 아득하게 회상한다. "생각하면/두 발로 꼿꼿이 서서/자유와 정의와 노동의 참해방을 부르짖던 시절이 우리에게 있었다/더 좋은 세상을 만들자고/사랑도 명예도 이름도 남김없이/한평생 나가자던 뜨거운 맹세의 시절이 있었다//오천만 마리의 개가 아닌/오천만의 따뜻한 피를 지닌 인간으로 서서/세상에서 제일 살기 좋은 나라를 만들자고/절규하던 시절이 우리에게 있었다"(곽재구,「반도의 자화상」).

한데 "우리의 아들딸에게 물려줄 꽃 같은 대한민국"에 대한 꿈이 어느덧 "50층 펜트하우스에 살며 연봉을 수십 억 받는" 꿈으로 슬금슬금 대체되기 시작하면서 우리는 더 이상 인간이 아니게 되었단다. "눈과 코와 귀를 지폐로 쑤셔 막고/바닷가재 식사를 하고 로열 발레를 보고 나스닥 시세를 점검하고/먼 나라 섬의 은행에 이름 없는 통장을 개설하고/그림 같은 이국에 별장 몇 채를" 지니고 사는 사람이 부럽기 시작하면서 우리는 점점 더 '개'로 변해 갔단다. 그리하여 "사장이 말하면 살살 꼬리를 흔들고/최저 임금이며 비정규직이며 전세금을 날린 이웃들의 절망과 슬픔에는 관심이 없고/오로지 내 땅값 내 아파트값 한 푼 더 준다는 노인연금에 매달리는" 우리야말로 영락없는 "잡종견"이라고(위와 같은 시) 시인은 고발한다.

예수도 멀쩡한 사람에게 '개'라는 용어를 서슴없이 남발한 일이 있다. 그대가 제아무리 지체 높은 헬라 여인이라고 해도, 식민지 청년의 발아래 납작 엎드릴 정도로 성품마저 온화하고 겸손하기 짝이 없는 인물이라 해도, 그렇다고 그대가 '개'가 아닌 것은 아니라고, 예수의 독설은 매섭기 그지없었다(마르 7,24-30). 왜 그런가. 그동안 그녀가 기대고 살던 삶의 지향이, 그녀의 말과 실천을 추동하던 내밀한 욕망이 영락없이 '개'스러웠기 때문이다.

그녀 또한 '남들 다 그러고 사니까' 자기도 그렇게 사는 게 옳은 줄 알았다. 타인의 불행은 곧 나의 행복, 나만 안 걸리면 된다는 '복불복' 식 자본주의에 몸을 맡긴 채 자기 자신과 제 가족의 안위만 살뜰히 챙기고 살았다. 그런데 딸에게 그만 사달이 난 것이다. 어미의 양육철학과 교육철학을 고스란히 전수받은 딸이 '물신'物神이라는 이름의 귀신에 사로잡히니 뒷감당이 되지 않았다. 그대로 놔두었다가는 그야말로 제 손으로 밥

벌이할 궁리는커녕 부모의 연금이나 빼먹는 '기생충'이 되게 생겼다. 그래서 일찍이 무슨 귀신이든 다 몰아낸다는 예수의 명성을 듣고, 체면 불고 예수의 발아래 엎드렸는데, 예수가 자기를 불쌍히 여기기는커녕, '개'에게서 나올 수 있는 건 '개 새끼'밖에 없다고 호통을 치는 것이 아닌가!

성서는 놀랍게도 문제의 딸의 치유가 여인의 태도에서 나왔다고 말한다. 여인은 자기를 '개'로 지칭하는 예수의 부름말에 항의하지 않는다. "옳습니다, 주님." 뼈저리게 인정하고 각성한다. 그러니 문제의 당사자인 딸을 예수 앞에 데려오고 말고 할 필요조차 없는 것이다. 미래 세대가 어떻게 살지는 현 세대의 결단에 달려 있다. 그대의 말이 옳으니, 그만 돌아가라는, 딸은 이미 치유되었다는 예수의 선언은, 그래서 의미심장하다.

> 진짜 개는
> 주인과 함께 살 아름다운 세상을 위해
> 멧돼지와 싸우다 죽는다.
> 온갖 탐욕과 부조리와 헛된 명예를 거부하며
> 농장 안의 염소와 토끼,
> 어린 닭들과
> 새로 피어날 아침의 나팔꽃을 위해
> 피침 흘리는 멧돼지와 싸우다 죽는다(곽재구,「반도의 자화상」).

이 세상이 누구의 것인가. 이 세상의 주인은 누구인가. 자본이든 권력이든 이 세상에서 주인 노릇 하는 것들은 죄다 가짜라고 시인은 말한다(최종천,「이 닭대가리들아!」). 이러한 시인의 통찰은 '초월'에 기대어 삶의 변혁을 꾀할 것을 가르치는 예수의 '하느님 나라'와 닮아 있다. 이런 새김에서 시로페니키아 여인의 말은 '진짜 개'로 살겠다는 의지 표명과 다름 아니다. 하느님과 함께 거하는 아름다운 세상, 곧 하느님의 나라를 위해 싸우겠다는 말이다. 그 나라를 허물려고 호시탐탐 집적대는 '멧돼지'와 싸우다 십자가에 달려 장렬하게 죽겠다는 당당한 선언이다.

멧돼지와 싸우기

어떤 식으로 '멧돼지'와 싸울 것인가. 구약성서 사무엘기 하권 21장 8-14절에 하나의 좋은 보기가 있다. 때는 바야흐로 다윗 정권 말기, 3년 동안 이스라엘에 흉년이 들어 다윗이 하느님께 그 곡절을 여쭈니, 하느님이 말씀하시기를 "사울이 기브온 사람들을 하도 많이 죽여서" 그렇단다. 본문은 친절하게도 기브온 사람들의 정체도 밝혀 주고 있다(2사무 21,2). 그들은 본래 이스라엘 백성이 아니지만, 이스라엘에 동화되어 함께 살던 족속이란다. 그런데도 사울은 '이스라엘과 유다 백성을 편파적으로 사랑한 나머지' 기브온 사람들과의 화친 규약을 깨고 그들을 죽였단다.

언제 그런 일이 있었는지는 정확하지 않다. 또 기브온 땅에서 전쟁을 한 것은 엄밀히 말하면 사울이 아니라 사울의 아들 이스 보셋이었다. 사울이 죽고 다윗이 헤브론에서 유다 족속의 왕으로 추대된 후, 사울의 군 사령관을 지냈던 아브네르 장군은 사울의 아들 이스 보셋을 데리고 마하나임으로 가서 그를 이스라엘의 왕으로 추대하였다(2사무 2,8-11). 그러고는 요압 장군이 이끄는 다윗의 부하들과 일전一戰을 벌인 곳이 바로 기브온이다. 그러니까 기브온 족속을 많이 죽인 주체는 사울의 아들 이스 보셋의 부하들과 다윗의 부하들이라고 해야 맞을 것 같은데, 성서 기자는 어쩐 일인지 사울을 콕 집어 비난한다.

어쨌든 흉년의 원인이 기브온 사람들을 죽인 죄 때문으로 추정되자, 다윗은 기브온 사람들에게 어떻게 보상해 주면 좋겠냐고 묻는다. 그들은 "사울의 자손 가운데서 남자 일곱 명을 우리에게 넘겨 달라"(2사무 21,6)고 대답한다. 이스 보셋은 이미 제거된 상황. 사울의 자손 가운데 유일하게 남은 자식이라고는 요나탄의 아들 므피보셋밖에 없다. 므피보셋은 어릴 때 이스라엘과 필리스티아의 전쟁 도중 유모가 데리고 도망가다가 떨어뜨려서 두 다리를 저는 형편이었다. 다윗은 그를 거두기로 한다. 그에 대한 연민 때문인지, 요나탄과의 옛정 때문인지는 알 수 없다. 어쩌면 그가 도저히 왕이 될 재목이 아니라는 정치적 판단에 기인했을지도 모른다.

므피보셋을 빼놓으면 사울의 직계 적통이 다 제거된 마당이다. 이 대목에서 다윗이 생각해 낸 게 바로 사울의 후궁 리츠파의 아들 둘과 사울의 맏딸 미칼의 아들 다섯이었다. 미칼이라면 본래 자신과 혼사가 오가던 여자였다. 그런 그가 다른 남자와 결혼하여 자식을 낳았으니, 다윗의 자존심에 큰 흠집이 났을 터. 게다가 이들을 죽이는 것도 다윗 자신이 아니라 기브온 사람들이니, 이것이야말로 제 손에 코 한 방울 안 묻히고 남의 손으로 코 푸는 격이 아닌가. 다윗은 이들 일곱 명을 기꺼이 기브온 사람들에게 내준다. 이로써 사울 집안의 씨가 완전히 마르게 되었다.

이 일화에서 관심이 가는 인물이 리츠파이다. 사울의 후궁 리츠파는, 마른 하늘에 날벼락이라고, 아르모니와 므피보셋이라는 두 아들을 졸지에 잃었다. 무지와 복수심이 부른 참극이었다. 그런데 일곱 구의 시신이 줄줄이 달려 있는 나무들 아래 이 여인이 앉아 있더라는 거다. 게다가 그 중 다섯 구의 시신은 제 아들도 아니다.

이들이 처형당한 것은 "수확 철이 시작될 때, 곧 처음으로 보리를 거두어들일 때였다"(2사무 21,9). 이스라엘에서는 곡식 추수를 두 번에 걸쳐 한다. 보리 추수가 5월경이고, 밀 추수가 7월경이다. 한편 이스라엘의 기후는 건기와 우기로 나뉜다. 4~10월이 건기이고, 11월에서 이듬해 3월까지가 우기다. 그녀는 "처음으로 보리를 거두어들일 때부터 그 주검 위로 비가 쏟아질 때까지"(2사무 21,10) 자식들이 달린 나무 아래 꼼짝없이 앉아 있었다. 어림잡아 5월부터 11월까지 여섯 달가량을 그러고 있던 셈이다. 굵은 베로 만든 천을 가져다가 바윗돌 위에 쳐 놓고 그 밑에 앉아서, 낮에는 공중의 새가 주검 위에 내려앉지 못하게 하고, 밤에는 들짐승들이 얼씬도 하지 못하게 지켰다고 한다.

성서에서 리츠파가 등장하는 대목이 이 한 군데만은 아니다. 다른 맥락에서 그녀는 매우 가슴 아픈 사연의 주인공으로 출현한다. 사울의 아들 이스 보셋이 아브네르 장군의 도움으로 왕이 된 다음에, 아브네르가 돌연 이스 보셋을 배반하고 다윗 쪽으로 전향하는 일이 발생하는데, 그 계기가 바로 리츠파 때문이란다. 이스 보셋이 아브네르에게 "왜 우리 아버지의 후궁을 건드렸냐"고 추궁한 일로, 둘 사이가 급격히 멀어졌다. 이스 보셋이 효성이 지극해서 그런 건 아닐 것이다. 고대사회에서 선왕의 여자를 취한다는 것은 권력 찬탈을 뜻한다. 압살롬이 부왕 다윗에 맞서 반란을 일으켰을 때도, 아버지의 후궁 10명을 강간하지 않았나. 그런 맥락에서 보면, 아브네르 장군은 아마도 무능한 이스 보셋을 빨리 권좌에서 끌어내리고 자기가 왕위를 탈취하려는 계획이 있었을지도 모르겠다. 아브네르가 사울과 사촌지간이었음을 고려하면, 충분히 대권에 도전할 욕심을 품을 만도 하다.

한마디로 정치 고수들의 복잡한 계략 속에서 삶과 인격이 완전히 훼손되고 망가진 인물이 바로 리츠파다. 남편을 여의고 홀로 된 여인, 남편의 정실부인이 낳은 아들이 왕이 된 상황에서 어디에 기댈 데 없이 하루하루 불안한 목숨을 연명하던 여인, 그런 리츠파를 아브네르 장군이 강간했다. 성서의 세계에서 여성이 이런 처지에 놓이면 그대로 사라지는 게 일반적인 경로다. 이복 오빠 암논에게 강간당한 타마르도 그 일화 이후에 돌연 사라져서 성서에 더 이상 등장하지 않는다. 그런데 리츠파는 다르다. 남편이 죽고, 남편 휘하의 장군에게 강간당하고, 그 장군도 죽고, 또 자기가 낳은 아들들마저 모조리 죽는, 그런 기막힌 상황에서도 여전히 살아남아 '행동'한다. '생존자'라는 단어가 딱 어울리는 여성이다.

리츠파의 행동의 의미는 무엇인가. 나무에 달려 죽은 일곱 구의 시신은 무죄하다, 다윗의 정치공학에 의해 억울하게 학살당했다, 온몸으로 증언하는 일이다. 리츠파는 방치된 주검들 앞에서 여섯 달을 버티며 다윗을 향해 울부짖는다. 죽음을 능욕하지 말라고, 주검을 두 번 죽이지 말라고, 정치놀음에 희생된 것도 서러운데, 이런 식으로 주검을 욕보이는 것은 망자에 대한 예의가 아니라고. 자신의 상처와 한만으로도 충분히 버거운 한 여인이 성서의 한 귀퉁이에서 억울한 죽음 앞에 오열하며 저항한다.

부활하는 리츠파

여섯 달 동안 눈 한 번 제대로 붙이지 못하고, 먹을 것 하나 제대로 먹지 못한 채 꼬박 주검을 지킨 리츠파의 행동은 마침내 다윗을 움직인다. 그는 야베스 길앗으로 가서 사울의 뼈와 요나탄의 뼈를 수습하더니, 이윽고 나무에 매달린 일곱 구의 시신도 수습한다. 이 뼈들이 사울의 아버지 키스의 무덤에 모두 합장되었다는 보도로 리츠파의 이야기는 막을 내린다. 더불어 리츠파 역시 성서에서 완전히 흔적을 감추고 사라진다.

그러나 이름의 뜻이 '뜨거운 돌'인 리츠파, 성서 저자마저도 더 이상 궁금해하지 않는 그녀가 시시때때로 현대사에 '부활'하는 게 기적이라고 나는 믿는다. 그녀가 던진 '뜨거운 돌'은 우리의 현대사에서 전태일의 어머니 이소선 여사에게로 전해졌고, 맹골수도에 자식을 묻고 팽목항을 서성이다가 마침내 거리로 나선 단원고 어머니들에게로 넘겨졌다고 나는 본다. 이 '뜨거운 돌'은, 이제 그만 '민생'을 돌볼 때라고, 이제 그만 '칭얼'대고 집으로 돌아가라고, '교통사고' 같은 일에 불과한 것을 왜 자꾸 시끄럽게 떠들어 대냐고, 여전히 '가만히' 있기를 종용하는 불온한 세상에 대고 소리친다. 절대 가만히 있지 말라고, "모든 것이 가만히 있는 곳이 지옥"이라고(신철규, 「검은 방」).

가만히 있지 않기 위해 한동안 사람들이 기를 쓰고 하늘에 올랐다. 망루로, 송전탑으로, 골리앗 크레인이나 타워크레인으로, 전광판으로, 공장 굴뚝으로 기어올랐다. 이 땅에는 '사람인 듯 사람 아닌 사람 같은' 미생의 자리가 없기 때문이다. 주소도, 번지수도 할당되어 있지 않은 하늘에서나 겨우 사람일 수 있기 때문이다.

이 땅의 노동운동사에서 최초로 허공에 오른 이는 강주룡으로 기록된다. 때는 바야흐로 일제의 대륙 침략이 노골화되기 직전인 1931년 5월 29일. 평양에 있는 평원 고무공장 노동자였던 서른 한 살의 강주룡은 낮은 임금과 강도 높은 노동을 견디다 견디다, 회사 측이 임금을 더 깎는 한편, 노동 시간을 연장하고 노동자를 정리 해고한다는 말을 듣자, 40척(12미터) 높이의 을밀대(대동강)에 오른다. 그것도 자정이 넘은 깜깜한 시각에. 본래는 무명천으로 줄을 만들어 그 줄에 목을 매달아 죽으려고 찾아갔댄다. 그러다가 돌연 생각을 바꾸어 허리춤에 줄을 묶고 을밀대 지붕 위로 오른 것이다.

1931년에 서른 한 살이었으니, 1901년생이었겠다. 평북 강계 출신으로, 열네 살 때 서간도에 건너가 살았다. 그러고는 스무 살 때 다섯 살 아래의 남편과 혼인, 제법 살맛 나게 살았던 모양인데, 남편이 무슨무슨 단에 가입했다가 병을 얻어 세상을 뜨고 말았다. 아마도 3·1운동과 연관된 무장독립운동 단체가 아닌가 싶다. 강주룡은 자신의 손가락을 잘라 피를 먹이면서까지 남편을 살리려 했지만 헛수고였다.

그러다가 홀러홀러 고향으로 돌아와, 어찌어찌 평양 고무공장에 취직해 생계를 잇고 있었다. 한데 그만 그런 일이 터진 것이다. 만주사변을 앞두고 일제의 수탈이 노골화되어, 조선인 노동자의 살 권리 따위는 간단히 무시되는 정황이 아니었나 싶다. 강주룡은 을밀대 지붕 위에서, 이른 아침부터 명승지 구경을 온 유람객들을 상대로 자신과 동료들의 이야기를 전했다. 일본 순사가 자기를 잡으려 사다리를 대기만 하면 곧장 투신하겠다는 뜻도 피력했다.

사람들은 그런 그를 '체공녀'滯空女라 불렀다. 허공에 머물러 있는 여자, 땅에서는 살길이 막혀 허공 위로 오른 여자! 결국 그는 체포되었고 또 해고되었지만, 기어이 조선총독부와 식민지 자본 권력의 항복을 받아내고야 말았다. 그가 허공에 오른 지 9시간 30분 만의 일이다.

일제의 식민 통치와 강제 수탈에 이골이 난 조선 팔도의 대중은 그의 용기 있는 행동에 눈물로 화답했다. 목숨을 건 그의 고공 농성은 영토 확장에 눈이 먼 전쟁광 일제마저도 움찔하게 만들었다.

그 뒤로 팔십여 년, 오늘 이 땅의 대중과 정부는 어떤가. 식민지 백성도 아니요 식민지 정부도 아닌 것이 더 강퍅하다. 또 다른 '체공녀' 김진

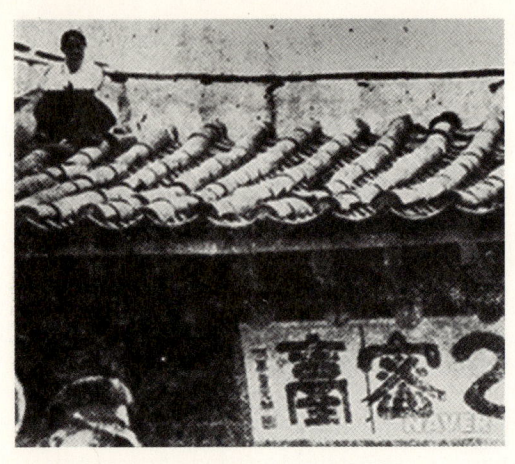

숙을 보자. 그는 부산 영도에서 35미터 상공의 타워크레인에 무려 309일을 머물러 있어야 했다. 체공녀의 짝개념으로 '연돌남'煙突男은 어떤가. 평택에서 70미터 고공의 쌍차(쌍용자동차 평택 공장) 굴뚝에 머물던 김정욱은 89일 만에, 이창근은 101일 만에 땅을 밟았다. 그리고 칠곡에서 45미터 높이의 스타케미칼 굴뚝에 올라가 있던 차광호는 408일 만에 내려와 한국 노동운동사에 새 기록을 남겼다.

연대, 자비의 다른 이름

연대는 자비의 다른 이름이다. 이웃이 고통당할 때 자신의 애간장이 녹는 마음으로 다가가는 정情이다. 한 보기로 「욥기」의 주인공 욥을 보자. 생때같은 자식을 한꺼번에 열이나 잃은 그를, 생의 밑바닥까지 내동댕이쳐진 그를, 도대체 누가 위로할 수 있으며, 무슨 권리로 '이제 그만 슬퍼하라'고 권면할 수 있단 말인가. 욥은 태어나지 않았으면 좋았겠다고, 아니 태어남 자체야 어쩔 수 없는 일이었다면 태어나자마자 죽는 게 좋았겠다고, 아니 그조차 마음대로 되지 않는 일이라면 차라리 지금이라도 죽는 게 낫겠다고 울부짖는다.

흥미로운 건 '경건한' 그의 친구들의 태도다. 아무리 슬픔이 크기로서니 입으로 죄짓지 말라고 점잖게 충고한다. 우리가 위로해 줄 테니 위로받고, 빨리 정상적인 생활로 복귀하란다. 이 친구들, 곧 엘리파즈, 초파르, 빌닷은 이른바 '지혜자'들이다. 성서의 세계에서 상식과 도덕에 능한 교사라는 말이다. 상식적으로는 빨리 훌훌 털고 생업에 복귀하라는 그들의 말이 매우 '효율적으로' 들린다. 그리스도교 도덕의 측면에서도 자살을 함부로 입에 올리는 건 망언이고 죄악으로 규정되지 않던가.

그런데 주목할 것은 하느님의 태도다. 하느님은 오히려 욥의 세 친구를 꾸중하신다. 위로받기를 거부하는 사람을 향해 이른바 친구라는 사람이 취할 태도는 '바른 말'도 '훈계'도 '정죄'도 '심판'도 아니라신다. 그보다는 함께 공감하기! "돌려 말하지 마라/온 사회가 세월호였다/오늘 우리 모두의 삶이 세월호다/…/돌려 말하지 마라/이 구조 전체가 단죄받아야 한다/사회 전체의 구조가 바뀌어야 한다/…/이 세월호의 항로를 바꾸어야 한다/이 자본의 항로를 바꾸어야 한다"(송경동,「우리 모두가 세월호였다」)고 분노하며 연대하기!

우리 시대의 불행은 분노할 줄은 모르고 '짜증'만 낸다는 데 있는 것 같기도 하다. 짜증이 사적이라면 분노는 공적이다. 짜증이 신자유주의적이라면 분노는 민주주의적이다. 짜증은 자기혐오나 타자증오로 연결되지만, 분노는 자기성숙과 타자연대의 자원이 된다. 아무것도 할 수 없다고 느낄 때, 해 봤자 소용없다고 느낄 때 분노는 짜증으로 쉽사리 퇴행한다.¹ 그러나 아무리 악 또는 악한 자 또는 악한 체제가 폭력을 행사해도, 최소한 그로 인해 무너지지 않을 힘이 내 안에 있다고 믿는 사람은 분노를 곰삭혀 '꽃 같은 세상'을 피워 낼 줄 안다. "누가 당신의 오른편 뺨을 때리거든 그에게 다른 편 뺨마저 돌려 대시오"(마태 5,39)라는 예수의 말씀이 겨냥하는 게 정확히 이 점이다.² 악에게 주도권을 내주지 말라는 뜻이다. 체제가 굴러가는 대로, '익명성'의 보호막 아래 숨어 체제의 부속품으로 살면, 절대로 세상이 변하지 않는다.

체코 벨벳 혁명의 주역 바츨라프 하벨은, 그래서 '약자의 힘'을 강조한다.³ 약자가 강자의 '밥'으로만 살지 않고, '위로부터 내려오는 명령'에 무조건 복종하기만 하는 '기계'로서의 삶을 거부한 채 '참된 삶'을 추구하고자 꿈틀대는 그 시점이 혁명의 시작이라고 그는 말한다. 인간에게는 누구나 '조용히', 가급적 체제와 부딪히지 않고 '가만히', 시류를 거스르지 않고 시류와 '더불어' 떠내려가고자 하는 욕망이 있다는 걸 알지만, 그러나 역사는 이러한 관성의 법칙을 떨쳐 버리고 '참된 삶'을 추구하고자 저항한 사람을 통해 진보해 왔다는 게 그의 생각이다.

내가 보기에 우리 시대의 '저출산' 사태는 여성들이 이기적이어서 생긴 일이 아니다. 페미니즘의 세례를 받아 '잘난 척이 하늘을 찔러서'도 아니다. 오히려 신자유주의 시장 질서에 짓눌려 압살당하는 사람들과 연대하고자 여성들이 대동단결하여 출산 파업을 일으킨 것이다. 이제의 여성들은 어제의 여성들처럼 국가의 출산 통제에 고분고분 따르지 않는다.

---

1 한병철, 『피로사회』, 김태환 옮김, 문학과지성사, 2012.
2 구미정, 『두 글자로 신학하기』, 포이에마, 2013.
3 Vaclav Havel, et.al. *Power of the Powerless* (New York: M.E. Sharpe, 1985); 박영신, 『실천도덕으로서의 정치: 바츨라프 하벨의 역사 참여』, 연세대학교 출판부, 2000.

"아들딸 구별 말고 둘만 낳아 잘 기르자"며 여성-국민들을 불임 시술 대열에 동참하게 만들었던 어제의 구호가 이제 더 이상 통하지 않는다. 국가가 아무리 '다둥이 가족을 우대하겠다'며 '출산하여 애국하자'고 선동해도 전혀 듣지 않는다. '국민 대 비국민'을 갈라놓고 차별하는 국가의 몹쓸 정치공학이 해체되지 않는 한, 여성들의 출산 파업은 계속 이어질 것이라고 나는 전망한다.

바야흐로 여성-국민이 여성-시민으로 '변태'變態하는 중인 것이다. 시민은 국가가 시키는 대로 맹종하는 주체가 아니다. 자신의 이해를 놓고 국가와 '밀당'(밀고 당기기)을 할 줄 아는 영리한 주체다. 이때 '자신'의 이해가 순전히 자기 개인 또는 자기가 속한 집단이나 계층의 사사로운 이익일 것 같으면 이 역시 시민이기에는 아직 이르다. 시민은 사私를 넘어 공公을 생각할 줄 안다. 한마디로 공공公共의 의식을 지니고 공공의 이해를 위해 국가와 적극적으로 교섭하는 주체가 바로 시민이다.

민중신학자 안병무의 해석에 따르면, 하느님의 나라는 '공'이 회복되는 세상이다.4 기복주의의 늪에 빠진 그리스도교인들은 종종 간과하는 사실이지만, 예수가 가르친 「주님의 기도」에서도 하느님 나라는 '일용할 양식을 구하는 것, 빚을 탕감받는 것'으로 아주 구체적으로 표현되어 있다. 다시 말해, 일용할 양식이 위협을 받는 '미생'들이 편재하는 한, 또 가계 대출을 갚지 못해 전·월세 '난민'으로 떠도는 이들이 창궐하는 한, 하느님의 나라는 아직 오지 않았다.

그래도 하느님 나라를 미리 맛보고 이 땅에 실현하려 몸부림치는 이들이 있어서 다행이다. 시로페니키아 여인처럼, 그리고 리츠파처럼 세상

---

4 안병무, 『민중신학 이야기』, 한국신학연구소, 1987.

의 고통과 연대하는 이들이 있기에 우리의 내일이 '맑음'일 테다. 이들이야말로 '깨어난 시민'이라 하겠다. 자비의 언어로 연대라는 이름의 이웃 사랑을 수놓는 사람들이다. 자본보다 생명을 택하는 용기로 살림의 역사를 써 나가는 하느님의 파트너야말로 인류 공동의 미래를 위한 새로운 문명 주체가 아닐까. 그 주체의 이름을 '여성 사람'이라 부르면 어떤가. 이 '여성 사람'은, 가령, 스와미 웨다 바라티의 다음과 같은 어록이 소환하는 그런 '여성'이다.

> 만일 그대가 남성이거든, 여성이 되기를 배우라.
> 만일 그대가 여성이거든, 그냥 여성으로 머물라.
> 이미 여성인 자는 더 이상 배울 게 없다.

* 이 글은 2015년 5월에 발간된 『현상과 인식』 39권 1/2호에 실린 필자의 졸고 "세월호와 함께 침몰한 한국 사회의 인권: 문학과 신학의 한 대화"와 2015년 4월 27일 전국목회자정의평화위원회 세미나에서 필자가 발표한 원고 "'여성의 눈'으로 만나는 세상", 그리고 2011년 10월 2일 새길교회에서 필자가 행한 설교 "우리 시대의 뜨거운 돌" 등의 자료를 바탕으로 엮었습니다.

| 참고문헌 |

고은 외 68인, 『우리 모두가 세월호였다』, 실천문학사, 2014.

구미정, 『성경 속 세상을 바꾼 여인들』, 옥당, 2012.

____, 『두 글자로 신학하기』, 포이에마, 2013.

____, 『구약성서: 마르지 않는 삶의 지혜』, 사계절출판사, 2015.

____, "환대의 회복: 목하 '재개발' 중인 한국 사회에서 정의를 말한다는 것", 『생명연구』 25집(2012).

____, "세월호와 함께 침몰한 한국 사회의 인권: 문학과 신학의 한 대화", 『현상과 인식』 39권 1/2호(2015. 5).

____, "오늘에서 내일을 보다: 4·16 이후, 여성-국민에서 여성-시민으로 변태하기", 2015년 2월 11일 한국YWCA연합회 생명비전연구소 포럼 발제문.

김진호, "국경들 너머의 짐승들 혹은 인간들 – 오늘의 인권 문제와 비판신학 1: 내셔널리티", 『시대와 민중신학』 10집(2008).

박영신, 『실천도덕으로서의 정치: 바츨라프 하벨의 역사 참여』, 연세대학교 출판부, 2000.

안병무, 『민중신학 이야기』, 한국신학연구소, 1987.

한병철, 『피로사회』, 김태환 옮김, 문학과지성사, 2012.

Havel, Vaclav, et.al. *Power of the Powerless* (New York: M.E. Sharpe, 1985).

Roty, Richard, "Human Rights, Rationality and Sentimentality", in *Truth and Progress: Philosophical Papers*, vol. 3 (Cambridge: Cambridge University Press, 1998).

『국민일보』, 2014. 10. 30.

『에큐메니안』, 2014. 10. 30.

『한겨레신문』, 2014. 6. 3.

9 생태적 자비살이: 자비의 시선으로 본 우리의 산하

황종열

시작하면서

    2015년 4월 11일 자비주일을 맞으면서 프란치스코 교황은 칙서 『자비의 얼굴』을 발표하며 자비의 특별 희년을 선포하였다. 교황은 2015년 12월 8일 제2차 바티칸 공의회가 끝난 지 50년이 되는 날에 로마 주교좌성당 성 요한 라테라노 대성전의 성문을 열고 세계 가톨릭교회와 함께 "자비의 문" 안으로 들어갔다. 이 자비의 해는 2016년 11월 20일 그리스도왕 대축일에 끝난다. 교황은 제2차 바티칸 공의회의 정신을 사마리아인의 자비의 영에서 보았던 바오로 6세 교황의 뜻을 계승하여 우리가 그동안 "역사 안에서 새로운 길"을 걸어왔던 날들을 하느님의 자비에 비추

어 돌아보고 이를 보다 더 충실하게 복음적으로 완수해 갈 것을 요청하였다.[1]

같은 해 성령강림대축일을 맞아서 프란치스코 교황은 '생태 회칙'이라고 일컬어지는 사회 회칙『찬미받으소서』를 발표하였다. 이를 통해 우리 교회와 세계가 자연 생태와 연결하여 하느님 자비의 살림을 더 깊이 이해하고 살아갈 것을 설득하였다. 그러면 생태적 자비의 관점에서 이 땅의 그리스도인은 우리의 산하를 어떻게 식별하고 동반할 수 있는가?

자연 생태를 대상화하는 개발로 신음하는 우리 산하

'생태'生態는 하느님의 창조로 존재하기 시작하여 그분의 살림 안에서 살아가면서 하느님의 살림에 통합된 형태로 존재한다. 하느님께서 당신의 사랑으로 우리보다 먼저 창조하신 창조계와 그 안에 존재하는 만물이 그분의 살림 안에서 자연 생태를 구성하고, 하느님께 창조되어 그분의 집으로서 창조계-우주宇宙에 사는 우리가 인간 생태를 구성한다. 우리는 하느님의 우주적 살림 안에서 자연 생태와 함께, 자연 생태를 통해서, 자연 생태 안에서 살아가면서 인간 사이에서만이 아니라 모든 인간과 온 자연과 더불어 사회 생태를 형성해 왔다.[2] 이 세 생태가 하느님의 생태를 구성하면서 하느님의 원생태 안에서 서로 유기적으로 통합되어 있다. 그렇기 때문에 이 세 생태를 포용하는 개념으로서 생태(ecology)

---

1 『자비의 얼굴』4.
2 자연 생태, 인간 생태, 사회 생태에 대한 종합적 이해를 위해서는, 황종열,『한국 가톨릭 교회의 하느님의 집안살이』, 대구가톨릭대학교 출판부, 2015, 245-252 참조.

는 가톨릭 신학과 영성에서 하느님의 창조계(creation)를 가리키는, 곧 창조된 자연과 인간과 인간이 구성하는 사회 전체를 뜻하는 말로 쓰일 수 있다.³ 프란치스코 교황은 자연 만물과 인간이 모두 같은 아버지를 갖는⁴ 한 가족으로서⁵ 서로 형제 관계에 들어서 있으며⁶ 그러므로 서로 우주적 친교를 나눈다⁷고 말한다.

하느님의 자비에 관해서 간략히 진술하자면, 자비(misericordia)는 "불쌍히 여기는 마음"을 뜻하는데, 이것은 "사랑"에서 솟아난다. 그러므로 그분의 자비는 그분 사랑의 다른 이름이라고 할 수 있다. 하느님의 사랑으로서 자비는 그분의 창조와 구원으로 표출되는데, 프란치스코 교황은 이 두 자비태를 실현하시는 예수 그리스도를 하느님의 자비를 계시하시는 "자비의 얼굴"이라고 일컫는다.⁸

자비는 한문으로 慈悲다. 慈는 사랑하여 기르는 것이고 悲는 아파하여 품는 것이다. 하느님의 창조는 자慈의 일로서 비悲를 품고 있고, 그분의 구원은 비悲의 일로서 자慈에서 비롯된다고 단순화해서 말할 수 있다. "하늘도 무심無心하시지" 하면서 사람들이 고통 속에서 탄식할 때, 이들은 하느님이 유심有心하시다는 것을 알고 있다. 이들이 터뜨리는 탄식과 호소에 대한 하느님의 응답. 그것이 하느님의 慈이고 悲인데, 인간의 모

---

3 'ecology' 개념은 생태물들이 존재하는 장으로서의 '생태장'과 '생태장에 존재하는 존재체들'과, 이 둘에 대한 성찰로서의 '생태학' 혹은 '생태론'을 가리키는 말로 쓰일 수 있다. 'ecology'(생태) 개념의 쓰임에 관해서는『한국 가톨릭교회의 하느님의 집안살이』, 12 참조.
4 『찬미받으소서』77, 96.
5 『찬미받으소서』89.
6 『찬미받으소서』11, 70, 92, 221, 228.
7 『찬미받으소서』92, 220.
8 『자비의 얼굴』1.

든 慈와 悲는 하느님의 이 자와 비에서 비롯한다. 히브리 백성이 이집트에서 종살이할 때, 하느님께서 이들의 울부짖음을 들으시고 이들과 함께 아파하시며(悲) 이들에게 당신의 사랑을 베풀어(慈) 종살이에서 해방시켜 주신다.[9] 이것이 역사 속에서 하느님이 살아가시는 자비의 한 실태이다.

창조 이후 하느님의 자비는 구체적인 삶의 자리에서 당신 백성이 당신이 바라시는 생명의 축복을 생명의 축복으로 누리며 살게 하는 방식으로 작용한다. 그분의 자비는 그분의 존재들에게 안녕(salus-salvation)과 해방(liberation)을 가져다준다. 그러므로 우리의 자비는 우리가 바라는 안녕과 해방, 자유와 형제애, 하느님의 한집안으로서 누리는 친교와 공명을 하느님이 우리와 함께 살도록 하신 자연과 인간과 사회의 그 모든 존재들에게 매개하는 것을 의미한다.

이런 이해 위에서 우리의 산하에 대한 생태적 식별과 동반에 관하여 보자면, 하느님은 당신의 자비로 있게 하시는 우리 아닌 것들, 자연과 인간과 사회 생태를 통해서 우리를 살게 하신다. 그분의 자비는 그분의 생태를 통해서 우리에게 매개되는 것인데, 이런 맥락에서 하느님의 생태 없이 그분의 자비는 없다고 말할 수 있다. 단적으로 우리의 산하는 우리보다 먼저 하느님의 자비로 창조되어 우리에 앞서 존재하면서 우리를 있게 한다. 그것은 우리의 소유가 아니다. 우리가 알든 모르든 인정하든 않든 그것은 우리가 만든 것이 아니라 만들어져서 우리에게 전해졌고 전해지고 있으며 주어졌고 주어지고 있다. 우리의 산하는 사람들이 알든 모르든 인정하든 인정하지 않든 우리보다 먼저 있어 오면서 뒤에 존재하게

---

[9] 하느님의 들으심이 탈출 2,23-25에 전해지고 그분의 건져 내심이 탈출 3장부터 전개된다.

된 우리에게 존재의 바닥이 되어 주고 있다. 그러므로 우리는 존재하는 전 과정에서 우리의 이 산하에 존재의 은혜를 입고 있다. 프란치스코 교황은 이것을 "생태적 은혜"라는 말로 이해할 수 있게 하는데, 이것은 우리에게서 "생태적 감사"를 온 존재로 체험하게 한다.[10]

구체적으로, 흙, 물, 빛, 공기는 사람이 사람으로 사는 데 필수적으로 요청되는 것들이다. 이것은 우리가 만든 것이 아니다. 이것들은 하느님이 있게 하신 기본 것들이다. 이 자연 생태를 통해서 그분이 베푸시는 자비 없이 어떤 존재도, 어떤 사람도 있을 수 없다. 그분이 자연을 통해서 무상으로 베푸시는 자비 없이 어떤 사회도 존재할 수 없다. 그분의 땅과 햇빛과 비와 바람 없이 어떤 문명도 어떤 문화도 어떤 생산물도 존재할 수 없다. 하느님의 자비, 이것이 온 우주, 온 만물, 온 존재, 온 생명, 온 가족, 온 이웃, 온 친구의 존재 원천이다.

그런데 우리 인간은 하느님께 받은 땅을 독점하고 빛에서 얻은 불을 무기화하여 남용하고 오용하며 물과 공기를 오염시키면서 땅에서 나는 것들을 부의 수단으로 전도시킬 수 있는 지구상의 유일 존재다. 우리 가운데는 땅을 독차지하면서 땅을 도구화한 화학 농법으로 땅을 황폐화시키고 먹거리를 오염시키는 이들이 존재한다. 또한 오폐수로 물을 오염시키고 공기를 탁하게 만들면서 부를 축적해 가고 권력을 행사하며, 하느님의 살림을 거스르는 이런 행위들로 다른 존재들을 고통스럽게 만드는 사람들이 있다. 그리하여 땅은 신음하며 생명의 자리가 되지 못하고, 물은 탁해져서 하늘을 비춰 주지 못하고, 이 물을 정화하지 않으면 사람들에게 생명이 아니라 죽음을 겪게 만들기도 한다. 이제는 정수해서, 곧 "물

---

10 『찬미받으소서』 234.

을 빨아서" 물을 마시고 음식을 만들고 몸을 씻기에 이르렀다. 공기는 사람들이 문명을 통해 만들어 내는 먼지로 오염되어서 특히 대도시인들의 경우 숨 쉬는 것이 점점 더 어려워지는 것을 체험하는 중이다.

좀 더 구체적으로 우리의 산하가 겪는 아픔을 일별하자면, 우리에게 존재의 바닥이 되어 주는 우리의 산하는 모두 다 하나로 이어져 있다. 새가 국경 없이 날아다니고 물고기가 경계 없이 헤엄쳐 다니며 바람과 황사가 국경 넘어 불어 다니고 방사능이 바다로 하늘로 국경 없이 떠돌며 온 지구촌에 영향을 미치고 있다. 한국과 중국과 일본이, 사람들이 만들어 놓은 국경이 다르고 그 나라에 사는 사람들의 국적은 달라도, 이 나라들을 떠받치고 있고 이 나라들에 사는 사람들의 존재를 가능하게 하는 자연 생태는 바닥에서 서로 다 이어져 있기 때문이다. 생태적 자비는 이 이어져 있는 것을 이어져 있는 것으로 보고 알고 사는 데서 시작된다.

2009년부터 시작하여 2016년에 끝난 강정 해군기지 공사를 하면서 이 지역 해안가에 형성되어 있던 '구럼비' 바위를 파괴하였다. 이 구럼비는 제주의 것인 데서 그치지 않는다. 그것은 바다 밑 바닥을 통해서 내가 사는 원주와 이어져 있고, 서울, 대구, 대전, 광주와 다 이어져 있다. 해군기지는 그러니까 제주에, 강정에 세워지는 것이 아니라, 우리나라에, 우리 동아시아에, 우리 지구에, 우리 가운데 세워지는 것이다. 생태는 추상이 아니라 실재이고, 프란치스코 교황의 표현을 빌려서 말하자면, 투표라고 하는 시민적, 정치적, 사회적 행위[11]와 맞물려 있다. 강정 주민들은 이 사건을 겪으면서 비로소 자신들의 존재를 통해서 생태적 인식의 폭이 정치력이었다는 것과 생태적 무자비가 생태를 존재의 바닥으로 살아가

---

11 『찬미받으소서』 231.

는 사람들에게 고통을 안겨 준다는 것을 더욱 선명히 알게 되었다고 말한다.

　마찬가지로 밀양 송전탑이나 울진에 세워져 있고 삼척에 세우려는 핵발전소도 밀양이나 울진이나 삼척에 세워지는 것이 아니다. 그것은 우리나라, 우리 지구에, 우리의 몸들 가운데 세워지는 것이다. 전국의 핵발전소와 송전탑들은 자본의 집중과 햇빛의 생태력과 연결되어 있다. 밀양에 송전탑을 세우는 공사는 2014년 11월에 끝났는데, 이 사업에 앞장선 사람들은 햇빛의 살림, 햇빛의 자비, 햇빛의 공유의 영성을 등지기 쉽다. 생태 규모가 작고 생태 인식이 좁으면, 햇빛 에너지의 역동성은 물론, 예컨대, 밀양의 산과 밀양 주민과 밀양 산하 생명들이 덜 보인다. 그러면 그럴수록 생태적 자비는 덜 작용하게 된다. 2013년 여름 밀양을 찾아갔을 때 밀양 노인들이 들려주었다, 송전탑을 세워야 한다고 말하는 사람들을 투표로 지지했었다고, 그런데 송전탑 사건을 겪으면서 알게 되었다고, 자연에 무감한 혹은 덜 깨어 있는 사람들을 지지하여 스스로 화를 불러들였던 것이라고. 이들은 생태적 감수성이 정치력이었다는 것을 알게 된 것이다. 생태적 자비를 모르는, 오히려 생태적 무자비가 몸에 밴 사람들을 자신들의 대변자로, 혹은 정치 지도자로 선택한다는 것은 자신들을 고통스럽게 할 존재를 스스로 일으켜 세우는 일임을 깨달았던 것이다.

　이제 태양 아래에서 경제 비전은 더욱 통합 생태적으로 재구조화되어야 한다. 지금까지는 일정하게 많이 생산하는 것을 기준으로 경제력을 말해 왔다. 하지만 이제는 적어도 생산하는 만큼 보존하는, 생산량과 지속량, 수확량과 보존량의 균형을 이루는 경제가 좋은 경제로 평가되어야 한다. 그래야 생태적 자비가 우리 세대, 우리 가운데 부자들과 가난한 사람들 모두에게는 물론 부자와 가난한 자의 경계 없이 태어나서 이 땅에서 살아갈 우리 자손 대까지 보다 더 하느님의 살림에 맞게 작용하게 될 것이다.

이 균형 발전(balancing development)을 기준으로 삼는다면, 누가 모범이고 누가 불량인가? 생태적 자비가 통합된 이 척도로 보면, 문명이라는 이름의 반문명들이 드러나게 된다. 미국 시민들은 현재 지구가 다섯 개 있어야 유지될 수 있는 방식으로 살고, 유럽은 세 개, 우리나라는 두 개 있어야 될 정도로 과도하게 소비하면서 살고 있다. 지구에게 받으면서 지구에서 받은 그 힘으로 지구를 쥐어짜기만 하는 지구 주민들이 누구인가를 더 냉철하고 철저하게 질문할 수 있어야 할 것이다.[12]

마찬가지로 2015년 8월 28일에 국립공원위원회와 환경부가 설악산에 설치하도록 승인한 케이블카는 단순히 강원도 설악산에 세워지는 것이 아니다. 그것은 우리의 공동의 집 지구에, 우리나라에, 우리나라 허파인 태백산맥 핵심부에 세워지는 것이다. 골프장이 특히 많이 세워지는 곳도 강원도인데, 이것들 역시 단순히 강원도가 아니라 우리나라의 생명의 보고에 농약으로 지탱되는 잔디밭으로 뒤덮인 '푸른 사막'들을 만들어 가는 것이다. 자연 생태 가치를 제대로 돌보지 못하는 형태로 건설되는 도로 역시 강원도를 비롯해서 전국의 자연 생태에 치명적인 영향을 미쳐 왔다. 문명을 등진 형태로 생태 가치를 추구하는 것은 하느님의 살림과 부합하지 않는다. 그러나 환경영향평가를 무력화시키는 방식으로 도로와 시설을 건설하고 설악산에 케이블카를 설치하고 강원도를 비롯해서 전국에 골프장을 짓는 사업을 주도하는 사람들이 있다. 이들은 자신들의 사업 마인드에 따라 자연을 대상화하고 도구화하여 이윤 추구를

---

12 http://www.pressian.com/news/article.html?no=25517 (최종 검색일: 2016년 4월 14일).

관철해 가려 한다.

산이 죽으면 물이 죽고 물이 죽으면 생물이 죽고 생물이 죽으면 동물이 죽는다. 한 스님은 산은 산이요 물은 물이라 했는데, 산이 물이고 물이 산이다. 우리나라 생태계에서 생물 다양성이 빈약해져 가는 이유 가운데 하나는 이들의 이 같은 개발로 전국의 산과 들과 물들이 계속해서 작게 쪼개져서 파편화되는 데 있다. 작은 규모의 자연 생태들 여럿을 합쳐 놓는다고 해서 큰 규모의 자연 생태가 되지 않는다. 인위적으로 쪼개져 있는 생태 지역들을 인위적으로 합쳐 놓는다고 해서 통으로 이어져 있는 큰 규모의 자연 생태가 낳는 생명의 규모를 만들어 낼 수 있는 것이 아니다. 산과 들과 물의 규모가 작아지면, 그 안에 살 수 있는 생명체들의 규모와 폭이 같이 작아진다. 큰 규모에서 살 수 있는 생명들이 멸종하고 큰 규모를 필요로 하는 순환 과정에서 생성되는 생명들이 적응하지 못하고 스러져 가기 때문이다. 그렇게 되면, 그 쪼개진 생태 지역에서 사는 존재들의 사고의 규모와 존재의 규모는 생태적 시간의 흐름 속에서 그만큼 왜소해지게 될 것이다.

'경제'와 '생태'로 번역되는 서구어는 각각 'economy'와 'ecology'이다. 이 두 말은 모두 의미를 규정하는 핵심어로 'eco'를 갖고 있는데, 이것은 '집' 혹은 '거처'를 뜻하는 그리스어 'oikos'에서 왔다. 그러므로 이 두 말은 각각 집(eco)을 살리는 규범(nomos)과 집(eco)에 관한 이야기(logos)를 뜻하고, 이 두 말로 지칭되는 존재 영역과 활동은 '집'과 '집을 구성하는 구성체들'을 중심으로 하나로 통합되어 있다. 그렇다고 해서 서구인들이 이 두 영역을 자동적으로 통합해서 살 수 있는 것은 아니다. 하지만 이들의 경우 이것을 분리시켜서 사고하고 행동할 가능성이 상대적으로 적을 수 있다. 이에 비해서 우리 사회에서는 이 두 존재 영역을 통합시키지 못한 채 경제를 생태와 대립시키거나 대비시켜 가면서 개발을 시도하는 사례들을 자주 볼 수 있다. 이런 사람들은 자신들의 국토 파편화로 생명체들의 다양성이 약화되고 그 결과 동물이 죽으면 사람이 외로워진다는 것, 아니, 동물이나 생물과 함께 사람들도, 특히 약하고 가난한 사람들이 더 먼저 생존의 위협에 직면하게 된다는 것에 둔감하거나 이를 외면하고는 한다.

자연 생태를 인식하고 대하는 태도는 구체적인 행태로 나타난다. 그러므로 그것은 언제나 구체적인 결과를 발생시킨다. 이와 관련하여 '4대강 살리기 사업'을 예로 보자면, 2008년 12월에 낙동강 구간부터 시작하여 2012년 4월에 4대강변 자전거 도로 공사까지 공식적으로 고지된 것만 22조 원이 넘는 예산을 투입하여 한강, 낙동강, 금강, 영산강에 '보'라고 이름 붙여진 댐을 건설하는 사업을 수행했다. 한강에는 이포보, 여주보, 강천보가, 낙동강에는 함안창녕보, 창녕합천보, 달성보, 강정고령보, 칠곡보, 구미보, 낙단보, 상주보가 세워졌다. 금강에는 백제보, 공주보, 세종보, 영산강에는 죽산보, 승촌보가 세워져서, 모두 열여섯 개의 댐이 만들어졌다.

이명박 전 대통령 시기에 우리 정부는 2009년 7월에 낙동강, 영산강, 금강, 한강을 개발하기 위한 마스터플랜을 발표하였다. 이 사업의 핵심 목표는 "4대강 준설을 통하여 5.7억m^3의 모래를 파내어 수심을 일정하게 유지하며 제방을 쌓고 열여섯 개 이상의 보를 설치하여 물을 저장함으로써 물 13억m^3를 확보"한다는 것이었다. 이를 통해서 "수량 증대로 물 부족과 가뭄 대비, 수질 개선, 보 건설을 통한 홍수 조절 기능을 강화"하겠다고 하였다. 이와 더불어 "4대강 사업과 4대강 유역 개발을 통한 생태 복원과 일자리 창출, 지역 경제 활성화, 국가 경쟁력 제고, 기후변화

대비"를 목표로 제시하였다.¹³

하지만 이 사업 이후, 아래에서 볼 수 있는 것처럼, 수질이 개선되지 않았다. 일자리도 대규모 건설회사들의 설비 중심 사업으로 나타났고, 그 결과 지역 경제 활성화를 이루지도 못하였다. 물 부족과 가뭄을 대비하는 기능도 홍수 조절 기능도 모두 제한적으로 나타나서 실효성이 낮거나 악화되었다. 기후변화에 대비하는 효과라고 할 수 있는 것이 무엇인지도 확실하게 검증된 것이 없었다.¹⁴ 한국환경정책평가연구원은 4대강 살리기 사업 사후환경영향조사 연구팀이 이 사업 이후 생태가 어떻게 변화하였는가를 연구한 결과를 출간하였다.¹⁵ 이 연구에 기초하여 가장 많은 댐을 건설한 낙동강에서 이 사업 이후 나타난 영향을 보자면, 사업 전에 낙동강은 "BOD(생화학적 산소 요구량) 기준으로는 상류의 경우 '매우 좋음'(BOD 1mg/L 이하) 상태"였다. "환경부 자동수질측정망 자료에 따르면 낙동강 살리기 사업 이전 10년간의 낙동강 중·상류 지역은 BOD 기준 Ia-II 등급을 나타내고 있으나, 대부분의 구간은 Ia-Ib 등급을 유지하였던 것으로 확인되었다." 그러다가 강 중류로 흘러내려오면서 도시화와 산업화가 이루어져 온 구미와 대구 지역을 지나면서 금호강이 합류하는 지점에 이르러서는 "BOD기준 II-III 등급의 수질로 급격하게" 나빠지고 있었다. 이런 상황에서 낙동강에 8개의 보를 세운 이후 강의 수질이 특히 상류에서는 나빠지고 중·하류의 경우 사업 전이나 후나 개선되는 현상이 없었고 오히려 부유 물질을 기준으로 볼 때 심각할 정도로 수질이 나빠

---

13 국토해양부, 4대강 살리기 마스터플랜(2009. 7.).
14 http://www.ohmynews.com/NWS_Web/View/at_pg.aspx?CNTN_CD = A0002068928 (최종 검색일: 2016년 4월 12일).
15 전동준, 김지영, 김태형, 은정에 의해서 수행된 이 연구는 "4대강 살리기 사업 사후환경영향조사 분석-평가 및 개선 방안 연구"라는 제목으로 발표되었다.

진 것으로 조사되었다.[16]

　연구자들은 낙동강에 여덟 개의 보라는 이름의 댐이 세워진 것과 2012년부터 낙동강 본류만이 아니라 강 주변 하천들에서도 발생하기 시작한 녹조 현상이 상관되어 있다는 것을 주목하였다. "낙동강 살리기 사업뿐만 아니라 4대강 살리기 사업 이후 … 빈번한 녹조 발생이 2012년에 이어 2013년에도 지속적으로 이어지고 있으며, 특히 녹조 발생 지점이 보가 설치된 지점에 집중되고 있어 수질 관리, 보 해체 논란 등이 제기되고 있다"는 것이다.[17]

　낙동강에 처음으로 녹조가 발생하였을 때, 환경부는 이 사업 때문이 아니라 여름철 고온에 따라 자연적으로 발생한 것이라 설명하였다.[18] 환경부는 조류 예보를 위한 척도로 활용되었던 클로로필-a(chl-a) 농도를 기준으로 "연중 하계에 급등하는 주기적 증가 현상을 보"여 온 우리나라 상황을 거론하면서 낙동강에 댐을 세운 공사와 조류 발생의 상관성을 부

16　같은 보고서, 115-118.
하천수 수질 환경 기준:
(국가수자원관리종합정보시스템에서 2016년 4월 10일 검색)

등급	기준								
	수소이온농도 (pH)	생물화학적 산소요구량 (BOD,mg/l)	화학적 산소요구량 (COD,mg/l)	총유기탄소량 (TOC,mg/l)	부유물질량 (SS,mg/l)	용존산소량 (DO,mg/l)	총 인 (T-P,mg/l)	대장균군수 (MPN/100ml)	
								총대장균군	분원성 대장균군
매우좋음(Ia)	6.5-8.5	1 이하	2 이하	2 이하	25 이하	7.5 이상	0.02 이하	50 이하	10 이하
좋음(Ib)	6.5-8.5	2 이하	4 이하	3 이하	25 이하	5.0 이상	0.04 이하	500 이하	100 이하
약간좋음(II)	6.5-8.5	3 이하	5 이하	4 이하	25 이하	5.0 이상	0.1 이하	1000 이하	200 이하
보통(III)	6.5-8.5	5 이하	7 이하	5 이하	25 이하	5.0 이상	0.2 이하	5000 이하	1000 이하
약간나쁨(IV)	6.5-8.5	8 이하	9 이하	6 이하	100 이하	2.0 이상	0.3 이하		
나쁨(V)	6.5-8.5	10 이하	11 이하	8 이하	쓰레기 등이 떠 있지 아니할 것	2.0 이상	0.5 이하		
매우나쁨(VI)		10 초과	11 초과	8 초과		2.0 미만	0.5 초과		

17　같은 보고서, 118-119.
18　녹조 발생 원인에 관해서는 박창근, "녹조로 뒤덮인 4대강과 조류 경보제 개선 방안" (2015년 8월 17일) 참조: www.pressian.com/news/article.html?no=128753 (최종 검색일: 2016년 4월 10일).

인하였다. 하지만 4대강 살리기 사업 사후환경영향조사 연구팀은 여름철만이 아니라 2012년부터 지속적으로 "클로로필-a 농도의 주기적 증가 현상"을 확인하면서 이렇게 진술한다. "4대강 살리기 사업 이후 급격하게 늘어나고 있는 녹조 발생의 원인과 정도에 대해서 클로로필-a 농도만으로 녹조 발생을 부정하는 것은 바람직하지 않으며, 보다 심도 있는 원인 분석과 더불어 대책을 수립하는 것이 필요하다."[19] 실제로 녹조는 2014년과 2015년에도 점점 더 악화되는 형태로 발생하였다.[20] 2015년 11월 하순부터 겨울철까지 창녕함안보와 합천창녕보 지역에 발생한 녹조 현상과 관련하여 낙동강유역환경청이 '조류주의보'와 수질 '관심' 단계를 고지한 적이 있다. 「경남도민일보」는 이를 계기로 2016년 1월 4일자 신문에서 "낙동강 녹조 이젠 일 년 내내 지속"이라는 제목으로 낙동강 녹조 현상을 다루었다. "2014년 겨울에는 그렇지 않았지만 2015년 겨울에는 녹조 현상이 발생해 심각해지고 있"고, 창녕함안보 지역의 경우 이 사업 이후 "2013년 98일, 2014년 143일, 2015년 150일로 2013년 낙동강에 첫 조류 경보제가 시행된 이후 매년 발령일 수가 늘어나고 있다".[21] 관동가톨릭대학교 박창근 교수는 "남조류에는 마이크로시스틴이라는 독성 물질이 포함되어 있는데 독성 물질을 포함한 오염된 물을 먹은 물고기, 새, 포유류 등이 죽는 사례까지 있다"고 하였다. 그는 미국 톨레도 시가 2014년에 "마이크로시스틴으로 오염된 이리 호의 원수를 식수로

19　"4대강 살리기 사업 사후환경영향조사 분석-평가 및 개선 방안 연구", 118-119.

20　「허핑턴포스트」가 대구환경운동연합이 제시한 자료를 인용하여 2014년 5월 30일 자로 "낙동강 3년 연속 녹조 발생" 기사를 실었다: http://www.huffingtonpost.kr/2014/05/30/story_n_5415103.html (최종 검색일: 2016년 4월 10일).

21　http://www.idomin.com/?mod=news&act=articleView&idxno=497978 (최종 검색일: 2016년 4월 10일).

사용하지 못하도록" 한 사례를 소개하기도 하였다.22 이것은 녹조 현상이 수질 악화를 발생시키고 그 결과 강과 강 유역에서 사는 생물들에게 치명적인 영향을 미치는 것은 물론 사람들의 건강을 상하게 할 수도 있다는 것을 말한다.23

　　자연 생태에 변화가 발생하면, 자연 생태와 가까운 존재 상태에 있는 식물과 동물들이 사람보다 먼저 영향을 받는다. 4대강 살리기 사업 사후환경영향조사 연구팀은 낙동강 사업 이후 겨울 철새가 이 지역에 오는 상황이 사업 이전 시기인 2006년부터 2008년까지와 사업 이후 시기인 2010년부터 2012년까지 사이에서 어떻게 달라졌는가를 추적하였다. 그 가운데 구미해평 지역을 찾는 새들의 변화를 보자면, "사업 실시 이전인 2006년부터 2008년까지 총 59종 42,400개체가 출현하였"다. 해별로는 "2006년 48종 21,512개체에서 2007년 39종 7,015개체, 2008년 44종 13,873개체"가 왔다. 이에 비해서 "사업 실시 이후인 2010년에는 31종 5,017개체, 2011년 39종 6,564개체, 그리고 2012년 38종 3,980개체로" 사업 이후 "총 58종 15,561개체로 감소하였다". 낙동강 유역에 형성되어 온 철새 도래지로는 구미해평 외에도 낙동강과 금호강이 만나는 대구 화원과 금호강 유역 그리고 낙동강 하류 지역이 있는데, 이 가운데 낙동강 하류 지역을 제외하고는 모든 지역에서 새의 종류와 평균 개체 수가 감소한 것으로 조사되었다.24

　　낙동강 하류 지역에서는 오히려 조류 개체 수가 사업 전보다 늘어난

22　www.pressian.com/news/article.html?no=128953 (최종 검색일: 2016년 4월 10일).
23　환경부가 준비한 녹조 대응 방안에 관해서는 "2014년 조류(녹조) 발생과 대응 년차 보고서" (2015년 2월): http://webbook.me.go.kr/DLi-File/091/020/003/5586476.pdf (최종 검색일: 2016년 4월 10일) 참조.
24　"4대강 살리기 사업 사후환경영향조사 분석-평가 및 개선 방안 연구", 124.

것으로 나타났다. 연구팀에 의하면, "2006년 61종 25,056개체에서 2007년 66종 16,992개체, 2008년 66종 12,061개체로 조사되었"다. 그런데 사업 이후 "2010년에는 93종 21,612개체로 크게 증가하였으며, 2011년 64종 19,350개체, 2012년 59종 14,916개체"로 낙동강 다른 대상 지역에 비해 오히려 개체 수가 증가하였다. 이러한 변화는 "대체적으로 흰죽지와 청둥오리의 증감에 의한 것이라 할 수 있으며, 이 외에 흰뺨검둥오리, 붉은부리갈매기, 넓적부리, 큰기러기, 쇠오리, 홍머리오리 등에 의한 것으로",[25] 개체 수는 늘어난 데 비해서 종 수는 약간 줄어든 것으로 나타난다.[26]

이 연구팀은 어류에서 나타난 변화도 추적하였다. "보 설치 구간의 경우 2008년과 2012년의 출현 종 수는 18공구의 경우 6종에서 5종으로 감소, 20공구 6종에서 7종으로 증가, 22공구 8종에서 6종으로 감소, 23공구 3종에서 6종으로 증가, 24공구 4종으로 동일, 30공구 8종으로 동일, 32공구 6종에서 4종으로 감소 등의 변동을 나타내었다."[27] 위의 진술에서 볼 수 있는 것처럼 이들은 "각 공구별 출현 종 수에 있어서 변화가 보이기는 하나", 위의 구간들에서 나타난 "단순한 종 수 변화로는 사업 시행으로 인한 영향 정도를 정확하게 파악하기는 어렵다"고 보았다. 그런 가운데 하천 생태 유량 산정에 활용되는 종들로서 "피라미의 경우 수

---

25 같은 보고서, 121.
26 2014~2015년 겨울철 조류 동시 센서스에 의하면, "낙동강 하류 지역에서 12월에 관찰된 종 수는 53종, 개체 수는 19,442개체였고, 1월에 관찰된 종 수는 58종, 개체 수는 17,160개체였다": http://webbook.me.go.kr/DLi-File/099/009/5592641.pdf 157쪽 (최종검색일: 2016년 4월 10일).
27 "4대강 살리기 사업 사후환경영향조사 분석-평가 및 개선 방안 연구", 125-126. 18공구는 함안보, 20공구는 합천보, 22공구는 달성보, 23공구는 강정보, 24공구는 칠곡보, 30공구는 구미보, 32공구는 낙단보, 33공구는 상주보.

심이 낮고 유속이 상대적으로 빠른 서식 환경을 선호하는 종으로 합천보 구간인 20공구에서만 종 수가 증가된 것을 제외하고는 대부분의 공구에서 출현 개체 수가 크게 줄어든 상태"임을 확인하였다. "본류 구간에서 수심이 깊고 유속이 느린 서식 환경을 선호하는 끄리의 경우 출현 개체 수가 대부분의 공구에서 대체로 증가하는 양상을 나타내고 있다." 이들은 이런 현상이 보라고 이름 붙여진 댐이 설치된 이후 강의 수심이 깊어지고 유속이 느려지며 물리적 서식 환경이 단순화된 환경 변화를 반영하는 것으로 판단된다고 보았다.[28]

낙동강 사업으로 가장 크게 변화를 보인 자연 생태 가운데 하나가 습지라고 할 수 있다. 연구팀은 국립습지센터의 습지 지리 정보에 근거하여 낙동강 유역 전체에는 총 73개의 습지가 형성되어 있고, 이 가운데 낙동강 살리기 사업 1-40공구에 34개의 습지가 있는 것을 확인하였다.[29] 이 사업이 실시되기 이전 2006년도를 기준으로 낙동강 살리기 사업 1-40공구 내 위치하고 있는 하천변 습지 면적은 약 75,208,500m^2였다. 사업이 대부분 마무리된 2012년에는 이것이 약 41,536,800m^2로 줄어든 것으로 나타났다.[30] "특히 보가 설치된 상주보, 구미보, 합천보, 함안보 등 보 주변은 보 설치, 하도 준설, 확폭, 수변 환경 정비 등의 공사로 인해 하천변 습지를 포함한 하천 지형의 변화가 크게 나타"났다. 이것은 철새가 찾는 생명의 자리로 기능해 온 낙동강 본류와 그 주변 습지가 급격히 훼손되었다는 것을 말한다.

연구팀은 "하천 생태계의 건강성과 생물 다양성 측면에서도 보전이

---

28 "4대강 살리기 사업 사후환경영향조사 분석-평가 및 개선 방안 연구", 126-127.
29 낙동강 습지 목록은 같은 보고서, 280-283에서 볼 수 있다.
30 같은 보고서, 139.

필요한 자연 자산"인 습지의 감소가 "연쇄적인 부정적 반응을 통해 하천 생태계 전반에 큰 영향을 미친다"는 점을 주목하였다. 이에 이들은 "낙동강 살리기 사업 계획 내 습지 복원 사업에 대한 성과 분석과 더불어 기존 습지에 대한 보전 대책"을 마련할 것을 요청한다.[31] 연구팀은 4대강 사업이 미친 영향을 분석하면서 결론적으로 "사업의 내용과 결과의 중요성"에 비추어 전담 기구 또는 부서를 새로 구성하여 4대강 살리기 사업의 성과를 모니터링하고 평가하여 장기적으로 이 땅의 강 생태를 동반할 것을 제안하고 있다.[32] 습지 보전 대책에 관한 위의 요청 역시 이러한 맥락에서 이해할 수 있을 것이다.

그러면 우리는 이 산하를 하느님의 자비와 살림에 근거해서 어떻게 동반할 수 있는가?

생태적 동반

시민적 접근

여기 한 나무의 나이테를 보여 주는 사진이 있다. 나이테를 보면 이 나무가 어떤 방향으로 자리 잡고 있었는지, 어떤 지대에서 자랐는지, 어떻게 자랐는지, 앞으로 기후와 삶의 자리에 어떤 변화가 있을지 등을 짐작할 수 있다. 어떤 삶의 상태도 그냥 지나가지 않는다. 모든 삶의 조건은 반드시 영향을 미치고 흔적을 남긴다. 나이테는 피상이 아니라 실재다.

산업화 이후 문명은 지구 현상이다. 산업화를 바탕으로 하는 모든 문

---

31 같은 보고서, 140.
32 같은 보고서, 219.

명은 CO_2(이산화탄소)로 물들어 있다. CO_2로부터 독립된 산업 문명은 없다. 현대 한국의 문명, 한국의 산업 역시 CO_2로 물들어 있다. 땅 오염, 물 오염, 강과 바다 오염, 공기 오염, 에너지 오염은 우리나라 금수강산을 이산화탄소로 물들이고 있다는 것을 뜻한다. 우리가 생활하고 산업화하면서 발생시키는 모든 CO_2는 나이테처럼 우리의 산하에 쌓이고 농축되어서, 우리의 땅으로, 우리의 물로, 우리의 공기로, 우리의 몸으로 되돌아와서 우리의 존재에 작용하고 있다.

그러므로 이제는, 앞에서도 언급한 것처럼, 국가 단위의 생산량을 가지고 나라의 융성을 이야기하는 것만으로는 부족하다. 하느님의 자비의 살림을 기준으로 생산량과 함께 보존량을 통합해 들이고, 소득의 높고 낮음과 함께 소비의 높고 낮음을 통합해 들이며, 지구 단위의 삶과 생명의 질에 참여하는 정도를 척도로 삼아서 국가의 성숙을 말할 수 있어야 한다. 생산과 소득, 보존과 소비의 건강과 불건강을 함께 돌보는 새로운 경제, 새로운 통합 생태 경제, 새로운 지구 경제, 새로운 하느님 경제에 눈떠야 한다고 믿는다.

하느님의 자비로 창조된 자연 생태를 파괴하는 것은 사변의 대상이 아니고 실재이며, 모든 자연 생태의 파괴는 인간 생태와 사회 생태의 파괴를 동시에 발생시킨다. 하느님의 자비를 거부하고 막는 존재들은 자연 생태를 파괴하면서 이것을 경제 발전으로 알게 만들려고 한다. 하지만 자연 생태를 파괴하는 모든 집단은 사회 생태 구조 안에서 하느님의 살림과 그 살림 안에 들어서 있는 인간과 인간, 인간과 다른 존재들 사이의 관계를 왜곡하고 신음하게 한다.[33]

여기에서 생태적 자비를 사는 길이 개인적 선업으로 충분히 실현될 수 있는 것이 아니라는 사실이 분명하게 드러난다. 선하게 살라고 요구하면서 선한 존재들이 그렇게 하려고 노력하는 동안 악을 행하는 존재들, 다른 존재들의 숨을 힘들게 만들고 신음하게 하고 억울하게 하며 슬프게 하고 고통스럽게 하는 존재들이 있다. 이는 인간에 대한 불신을 말하는 것이 아니라 인간이 행할 수 있는 악의 실재에 대해서 말하는 것이다. 악은 악의 연대를 추구한다. 이들은 조직을 이루어 악을 가중시킨다. 그러나 악의 연대와 선의 연대는 이유가 다르다. 악을 수행하는 존재들의 연대는 사적 이익을 위한 것이고, 선을 지향하는 존재들의 연대는 더불어 살기 위한 것이다. 그렇기 때문에 선을 지향하는 존재들은 악을 행하는 존재들이 자신들의 사적 이익을 위해서 행동하는 그 지점에 이르도록 그들의 연대의 목적이 드러나게 할 줄 아는 집단 지성(collective intelligence)과 사회 지성(social intelligence)을 갖추는 것이 필요하다. 그리하여 이런 집단 지성과 사회 지성을 기초로 "시민적 사랑"(civic love)과 "정

---

[33] 『찬미받으소서』 특히, 48-50.

치적 사랑"(politial love)³⁴을 성숙하게 실천하는 복음적 역량이 필요하다.

하느님의 살림과 하느님의 자비는 존재 현상을 개인화해서 파편화하지 않는다. 그분의 살림 안에서 발전은 필연적으로 통합 발전(integral development)으로 나타난다. 모든 생태를 아우르는 그분의 살림은 통합적이기 때문이다. 이런 맥락에서 하느님의 살림에 부합한 통합 발전은 이중의 구조를 갖고 있다고 말할 수 있다. 그 첫째 구조는 세 생태 사이의, 곧 자연 생태와 인간 생태와 사회 생태의 통합을 지향하는 발전을 말한다. 다른 한 구조는 사회 생태의 구조와 연계되는데, 사회 생태는 자연 생태를 토대로 인간의 지성과 노동의 연대를 통해서 이루어 가는 문명과 문화의 산물로서, 크게 경제, 정치, 언론, 학문과 예술, 그리고 종교 영역으로 나누어 접근할 수 있다. 통합 발전은 하느님의 살림을 준거로 하느님의 살림을 지향하여 이 영역들이 함께 연대하는 가운데 비로소 건강하게 이루어져 간다.³⁵

시민으로서 이것을 가능하게 할 수 있는 한 결정적 원천이 프란치스코 교황이 『찬미받으소서』에서 진술한 "사회적 사랑"으로서의 "시민적 사랑"과 "정치적 사랑"이다. 발전을 한다면서 통합을 소홀히 한다면, 다스림과 지배에서 자비가 빠진 것과 같이 그 발전은 필연적으로 파괴로 귀결된다. 이를 막기 위해서, 곧 하느님의 살림에 부합한 복음적 통합 발

---

34 『찬미받으소서』 228-232. 프란치스코 교황은 이 회칙에서 "사회적 사랑"(social love)으로서의 "시민적 사랑"과 "정치적 사랑"을 제시하면서 이렇게 진술한다. "이 사회적 역동성 안에서 다른 이들과 함께 참여하라는 하느님의 부르심을 인식하는 사람은 그것이 자신의 영성에 속하는 것이고 사랑의 실천이며, 이를 통하여 자신이 성숙하고 거룩하게 된다는 것을 깨달아야 합니다": 『찬미받으소서』 231. 우리말 번역본에서는 "시민적 사랑"이 "사회적 사랑"으로 옮겨져 있다. 142항에서는 'amicicia civica' - 'civic friendship'이 "민간 우호"로 옮겨져서, 역시 시민적 차원이 충분히 전달되지 않고 있다.

35 『하느님의 집안살이』, 276-306 참조.

전을 이루기 위해서는 복음적 자비의 연대로서 공동선을 지향하는 시민적, 정치적 사랑의 연대를 삶의 관계 속에서 실현해 가는 역량이 필요하다. 통합적 발전은 낭만이 아니라 실재이기 때문이다.

시민적 통합 생태살이에 바탕해서, 그러면, 그리스도인으로서 자신의 신앙 가치에 근거해서 어떻게 자연 생태를 동반할 수 있는지 성찬과 세례를 중심으로 살펴보기로 한다.

성사적 접근

전례는 그리스도교 신앙 공동체의 공적인 사회 행위인데, 그리스도교 전통은 모든 성사에서 인간이 자연과 하나로 통합되어 있다는 것을 증거한다. 구체적으로 미사를 예로 보자면, 신앙 공동체는 말씀의 전례를 마치고 성찬의 전례로 넘어가면서 봉헌 예물을 준비한다. 이때 사제는 먼저 빵을 들고 "온 누리의 주 하느님, 찬미 받으소서. 주님의 너그러우신 은혜로 저희가 땅을 일구어 얻은 이 빵을 주님께 바치오니 생명의 양식이 되게 하소서" 하고 기도한다. 이어서 포도가 담긴 잔을 들고 "온 누리의 주 하느님, 찬미 받으소서. 주님의 너그러우신 은혜로 저희가 포도를 가꾸어 얻은 이 술을 주님께 바치오니 구원의 음료가 되게 하소서" 하고 기도한다. 빵과 포도주를 예물로 준비하는 기도를 할 때마다 신자들은 "하느님, 길이 찬미 받으소서" 하고 응답한다.

사제는 여기서 "저희가" "주님의 너그러우신 은혜로" "땅을 일구어" 빵을 얻고 "포도를 가꾸어" 포도주를 얻었다고 말한다. 사제는 이 제의 진술을 통해서 주님과 사람들과 자연, 땅과 밀과 포도, 그리고 이것들이 결실을 이루기까지 함께한 하늘과 땅과 만물의 모든 작용을 품어 안는다. 이것은 성찬이 단순히 사제와 신앙인들이 드리는 감사와 찬양인 데서 그치는 것이 아니라, 온 우주 만물과 함께 그렇게 하는 것임을 드러내 준다. 또한 "저희가"에서 보는 것처럼, 사제는 미사가 땅을 일구고 포도를 가꾼 신자는 물론 신자가 아닌, 심지어는 반그리스도교적인 모든 농부의 헌신도 함께 통합하여 삼위일체 하느님의 섭리와 살림에 감사하면서 그분의 자비를 기억하는 경축 행위가 되게 한다. 신앙의 선구자들은 그 자체로 사회 행위인 전례에서 인간과 자연이 하느님의 살림 안에서 하나로 통합되어 있다는 것을 이렇게 명시적으로 표현하였다. 이는 자연 생태를 인간과 분리해서 접근하는 것이 불가능한 일임을 확인시켜 준다.

생태적 감수성으로 창조 이야기를 다시 읽을 때, 하느님이 땅으로 대변되는 만물을 통해서 주시는 양식을 예수께서 자신의 몸과 피로 거룩하게 하셔서 우리의 양식을 그리스도화하였다고 말할 수 있다. 미사 때 받아 모시는 성체는 하느님께서 "오늘 저희에게 일용할 양식으로 주시"는 그것을 그리스도의 몸과 피로 축성한 것이다. 이를테면 성체는 하느님에게서 온 "거룩한 것"을 "거룩하게 한 것"으로서, 이것은 하느님에게서 온 거룩한 것 없이 우리가 예수님의 몸과 피로 받아 모시는 성체는 없다는 것을 의미한다.

이런 맥락에서 베드로가 코르넬리우스가 보낸 사람들과 함께 카이사리아 가까이 왔을 때 본 환시(사도 10, 9-16)는 우리의 삶의 자리에 생태적 지평을 육화시키는 데 한 중요한 거점이 되어 줄 수 있다. 하느님에게서 온 것은 속된 것이 아니다. 그것은 하느님께 닿아서 그분이 좋다고 보신 것이다. 성체를 거룩하게 지켜 가는 일은 참으로 신앙인다운 일이다. 그런데 땅에서 난 것들로서 성체가 될 수 있도록 준비한 것들은 앞의 예물 준비 기도에서 본 것처럼 하느님에게서 온 거룩한 것이다. 원래 거룩한 것을 거룩한 것으로 보고 맞이하며 동반하는 일은 하느님의 살림 안에서 그분의 온 창조물을 복음적으로 식별하고 살아가는 데 반드시 요청되는 태도다. 이런 태도는 하느님의 '우주적 가족', '우주적 형제애', '우주적 친교'를 더 충실하게 지켜 가도록 우리를 이끌어 줄 것이다. 이를 통해서 우리는 사람들의 경제(economy)가 우주와 지구의 생태(ecology)와 하나로 이어진다는 것을 깨달아서 이것들이 하느님의 집안 살림(oikosizing), 하느님의 창조와 구원(creatio et economia Dei)에 부합할 수 있도록 더욱 건강하게 매개하게 될 것이다.

물의 생태와 관련하여 보자면, 예수님은 "갈릴래아 나자렛에서 오시어, 요르단에서 요한에게 세례를 받으셨다"(마르 1,9). 마르코복음서 저자는 예수님이 세례를 받으시고 나서 "물에서 올라오"셨다고 말한다. 요한은 이곳에서 예수님한테만 아니라 군중에게도 세례를 주었다. "세례자 요한이 광야에 나타나 죄의 용서를 위한 회개의 세례를 선포하"자, "온 유다 지방 사람들과 예루살렘 주민들이 모두 그에게 나아가, 자기 죄를 고백하며 요르단 강에서 그에게 세례를 받았다"(마르 1, 4-5).

여기에서 세례 사건을 중심으로 요르단 강물과 예수님과 요한과 군중 사이에 관계가 형성되는 것을 볼 수 있다. 예수님과 요한과 군중은 세례에서는 물론 그들의 일상생활에서도 요르단 강물을 공유하였다. 물은 세례를 통해서 이들이 하느님의 자비 안에서 그분의 존재로 새롭게 태어나는 사건을 매개하는 동시에 그들 모두가 살아가는 과정에서 생명을 지켜 주는, 곧 그들이 자신들의 존재를 건강하게 이어 살게 하는 결정적 원천으로 작용한다. 이들에게서 물은 세례를 통한 새 생명과 일상을 통한 건강 모두를 위해 필수불가결하게 요청된다. 요르단 강이라고 하는 자연 생태는 단순히 자연 생태로 끝나지 않는다. 그것은 요르단 강 지역에서 사는 이들의 인간 생태와 사회 생태와 분리 불가능한 형태로 결합되어 있다. 또 이런 결합 상태가 추상이나 단순히 관념적인 원리가 아니라 현실로 이들 안에 자리 잡고 이들의 존재에 영향을 미친다. 예수의 세례 사건은 하느님의 생태적 자비 안에서 우리에게 이루어지는 이 같은 사실을 통합적으로 계시한다.

오늘 이 시대에도 강물에 잠겼다가 나오는 방식으로 세례를 받는다면, 대구·안동 교구 신앙 공동체가 낙동강을 동반하는 형태가 지금과 같을까? 우리는 지금 성당에서 물을 이마에 받는 형태를 기본 틀로 세례를 받는다. 이를 통해서 역시 세례를 받는 사람이 하느님의 현존 안에서 새 생명으로 탄생하는 것을 성사적으로 온전히 실현시킨다. 나는 지금 이 신앙의 진리에 의문을 제기하는 것이 아니다. 생태적 자비와 관련하여 여기에서 주목하는 것은 세례를 계기로 예수님과 당시 민중과 물 사이에서 형성되어 있던 하느님의 살림 안에서의 통합 생태적 관계망이다. 오늘 우리 시대에는 강에서 성당으로, 강물에서 전례 용기에 담긴 물로 세례의 매개 자리와 매개 형태가 변하였다. 그 결과 이 시대에는 세례를 받는 사람과 그와 같은 시대, 같은 지역에 사는 시민들과 물 사이에서 형성되는 관계가 예수님 당대에 그분과 민중과 물 사이에 형성되었던 살림의 관계만큼 구조적이고 친밀하며 역동적인 형태로 보존되기가 어려워졌다.

최근에 대구 강정에 세워져 있는 '보'라고 이름 붙여진 댐 지역을 다녀왔다. 수심이 20미터에 이를 만큼 거대한 구조물이 건설되어 있는데, 강물에 하늘이 비추어진 것을 볼 수 없을 정도로 강이 탁해져 있었다. 물의 신선함을 느낄 수 없는, 문명의 때가 엉겨붙어 흐려져 있는 물을 보면서 이 물에서 세례를 받을 수 있을까 생각하였다. 예수님과 당대 유다인들은 요르단 강에서 세례를 받고 요르단 강의 물을 마셨는데, 오늘 세례를 받는 사람들은 자신들의 세례수와 자신들의 식수가 어떻게 상관되는

지 잘 알지 못한다. 그런 속에서 대구 시민들은 하늘을 비추어 줄 줄 모르는 이 탁한 강물을 정수해서 먹는다. 이것은 우리에게 자연 생태는 자연 생태로 끝나지 않는다는 것, 그리고 자연 생태에 대한 의식과 자연 생태와 맺는 관계는 추상적인 것이 아니라 우리 삶의 질에 실제적이고도 구체적으로 영향을 미친다는 것을 계시한다. 그러므로 우리 교회는 성사와 자연 생태의 관계에 대해서, 그리고 성사와 연계되어 있는 자연 생태와 그것이 인간 생태와 사회 생태와 갖는 생명의 관계에 대해서 신학적으로 영성적으로 사목적으로 진술하고 그 관계를 하느님의 살림에 부합한 형태로 우리의 신앙살이와 시민살이 안에 육화시킬 수 있어야 한다. 그리하여 우리가 세례 때 받은 세례수와 우리가 매일 사용하는 물을 하느님의 살림 안에서 하나로 보고 살 수 있게 함으로써 자연 생태와 인간 생태와 사회 생태가 하느님의 자비 안에서 서로 상생하게 하는 관계를 형성해 가야 할 것이다.

한국천주교주교회의는 2016년 춘계 정기총회에서 그동안 주교회의 정의평화위원회 아래 두었던 환경소위원회를 "전국위원회로 격상시켜 '생태환경위원회'를 신설"하기로 의결하고, "강우일 주교를 위원장으로 선출하였다".[36] 각 교구는 앞으로 프란치스코 교황의 통합 생태 비전에 따라서 교구 차원에서는 물론 지구와 본당 단위에서 '생태환경위원회'와 '생태환경분과'를 갖추고, 자연과 인간과 사회 현장에서 나타나는 위기를 식별하여, 하느님의 자비를 더 체계적이고 역동적으로 매개할 수 있게 되리라 기대한다.

---

36 http://www.cbck.or.kr/bbs/bbs_read.asp?board_id=k1300&bid=13011924 (최종 검색일: 2016년 4월 14일).

맺으면서: 우리의 공동의 집에서

여기 집들을 보여 주는 사진이 있다. 기와집 한쪽 끝이 보이고, 그 뒤로 하늘과 나무들이 보이고, 한 나무에 까치둥지가 지어져 있다. 까치 한 마리는 나무 위에 앉아 있고, 한 마리는 밑에서 날고 있는 것이 보인다. 까치집과 기와집, 그리고 이 사진에는 보이지 않지만 이 집 마당에 개가 사는 집이 있을 수 있겠다. 사람을 중심으로 보면, 사람집은 까치집이나 개집과는 서로 다르다. 존재의 격이 현격하게 차이가 난다고 말할 수도 있다. 그런데 뒤에 나오는 그림을 보면, 까치집은 나무에 지어져 있고, 나무는 땅을 집으로 삼아 존재한다. 땅은 까치에게 집의 집의 집인 셈이다. 사람이 사는 기와집은 땅 위에 지어져 있으니, 사람의 집의 집은 땅이 되고, 개집 역시 땅을 바닥 삼아 존재하니, 개의 집의 집 역시 땅이다. 집의 계보를 따라가 보니, 까치와 개와 사람이 한집, 땅 위에서 땅을 집 삼아

사는 존재들이다. 우리의 집의 규모, 우리 존재의 바닥의 규모에 따라서, 자신의 바닥을 알고 살아가는 태도와 규모에 따라서 하느님의 집안 살림에 참여할 가능성과 역동성이 달라질 것이라고 믿는다.

프란치스코 교황은 『찬미받으소서』 첫머리에서 이렇게 진술한다. "아시시의 프란치스코 성인께서는 이 아름다운 찬가에서 우리의 공동의 집이 우리와 함께 삶을 나누는 누이이며 두 팔 벌려 우리를 품어 주는 아름다운 어머니와 같다는 것을 상기시켜 주십니다."[37] 화가 두시영과 김재홍은 프란치스코 성인의 이런 비전을 알고 있기라도 한 듯한 작품을 그렸다. 두시영은 「아리랑」이라는 제목으로 산과 흙과 나무와 붉은 중심이 딛고 서 있는 흙바닥에서 인간의 영들을 보았고, 김재홍은 강물과 산과 물에 비친 산을 그리면서 '모자'母子 형상을 읽어 내었다. 이들은 땅과 물, 산과 들, 빛과 나무와 새가 사람들에게 무엇일 수 있는가를 아름답게 증거한다.

하느님의 한집안에서 온 존재는 서로 이어져서 서로를 살리기도 하고, 아프고 고통스럽게도 한다. 죽음에 이르게도 한다. 두시영과 김재홍이 자신들의 존재를 담은 작품을 통하여 염원하는 것처럼, 하느님께서 당신의 집을 볼 수 있도록 우리의 눈을 열어 주시고, 당신의 집에 사는 것들과 함께 자비롭게 서로 사랑하며 살 수 있도록 우리를 동반해 주시기를 기원한다.

---

[37] 『찬미받으소서』 1.

두시영 「아리랑」

김재홍 「모자상」

10 삶의 고통과 자비

민제영

현대의 영적 체험은 하느님 앞에서 하느님의 부재를 사는 것이다.
- 클로드 제프레

    저항해야 할 고통이 있고, 접수해야 할 고통이 있으며, 공감이 요구되는 고통이 있다. 이 글에서 나는 개인적 고통이 접수되는 과정을 토로했다. 지금 보면 낯 뜨거운 구절들이 있으나 당시 나의 감정과 현실을 드러내 준다고 여기기에 그대로 실었다. 힘든 시간을 함께 버텨 준 아내와 딸에게, 그리고 만사를 제쳐 두고 아픔에 동참하려 했던 벗들에게 드리는 감사의 인사를 대신하여, 어쩔 수 없이 접수해야만 했던 고통의 체험을 나눈다.

고통에 대한 서술과 신앙

고통은 인간의 보편적 체험이다. 우리는 고통에서 벗어날 수 없으며, 고통은 모든 인간의 공통분모라고 할 수 있다. 그러나 고통은 가장 사적私的이면서 실존적인 체험이기도 하다. 이러한 이유로 고통은 그것을 겪는 당사자만 그 실체를 온전히 감지할 수 있다. 고통을 당하는 사람에게는 고통만큼 분명하고 절실한 것이 없겠지만 바로 옆 사람과도 그것을 공유하기 쉽지 않다. 각 사람의 고통에는 나름대로의 질이 있으며, 외부인은 누구도 당사자의 고통을 완전히 이해할 수 없다.[1] 언어는 고통의 체험을 온전히 드러내지 못하기에 체험과 언어 사이에는 항상 어떤 괴리감이 존재한다. 곧, 고통의 체험은 언어화되면서 "소외돼서" 표현된다.[2] 그렇기에 고통의 현실에 관한 한 만족할 만한 설명은 어디에도 존재하지 않는다.[3] 고통에 대한 모든 해명은 불완전할 수밖에 없다.

고통에 대한 서술은 쉽지 않다. 서술된 고통은 체험한 고통과 다를 수밖에 없기 때문이다. 끝나지 않은 고통에 대한 서술은 더욱 고통스럽다. 고통이 현재 진행 중이기 때문이다. 무조건적 사랑인 '아가페'가 인간의 언어가 아니듯이, 어쩌면 '고통받는 이에 대한 위로'도 인간의 언어가 아닐지 모른다.

---

1 니콜라스 월터스토프, 『아버지의 통곡』, 권수경 옮김, 양무리서원, 1992, 83.

2 E. Schillebeeckx, *Church The Human Story of God*, trans. J. Bowden, New York, Crossroad, 1991, 17.

3 체험과 언어 사이의 간격은 체험과 신학이 겪는 갈등으로도 설명할 수 있다. 체험은 모호하고 개인적이고 감정적인 반면, 신학은 하느님과 실재에 대하여 이성적이고 논리적인 담론이 되고자 하기 때문이다. 그 체험이 고통에 대한 것일 때 이러한 갈등은 아주 분명해진다. 체험은 서술되고 신학은 드러낸다. Cf. Lucien Richard, *What Are They Saying About the Theology of Suffering?*, New Jersey, Paulist Press, 1992, 123.

그런 정도의 신앙은 있었다. 그 어떤 어려움에 처한다 해도, 내가 속절없이 무너진다 해도, 내가 아무리 망가져도, 그간의 나의 모든 삶, 곧 위대하거나 비참하거나 굴욕적인 나의 생각과 감정과 말과 행위, 나의 전 존재가 숨김없이 만천하에 드러난다 해도, 내가 의식하건 의식하지 않건, 의식이 있건 없건, '그분'은 나와 함께 계시며 나의 편이라는 신뢰, 그분은 내가 처한 내외적 상황과 무관하게 자비로운 분이실 것이라는 신뢰 정도는 가지고 있었다. 그분께 모든 것을 맡길 수 있다면 죽음도 수용할 수 있으리라 생각했다. 먹을 것이 없으면 굶어 죽으면 된다고 생각했다. 아무런 문제가 되지 않는다고 생각했고 노숙자가 되어도 못 받아들일 건 없다고 생각했다. 폭력에 의한 죽음도 받아들일 태세였다. 적어도 아들을 잃기 전까지는.

아들을 잃으면서 나의 신앙이 나 중심적이고 추상적이었다는 사실을 알게 되었다. '어떤 고통이라도' 분개하지 않고 받아들일 준비가 되어 있다고 생각했었으나, 그 '어떤' 고통 중에 아들의 죽음이 포함되리라고는 전혀 생각지 못했다. 삶을 예측할 수 없듯이, 죽음도 예측할 수 없다는 당연한 사실을 아들이 떠난 후에야 실감했다. 아들의 유품을 정리하던 아내의 허망한 눈빛과 초점 잃은 딸의 눈동자는 또 다른 아픔이었다.

아들을 잃은 후 꽤 오랜 기간 어떤 행위를 능동적으로 할 수 없었다. 여러 책들을 읽었지만 그냥 읽는 시늉뿐이었다. 급하게 마쳐야 할 번역거리가 있었지만 진행할 수 없어서 방치해 두었다. 학위논문을 쓰는 일도 아무런 의미가 없게 느껴졌다. 아들의 이름을 되뇌며 산책을 하거나, 영화를 수동적으로 보는 일, 술을 마시고 취하는 일 외에 할 수 있는 일들이 별로 없었고 하고 싶은 일들도 없었다. 수많은 밤을 혼자 침대에 들면서 다음 날 아침 눈이 뜨이지 않기를 바랐다.

그리스도인은 절망할 권리가 없다는 말을 익히 알고 있었고 나도 여러 차례 했었지만, 내게 가장 가까운 벗은 바로 절망이었다.

일기

아내가 아이들을 데리고 나의 고향으로 4박 5일 여행을 떠난 첫날이었다. 오랜만에 조용한 집에서 해방감을 느꼈다. 며칠 동안은 시원한 막걸리를 곁들이며 집 안에서도 담배를 피울 수 있겠다고 생각했다. 이렇게 자유로운 시간이 더 보장된다면 그동안 끌어 온 학위논문도 머지않아 마칠 수 있을 것 같았다. 그날 오후 아내의 전화를 받았다. 아들이 죽었다고 했다.

ㄱ.

아들이 아주 떠났다. 아직 실감이 안 난다. 오늘 이후의 삶은 지금까지와는 아주 다르리라. 너의 몸은 냉동실에 있겠지. 엄마와 누나를 위로해 주고 오늘 밤 함께 있어 주기를. 그리고 아빠와도 함께 있어 주기를. 파도에 휩싸일 때 무서웠지? 미안해, 같이 있지 못해서. 엄마와 누나와 함께 있어 줘.

공항으로 가는 기차를 기다리고 있다. 이게 진짜 현실인가? 생사의 갈림길에서 생을 택했다면 얼마나 큰 축제가 되었을까. 죽음이 데려간 너는 지금 행복하니? 엄마와 누나를 도와주렴.

공항에서 비행기를 기다리며 앉아 있다. 눈물이 쏟아진다.

ㄴ.

고향에 갈 때마다 상업적으로 변하고 황폐해지는 모습을 보는 게 힘들어서 언제부터인가 발길을 끊고 싶었다. 아름다운 강산에 빌붙어 사는 족속으로서 우리의 삶의 방식이 지극히 무례하다는 사실을 고향에서 지켜보는 게 힘들었다. 아들의 죽음은 다시 나를 고향으로 불러냈다. 아들을 삼킨 바다를 보았다. 천사 같던 아들을 제 어미와 누나가 보는 앞에서 잔인하고 고통스럽게 삼켜 버린 고향의 짙푸른 바다는 악몽이었다. 마음의 고향이었던 바다는 이제 악몽으로 바뀌어 버렸다.

아들의 전신알몸시신을 확인했다. 얼굴에 손을 대니 차가웠다. 눈물이 났다. 경찰이 와서 시신을 확인했다. 휴대전화로 굳어진 아들의 알몸을 찍었다. 염하는 것을 보았고 입관하기 전 아들의 마지막 모습을 보았다. 아이의 뺨에 입술을 맞추고 작별 인사를 했다.

ㄷ.

그런 시절이 다시는 오지 않을 것이다. 엄마가 누나와 너를 품에 안고 환한 웃음을 짓는 그런 시절은 다시 오지 않을 것이다. 내가 너를 안고 억지로 뽀뽀를 하는 그런 시절도 다시 오지 않을 것이다.

나의 배 위에 귀를 대고 꼬르륵 소리를 들으며 즐거워하던 아이, 아침마다 배드민턴을 함께 치던 아이, 내게 자전거 타는 법을 배웠던 아이는 이제 없다. 저녁 후에 막걸리를 한잔 걸칠 때 옆에 엎드려서 책을 읽던 아이는 이제 없다. 책을 읽던 아이 옆에서 그의 다리를 주무르고 쓰다듬던 내 손은 그대로 있지만 이제 쓰다듬어 줄 다리는 없다. 추구推句를 외우며 노래하던 그 낭랑한 목소리는 이제 완전히 사라졌다.

ㄹ.

아들이 떠나자 누군가는 부부가 신학을 했어도 그런 상황에선 도움이 안 될 것이라고 했다. 또 어떤 분은 신학을 공부한 게 도움이 되느냐고 물어보았다. 내 어설픈 신학은 아들의 죽음을 맞이하는 나와 그 이후의 내 삶에 도움이 되었는가? 잘 모르겠다. 신앙은 내가 처한 상황과 무관하게 포용력을 주었기에 당연히 신앙으로 회귀했을 것 같았지만, 실상은 전혀 그렇지 않다. 내가 처한 상황이라는 것은 아들의 죽음이라는 처참한 지경일지언정 본질적으로 변하는 것이 아니다. 그저 내가 처한 상황일 뿐이다. 그럼에도 신앙의 힘으로 이겨 내거나 신앙에 매달리게 되지 않았다. 다만 신학의 효용성을 묻는 물음 자체가 문제일 수 있다는 의식은 전부터도 가지고 있었다. 이러한 인식은 신앙의 일부였다.

누군가를 원망하기에는 너무 많은 신학책과 영성 서적을 읽어 버렸다. 분노가 일지만 그 대상을 찾을 수가 없다. 가련한 나 자신에게조차 화를 낼 수 없다. 아들은 이미 떠났는데 나는 아직 보내지 못하고 있다. 아들의 유해를 뿌리고 집으로 돌아온 날 우리 가족은 호기롭게 파티를 열었다. 아이가 우리와 헤어져서 천국에 입주한 기념으로.

ㅁ.

박완서 선생이 아들을 먼저 보내고 쓴 글을 다시 읽었으나 수년 전 처음 읽었을 때와 달리 별 느낌이 일지 않았다. 그건 그의 아들이 떠난 것에 대한 그의 애도이자 통곡이기 때문이다. 나의 아들에 대한 애도는 나의 몫이며 그건 다른 누가 대신해 줄 수 있는 게 아니기 때문일 것이다.

그러므로 벗들이여, 나의 슬픔을 빼앗으려 하지 말아 다오. 섣불리 위로하려 하지 말아 다오. 지금 나에게 있는 유일한 권리는 슬퍼할 권리이며, 그 슬픔을 있는 그대로 받아 내는 것이야말로 지금 나의 유일한 의무이니.

위로는 고도의 예술이다. 많은 벗들에게 위로를 받았지만 누구에게서도 위로받지 못했다. 아내는 여전히 울고 있다. 이제 네 식구가 몸을 부딪치며 웃고 울던 날은 끝났고, 이제 그런 날은 다시는 오지 않으리니 그때가 올 때까지 마음껏 슬퍼하자.

ㅂ.

괜찮다가도 격한 감정의 소용돌이에 빠지곤 한다. 아들이 보고 싶다. 술이 위로다. 아내와 딸은 나름의 애도를 하고 있고 나 역시 그렇다. 한 가족이지만 슬픔의 시간은 서로 다르다. 슬픔은 찾아오는 시간이 저마다 다르기 때문에 여간해서는 함께하기가 쉽지 않다. 네게 슬픔의 기운이 몰려들 때 나는 괜찮은 것 같고, 내가 슬플 때 넌 괜찮아 보인다.

아들이 작은 화분에서 기르던 성미인이라는 식물도 아들이 가고 난 후 속절없이 떠났다. 아내는 슬픈 목소리로 속삭인다. 주인이 가서 너도 갔구나. 아들이 떠난 그 시각이 되면 아내는 그날 그 시간으로 되돌아가 눈물을 흘린다. 딸아이는 아무 일도 없던 것처럼 오지 않는 잠을 청하고 있다. 아내는 훌쩍이고 있고 나는 어둠 속에서 술잔을 들고 있다. 아내의 베개는 젖었고 딸의 눈은 초점을 잃었다. 아내는 노래를 잃었고, 딸은 이어폰을 귀에 꽂고 노래만 듣는다.

○○야, 어제는 엄마가 힘든 상황을 설명하면서 자기분열 같다고 말하더구나. 네 누나가 아니면 살아갈 이유가 없다며 눈물을 흘리며 이야기했지. 살기 위해서 먹는 자신이 싫고 너를 떠올리면 주체할 수 없는 눈물이 나온단다. 아빠는 엄마가 누나 몰래 화장실에서 통곡하는 것을 몇

번 보았지. 오늘 밤은 엄마와 함께 있어 주기를. 엄마와 아빠와 누나는 어디로 가고 있는 것일까?

ㅅ.

아들이 가고 나니 술값이 더 생겼다. 술을 전보다 더 자주 그리고 많이 마시게 되었다. 아들이 떠난 자리는 적막하다. 아내는 밤마다 통곡하며 아들이 있는 곳으로 가고 싶다고 한다. 언제까지 이 슬픔이 지속될 것인가? 누구나 겪어야 할 죽음을 우리는 원치 않는 방식으로 조금 일찍 경험했을 뿐인가?

아이에게 아침을 차려 주면 맛있게 잘 먹었던 일이 얼마나 고맙고 기특한 일이었는지 다시 깨닫는다. 아침을 준비하고 두 아이가 먹는 모습을 지켜보는 일은 즐거웠다. 가끔 맛있다고 할 때에는 더욱 기뻤다. 먹은 다음에 "잘 먹었습니다"라며 말하고 가방 들고 학교에 가면서 "다녀오겠습니다"라고 했던 말이 폐부를 찌르는 말이 될 줄 어찌 알았으랴. 이제는 딸아이 홀로, 마치 눈물을 삼키듯 말없이 음식을 집어넣는다.

ㅇ.

대학원 연구실로 오는 길에 초록빛이 감도는 작은 새 한 마리가 죽어 있었다. 아들처럼 작고 예쁜 새였다. 신문지로 그의 몸을 감싸고 근처 소나무 아래에 있는 작은 돌을 일구어 새를 그 밑에 두고 흙을 대충 덮은 다음 돌로 다시 덮어 주었다. 작고 아름다운 새였으나 혼이 떠난 몸은 두려움을 일으킨다. 전에 명동에서 고양이 새끼를 묻어 주었던 일도 생각났다. 작고 예쁜 새는 아들을 생각나게 했고 또 아들을 닮은 작은 소나무 아래에 묻어 주었다. 오늘 이후로 그 소나무를 지나칠 때면 아들과 그를 닮은 새가 떠오를 것이다. 그 새는 개미와 같은 벌레들의 먹이도 되고 나무에도 좋은 영양분이 되어 줄 것이다. 그래서 다른 이의 몸으로 부활할 것이다. 아들도 그러할까?

ㅈ.

아들의 시신에 입을 맞추었을 때의 그 차가운 감촉은 여전히 기억 속에 생생히 살아 있다. 뜨겁게 피어나던 한 송이 꽃은 차갑게 시들어 가슴에 꽂힌 비수가 되고 말았다. 꽃과 비수가 이다지도 비슷한 것이라니. 오, 인생이여.

꿈에서 아들이 살아서 돌아왔다. 기쁘기도 했지만 당황스러웠다. 사망신고도 마쳤는데 어떻게 해야 하나. 그래도 꿈에서는 돌아와서 안심이 되었다.

아들의 부재는 도처에 있다. 우스운 일이다. 있다가 없어진 아이가 도처에 있다니. 아들의 죽음은 마치 사랑에 빠졌던 상태처럼 종종 나를 어린아이로 되돌려 놓는다. 어머니가 나를 사랑한 만큼 나는 자녀들을 사랑했던가. 모르겠다. 침대에 누워 계신 어머니를 일주일에 한 번 방문하고 씻겨 드리면서 이제는 거의 습관적으로 하고 있다. 그래서 일상이, 습관이 무서운 것이다. 사랑이 습관이 되는 순간 그것은 하나의 업무로 전락하며, 더 이상의 창조, 새로움은 생겨나지 않는다. 아들이 죽은 다음에는 언젠가 다가올 어머니의 죽음이 크게 부각되지 않는다. 전에는 어머니가 그토록 크게 느껴졌건만 지금은 그렇지 않다. 막상 어머니의 죽음이 닥치면 어떨지 모르겠으나 현재는 그렇다. 아들을 포함한 어머니, 더 나아가 아내나 딸까지도 외부적인 요인에 불과한 것일 뿐인가?

ㅊ.

　술에 취해 들떠서 쏟아 놓았던 온갖 영성과 신학과 자유에 대한 언어들이 이제 비로소 나 자신을 시험하기 시작한다. 지금 나에게 해방이란 무엇인가. 아직 슬픔은 끝나지 않았고 혼란스러움은 여전하다. 길을 가다가 또는 지하철을 타고 어디론가 가다 보면 자꾸 눈에 물이 고인다. 그러나 아이에게 무척 섭섭하게 대했다거나 큰 상처를 남겼다는 기억이나 생각은 없다. 이것은 나의 착각인가 아니면 아이의 선물인가.

　인생이 실패라고 느껴지는 것은 단지 아들이 떠났기 때문만은 아니다. 헛살았다는 깊은 공허감이 아들의 부재만큼이나 도처에서 밀려든다. 이것은 어떤 일을 하거나 하지 않거나, 또는 열심히 하거나 게으르거나에 관한 문제가 아니며, 일의 성취나 실패에 대한 문제가 아니다. 이제 그런 것은 아무래도 괜찮다. 나에게 콤플렉스가 있는 게 아니라 콤플렉스가 나를 지배한다는 융의 말은 옳은 것 같기도 하다. 빈자와 하나 되는 성직자를 꿈꿨지만 이루지 못했고, 정직하고 성실한 남편이고자 했으나 아내로부터 들은 말은 가까이 있는 사람에게 가혹하고 잔인하다는 것이었다. 자상하고 의미를 지시해 줄 수 있는 애비가 되고자 했지만 사랑하는 아들은 이미 저세상으로 가고 말았다.

ㅋ.

　가족이 멀지 않은 미래에 함께 도보 여행도 하고 자전거 여행도 하고 여유가 된다면 해외의 자연도 둘러보리라고 상상하는 것만도 행복했다. 아이들에게 이런저런 책을 읽게 하고 나에게 있는 가장 아름다운 생각과 이념과 신앙과 지식을 기쁘게 공유할 계획을 세우는 것만으로도 행복했다. 그러나 한 아이는 떠났고 또 한 아이는 이제 자신의 세계를 만들기 시작했다. 전해야 할 복음이 있는데 그 대상이 사라져 버렸다. 결국 복음의 대상은 나 자신일 뿐이었던가?

　꿈속에서 아들이 살아서 돌아왔다. 그런데 한 달 후에는 다시 죽을 것이라고 한다. 위로해 주기 위해서 나타났나? 한 달이든 십 년이든 사람의 삶이라는 게 다만 시간문제일 뿐이라는 것을 상기시켜 주기 위해서 나타났나? 아들과 포옹하면서도 꿈속에서조차 진한 슬픔이 올라오는 것을 어찌할 수 없었다.

ㅌ.

　집에 있을 때에는 아들의 사진이나 영상을 보면서 청승을 떤다. 슬픔에 익숙해질 때까지는 그런 시간이 필요할 것이다. 아이가 떠난 후 단 한 번도 큰 소리로 아들의 이름을 불러 본 적이 없다. 그냥 자주 혼자서만 낮은 목소리로 부르곤 했는데, 이런 상황 자체가 억압이 되었는지 큰 소리로 아이 이름을 부르고 싶은 욕구가 생긴다.

　미사의 복음서 독서 중에 「주님의 기도」가 나왔다. 예수가 아버지께 그랬던 것처럼 나의 아들도 나에게 아빠라고 불렀다. 아빠. 아들의 목소리가 들린다. 헐, 아빠 짱이다.

ㅍ.

　아이를 생각하면 우선 고마운 마음이 생긴다. 함께했던 시간이 길다고 할 수 없지만 행복했다고는 말할 수 있다. 아이에게 고맙고 미안하다.

　아들의 이름을 부르며 오솔길을 걷는다. 그냥 걷는다. 탑돌이를 하듯 아들과 놀던 공원을 하염없이 걷는다. 눈물을 뿌리며 그냥 걷는다.

　너와 함께 지냈던 삶이 꿈만 같구나. 그래 한바탕 꿈이었어. 너를 향한 애도의 기간은 얼마나 될까? 우리는 너 없이 행복할 수 있을까? 엄마의 통곡소리를 듣고 있니?

바람이 세차게 불어 은행잎이 새들처럼 날아간다. 가을빛은 아름답지만 서럽다.

ㅎ.

장롱에 머리를 처박고 이불을 둘러쓰고 아이의 이름을 소리쳐 부르며 운다. 아이가 떠난 후 그의 이름은 풀고 싶지 않은 화두가 되었고 의미 없는 만트라가 되었다.

편지

아들이 실제로 남긴 편지는 어버이날 숙제로 쓴 아래의 카드 한 장뿐이다. 아들이 떠난 후 이 카드를 다시 읽으면서 마치 작별 인사처럼 느껴졌다.

사랑하는 부모님께

부모님, 안녕하세요?

저 ○○예요. 이번 어버이날을 맞이하여 이 책(어버이날 쿠폰)을 드립니다. 언제나 저를 잘 키워 주시며 보살펴 주시고 사랑해 주시는 부모님께 정말 감사드리는 마음으로 이 편지를 썼습니다. 부모님, 건강히 잘 사세요.

○○올림

아래 편지 형식의 글들은 물론 아들과 직접 주고받은 편지가 아니라, 나의 상상 속에서 주고받은 것이다. 어찌해 볼 수 없는 나 자신을 스스로 위로하기 위한 작업이었다. 나와 대화를 나눈 대상이 나의 의식이나 욕망일 수 있고, 나의 무의식일 수도 있으며, 나의 허위의식일 수도 있고, 어쩌면 정말로 나의 아들이었을 수도 있다. 그것을 누가 알겠는가? 그리고 어쩌면 예수였을 수도 있다. 그러나 그 대상이 실제로 누구인가 하는 것은 사실 중요하지 않다. 중요한 것은 그런 대화 또는 독백이 그 내용의 유치함이나 가상성을 떠나서 나에게 절실히 필요했고 그런 작업을 통해서 내가 살아갈 수 있었고 가족을 포함한 타자와의 관계를 더 부드럽게 가져갈 수 있었다는 점이다. 드멜로 신부의 말처럼 어둠을 밝히는 촛불이 축성되었는가, 축성되지 않았는가 하는 것은 그다지 중요하지 않다.

ㄱ.

사랑하는 ○○.

엄마와 누나는 외할머니 댁에 갔고 아빠는 일찍 집에 와서 한잔 걸치고 있다. 네 사진을 보다가 갑자기 눈물이 쏟아진다. 네가 떠난 후 모두 포기하고 아무렇게나 살아 보려는 유혹을 느낀다. ○○야, 어쩌면 좋으냐?

아빠.

아빠와 함께 지낼 수 있어서 행복했어요. 배드민턴도 재미있었고 자전거도 재미있게 배웠어요. 아침밥도 잘 먹었고요. 저는 아빠, 엄마, 누나와 함께 있지만 다른 존재 양식으로 있기 때문에 알아보기가 쉽지 않을 거예요. 하지만 항상 같이 있는 것은 분명해요. 저의 방식으로 지혜를 보낼게요. 얼굴을 맞대고 볼 수 있는 날이 꼭 올 거예요. 아빠, 사랑해요.

ㄴ.

사랑하는 ○○.

수업을 들으러 왔다가 수업 전에 신촌의 한 카페에 들렀다. 오늘은 엄마 아빠의 결혼기념일이구나. 그날 엄마와 아빠는 정말 행복했던 것 같구나. 다시 그런 날이 올까? 결혼 후에 너희처럼 예쁜 아이들을 낳고 키우며 힘든 시기가 몇 차례 있었지만 돌이켜보니 다 좋았다고 느껴지는구나. 너와 함께 여행도 가고 여러 일을 함께 하고 싶었는데 이제는 추억으로만 가능하게 되고 말았다. 짧았던 생애 한 가족으로 살아 줘서 고맙구나. 너에게 이런저런 책을 보여 주고, 아름다운 삶에 대해 이야기를 나누고 운동도 같이 하며 부딪치며 살아 보고 싶었는데 너는 가고 나는 여전히 헤매고 있단다. 너에게 주어야 할 사랑을 누나에게 쏟아야겠지.

○○야, 오늘 저녁은 아마도 우리가 외식을 할 것이고, 밥을 먹고 술을 마시면서 함께 너를 그리워하겠지. 언젠가는 너를 다시 만나겠고, 또 언젠가는 삶의 의미도 알게 되겠지? 그리고 언젠가는 사랑과 죽음의 의미도, 그 모든 종교적 의미도, 나무와 새들의 이야기도, 어제 우리가 묻어 준 비둘기의 의미도, 언젠가는 알게 되겠지?

아빠.

그래요. 어제는 어버이날이었고 오늘은 엄마와 아빠의 결혼기념일이에요. 여러 번 말씀드렸듯이 엄마와 아빠는 최고셨어요. 누나도 그걸 잘 알아요. 엄마 아빠와 함께할 수 있어서 행복했고 지금도 그래요. 언젠가는 이 모든 의미를 알게 될 것이고, 사실 그 시간은 아주 가까이 와 있어요. 그러나 아빠는 아빠의 삶을 사랑하며 지내는 것만이 아빠가 할 일이겠죠. 아빠는 잘해 내실 거예요.

ㄷ.

사랑하는 ○○.

지난 금요일 아침 다섯 시쯤 할머니가 돌아가셨다. 네가 죽었다는 소식을 듣고 고향으로 갈 때 입었던 옷을 다시 입었다. 할머니는 이미 너와 함께 있겠지. 3일장을 치르고 오늘 학교에 나와 있다. 네가 알다시피 할머니의 삶은 고단하고 고통스런 삶이었다. 그러면서도 가족과 이웃에 대한 사랑을 항상 잃지 않으셨지. 지난 3년간 일주일에 한 번 목욕을 시켜 드린 게, 지나고 보니 나에게 소중한 기회를 주신 것 같구나. 정성껏 씻겨 드리지도 못했지만 할머니와 아빠만의 추억이 있어서 참으로 다행이라고 생각한다. 네가 먼저 떠난 때문인지 몰라도 아빠의 마음은 무척 담담하구나. 연도 중 「성인호칭기도」를 듣다가 네가 할머니를 마중 나오고 둘이서 달려가며 포옹하는 장면이 떠오르니 내게 위로가 되었다. 할머니는 아빠를 지극히 사랑하셨고, 너도 무척 사랑하셨지. 할머니와 함께 행복하게 지내고 있겠지?

아빠.

아빠가 상상하는 방식은 아니지만 제가 할머니를 마중 나갔고 할머니도 크게 기뻐하신 것은 사실이에요. 할머니는 고통 속에서 오래 지내셨지만 사랑을 잃지 않으셨어요. 위대한 삶이셨어요. 아빠, 이제 아빠의 삶에 충실하길 빌어요. 모든 일이 잘될 것이니, 그냥 물 흐르듯 무리하지 말고 몸과 마음을 맡겨 보세요. 아빠가 좋아하는 소나무처럼, 안개 낀 강물처럼, 붉은 해넘이처럼, 고향 바다의 물결처럼 살아가면 아무런 문제가 없을 거예요. 할머니의 죽음만 자연스러운 것이 아니라, 저의 죽음 역시 자연스러웠다는 것을 알게 될 거예요.

ㄹ.

사랑하는 ○○.

네가 세상을 떠났다는 전화를 엄마로부터 받고 공항에서 비행기를 기다리던 순간이 생각나는구나. 1년도 채 되지 않았다. 그러나 많은 시간이 흐른 것 같구나. 마치 꿈속에서 살아가는 기분이야. 그 무엇도 현실적이지 않아. 이 현실적이지 않은 현실을 살아가야 하는 현실이 발을 땅에 딛게 하기 어렵게 만드는구나. 영원한 생명이란 얼마나 가혹한 것인지 이제야 조금 알 것 같구나. 내가 아무리 너와 함께 있다는 것을 느껴도, 그렇게 의도적으로 생각해도 결국 죽음만 하겠니? 오히려 죽음이 하나의 희망으로 다가오는구나. 그러나 이 현실이 전부가 아니라는 것 또한 거역할 수 없는 현실이다. 그래서 이제 아빠는 괜찮다고 말할 수 있을 것 같다. 적어도 지금 이 순간에는 말이야.

아빠.

저는 참 즐겁고 행복하게 살았고 아빠 곁을 떠난 이후에도 잘 지내고 있어요. 언어로 표현할 수 없기에 그냥 잘 지낸다고 말하는 거예요. 저는 아빠의 걱정이나 의도나 생각과 무관하게, 그러나 가장 긴밀한 연결 속에서 아빠와 함께 있어요. 죽음은 작지 않은 일이지만 삶과 크게 다른 것도 아니에요. 언젠가 맞을 죽음과 함께 삶을 누리세요.

ㅁ.

사랑하는 ○○.

오늘이 바로 1년 전 네가 우리 곁을 떠난 날이다. 세월이 무참히 흐르는구나. 세월은 흐르고 나는 여전히 흐느적거리고 있다. 엄마와 누나도 아직 너를 보내지 못하고 있는 것 같구나. 이제는 너를 기념하는 것 말고는 너를 위해 해 줄 수 있는 게 없지만, 그래도 뭔가를 해야 할 것 같은 마음이 든다. 너를 기억하는 것도, 기념하는 것도 결국은 살아 있는 우리를 위해서 하는 것이겠지. ○○야, 몸을 가진 나는 몸으로 너를 느껴 보고 싶구나. 안다. 이 또한 욕망의 일부라는 것을. 그러나 어쩌란 말이냐, 몸이 요구하는 이 갈애를.

아빠.

딱 1년 전이에요. 제가 떠나지 않았다면 아빠와 엄마와 누나는 어떻게 되었을까요? 부질없는 일이지만 상상은 가능할 것이고, 그것이 꼭 좋다고만 확신할 수는 없을 거예요. 제가 씩씩하게 어른으로 자라는 모습을 보고 싶으셨겠지만 함께 지냈던 시간만으로도 만족스럽고 행복한 삶이었어요. 그리고 죽음이 끝이 아니라는 것을 아빠가 잘 아시잖아요. 아빠, 고통을 피하지 않으면서 기쁨 속에서 사시길 바라요. 아빠의 몸을 더욱 아끼고 사랑해 주세요. 몸을 이해하고 몸의 소리를 들을 때 삶은 더욱 아름다워질 거예요. 아빠, 아빠의 지혜를 믿고 천천히 삶을 누리세요.

ㅂ.

사랑하는 ○○.

어느 학회에 와서 공동 모임에 참석하지 않고 혼자 쉬고 있다. ○○

야, 아빠는 잘 가고 있는 것이냐? 아빠는 아빠의 부족함을 잘 알고 있지만 그 부족함을 고치려 하지 않고 있구나. 아빠와 함께하는 거니?

아빠.

가끔씩 저를 잊어버리는 것은 좋은 일이에요. 제 이름을 부르는 것도 일상이 되면서 감정이 더 차분해질 거예요. 이 또한 좋은 일이에요. 그래야 아빠는 아빠의 삶을 제대로 이어 갈 수 있으니까요. 아빠가 저를 잊어버릴 수는 있어도 저는 아빠를 잊을 수 없어요, 어제도 오늘도 내일도. 아빠가 아시듯 세월은 살과 같고 우리는 정말 곧 다시 만날 거예요. 그러나 아빠는 아빠의 일을 마쳐야 하고 어려움을 겪을 수밖에 없어요. 그리고 아빠는 잘해 내실 거예요. 엄마와 누나도 자신의 길을 잘 걸어가고 있으니 아빠도 씩씩하게 아빠의 길을 가세요.

ㅅ.

사랑하는 ○○.

어제는 아빠가 번역한 책이 나와서 출판사 사람들과 저녁을 함께했다. 어렵게 마친 책들인데 예쁘게 나와서 기분이 좋구나. 또 지도교수님을 만나서 논문 이야기를 했는데 독창성에 대해서 말씀하시더구나. 그게 가능한지 잘 모르겠지만 열심히 할 수 있게 도와주기 바란다.

아빠.

멋진 책이 나와서 축하드려요. 아빠가 그 일을 하던 중에 제 육신이 아빠를 떠나서 더욱 힘든 작업이었어요. 저의 삶을 보면 세상이 살 만한 곳이라는 걸 아실 거예요. 아빠는 비관적으로 바라보는 습관을 잘 보셨으면 해요. 아빠는 논문을 무사히 마칠 거예요.

ㅇ.

사랑하는 ○○.

오늘 일찍 학교에 나왔는데 정말 시간을 허비하고 말았구나. 네 동영상을 보면서 함께 지냈던 시간을 회상한 일 말고는 그냥 쓸데없이 인터넷하고 차 마시며 몽상 속에서만 보냈다. 이런 날도 없을 수 없겠지만 같은 일을 하더라도 유달리 시간을 헛되이 보냈다는 자각이 들 때가 있다.

아빠.

무언가 하기 어렵다고 느껴질 때, 감정이 요동치거나 힘이 빠지고 순간의 유혹이 계속 이어질 때, 바로 그런 시간에 두 손을 모으고 중요한 것을 헤아리고 실천해 보는 거기에서 아빠는 활력을 얻을 수 있을 거예요. 모든 실수와 유혹 속에 참된 삶이 숨어 있고 기쁨이 내재되어 있어요. 다시 일어서서 나아가는 수밖에 없어요. 미래에 살지 말고, 과거에 얽매이지 말며, 지금 가슴을 들여다보고 그 소리를 들으며 살아가길 바라요.

삶과 신앙

여러 영성책과 신학책을 읽었다. 그러나 훌륭한 정보를 머리에 많이 입력하는 것이 꼭 좋은 일이 아님을 깨닫는다. 모든 영성과 신학을 한마디로 표현하자면 무조건적 자비라고 부를 수 있을 것이나 내가 무슨 수로 그것을 실천할 수 있겠는가. 이미 소화불량이다. 이러지도 저러지도 못하는 이 몸을 보면 종교적 메시지의 덫에 걸려 버린 느낌이다. C.S. 루이스가 아내와 사별한 후 쓴 글에서 비탄이 공포와 비슷했다고 한 말은 나에게도 어느 정도 들어맞았다. 두려움을 느끼지는 않았지만 울렁거리고 초조한 현상은 공포와 비슷했으며, 감정에 휘둘리면서도 감정을 억제하고 움츠러들게 만들었다.

돌이켜 보면 고통이라는 말은 내게 익숙한 단어였다. 어머니가 움직이지 못하는 상태로 3년을 누워 계셨고, 비참한 상황에 있는 자연과 인간을 숱하게 목도했다. 고통의 철학이라는 강의를 들은 적도 있고, 무엇보다도 내가 전공한 신학이라는 학문은 고통과 분리될 수 없는 분야여서, 신학 안에는 고통학이라고 불러도 될 만한 부분이 크게 자리 잡고 있다. 고통과 가난이라는 문제는 자주 의식하던 주제였고 지금도 그렇다. 하지만 내가 천착해 왔던 고통과 가난은 단지 남의 그것만을 대상으로 삼아 왔던 것은 아니었을까? 종종 '나라면 어땠을까?'라는 질문을 던지며 타자와의 간격을 줄여 보려 시도했고 타자의 고통을 관념화하지 않으려고 애써 왔지만, 이 모든 앎과 체험이 아들의 죽음이라는 현실 앞에서는 그다지 위력을 발휘하지 못한 것 같다.

많은 이들이 영성을 말하고 영성의 시대가 도래했다고, 신비주의의 시대가 왔다고 하지만 그 영성과 신비가 몸에서 구현되지 않는다면 무슨 소용이랴. 오죽하면 하느님도 육이 되셨다고 했겠는가. 아들이 떠난 후 육의 사무치는 그리움, 육의 무한성과 한계를 알 수 있을 것 같기도 하다. 육성肉性 없는 영성은 사기다.

삶이 점점 엉망이 되어 가는 것을 자각하면서 그래도 일어서야 한다고 다짐하곤 했다. 아이는 너무 쉽게 갔고, 아주 어렵게 가실 길을 준비하는 어머니를 보면서 나는 어떨 것인가를 생각하곤 했다. 아들의 죽음이 무책임한 내 삶의 변명이 되어서는 안 된다고 다짐했다. 아들의 죽음을 빌미로 삶에서 회피해선 안 된다고 생각했다. 삶에는 면책특권이 적용되지 않는다고 되뇌었다. 지금까지의 삶이 실패였다고 느낀다면 돌이킬 수 없는 삶을 보상하기 위해서 극단적으로 스스로를 몰아칠 필요가 있을 것이라고도 생각했다. 그러나 이성과 의지의 명령과는 별개로 삶이 제자리를 찾기까지는 긴 시간이 필요했다. 삶은 살아 있는 자들의 몫일 뿐 아니라 죽은 자들도 거기에 함께 참여하면서 때로는 더 위대해지고, 때로는 더 아름다워지며, 때로는 더 비참해지는 현실을 구성하는 것 같았다.

아직도 찬미의 노래를 부르기 어렵지만 그래도 착했던 아이와 짧은 기간 함께 보낼 수 있었던 것에 대해서는 감사드린다. 삶은 하나의 기억이고 그 안에 아름다움이 있다면 그 또한 하나의 축복일 것이다. 아프거나 슬픈 기억들과 함께 아름다운 기억도 나의 몸에 함께 머물러 있기를 바란다. 아이의 몸을 매만지고 쓰다듬던 내 손이 그 여리면서 탄탄했던 아이에 대한 감각을 기억하기를, 배드민턴을 함께 치면서 웃던 아이의 모습을 내 눈이 마지막 날까지 기억하기를, 뼈와 가죽만 앙상하게 남았던 어머니와 욕실에서 함께 보냈던 짧은 시간들도 기억하기를, 그리고 아이를 자랑스럽게 여겼던 내 푼수 같던 마음도 내 몸이 기억하기를.

영원히 떠났다는 것은 다른 양식으로 영원히 함께 있다는 말이라고 믿고 싶다. 나 너와 함께 있겠다고 하신 그분처럼 아들도 항상 나와 함께 있을 것이다. 물론 확인할 수 없는 신뢰라는 것도 충분히 알고 있다. 아들의 죽음이라는 충격을 비교적 잘 견디고 있는 것은 우선, 서로 사랑하며 좋은 시간을 함께 보냈다는 데 있을 것이고, 아이가 착해서 나를 도와주고 있기 때문일 것이다. 그리고 가족과 주변의 벗들도 있다. 이런 이유가 아니라면 나라는 인간이 아주 무심하기 때문일 것이다. 어떻든 나의 기분이나 느낌, 생각과 무관하게 아이는 나와 가까이 있으며 항상 나를 도와주고 있다고 믿는다.

맺음말

　가족이 함께 들었던 어느 강좌 뒤풀이 자리에서 아내가 불쑥 이런 말을 했다. "남자는 죽을 때가 되어야 철이 든다는데 우리 아들도 철들어서 죽었나?" 순간 자리가 조용해졌고 나는 그야말로 철없이 "○○는 물들어서 죽었지"라고 대답했다. 더 어색한 침묵이 흐르는 사이에 딸애가 말을 받았다. "안 웃기거든?" 술자리는 금세 웃음으로 번졌다. 아들의 죽음을 두고 가족이 아파하고 농을 던지고 거기에 일침을 가하는 것은 가슴 아픈 유머이지만 가족을 위해서도 그 자리 함께 있던 벗들을 위해서도 좋은 일이다. 이 이상 달리 무엇을 바라겠는가?

　하느님은 내게 의심 밖의 존재이면서 의심 안의 존재다. 어머니는 돌아가시기 얼마 전 하느님이 계신지 잘 모르겠다고 하셨고 나는 그 말을 충분히 이해한다. 그러나 나는 하느님을, 그분의 존재를 의심할 수 없다. 그것은 특별한 체험 때문이 아니다. 나의 실존과 이해 범주 안에서 확인할 수 있는 분이라고 확신해서 그런 것도 아니다. 그런 존재가 하느님이 될 수는 없을 것이다. 나의 삶의 태반은 그분 없이 그분을 고려하지 않고 지내 온 시간이라고 할 수 있지만, 그럼에도 그분을 내 맘대로 규정하거나 부인하는 것보다는 그분의 개입과 침투를 인정하는 것이 더 쉬운 일이었고 의미 있었다. 나에게 닥칠 수 있는 모든 고통을 함께 견디는 분, 나보다 더욱 밑바닥에 있으면서도 그 바닥과 꼭대기를 포괄하고 초월하는 분이 계시지 않는다고 상정할 때 나는 무의미의 나락으로 떨어지고 아무렇게나 살아도 되고 아무렇게나 죽어도 된다. 그러면 참된 자유, 사랑할 수 있는 자유가 상실될 것이다. 나는 그분을 일부러 의식하는 중에도 그분을 의심하며 지내 왔지만 의심 자체가 그분 안에서 이루어진 일이었다고 믿는다.

상실의 고통에 익숙해질 즈음 세월호 참사에 대한 이야기를 들었고, 인터넷에서 짧은 기사를 보았다. 집에 텔레비전이 없기에 뉴스를 보지는 못했다. 정면으로 응시할 자신이 없어서 아직까지도 관련 기사들을 제대로 살펴보지 못한다. 그러나 일을 하다 보면 어쩔 수 없이 눈에 들어오는 기사가 있다. 대통령이 눈물을 흘리면서 세월호 참사 의사자들을 (일부는 잘못) 호명했다는 기사는 말로 표현하기 힘든 복잡한 감정을 불러일으켰다.

언어는 실체를 다 담을 수 없다. '세월호 유가족'이라는 말 안에 유가족이 다 들어갈 수 없고 들어가서도 안 된다. 한꺼번에 죽은 사람들은 모두 독특한 개인이며, 그 가족들도 마찬가지다. 이들과 이들의 고통을 다 포괄할 수 있는 언어는 없다. 자資를 본本으로 삼는 사회, 자연과 인간 위에 자본을 두는 사회는 고통받는 한 개인을 결코 위로할 수 없다. 가능한 것은 거래뿐이다. 정부와 국가의 대응은 사고 전에 이미 결정되어 있었다고 볼 수 있다. 유가족이 진상을 요구하며 단식을 해야 하는 사회는 이미 큰 병이 든 사회이다. 세월호의 침수는 대한민국의 몰락을 예시한다. 세월호 침수 이후의 대응은 몰락한 대한민국 이후의 반응과 새로운 탄생의 혼란을 예시한다. "최악의 사람들, 즉 적자嫡子들이 생존했다. 최고의 사람들은 모두 죽었다"⁴고 했던 프리모 레비의 가슴 아픈 비탄은 5·18 때의 광주와 오늘 세월호에도 적용된다. 우리는 이에 덧붙여 '대한민국도 함께 죽었다'고 말해야 할 것이다.

 노란 리본이나 팔찌를 다는 것밖에 할 수 있는 일이 별로 없지만, 대통령이 눈물을 흘리는 사진을 보면서 미움과 분노의 눈물을 억지로 삼킨다. "하느님이 보우"하신 대한민국에 엄청난 치욕을 느낀다. 민주주의를 위해 헌신한 사람들과 국가 폭력에 고통당하는 인민을 기억하며 증오와 분노의 눈물을 삼킨다. 국가주의와 군사주의와 제국주의와 자본주의는 과연 그분의 자비로운 손길 아래에서 성업 중인 것인가?

 그러나 그분은 나의 편일 뿐만 아니라 너의 편이기도 하다. 하느님이 고통받는 이들뿐만 아니라, 억압하는 자들마저 사랑하신다고 할 때 그분의 자비는 어떤 방식으로 작동되고 구현되는가?

 우리는 우리의 이해나 경험 수준에 맞추어 하느님의 일을 규정하지 말아야 한다. "우리는 하느님이 무엇인지 알 수 없으며, 하느님이 아닌 것을 알 수 있을 뿐이다"(알렉산드리아의 클레멘스). 출세나 입신양명, 특권이나 특혜의 방식, 패권주의, 인간과 자연에 대한 착취를 하느님과 연결시키는 것이야말로 하느님을 제대로 모욕하는 일이다. 그런 것은 하느님의 일이 아니라, 인간의 탐욕과 자본이 하는 일이다.

 아들과 함께 놀던 소박한 공원 자체가 하느님처럼 여겨질 때가 있었다. 아무도 없는 고요한 공원의 새벽은 고흐의 그림보다 기묘하고 장욱진의 그림보다 순진하며 김홍도의 그림보다 민중적으로 다가왔다. 하느

---

4 프리모 레비, 『가라앉은 자와 구조된 자』, 이소영 옮김, 돌베개, 2015, 97.

님은 때로 인간이 조성한 공간을 통해서 계시되며 그 안으로 들어오는 것 같다. 때로는 인간 자체, 인간의 조성물 자체가 하느님이 되는 것 같다. 그래서 우리에게 자비의 화신이 될 수 있는 여지가 있는 것인지도 모르겠다. 자비란 인간을 통해서 그 구체성을 드러내지만 인간의 언어가 아닐 수도 있다.

돌아보면 내가 슬픔에 대응했던 방식 자체가 자비의 손길 안에 있었던 게 아닌가 싶다. 그분의 자비가 있어서 가족이 더 심하게 분열되거나 미치지 않을 수 있었고, 나는 더 심한 알코올중독에 빠지지 않고 그럭저럭 일상을 이어 갈 수 있었다. 그러나 자비는 자비롭게 다가오지 않는다. 하느님이 예수를 파견하고 거둬들인 방식이 그러했고 예수의 삶의 방식이 그러했다. 하느님이 당신 아들의 희생을 요구하고 우리의 고통을 좋아하신다는 말이 아니다. 예수를 죽인 것은 하느님이 아니라, 지극히 종교적인 인간들이었다. 그리스도 신앙은, 예수가 가난하게 오신 것이 우리에 대한 하느님의 사랑 때문이었다고 말한다. 예수는 아버지의 뜻을 추구하며 자비로운 실천을 수행한 결과 당시 '종교'와 '제국'에 의해 비참한 종말을 맞이했다. 예수는 마지막까지 자비심을 열어 두었고, 그의 자비는 아버지로부터 온 것이었다. 그러나 예수의 마지막 나날들이 극심한 고통과 철저한 실패였다는 것은 의심의 여지가 없다. 예수 운동이 예수와 민중이 함께한 운동이었다고 해도, 예수 홀로 겪어야만 했던 신앙의 어둔 밤이 있다. 그 밤에 제자들은 도망갔고 예수는 아버지로부터도 버림받았다고 느꼈다. 이 밤에 예수는 아버지를 부르는 것밖에 할 수 없었다. 예수의 어둔 밤은 신앙인에게 침묵으로 말을 건넨다. 신앙인의 암흑에 이 밤이 겹쳐질 때 위로는 가능할 것이다.

신앙인은 예수의 실패를 자비로 받아들일 수 있다. 예수의 삶과 죽음은 우리의 처절한 고통과 뼈아픈 실패가 어떤 보상 없이도 자비의 한 측면이 될 수 있다는 공간을 제공한다. 자비의 해석학은 이러한 공간에 요구되며 그런 공간에서 작동할 것이다.

마침내 아내는 노래를 되찾았고 딸아이도 특유의 날카로운 눈빛과 반항기를 발산하게 되었다. 그리고 나는 쓰다듬어 줄 다리가 없어도 즐겁게 술 한잔을 할 수 있다.

추신: 고향에서 아들의 장례를 준비해 주고 정성껏 치러 준 신부님들과 신자 여러분들, 멀리까지 비행기를 타고 와서 아픔을 달래 주었던 여러 벗들, 그리고 다시 서울에서 슬픔을 함께해 주었던 많은 분들에게 이 자리를 빌려 진심으로 감사드린다.

필자 약력

구미정

이화여자대학교 기독교학과에서 기독교윤리학을 공부하여 박사학위를 받았다. 현재 숭실대학교 초빙교수, 문화학술계간지 『이제 여기 그 너머』 편집인 등으로 활동한다. 지은 책으로는 『한 글자로 신학하기』 『두 글자로 신학하기』 『구약성서: 마르지 않는 삶의 지혜』 『성경 속 세상을 바꾼 여인들』 등이 있다. 옮긴 책으로는 『교회 다시 살리기』 『작은 교회가 답이다』 『낯선 덕: 다문화 시대의 윤리』 『아웅산 수지, 희망을 말하다』 등이 있다.

김동규

캐나다 브리티시컬럼비아 대학교에서 박사학위를 받았다. 서울대학교·서강대학교 강사, 서강대학교 종교연구소 선임연구원, 원광대학교 요가학연구소 박사후연구원으로 있다. 『무당, 여성, 신령들』(공역) 『샤머니즘의 사상』(공저) 『샤머니즘의 윤리사상과 상징』(공저) 『오늘날 우리에게 귀신은 무엇인가』(공저) 외에 다수의 논문을 발표했다.

김은희

녹색당 공동정책위원장. 젠더법학과 정치사회학을 공부했고, 성평등과 민주주의를 고민하는 여성운동활동가이자 녹색당원이다. 함께 쓴 책으로 『숨통이 트인다』

『정치의 한복판, 여성 – 젠더정치의 그늘』『여성정치할당제』『거대한 운동에서 차이의 운동들로』『여성이 당선된다』 등이 있다.

김인국

청주교구 성모성심성당 주임신부, 천주교정의구현전국사제단 대표, 사목잡지 『기쁨과 희망』 주간.

나혜숙

하버드대학교 산스크리트어와 인도학과에서 철학박사학위를 취득했다. 논문으로 「『브리하다란야카 우파니샤드 주석서』의 중요성: 샹카라의 교육법을 중심으로」 등이 있고, 역서로 『비교신학: 종교 간 경계를 넘어 깊이 배우기』, 공저로 『마음과 종교: 종교문화 속 마음탐구』가 있다. 현재 서강대학교에 출강하고 있다.

민제영

자유기고가.

박병상

인하대학교에서 이학박사학위(척추동물계통분류학)를 취득했다. 인천 도시생태·환경연구소 소장, 가천대학교와 명지전문대학교 강사, 녹색평론사 편집자문위원, 인천시장 환경특별보좌관으로 활동한다. 『동물 인문학』 『탐욕의 울타리』 외에 여러 저서가 있다.

박승옥

구로노동상담소 간사, 서울시민햇빛발전협동조합 이사장, 공주한두레협동조합 상임이사. 저서로 『잔치가 끝나면 무엇을 먹고 살까 – 한국 사회의 생태적 전환을 위한 제언』 『상식: 대한민국 망한다』 등이 있고, 노동 및 생태와 관련해 다수의 글을 발표했다.

박현도

캐나다 맥길 대학교 이슬람학 석사 및 박사 과정 수료 후, 이란 테헤란 대학교에서 이슬람학 박사학위를 받았다. 이란 알-무스타파 국제대학교에서 이란의 이슬람, 정치, 사회를 연구했다. 현재 명지대학교 중동문제연구소에서 인문한국 연구교수로 재직 중이며, 종교평화국제사업단 Religion & Peace 편집장을 맡고 있다. 최근 연구로는 "샤리아의 과거와 현재: 전통 샤리아와 근대 이슬람법의 불일치", "야만의 경영을 넘어: IS의 이슬람국가와 지하드", "이즈티하드(Ijtihād)의 문 폐쇄에 대하여: 할락의 비판이 주는 의미와 파장", 『IS를 말한다』(공저) 등이 있다.

서공석

1964년 파리에서 사제로 수품되었다. 파리 가톨릭대학교에서 신학석사(1965), 교황청 그레고리오 대학교에서 신학박사(1968) 학위를 취득했다. 광주대건신학대학(현 광주가톨릭대학교) 교수, 부산 메리놀 병원장, 서강대학교 종교학과 교수 등을 역임하고 부산 사직성당 주임신부로 봉직하다가 2004년 10월 은퇴했다. 『새로워져야 합니다』 『예수-하느님-교회』 『디오그네투스에게』 외 많은 책을 펴냈다.

양운기

한국순교복자수도회 수사.

오지섭

서강대학교 대학원에서 박사학위를 받고, 현재 서강대학교 종교학과 대우교수 겸 종교연구소 책임연구원으로 있다. 『함께 비를 맞으며 걸어갈 수 있을까: 고통을 넘어 힐링으로』(공저) 『예수님의 길에서 만나는 이웃 종교』 『아이와 함께하는 아주 특별한 즐거움』 『한국유학사상대계』(공저) 『사람의 종교, 종교의 사람』(공저) 『종교의 세계』(공저) 『인도인의 신비사상』(번역서) 등의 책을 냈다.

이수태

저술가, 칼럼니스트. 『어른 되기의 어려움』 『새 번역 논어』 『논어의 발견』 『공자의 발견』 등의 저서가 있다.

이찬수

서강대학교 종교학과에서 불교학과 신학을 비교하며 박사학위를 받았고, 현재 서울대학교 통일평화연구원 HK연구교수로 재직하고 있다. 『종교로 세계 읽기』 『한국 그리스도교 비평』 『불교와 그리스도교, 깊이에서 만나다』 『인간은 신의 암호』 『유일신론의 종말, 이제는 범재신론이다』 『다르지만 조화한다: 불교와 기독교의 내통』 등의 책을 썼고, 최근에는 『평화인문학이란 무엇인가』(공저) 『녹색평화란 무엇인가』(공저) 『재난과 평화』(공저) 『폭력이란 무엇인가』(공저) 『양안에서 통일과 평화를 생각하다』(공저) 등 종교철학에 기반한 평화학 관련 저술을 하고 있다.

정경일

뉴욕 유니언 신학대학원에서 참여불교와 해방신학을 비교 연구한 논문으로 박사학위를 받았다. 평신도 신학자로서 새길기독사회문화원 원장, 한국민중신학회 총무로 활동하고 있다. 공저로 *Terrorism, Religion, and Global Peace*, 『사회적 영성』 등이 있고, 공역서로는 『붓다 없이 나는 그리스도인일 수 없었다』, 주요 논문으로는 "Just-Peace: A Buddhist-Christian Path to Liberation", "Liberating Zen: A Christian Experience",「사랑, 지혜를 만나다: 어느 그리스도인의 참여불교 탐구」등이 있다.

최수빈

서강대학교 종교학과에서 박사학위를 받고, 일본 와세다 대학교 인문학부(동양철학 전공) 외국인 연구원을 지냈다. 서강대학교 대우교수로 재직 중이다. 『증산사상의 다층적 분석』(공저) 『식탁의 영성』(공저) 『사람의 종교, 종교의 사람』(공저) 『십이지 이야기』(단역) 『우리 인간의 종교들』(공역) 등을 펴내고, 「도교의 금욕주의(Asceticism) – 上淸派와 全眞敎를 중심으로」, 「도교의 생사관生死觀 – 전진교全眞敎 문헌을 중심으로」, 「道敎의 신비주의적 修行과 명상에 대한 일고찰 – 『上淸大洞眞經』을 중심으로」, 「사마승정司馬承禎의 『좌망론』坐忘論을 중심으로 살펴본 당대唐代 도교道教의 수행관修行觀」 외에 다수의 논문을 발표했다.

황종열

미국 뒤케인 대학교 신학부에서 조직신학과 윤리신학으로 박사학위를 받았다. 두물머리복음화연구소 소장, 대구가톨릭대학교 신학부 겸임교수, 광주가톨릭대학교·대전가톨릭대학교 강사로서 생태영성, 교육신학, 종교와 사회, 토착화신학을 강의한다. 지은 책으로 『한국토착화신학의 구조』 『가톨릭교회의 생태복음화 – 패러다임과 모델 연구』 『바닥의 향기 – 땅친구 기도의 영성과 실천』 『안중근 토마스』 『한국 가톨릭교회의 하느님의 집안살이』 등이 있고, 『영성과 정의』 『창조』 『땅의 신학』 『원복』 『그리스도교의 미래와 지구의 운명』 등을 우리말로 옮겼다.

황주환

국어 교사. 『왜 학교는 질문을 가르치지 않는가』의 저자.
모두가 제 몫의 꽃을 피울 수 있는 세상을 위해, 경북의 한 읍에서 생각하고 비판하고 참여하는 시민의식을 익히는 수업을 추구하고 있다.